Wolfgang Schäuble
Mitten im Leben

Wolfgang Schäuble

Mitten im Leben

C. Bertelsmann

Umwelthinweis:
Dieses Buch und der Schutzumschlag wurden
auf chlorfrei gebleichtem Papier gedruckt.
Die Einschrumpffolie (zum Schutz vor Verschmutzung)
ist aus umweltschonender und recyclingfähiger PE-Folie.

1. Auflage
© 2000 by C. Bertelsmann Verlag, München,
in der Verlagsgruppe Bertelsmann GmbH
Umschlaggestaltung: Design Team München
Umschlagfoto: Dieter Bauer/FOCUS
Satz: Uhl + Massopust, Aalen
Druck und Bindung: GGP Media, Pößneck
Printed in Germany
ISBN 3-570-00497-X
www.bertelsmann-verlag.de

Inhalt

Vorwort 9

I. **Vor der Wahl 1998 –**
    Der Weg in die Niederlage 13
    1. 16 Jahre Regierungszeit fordern ihren Tribut 13
    2. Ermüdungsprozesse in der Koalition 15
    3. Reformpolitik und SPD-Blockade 19
    4. Leipziger Parteitag 1997: Wie man eine
       Reformdebatte verhindert 25
    5. Kanzlerkandidat Schröder 28
    6. Zukunftsprogramm – oder:
       Wie man eine Chance vernichtet 30
    7. Letzte Versuche, die Niederlage abzuwenden 34
    8. In Sorge um die CDU – Überlegungen
       für die Zeit nach der Wahl 37

II. **Nach der Bundestagswahl –**
    Eine Volkspartei auf der Intensivstation 41
    1. Vom Wahlabend zur Kandidatur 41
    2. Die Zeit der Besserwisser –
       Ratschläge und Forderungen 44
    3. CDU und CSU – ein pflegebedürftiges Verhältnis ... 47
    4. Bewahren und Erneuern – Die Führungsaufgabe 49
    5. Düstere Perspektiven für das Wahljahr 1999 53
    6. Personelle Erneuerung in Fraktion und Partei 56
    7. Parteitag November 1998 –
       Start in die Opposition 64

III. **Erste Schritte – Die Zeit der Rekonvaleszenz** 69
    1. Die Wiederentdeckung des politischen Gegners 69
    2. Der Doppelpass – Steilvorlage aus der
       rot-grünen Koalition 73

  3. Die Unterschriftenaktion – Integration konkret 82
  4. Der Überraschungscoup: Dagmar Schipanski
   kandidiert gegen Rau 89
  5. Erneuerung in den Ländern: Die CDU macht mobil .. 99

IV. **Hessen als Zäsur – Es geht wieder aufwärts** 109
  1. Das Ende des Doppelpasses und die Chaostage
   der Regierung Schröder 109
  2. Lafontaines Rücktritt 117
  3. Krieg im Kosovo: Die Union hält Linie 120
  4. Vor der Europawahl – Fallgruben für Regierung
   und Opposition 129
  5. Triumph für die Union – Die Europawahl
   und die Folgen 140
  6. Der Erfurter Parteitag – Arbeitsprogramm
   für die Opposition 147
  7. Schröders »Neue Mitte«: Überholt die CDU links? ... 152

V. **Erfolge im Herbst – Der Siegeszug der CDU** 161
  1. Elefant im Brüsseler Porzellanladen –
   Schröders Rücksichtslosigkeiten 161
  2. Rot-Grün in der Krise 166
  3. Auf der Welle des Erfolgs – CDU im Überschwang,
   Wende bei der SPD 172
  4. Die neue Macht der Opposition –
   Strategien für den Bundesrat 178

VI. **Die Krise** 188
  1. Der Paukenschlag – Eine Million im Koffer
   und die Folgen 188
  2. Die Schatten der Vergangenheit –
   Enthüllungen über »schwarze Kassen« 194
  3. Kohl, Terlinden und das Weyrauch-System 200
  4. Stochern im Nebel –
   Nach Kohls Fernsehgeständnis 209
  5. Die Krise in der Krise –
   Schreibers 100 000-DM-Spende 219
  6. Erste Zuspitzung – Das Ende eines Ehrenvorsitzes .. 227
  7. Nervöse Partei: Die Krise frisst sich fest 238

VII. Ende und Neuanfang – Der See rast und
bekommt sein Opfer 250
  1. Keine Chance für Politik –
     Immer wieder Schreiber 250
  2. Sensationelle Enthüllungen: Weyrauch und
     Lüthje packen aus 255
  3. Zweite Zuspitzung: Der Autoritätsverlust
     ist nicht zu stoppen 260
  4. Entscheidung – Der Rückzug von Fraktions-
     und Parteivorsitz 266
  5. Weichenstellungen I – Neuanfang in der Fraktion .. 276
  6. Weichenstellungen II – Der Weg zum Essener
     Parteitag 279
  7. Die CDU am Rande des Ruins – Konsequenzen
     aus der Finanzaffäre 283
  8. Abschied – Die letzte Rede als Parteivorsitzender .. 287
  9. Zwangsläufigkeiten – Das Problem der
     politischen Führung 290
  10. Mediale Prozesse – Kritische Anmerkungen
      aus gegebenem Anlass 294

VIII. Die Tagesordnung der Zukunft –
Warum die Union gebraucht wird 301
  1. Neue Fragen – welche Antworten? 301
  2. Schicksal Europa: Wir brauchen die öffentliche
     Debatte 304
  3. Gemeinsame Verantwortung für gemeinsame
     Sicherheit 310
  4. Migration und Einwanderung –
     Ein deutsches Intermezzo 314
  5. Europa richtig machen – Subsidiarität und
     Verfassungsfrage 318
  6. Deutsche Hausaufgaben – Föderalismus im
     Reformstau 324
  7. Die neue soziale Frage – Bildung, Familie
     und Generationenvertrag 331
  8. Maß und Mitte – Der Auftrag der CDU 340

Personenregister 345

Vorwort

Es ist fast genau zwei Jahre her, dass die CDU die schlimmste Wahlniederlage in ihrer Geschichte erlitt. Sie war seit Monaten absehbar gewesen, und sie war nicht mehr zu verhindern. Zu vieles hatte sich nach 16 Jahren erfolgreicher Regierungszeit aufgestaut – bei den Wählern und in den Koalitionsparteien CDU, CSU und FDP –, um das Wunder eines durchschlagenden Stimmungsumschwungs noch einmal schaffen zu können. Der Abschied aus der Regierungsverantwortung bedeutet nicht nur für die CDU Deutschlands einen wesentlichen Einschnitt. Die Monate danach waren voll Turbulenzen. Der Union wurden düstere Prognosen gestellt über ihr Schicksal. Machtkämpfe würden sie lähmen, erbitterter Streit über Kurs und Inhalte sie zerreißen. Und sollte sie das alles einigermaßen glimpflich überstehen, würde sie doch auf lange Sicht keine Chance mehr haben, die Regierungsverantwortung zurückzuerobern.

Jetzt, im Spätsommer 2000, intonieren die Kommentatoren und Leitartikler eine ähnlich klingende Melodie. Und das Studium der Meinungsumfragen scheint tatsächlich den Schluss nahe zu legen, die Union stehe wieder dort, wo sie nach der Bundestagswahl war. Doch die Parallelität der Zahlen erlaubt nicht ohne weiteres die Vergleichbarkeit der Situationen. Zu viel ist seit der Bundestagswahl geschehen, zu unterschiedlich waren die Entwicklungen davor und danach, um nun lediglich einen *Status quo ante* zu diagnostizieren.

Denn obwohl uns nach dem schlechtesten Wahlergebnis seit 1949 schwere Zeiten vorhergesagt wurden, gelangen uns – nicht nur wegen der Anfangsfehler der rot-grünen Regierungskoalition – 1999 von wenigen für möglich gehaltene Erfolge: Spektakuläre Wahlsiege in Serie, und im Herbst des Jahres Umfragezahlen, wie sie noch nie von einer Partei erreicht wurden. Dann kam die Krise um das Finanzgebaren des früheren Bundeskanzlers, und die Karten wurden neu gemischt. Dazwischen lagen der Krieg im Kosovo und das Ringen um die politische Struktur einer größer werdenden Europäischen Union.

Die Vielfalt von Informationen und Medien führt dazu, dass sich öffentliche Aufmerksamkeit und Erregung immer mehr auf jeweils ein Thema konzentrieren, wobei die Themen oft wechseln. Das für wichtig Gehaltene gewinnt zeitweise sogar Ausschließlichkeitscharakter, um dann genauso abrupt wieder aus der allgemeinen Wahrnehmung zu verschwinden. Als Folge davon leidet das öffentliche Gedächtnis. Deshalb scheint mir wichtig, Erfahrungen aus der Perspektive eines unmittelbar Beteiligten festzuhalten und zu versuchen, die rasch wechselnden Erregungszustände in Entwicklungslinien einzuordnen und zu bewerten. Das ist ein Anliegen dieses Buches.

Die andere Absicht, die ihm zugrunde liegt, speist sich aus der Sorge um Rolle und Zukunft der Union in der deutschen Demokratie und deren europäischem Schicksal. Das war die zentrale Frage, vor der ich am Anfang meiner Amtszeit als Parteivorsitzender stand, und die sich an deren Ende vor der Folie der existenziellen Krise und des Vollzugs des Neuanfangs in der CDU mit neuer Intensität stellte. Die Integrationskraft der großen Volkspartei CDU wird gebraucht, auch wenn manche ihrer Gegner, die plötzlich neue Chancen wittern, das anders sehen. Durch vordergründige Medieninszenierungen einer scheinbar neuen Mitte ist diese Integrationskraft jedenfalls nicht zu ersetzen. Klientelorientierter Opportunismus lässt sich nicht einfach in einen auf Mäßigung zielenden Ausgleich unterschiedlicher Interessen umwidmen. Insofern ist die Union nicht zu ersetzen, ja nicht einmal zu kopieren, weil das, was sie aus ihren Wurzeln heraus bündelt und entwickelt, nur durch dieses Wurzelwerk möglich wird.

Auf einer festen Grundlage immer neue Antworten auf die sich rasant verändernde Lebenswirklichkeit zu suchen und so die Gestaltungskraft einer auf Werte gegründeten, zur Mitte hin integrierenden Volkspartei zu erhalten, das war mein Anliegen nicht nur in den 16 Jahren unionsgeführter Bundesregierung, sondern vor allem auch angesichts der sich abzeichnenden Wahlniederlage und der neuen Aufgabe in der Opposition. Auch dieses Buch soll dazu einen Beitrag leisten.

Die Höhen und Tiefen, welche die CDU und auch ich persönlich seit dem 27. September 1998 durchlaufen haben, die dramatischen Ereignisse der Finanzaffäre, Entwicklungen, die sich plötzlich miteinander verschlingen und zuspitzen, und nicht zuletzt die Erkenntnis, dass sich historische Prozesse im Alltag immer scheinbar zufällig, manchmal auch ganz banal vollziehen, haben für dieses Buch nur die Form eines Berichts zugelassen. Er ist – zwangsläufig – subjektiv, dabei aber in dem steten Bemühen geschrieben, sich streng an die objektiv überprüfbaren Fakten zu halten und Mutmaßungen – wenn überhaupt – nur dort anzustellen, wo sie zur Einordnung des Sachverhalts unverzichtbar sind. Er enthält die Gedanken und Überlegungen des verantwortlichen Politikers angesichts zu lösender Probleme ebenso wie die Schilderung von Ereignissen und Geschehensabläufen. Es ist – kurzum – ein Bericht, der politisch wie menschlich »mitten im Leben« spielt, in all seinen Facetten, positiven wie negativen.

Walter Bajohr, der mir achteinhalb Jahre ein vorzüglicher Pressesprecher der CDU/CSU-Bundestagsfraktion war, hat mir wieder mit kritischen Korrekturen und Ergänzungen geholfen.

Gengenbach / Berlin, im September 2000   *Wolfgang Schäuble*

I. Vor der Wahl 1998 – Der Weg in die Niederlage

1. 16 Jahre Regierungszeit fordern ihren Tribut

Als am 27. September 1998 um Punkt 18 Uhr die Prognosen der Meinungsforschungsinstitute zum Ausgang der Bundestagswahl über die Fernsehschirme flimmerten, wurde es zur Gewissheit: Die CDU hatte die Wahl verloren – nach 16 siegreichen Jahren das erste Mal. Dass es so kam, war für mich zwar nicht mehr überraschend. Doch mit dem Ausmaß der Niederlage hatten nur wenige gerechnet. In der Schlussphase des Wahlkampfs hatten die Umfragen eine Aufholjagd der Union signalisiert, in den Medien wurde über ein Kopf-an-Kopf-Rennen spekuliert, und viele Wahlkämpfer klammerten sich an den Strohhalm, das Wunder, gemeinsam mit der FDP erneut eine Mehrheit zu erzielen, sei doch noch zu schaffen. Zumindest könnten CDU und CSU knapp vor der SPD landen, das hielten selbst seriöse Kommentatoren für nicht ganz ausgeschlossen. Folglich strapazierten sie bis zum Wahltag mit Verve ihr Lieblingsthema »große Koalition«.

Meine Skepsis gegenüber den Zahlenspielereien wich jedoch nicht. Da auch nach dem 27. September mit fünf Fraktionen im Bundestag zu rechnen war, hätte es schon einen enormen »last minute swing« geben müssen, um die Union in die Lage zu versetzen, den Kanzler stellen zu können. Und davon war trotz einer guten Schlussmobilisierung unserer Anhänger nichts zu spüren. So kam es, dass wir das schlechteste Wahlergebnis seit 1949 einfuhren. Und zum ersten Mal in der Geschichte der Bundesrepublik wurde ein Regierungswechsel unmittelbar durch eine Wahl ausgelöst.

Es war also völlig klar, dass dieser 27. September 1998 eine tiefe Zäsur markierte, deren Auswirkungen zunächst gar nicht voll zu übersehen waren, die aber die CDU auch über das Jahr 2000 hinaus noch beschäftigen werden. Die Niederlage beendete 16 Jahre Regierungsverantwortung, eine für westliche Demokratien ebenso ungewöhnlich lange wie erfolgreiche Zeit. In der ersten Hälfte dieser 16 Jahre hatten wir mit den klassischen Mitteln der sozialen Marktwirtschaft eine wirtschaftliche Dynamik in Gang gesetzt, die zu großen Erfolgen am Arbeitsmarkt und bei der Geldwertstabilität führte. Der europäische Einigungsprozess gewann gegen verbreitete Skepsis neue Fahrt und steuerte mit der 1986 verabschiedeten Einheitlichen Europäischen Akte die Vollendung des Binnenmarkts an, die nächste Etappe auf dem Weg zum ehrgeizigen Ziel der Wirtschafts- und Währungsunion. Die atlantische Solidarität wurde vor allem durch unseren unbeirrbaren Kurs in der Nachrüstungspolitik der NATO deutlich gestärkt und führte zusammen mit der Überlegenheit freiheitlicher Ansätze in der Wirtschaft und im gesellschaftlichen System des Westens zur Implosion des kommunistischen Herrschaftsbereichs. Der Kalte Krieg wurde friedlich entschieden. Kulminationspunkte dieser sich immer mehr beschleunigenden Entwicklung waren der symbolträchtige Fall der Mauer und die deutsche Wiedervereinigung.

Die zweite Hälfte der sechzehnjährigen Regierungszeit der Union stand im Zeichen der Vollendung der deutschen Einheit, des weiteren Ausbaus der europäischen Einigung und der mühsamen Suche nach einer neuen Weltordnung. Der Sieg der Freiheit, das Ende der Bipolarität eröffneten eine Welt mit ganz neuen Chancen. Aber damit einher gingen in den Neunzigerjahren auch dramatische Veränderungen in dieser entgrenzten Welt, beschrieben mit dem Begriff »Globalisierung«. Revolutionäre Entwicklungen in Wissenschaft und Forschung, insbesondere bei den Kommunikationstechnologien mit kaum zu überblickenden Folgen für Märkte und Arbeitswelt, schufen neben all den positiven Möglichkeiten auch zunehmend Verunsicherung bei vielen Menschen. Allein die neuen Kommunikationsformen, symbolisiert durch den atemberaubenden Siegeszug von Handy und Internet, erzeugten einen sich verstärkenden Modernisierungsdruck, der mit immer größerer Wucht auf die eher behäbigen und teilweise sogar beharrenden gesellschaftlichen Befindlichkeiten drückte. Zwar nahm das kollektive Bewusstsein, in einem enormen Reformstau zu stecken, in der zweiten Hälfte der Neunzigerjahre rapide zu. Doch zugleich wehrte man sich im Alltag gegen Veränderungen. Daraus entwickelte sich eine diffuse Grundstimmung, das eigentliche Übel sei die Politik, die nichts zuwege bringe und schlicht reformunfähig sei. Zusammen mit einem zunehmenden Überdruss an »immer denselben Gesichtern« an der Spitze der Regierung wuchs allmählich die Bereitschaft zum politischen Wechsel samt Quittung für alle Unzufriedenheiten. Der 27. September 1998 wurde zum Zahltag.

2. Ermüdungsprozesse in der Koalition

Das Wahlergebnis war im Grunde also für die Union ebenso vorhersehbar wie unvermeidlich. Alarmzeichen hatte es ja schon viel früher gegeben. Bereits in der Mitte der Legislaturperiode 1990 bis 1994 war die Koalition von CDU/CSU und FDP in ein tiefes Meinungsloch gefallen. Der anfängliche Wiedervereinigungsbonus schmolz wie Schnee in der Sonne, Enttäuschungen vor allem in den neuen Bundesländern machten sich breit. Hinzu kamen wirtschafts- und finanzpolitische Probleme, die nicht nur, aber doch zum überwiegenden Teil mit den enormen Folgelasten von 40 Jahren Teilung und Sozialismus zusammenhingen. Nach einer dramatischen Aufholjagd, die durch schwere Fehler des damaligen SPD-Kanzlerkandidaten Scharping begünstigt wurde, gelang es der Koalition, die Bundestagswahl doch noch zu gewinnen, allerdings nur mit hauchdünnem Vorsprung. Lediglich durch Überhangmandate konnten wir uns einen Zehn-Stimmen-Vorsprung im Bundestag sichern – eine Mehrheit, die keineswegs so komfortabel war, wie sie auf den ersten Blick aussah. Im Gegenteil, angesichts der enormen Probleme, die es zu lösen galt, begann damit ein permanenter Stresszustand, weil diese knappe Mehrheit bei oft widerstreitenden Interessen im Regierungslager immer wieder neu organisiert werden musste. Wer aus Erfahrung lernen wollte, konnte damals nachträglich die Lage der SPD-FDP-Koalition von 1969 studieren mit ihrer ähnlich schmalen Mehrheit.

Der Wahrheit halber muss noch angemerkt werden, dass die Regierungszeit der Union mit allergrößter Wahrscheinlichkeit bereits 1990 geendet hätte, wenn nicht der Fall der Mauer und die Wiedervereinigung die Karten völlig neu gemischt hätten. Gleichwohl machte uns die Verantwortung für die deutsche Einheit unter dem Gesichtspunkt politischer Stimmung schon wenige Jahre nach der Einheit nicht mehr nur eitel Freude. Die Mühen um den Aufbau

Ost und die vielfältigen Enttäuschungen und Brüche in Ost und West haben auch in der Legislaturperiode bis 1998 die Zustimmung zur Politik der Bundesregierung immer wieder eingetrübt.

Unser eigentliches Problem jedoch waren die ansteigenden Arbeitslosenzahlen. Bei den vielen Diskussionen um Lösungswege gerieten immer wieder die Sozialpolitiker mit den Wirtschaftsliberalen aneinander. Die Konfliktlinien liefen sowohl quer durch die Unionsfraktion als auch zwischen CDU/CSU und FDP. In der Presse wurde häufiger prognostiziert, der »Vorrat an Gemeinsamkeiten« in der Koalition sei aufgebraucht, das Regierungsbündnis werde sich nicht mehr lange halten können. Und umgehend stieg wieder das Gespenst der großen Koalition aus seiner Modergruft. Ich habe das immer für Unsinn gehalten, vor allem, weil es nach wie vor zwischen CDU/CSU und FDP eine Übereinstimmung in den grundsätzlichen Fragen unserer Politik gab. Dass die Nerven dennoch öfter blank lagen, ist allerdings auch wahr, und das hatte etwas damit zu tun, dass die Akzeptanz dessen, was wir auf den Weg brachten, in der Öffentlichkeit nicht besser werden wollte. Zwar wurde in der Legislaturperiode 1994 bis 1998 eine Vielzahl von Reformen auf den Weg gebracht (Einkommensteuer, Gesundheit, Rente, Lohnfortzahlung, Kündigungsschutz), und der Zuwanderungsdruck mit all den heiklen Folgen für die innenpolitische Diskussion beruhigte sich weitgehend, nachdem die Änderung des Asylrechts ihre Wirkungen entfaltete. Auch die Verstetigung des Aussiedlerzugangs trug zur Entspannung einer wenige Jahre zuvor noch äußerst labilen und deshalb nicht ganz ungefährlichen Stimmungslage bei. Immerhin hatten wir es geschafft, die jährliche Zuwanderung von Aussiedlern auf maximal 200000 zu begrenzen, wobei die tatsächlichen Zugangszahlen im Laufe der Neunzigerjahre weiter zurückgingen. Aber dennoch standen wir vor dem Phänomen, dass in der öffentlichen Wahrnehmung unsere Reformansätze einerseits als zu spät oder zu zögerlich eingeschätzt wurden, andererseits aber fast jeder konkrete Reformschritt den meisten Menschen schon wieder zu weit ging. Was erfolgreich zustande gebracht worden war, wurde in der Öffentlichkeit als erledigt betrachtet, ohne dass uns daraus ein längerfristig wirksamer Bonus erwachsen wäre. Dafür wirkten die ungelösten Probleme zusammen mit dem subjektiven Ärger über die eine oder andere Belastung infolge der beschlossenen Reformen massiv gegen uns.

Es war wohl unser größter Fehler in diesen vier Jahren, dass wir es nicht geschafft hatten, unsere Reformen in einen den Menschen plausiblen Gesamtzusammenhang zu stellen. Immer wieder waren wir konfrontiert mit enervierenden und die Ressourcen bindenden Detaildebatten. Über die Frage einer äußerst maßvollen Besteuerung von Spitzenrenten brachten es unsere eigenen Leute fertig, den großen Wurf unseres Petersberger Steuerreformkonzepts – Reduzierung aller Steuersätze um zirka ein Drittel bei Abschaffung zahlreicher Ausnahmen von der Besteuerung und einer Nettoentlastung in einer Größenordnung von 30 bis 40 Milliarden Mark – schon gleich zu Anfang kaputtzureden. Die Zuzahlung bei Medikamenten auf Rezept, eine wesentliche Voraussetzung, aber insgesamt nur ein Teil unseres Gesamtkonzepts für den dringend erforderlichen Einspareffekt im Gesundheitswesen, war nicht nur der Boulevardpresse dicke Schlagzeilen wert, sodass wir auch hier ständig in Abwehrkämpfen gegen Unterstellungen und andauernden Erklärungszwängen standen. Dies sind nur zwei Beispiele, die zeigen, wie eine an vielen Problemstellen ansetzende und in eine Gesamtkonzeption eingebettete Reformpolitik im öffentlichen Kleinkrieg zerschlissen werden kann.

Außerdem kamen wir mit unseren Reformkonzepten erst in der Mitte der Legislaturperiode über. Nach der Wahl 1994 hatten wir in den Koalitionsverhandlungen Zeit verloren. Um die Neuordnung des Staatsangehörigkeitsrechts hatten wir buchstäblich bis zur Erschöpfung gerungen, mit der Folge, dass sich niemand an die Umsetzung des erarbeiteten Kompromisses machen wollte. Eine große Steuerreform mochte Theo Waigel 1995 noch nicht in Angriff nehmen, weil zunächst durch ein Verfassungsgerichtsurteil die Steuerfreiheit des Existenzminimums und des Familienlastenausgleichs zum 1. Januar 1996 in Kraft treten musste. Waigel fürchtete zu Recht, dass diese Operation – es handelte sich immerhin um ein Finanzvolumen von rund 30 Milliarden DM – im Bundesrat an der rot-grünen Mehrheit scheitern würde, wenn zusätzliche Reformelemente damit verbunden würden. Lafontaine, damals Wortführer der SPD-geführten Landesregierungen, der so genannten »A-Länder«, warnte nämlich vorsorglich schon vor einem »Draufsatteln«. Und schließlich stritten wir innerhalb der Union und in der Koalition kräftig um die Berücksichtigung ökologischer Elemente in der Steuerpolitik. Weil Reformen in der Politik immer zunächst auf Widerstand stoßen, wurde der Zeitverlust innerhalb der Legislaturperiode zum zusätzlichen Problem – sowohl innerhalb der Regierungskoalition als auch hinsichtlich der verbesserten Chancen der rot-grünen Mehrheit im Bundesrat, gegen Ende der Legislaturperiode eine Blockade durchzuhalten.

Viel Kraft kostete uns zudem die Diskussion um die Einführung des Euro. Der Abschied von der D-Mark war ein Prozess, in den sich viele Menschen gerade in den neuen Bundesländern, aber natürlich auch in der älteren Generation nur mühsam einfanden. Das latente Misstrauen in der Bevölkerung blieb nicht ohne Wirkungen in der Union. Insbesondere der bayerische Ministerpräsident Edmund Stoiber mahnte eindringlich vor einer zu schnellen Einführung, weil er fürchtete, dass die eher lasche Haushaltspolitik einiger Beitrittsaspiranten den Euro auf Kosten der D-Mark zur Weichwährung machen und damit erst recht das breite Wasser der Vorbehalte in Deutschland auf die Mühlen rechtsradikaler Kräfte lenken könnte. Der CSU-Vorsitzende und Finanzminister Theo Waigel geriet dadurch ein ums andere Mal intern wie international in unangenehme Zwickmühlen, die er schließlich nur dadurch umgehen konnte, dass er in zäh und mit bewundernswerter Zielstrebigkeit geführten Verhandlungen mit den europäischen Partnern einen Stabilitätspakt zustande brachte, der die Euro-Teilnehmer auch nach der Erfüllung der zur Teilnahme berechtigenden Stabilitätskriterien zur stringenten Haushaltspolitik verpflichtete.

Theo Waigel gehörte ohnehin zu den am meisten geplagten und geprügelten Politikern der Koalition. Durch die enormen Transferleistungen für den Aufbau Ost, die zunehmend kritischere Situation der Sozialversicherung wegen der hohen Arbeitslosenzahlen und die Auswirkungen der schwierigen Konjunkturlage auf das Steueraufkommen waren die Finanzspielräume der Bundesregierung gleich null. Wenn gespart werden muss, finden das zwar grundsätzlich alle gut, nur nicht die, bei denen dann tatsächlich gespart wird. Waigel konnte es zwangsläufig niemandem recht machen, und so war er bald ins Fadenkreuz aller Kritik geraten, die auf uns einprasselte.

Natürlich hatte sich die Staatsverschuldung im Zuge der Aufbauleistungen für die neuen Bundesländer erhöht. Die Ministerpräsidenten hatten den Bund beim Solidarpakt, der die Verteilung der Sonderlasten für den Aufbau Ost zwischen Bund und Ländern samt Gründung des Fonds Deutsche Einheit und der Einführung des Solidaritätszuschlags regeln sollte, regelrecht über den Tisch gezogen, sodass wir eher mehr denn weniger in die Finanzklemme gerieten. Außerdem hatte der staatliche Zuschuss zur Sozialversicherung wegen der stark angestiegenen Arbeitslosenzahlen und aus strukturellen Gründen nie gekannte Höhen erklommen. Die heftige öffentliche Debatte traf uns umso unangenehmer, als mit dem Thema Staatsverschuldung ein Markenzeichen der Union, nämlich die finanzielle Solidität, in seinem Kern angegriffen wurde.

Es erhielt schon deshalb immer wieder neue Nahrung, weil andauernd darüber spekuliert wurde, ob Deutschland angesichts seiner Schuldenlage die Maastricht-Kriterien bei der Neuverschuldung erfüllen würde, ohne die es keinen Start in die Währungsunion geben konnte. Den – allerdings nicht nur daraus – resultierenden Sparzwang hatten wir 1993 insoweit institutionalisiert, als wir beschlossen, die Ausgaben des Bundeshaushalts Jahr für Jahr zu reduzieren. Das allerdings bescherte uns bei jeder Haushaltsaufstellung heftige interne Diskussionen, weil sich natürlich die Gestaltungsspielräume ständig verminderten. Trotz aller Einsicht in die Notwendigkeiten gab das immer wieder Anlass zu Missmut, der sich vorrangig gegen den Finanzminister richtete. »Sparen für Maastricht« – diese vergiftete Formel fiel auch bei manch einem frustrierten Fraktionskollegen auf nicht ganz unfruchtbaren Boden und machte die Lage nicht leichter.

3. Reformpolitik und SPD-Blockade

Viel stärker wurde die Situation noch dadurch erschwert, dass auch unsere sozialpolitischen Reformdebatten in diese kurzsichtige Optik gerieten. Mit dem ebenso unzutreffenden wie wirkungsvollen Argument von der falschen Finanzierung der deutschen Einheit und der wohlfeilen Erinnerung an das gebrochene Versprechen von 1990, die Wiedervereinigung ohne Steuererhöhungen bewältigen zu können, das die SPD geradezu gebetsmühlenartig wiederholte, wurde in der Öffentlichkeit der Eindruck befördert, die finanzielle Malaise sei nicht aus strukturellen Gründen entstanden, sondern alleinige Schuld falscher Regierungspolitik. Finanzminister Waigel nutzte jede sich bietende Gelegenheit, die Haushaltsspielräume zu vergrößern, insbesondere durch Privatisierungserlöse, wohlwissend, dass sie nur einmal zu Buche schlagen. Der Versuch jedoch, Anfang Mai 1997 über eine maßvolle Neubewertung der Goldreserven der Bundesbank finanzpolitische Handlungsspielräume zu erschließen, wurde zum Desaster. Schon Tage vorher quoll die Gerüchteküche über, die Bundesregierung wolle sich »wegen Maastricht« am Bundesgold »vergreifen«.

Dabei war die Entscheidung sachlich wohl begründet. In Vorbereitung auf die dritte Stufe der Europäischen Wirtschafts- und Währungsunion mussten die Währungsreserven der Bundesbank ohnehin entsprechend den vom Europäischen Währungsinstitut entwickelten Grundsätzen neu bewertet werden. Das lag schon deshalb nahe, weil die meisten anderen europäischen Zentralbanken ihre Goldreserven längst wesentlich höher bewerteten als die Bundesbank. Die Koalition war der Auffassung, dass Deutschland mit der notwendigen Anpassung nicht bis zum Jahr 1999 warten, sondern schon im Frühjahr 1997 damit beginnen und die dadurch frei werdenden Finanzmittel an den Erblastentilgungsfonds weiterleiten sollte. Durch die Verringerung der Lasten, die der Bund hier zu tragen hatte, wären wir der Erfüllung der Maastricht-Kriterien für den Eintritt in die Währungsunion ein gutes Stück näher gekommen.

Aber dieses Vorhaben war offensichtlich schwer zu vermitteln. Und als der Zentralbankrat sich trotz vorheriger Sondierung quer legte, war es geradezu hoffnungslos. Dennoch eilte unmittelbar nach dem entsprechenden Kabinettsbeschluss Theo Waigel in einem überstürzten Hubschrauberflug nach Frankfurt zum Zentralbankrat, um ihm den Wunsch der Regierung zu erläutern, obwohl die Sache bereits gescheitert war. Die Aktion löste einen Aufschrei in den Medien aus. Waigels Hubschrauberflug wurde zum »Raubzug« stilisiert, der Vorgang bescherte den Karikaturisten ein äußerst dankbares Sujet und kostete die Union weiteres Vertrauen. Spätestens zu diesem Zeitpunkt wurde mir deutlich, dass nicht nur in den Medien, sondern auch in der Mehrheit der Bevölkerung sich langsam aber sicher eine regelrechte Abneigung gegenüber der regierenden Koalition und ihren führenden Repräsentanten festzusetzen begann.

Umgekehrt war es Lafontaine nach dem Putsch auf dem Mannheimer Parteitag im November 1995 gelungen, die SPD wieder zu konsolidieren. Zwar neigte auch ich anfangs zu der Einschätzung, ein bekennender Linker an der Spitze der SPD würde für uns manches leichter machen. Doch Lafontaine schlug nicht so sehr auf die altsozialistische Ideologenpauke, sondern verstand es geschickt, die SPD als Wächter der sozialen Gerechtigkeit zurechtzuschminken, was ihm angesichts des Diffamierungspotenzials, das unsere Reformpolitik zwangsläufig enthielt, erlaubte, hinter dieser Maske pure Destruktion zu betreiben. Der Generalverdacht der sozialen Schieflage war nun mal unser Problem.

Mit der ihm eigenen Rücksichtslosigkeit nutzte er die rot-grüne Mehrheitsposition im Bundesrat, um den Eindruck von Reformstau und Bewegungsunfähigkeit der Regierung zu verstärken. Lafontaines Strategie war ebenso einfach wie riskant: Je weniger an Reformen, die in der CDU-/CSU-FDP-Koalition ohnehin stets unter Schmerzen geboren wurden, tatsächlich zustande kam, desto stärker würde der Unmut in der Bevölkerung werden, weil nichts voranging. Die politisch spannende Frage war, ob die Verantwortung dafür eher der SPD wegen ihrer Blockade angelastet würde, oder mehr der Regierung wegen der Unfähigkeit, den Reformstau zu überwinden. Von Monat zu Monat wurde sichtbar, dass – unbeschadet der Zuordnung von Verantwortung – jedenfalls in der politischen Wirkung die Strategie Lafontaines zu Lasten der Regierungskoalition aufging. Aus den Ingredienzien Arbeitslosenzahlen, magere Wachstumsziffern, Reformstau und Streit um soziale Gerechtigkeit, projiziert auf die Folie einer ungewöhnlich lange amtierenden Regierung Kohl, entstand eine für die Koalition und insbesondere die Union am Ende tödliche Melange – Überdruss.

Versuche, die Blockadeposition der SPD aufzulösen oder zu umgehen, scheiterten schon innerhalb der Koalition. Vor allem aber witterten unsere eigenen Leute, stets bereitwillig unterstützt durch die Unkenrufe der FDP, hinter allem Entgegenkommen gegenüber der SPD sofort die heimliche Bereitschaft zu einer großen Koalition. Wenn selbst unverbindliche Sondierungsgespräche mit meinem Fraktionsvorsitzendenkollegen Scharping derart diskreditiert werden konnten, dann musste daraus angesichts der fragilen Machtbalance zwischen CDU und CSU und nicht zuletzt auch innerhalb der CSU ein unüberwindliches Hindernis erwachsen. Den damit verbundenen Verdacht gegen meine Person habe ich ertragen, wenn auch oft genug mit Groll.

Doch auch die Schwäche der FDP verringerte unsere Handlungsspielräume. Dass sie ein ums andere Mal bei Landtagswahlen nicht mehr in die Parlamente zurückkehrte, führte zu heftigem internen Richtungsstreit zwischen den verschiedenen Flügeln. Zuerst musste Kinkel, der deshalb entnervt den FDP-Vorsitz aufgab, dann Gerhardt alle verfügbare Kraft aufbringen, um die Partei einerseits von unüberlegten Selbstmordversuchen abzuhalten, andererseits aber das nötige Maß an Disziplin zu garantieren, ohne das die Mehrheit für die Koalition nicht organisierbar war. Nahezu alle, auch eher unwichtige von der Koalition zu treffende Entscheidungen mutierten für die FDP zur Nagelprobe auf das liberale Profil. Das machte die Entscheidungsfindung gerade in Detailfragen auch für unsere Leute oft genug zur nervenfressenden Feilscherei. Angesichts des seit jeher in der FDP-Fraktion gepflegten Individualismus mit der Gefahr abweichenden Stimmverhaltens im Bundestag waren infolge unserer knappen Mehrheit die Erpressungspotenziale nicht unbeträchtlich, was wiederum auf die Unionsfraktion zwar nicht schulbildend, aber doch frustrierend wirkte. Insbesondere beim Komplex Staatsbürgerschaftsrecht führte das dazu, dass die Koalition nichts Gescheites zu Stande brachte (vgl. auch Kap. III. 2).

Zwar gelang es 1996, im Rahmen unseres Programms für mehr Wachstum und Beschäftigung eine Vielzahl von Gesetzen, die nicht der Zustimmung des Bundesrates bedurften, mit der so genannten Kanzlermehrheit zur Beschleunigung der Entwicklung von Wirtschafts- und Arbeitsmarkt durchzusetzen. Sie führten auch zu einer spürbaren Minderung der Arbeitslosenzahlen, insbesondere im Verlauf des Jahres 1998. Doch es waren immer wieder Kraftakte, die umso mehr Energie kosteten, je unpopulärer sie waren.

Im Juli 1997 einigten wir uns endlich nach langem Widerstand von Norbert Blüm, die Probleme der Rentenversicherung durch Einführung eines demographischen Faktors strukturell anzugehen.

Dieser revolutionäre Schritt, der nach Meinung aller Rentenexperten unabdingbar war, wenn man die umlagefinanzierte Rente auf absehbare Zeit erhalten wollte, bot dem politischen Gegner erneut reichlich Möglichkeiten zur Diffamierung. Dass die Renten auch in Zukunft weiter steigen würden, aber nicht mehr so stark wie bis dato, ging im politischen Sperrfeuer unter. In der Logik dieser Reform lag, dass das Rentenniveau innerhalb von zirka 15 Jahren auf etwa 65 Prozent absinken würde. Daraus machte die SPD eine »Rentenkürzung«, was von vielen Medien undifferenziert übernommen wurde und natürlich zu großer Beunruhigung bei den Rentnern führte. Zu erklären, warum eine allmähliche Absenkung des Rentenniveaus keine Rentenkürzung ist und die aktuellen Rentner selbst dadurch keinen Pfennig weniger Rente bekämen, fiel wegen der komplizierten Sachzusammenhänge nicht leicht. Was aber nicht so einfach ist wie ein Kampfbegriff à la Rentenkürzung, konnte in der allgemeinen Aufgeregtheit nicht durchdringen. Also verließ bereits wenige Wochen später die Union wieder teilweise der Mut. Auf dem für September 1997 turnusmäßig angesetzten Strategiegipfel der Unionsschwestern, der diesmal in der Idylle von Kloster Andechs stattfand, verabredete die Führung von CDU und CSU, diese Reform nicht, wie vorgesehen, schon zum 1. Januar 1998, sondern erst nach der Bundestagswahl zum 1. Januar 1999 in Kraft zu setzen. Ich war nicht in der Lage, diese Kehrtwende zu verhindern, weil mich ausgerechnet zwei Tage vorher eine Erkrankung dazu zwang, meine Teilnahme abzusagen – bei einem vergleichbaren Anlass das erste und einzige Mal in 16 Jahren. Allerdings hatte ich auch nicht mit einer solchen Volte gerechnet. Umso größer war mein Ärger. Die Bevölkerung von der alternativlosen Notwendigkeit dieser Rentenreform überzeugen zu wollen, ohne den Mut zu haben, sie auch schon vor der Wahl auf den Weg zu bringen, erschien mir ziemlich aussichtslos. Ja, ich war überzeugt, dass uns das in unseren Chancen zurückwarf, weil wir exakt vorexerzierten, was der Regierung in der Öffentlichkeit immer wieder vorgeworfen wurde: nämlich Führungsschwäche. Ich war so aufgebracht, dass ich nach meiner Genesung wenige Tage später eine schwere und lautstarke Auseinandersetzung im Kreis der Partei- und Fraktionsvorsitzenden der Koalition suchte, um meine Überzeugung zu vertreten, dass auf diesem Wege die Bundestagswahl 1998 verloren gehen müsse.

Auch die Steuerreform entwickelte sich zu einem Drama, dessen Ende allerdings nicht von uns, sondern dank Lafontaines Blockadestrategie von der SPD-Mehrheit im Bundesrat bestimmt wurde. Um zu verhindern, dass überhaupt nichts zustande kam, schlug ich vor, die Mehrwertsteuer um ein Prozent zu erhöhen, das entsprechende Aufkommen zur Senkung des Rentenversicherungsbeitrags zu verwenden und wenigstens Teile des Steuerreformkonzepts zusammen mit einer weiteren Absenkung der Sozialversicherungsbeiträge über eine höhere Mineralölsteuer konsensfähig zu machen. Das war nicht ganz aussichtslos, weil die SPD sich in Sachen Lohnnebenkosten ziemlich weit aus dem Fenster gelehnt hatte und deshalb unter Umständen zu ködern war, zumal die Erhöhung der Mineralölsteuer ihrem Fetisch Ökosteuer entsprach. Doch alle Versuche, in die ich viel Mühe investierte, führten nur zur Anhebung der Mehrwertsteuer und zur entsprechenden Senkung des Rentenversicherungsbeitrags, wobei die SPD unsere Rentenreform mit der demographischen Komponente zwar nicht mittrug, daran aber den Kompromiss – höhere Mehrwertsteuer gegen Beitragssenkung – nicht scheitern ließ. Dagegen gelang eine Einigung über die Steuerreform und die Mineralölsteuer nicht einmal teilweise. Auf Seiten der Koalition war erst Waigel zögerlich, weil der Preis, die Erhöhung der Mineralölsteuer, im Flächenland Bayern viel Ärger versprach. Das überlegt sich ein CSU-Vorsitzender, auch wenn er Finanzminister ist, mindestens zweimal. Als er dann schließlich überzeugt war, hatte sich in der FDP bei Fraktionschef Solms und dem Parteivorsitzenden Gerhardt die Überzeugung durchgesetzt, dass eine Fortsetzung der Konfrontation zwischen Koalition und rot-grüner Opposition den Liberalen für die Wahl 1998 die bessere Überlebensperspektive bot als eine teilweise Auflösung von Bundesratsblockade und Reformstillstand.

Zwar kam es im Dezember 1997 noch zu Gesprächen mit der SPD, die Scharping und ich am 24. November initiiert hatten und für die er sich während des SPD-Parteitags (2. bis 5. Dezember in Hannover) die Legitimation von Lafontaine holte. Doch diesem schwebte kein positives Ergebnis vor, sondern ein weiterer Stillstandsbeweis. In diesem Sinne legten Frau Matthäus-Maier und der damalige hessische Ministerpräsident Eichel, die neben Scharping die SPD vertraten, die Latte für eine Einigung so hoch, dass Waigel, Glos und ich die Skepsis von Gerhardt und Solms nicht mehr ausräumen konnten. Solms teilte mir schließlich am Telefon mit, dass eine Erhöhung der Mineralölsteuer mit der FDP-Fraktion unter keinen Umständen zu machen sei. Damit war mir der Schlüssel für einen Kompromiss endgültig aus der Hand geschlagen.

Immerhin blieb unser Petersberger Steuerreformkonzept, das wir seit dem Steuerparteitag der CDU in Hannover 1996 erarbeitet und im Bundestag nach manchen internen Auseinandersetzungen beschlossen hatten, ein Reformansatz, der auch heute noch den Steuerkonzepten von Eichel überlegen ist. Aber dafür konnten wir uns im Blick auf die Bundestagswahl nichts kaufen, denn in Kraft getreten ist das Gesetz mangels Zustimmung des Bundesrates nicht, und die politische Last des Scheiterns trug jedenfalls im Wahlkampfjahr 1998 nicht mehr die SPD.

4. Leipziger Parteitag 1997:
Wie man eine Reformdebatte verhindert

Das Bedürfnis nach Reformen war auch in der Union groß. Aber es ging unseren Mitgliedern offenbar wie den meisten Menschen: Sie sahen zwar den einzelnen Schritt, nicht aber immer den Gesamtzweck, und deshalb waren sie genauso anfällig für Detailkritik, die dann schnell zur generellen Politikschelte wurde. Dass das starke Bedürfnis nach Reformen und ihr Verständnis durchaus in Einklang zu bringen war, zeigte der Leipziger Parteitag im Oktober 1997. Als Fraktionsvorsitzender hatte ich satzungsgemäß einen Rechenschaftsbericht über die Arbeit der Fraktion zu erstatten. Diesmal nutzte ich die Gelegenheit, die beschlossenen Gesetze und Reformkonzeptionen in einen systematischen Zusammenhang zu stellen. Die Reaktion auf dem Parteitag und in der Öffentlichkeit war überschwänglich. Die stellvertretende Parteivorsitzende Angela Merkel, die neben mir auf dem Podium saß, meinte nach der Rede, nun wisse sie wieder, warum sie in der CDU sei. Und ein Mitarbeiter sagte mir anschließend zu meiner Verwunderung, er habe das Gefühl gehabt, dass die Leute erstmals verstanden hätten, was wir da eigentlich so trieben. Aber wahrscheinlich war es genau das: Was für viele wie Flickwerk ausgesehen hatte, bekam durch die Art der Darstellung plötzlich Sinn und Ziel. Man erkannte mit einem Mal eine Perspektive für die Zukunft. Und danach sehnten sich alle.

Die Reaktion von Kohl allerdings zeigte die spezifischen Fähigkeiten, mit denen er in der Folgezeit – vor und nach der Bundestagswahl 1998 – allen vermeintlichen oder tatsächlichen Ansätzen entgegenwirkte, die seinen beherrschenden Einfluss damals als Bundeskanzler und Parteivorsitzender unmittelbar auf die Geschicke des Landes, später mittelbar auf die Union zu relativieren oder gar einzuschränken schienen. Ich war sofort nach dem Ende des Parteitags gut gelaunt zum Flughafen gefahren, wo ich zusammen mit der damaligen Umweltministerin Angela Merkel und einigen Bundestagskollegen in einer Maschine der Flugbereitschaft der Bundeswehr auf den Rückflug nach Bonn wartete. Doch die Maschine stand und stand, und nachdem ich mich erkundigt hatte, was der Grund für die Verzögerung sei, erfuhr ich, dass wir erst abfliegen dürften, wenn auch die Maschine des Kanzlers gestartet sei. Das war Sicherheitsvorschrift: Sollte nämlich die Kanzlermaschine aus irgendeinem Grund ausfallen, musste eine Ersatzmaschine unmittelbar zur Verfügung stehen. Wir saßen schon über eine halbe Stunde in der Maschine, als endlich die Wagenkolonne des Kanzlers auftauchte und auch wir starten konnten.

Erst als ich am späten Nachmittag in meinem Bonner Büro saß und mein Pressesprecher mir mit bedenklichem Gesicht einige frische Agenturmeldungen hereinreichte, erfuhr ich den Grund für die Verzögerung. Kohl hatte, nachdem die Parteitagsdelegierten sich auf den Heimweg gemacht hatten, ein Fernsehinterview gegeben. Darin hatte er verkündet, dass er mich als seinen Nachfolger im Amt wünsche. Obwohl er das nicht zum ersten Mal in mehr oder weniger offener Form gesagt hatte, wirkte diese Äußerung unter dem Eindruck des beendeten Parteitags auf die Journalisten wie eine Sensation. Meine spontane Einschätzung war, dass er sich und mir damit keinen Gefallen getan hatte. Vor allem er würde sich ab sofort bohrenden Fragen ausgesetzt sehen, wann denn der Wechsel stattfinden werde. Und für mich sah ich natürlich vorher, dass ich nun permanent in der Verlegenheit war, dazu irgendwie Stellung zu beziehen.

Ich rief ihn an und fragte unter Hinweis auf die zu erwartenden Folgen, ob er sich das eigentlich gut überlegt habe. Kohl meinte, er sehe da überhaupt kein Problem. Doch einen Tag später bekundete er öffentlich, bei der Bundestagswahl im September 1998 selbstverständlich für die vollen vier Jahre einer Legislaturperiode antreten zu wollen. Eine Nachfolge fünf Jahre später? Ich hatte jeden Anschein eines »Kronprinzenschicksals« schon seit 1991 entschieden von mir gewiesen. Außerdem war ich der festen Überzeugung, dass Kohl letzten Endes niemals freiwillig abtreten würde. Umso mehr empfand ich den Vorgang als abträglich für ihn und unsere Wahlchancen. Bereits 1994 hatte es kurz vor der Bundestagswahl eine Parallele mit schädlichen Wirkungen gegeben. Damals hatte Kohl, offensichtlich unbedacht, in einem Fernsehinterview angekündigt, dass er eigentlich nicht die ganze Legislaturperiode im Amt bleiben wolle. Zwar sprach er nicht über einen Nachfolger, doch das Echo war auch so problematisch: Kohl als Kanzler auf Abruf.

Die Äußerungen nach dem Leipziger Parteitag ordnete ich zunächst in die Kategorie »Gut gemeint!« ein. Obwohl in der Presse anschließend des Langen und des Breiten über Sinn und Hintersinn der Kohl-Worte spekuliert wurde und auch der Gedanke auftauchte, er habe mich in Wahrheit nach dem großen Erfolg meiner Parteitagsrede wieder einfangen und zeigen wollen, wer der Chef sei, konnte ich mir eine bewusst intrigante Aktion Kohls nicht vorstellen. Andere allerdings urteilten anders und härter.

Für mich hatte die ganze Geschichte die unangenehme Folge, dass nahezu alles, was ich von da ab unternahm oder öffentlich äußerte, nicht zuletzt unter dem Gesichtspunkt geprüft wurde, ob ich damit meine Kanzlerkandidatur vorbereite. Jedes Wörtchen wurde auch parteiintern auf der Goldwaage gewogen, und ich musste höllisch aufpassen, nicht plötzlich durch unbedachte Äußerungen in die Rolle des potenziellen Königsmörders zu geraten. Dass ich spätestens seit Leipzig als Hoffnungsträger der CDU galt, fand ich demgegenüber unproblematisch, weil davon auszugehen war, dass sich das eher positiv für die Partei insgesamt auswirkte.

Angesichts deprimierender Umfrageergebnisse in den ersten Monaten des Jahres 1998 nahmen in den Medien die Spekulationen zu, ob die Union nicht doch mit einem anderen Kandidaten in die Wahl gehen werde. Kohl verkündete daraufhin offiziell auch auf Drängen der CSU aus seinem Osterurlaub, dass er erneut anzutreten gedenke. Er hatte mir das vorab telefonisch mitgeteilt. Die CSU war schon deshalb gegen die Festlegung auf einen Kanzlernachfolger aus der CDU, weil sie sich eigene Optionen für diesen Fall nicht von vornherein nehmen lassen wollte. Außerdem hatte sie zu diesem Zeitpunkt offenbar nicht die geringste Lust, sich mit der Frage überhaupt ernsthaft auseinander zu setzen. Kohls Ankündigung fand in der CDU nicht nur ungeteilten Beifall. Dennoch: Zu einer intensiven Personaldebatte kam es im Vorfeld der Bundestagswahl nicht. Biedenkopf und Geißler haben es versucht, das Resultat war vorhersehbar. Biedenkopf war äußerst ungehalten darüber, dass Kohl seine Kandidatur im Urlaub verkündet hatte, ohne dies vorher zum Thema in den Führungsgremien zu machen. In einem Brief an das Parteipräsidium beklagte er, dass vor dem Hintergrund der langen Regierungszeit eine Entscheidung von solcher Tragweite zumindest im Präsidium hätte sorgfältig beraten werden müssen. Vor allem vermisste er eine mit dem Kandidaten verknüpfte programmatische Perspektive. Der Brief wurde den Mitgliedern des Präsidiums zur Kenntnis gegeben. Eine Diskussion darüber erfolgte nicht.

Meine Überzeugung war immer, dass Kohl aus seiner Partei heraus nicht ohne zerstörerische Folgen gestürzt werden konnte – und wegen dieser Folgen auch nicht gestürzt werden durfte. Darüber hinaus hatte Kohl auch die Koalition immer zusätzlich zu seiner Machtabsicherung eingesetzt. Vor 1998 waren Diskussionen über einen personellen Wechsel sofort als Koalitionsdebatte – weg von der FDP, hin zur großen Koalition – interpretiert worden. Deshalb waren die Liberalen für Kohl immer eine sichere Bank. Aber selbst wenn die Koalitionsfrage davon nicht berührt gewesen wäre, hätte man das Risiko einer geheimen Kanzlerwahl im Bundestag angesichts der knappen Mehrheitsverhältnisse niemals vertreten können. Als schließlich führende FDP-Politiker 1998 angesichts der düsteren Aussichten für die Bundestagswahl dann doch über einen Personalwechsel an der Regierungsspitze nachzudenken begannen, wäre eine solche Debatte vielleicht mit der CDU, mit Sicherheit zu diesem Zeitpunkt aber nicht mit der CSU zu führen gewesen.

5. Kanzlerkandidat Schröder

Die SPD hatte den für sie gefährlichen Teil der Blockadestrategie gut verkraftet. Der Wahlkampf 1998 stand zu kurz davor, als dass aus dem Scheitern aller Einigungsbemühungen Ende 1997 noch viel Schaden hätte entstehen können. Außerdem war die Landtagswahl in Niedersachsen am 1. März 1998 zum Plebiszit über den sozialdemokratischen Kanzlerkandidaten ausgestaltet worden. Die Art, wie es Lafontaine und Schröder gelang, ihre persönliche Rivalität und gegenseitige Abneigung über Monate hinweg in der Öffentlichkeit beiseite zu schieben, gehört zu den großen Leistungen vor allem von Lafontaine auf dem Weg zum rot-grünen Wahlsieg im September 1998. Dabei stellten sie die vermeintlich ehernen Erfahrungsgrundsätze aller Wahlstrategen, dass Personalspekulationen schädlich sind, weil sie nach Streit riechen, geradezu auf den Kopf. Denn im Gegenteil führte die ungeklärte Kanzlerkandidatenfrage der SPD zu einem permanent hohen und grundsätzlich freundlichen Aufmerksamkeitspegel. Die Frage, wer am Ende aus dem Rennen als Sieger hervorgehen werde, machte die SPD interessant. Mit der Zuspitzung auf das niedersächsische Wahlergebnis – wie viel muss Schröder holen, um antreten zu können – wurde es geradezu spannend. Dass Lafontaine bei dieser Strategie seine eigenen Chancen marginalisierte, gehört für mich zu den ungelösten Rätseln dieses sonst so durchsetzungsfähigen Politikers. Lafontaine wurde im Gegensatz zu Schröder von der Partei geliebt. Hätte er seinen Anspruch rechtzeitig offen angemeldet, wäre ihm die Kanzlerkandidatur kaum streitig zu machen gewesen. Indem er jedoch die Niedersachsenwahl als vorentscheidendes Datum akzeptierte, war er ein Gefangener von Umständen, die er nicht mehr unmittelbar beeinflussen konnte. Der Ärger über seine eigene Fehleinschätzung könnte eine erste Ursache für seinen abrupten Rückzug aus der Politik ein Jahr später gewesen sein.

Jedenfalls markiert das Datum der Niedersachsenwahl den Beginn eines gewaltigen Aufschwungs der SPD und ihres von da ab feststehenden Kanzlerkandidaten Schröder. Die Meinungsumfragen dokumentierten es zu unserem Leidwesen von Woche zu Woche. Irgendwie gefälliger modern, der Eindruck von Bewegung ohne zu sagen wohin, ein weniger verbrauchtes Gesicht – das alles passte zu dem aufgestauten Bedürfnis nach Veränderung, nach Wechsel, gegen das die Union nach 16 Jahren Regierungsverantwortung letztlich machtlos war. Münteferings Wahlkampagne hat diese Grundstimmung zwar aufgenommen, in der Substanz aber viel weniger zum Stimmungsumschwung beigetragen, als öffentlich gemutmaßt wird. Die »Kampa-Legende« besteht darin, dass es die Wahlkampfzentrale Kampa gab. Allein ihre Existenz und weniger, was dort ausgebrütet wurde, war Anlass für ständige Medienberichterstattung und deshalb ein Wert an sich. Programmatik spielte eine völlig untergeordnete Rolle. Es kam auf Äußerlichkeiten, auf Verpackung, auf Inszenierung an. Die Medien wollten Bilder haben. Insoweit war die Kampagne dann symptomatisch nicht nur für Schröders Wahlkampf.

Höhepunkt war Schröders Nominierungsparteitag. Eine unter Showgesichtspunkten perfekte Inszenierung mit detaillierten Regieanweisungen für die Matadore (»Winken bis zum Ende der Musik«) überschritt zwar für meinen Geschmack die Grenze zur Lächerlichkeit. Doch die Wirkung der Bilder im Fernsehen war eine andere. Was auch manche Kommentatoren in den Medien eher peinlich berührte, kam dennoch an, weil es irgendwie zum Neuen, zum Modernen, zum propagierten Wechsel passte. Als Schröder einige Tage später im Bundestag auftrat, erlitt er einen deutlichen Rückschlag. Eine hölzern vorgetragene, an Plattitüden und Sprechblasen reiche, an inhaltlicher Substanz umso ärmere Rede konnte ich genüsslich und zum großen Vergnügen nicht nur der Regierungsfraktionen auseinander pflücken. Das Presseecho war für den frisch gebackenen Kanzlerkandidaten wenig erfreulich. Aber wieder einmal machten wir die Erfahrung, dass der Eindruck im Plenarsaal des Bundestages nicht notwendig mit dem öffentlichen Bewusstsein deckungsgleich ist. Schröder traf ein Gefühl, und das fragte nicht nach seinen politischen Lösungsvorschlägen.

6. Zukunftsprogramm – oder:
Wie man eine Chance vernichtet

Dem vorherrschenden Eindruck von Reformstau und der anwachsenden Wechselstimmung nach 16 Jahren Regierungszeit versuchten wir mit einem Zukunftsprogramm entgegenzuwirken, das unter meiner Leitung in einer Parteikommission erarbeitet wurde. Es sollte auf dem Parteitag in Bremen im Mai als Grundlage für unser Regierungsprogramm verabschiedet werden. Es war der Versuch einer politisch nicht ganz ungefährlichen Gratwanderung. Denn einerseits wollten wir nach 16 Jahren Regierungszeit auf eine allzu selbstgerecht erscheinende Erfolgsbilanz verzichten – was für ein

Parteiprogramm ja eher untypisch ist. Andererseits durften wir aber auch den für die Zukunft notwendigen Reformbedarf nicht als Kritik an unseren bisherigen Leistungen oder Unterlassungen erscheinen lassen. Deshalb gingen wir einen konzeptionell neuen Weg. Zunächst versuchten wir, die moderne Wirklichkeit und die rasanten Veränderungen in ihr ohne Beschönigungen zu beschreiben, womit zugleich aus der Realität der Moderne heraus der tatsächliche Reformbedarf ehrlich und ungeschminkt erläutert werden konnte. Das war vor allem der erste, »narrative« Teil des Programms. Darauf aufbauend leiteten wir dann aus unseren Grundwerten Antworten für die künftige Richtung unserer Politik ab, ohne dabei den ohnedies unglaubwürdigen Anspruch perfektionistischer Lösungen durch staatliche Regulierung zu erheben. Mit dieser realistischen Beschreibung der modernen Wirklichkeit, ihrer rasanten Veränderungen und der Begrenztheit staatlicher Lösungsmöglichkeiten ließ sich überzeugend unser stärkeres Vertrauen auf subsidiäre Selbstregulierung einer wertegebundenen, freiheitlich verfassten Gesellschaftsordnung begründen. Damit hatten wir einen weitaus substanzielleren Lösungsansatz für die anstehenden Probleme als unsere politische Konkurrenz.

Schon während der Kommissionsberatungen hatten wir zunehmend das Gefühl, dass da etwas bemerkenswert Gutes im Entstehen war. Am Ende unserer letzten Sitzung klatschten die Beteiligten spontan Beifall, und wir gingen in dem Bewusstsein auseinander, ganze Arbeit geleistet zu haben. In der öffentlichen Kritik wurde denn auch kaum bestritten, dass unser Zukunftsprogramm substanzieller und moderner war als die Angebotspalette der Konkurrenz.

Aber auch bei diesem viel gelobten Zukunftsprogramm kam es bei der Präsentation zu überflüssigen Irritationen, die freilich nicht der reine Zufall waren. Wir standen ein wenig unter Zeitdruck, weil wegen der einzuhaltenden Fristen das Programm rechtzeitig in die Parteigliederungen gegeben werden musste, damit es im Mai beschlossen werden konnte. Das hieß konkret, dass es noch vor Ostern verschickt werden musste. Mit der CSU hatten wir vereinbart, im Sommer eine gemeinsame Wahlplattform auszuarbeiten, die sowohl auf unserem Zukunftsprogramm als auch auf einem von der CSU noch zu beschließenden Papier basieren sollte. In der letzten Sitzungswoche vor Ostern übergab ich dem CSU-Vorsitzenden Waigel ein Exemplar unseres frisch gebackenen Zukunftsprogramms und teilte ihm in Absprache mit Helmut Kohl mit, dass ich es in einigen Tagen der Öffentlichkeit präsentieren wolle, weil es dann ohnehin verschickt werden müsse. Waigel hatte keine Einwände.

Obwohl die Journalisten das Papier erst bei der überfüllten Pressekonferenz in die Hand bekamen, wurden zu meiner Verwunderung gleich die ersten Fragen zu einem auf Seite 35 versteckten Halbsatz gestellt, in dem es mit nahezu deckungsgleichen Formulierungen aus der Koalitionsvereinbarung vom Herbst 1994 um ökologische Elemente in der Steuerpolitik ging. Insbesondere interessierten sich die fragenden Journalisten dafür, ob dieser Punkt mit der CSU abgestimmt sei. Da wir darüber nicht gesprochen hatten, beschränkte ich mich auf den Hinweis, dass natürlich die Präsentation des Programmentwurfs dem CSU-Vorsitzenden bekannt, im Übrigen die konkrete Sachfrage nichts Neues sei. Dennoch beschlich mich ein ungutes Gefühl, zumal die zufrieden lächelnden Mienen der Fragesteller den Schluss nahe legten, dass sie nicht von selbst auf diese Fragen gekommen sein konnten.

Tatsächlich entwickelte sich innerhalb weniger Tage eine völlig verquere Nachrichtenlage, die in Überschriften wie »Schäuble will Ökosteuer« und »Riesenkrach in der Union« gipfelten. Postwendend hatte nach der Pressekonferenz der Generalsekretär der CSU öffentlich wissen lassen, mit ihnen sei eine Ökosteuer nicht zu machen. Andere in der CSU wurden mit Vermutungen zitiert, ich plane einen Linksruck der CDU und eine Annäherung an die SPD. Spätestens als dann auch noch Äußerungen in den Zeitungen zu lesen waren, eine Kanzlerkandidatur Schäubles werde von der CSU nicht mitgetragen, war mir klar, dass die Erregung in der Sache vorgeschoben war.

Die »Osterfestspiele« taten ihre Wirkung. Das Zukunftsprogramm ging erst einmal unter. Kommentatoren, für die die plötzliche Personalisierung des völlig überflüssigen Krachs ein gefundenes Fressen war, stellten die scheinheilige Frage: »Was will Schäuble?« Auch in der CDU wurden einige nervös, und es erhoben sich hier und da kritische Stimmen gegen eine Ökosteuer, so als sei das die

Hauptaussage des Programms. Dafür hielten sich diejenigen in der CDU, vor allem die Mitglieder der Zukunftsprogrammkommission, die mich hätten verteidigen können und müssen, über die Ostertage auffällig zurück. Auch von Helmut Kohl war kein Wort zu vernehmen. Erst in der Bundesvorstandssitzung am 20. April kritisierte Kohl die »ebenso schädliche wie unsinnige« Diskussion der letzten Wochen und stellte fest, es habe für die CSU nicht den geringsten Grund gegeben, eine derartige Entwicklung in Gang zu setzen. Die anderen Bundesvorstandsmitglieder gaben ihrem Ärger noch weit drastischer Ausdruck. Insbesondere erschien allen das Faktum als absurd, dass von der Schwesterpartei und aus der Koalition heraus zu Beginn des Wahljahres ein Streit mit all den hineingepackten Verdächtigungen über eine Frage vom Zaun gebrochen worden war, die wir schon 1994 einvernehmlich in der Koalition besprochen hatten. Später wurde mir berichtet, Mitarbeiter aus dem Kanzleramt hätten zwei der Journalisten, die dann auf der Pressekonferenz fragten, einen Tag vorher mit einem Textentwurf versorgt und darauf aufmerksam gemacht, dass die Sache mit den ökologischen Elementen auf entschiedenen Widerstand der CSU stoßen würde. Und am Vorabend der Pressekonferenz, so hieß es weiter, sei genau das in einem Hintergrundgespräch des CSU-Generalsekretärs mit einigen wenigen, darunter auch diesen beiden Journalisten, ausdrücklich bestätigt worden. Sie seien also offensichtlich munitioniert gewesen.

Was immer von wem mit welcher Zielrichtung tatsächlich beabsichtigt gewesen sein mag oder nicht – dass mir wieder einmal irgendwelche Hintergedanken unterstellt worden waren, ärgerte mich weniger als die Tatsache, dass das hervorragende Zukunftsprogramm durch den Hauskrach die erhoffte Wirkung verfehlte. Die positive Botschaft, die wir so dringend benötigten, ging in der hitzigen Debatte zwischen CDU und CSU unter. Nur der Vollständigkeit halber sei noch erwähnt, dass natürlich auch die FDP vehement gegen »Ökosteuern« polemisierte, und so wiederholte sich fast deckungsgleich die interne Debattenlage vom Dezember 1997, als an ebendiesem Punkt wegen Meinungsverschiedenheiten in der Koalition die letzten Einigungsbemühungen mit der SPD in Sachen Steuerreform scheiterten. Als das Zukunftsprogramm unter vielen Lobesworten in Bremen verabschiedet wurde, musste ich wehmütig daran denken, welche große Chance wir uns selbst kaputtgemacht hatten. Es war letzten Endes auch Ausdruck von innerer Erschöpfung einer Koalition, die in 16 Jahren angesichts schwindender Wahlaussichten müde geworden war.

7. Letzte Versuche, die Niederlage abzuwenden.

Seit der Nominierung Schröders zum Kanzlerkandidaten der SPD entwickelten sich die Umfragewerte für uns noch schlechter als zuvor. Wir gaben uns in der Öffentlichkeit weiter zuversichtlich, dass wir natürlich die Bundestagswahl gewinnen würden. Doch der Glaube daran schwand in den Führungsgremien der Partei immer mehr. Nur wurde darüber nie offen geredet. Als im späten Frühjahr die Perspektiven für den Wahlausgang ziemlich trostlos aussahen, kam es innerhalb der CDU noch einmal zu Erörterungen, ob nicht die Ankündigung eines Kanzlerwechsels nach der Wahl das Blatt doch noch wenden könnte. Manche sprachen sich sogar dafür aus, schon auf den Wahlplakaten ein neues Gesicht zu zeigen. Für alle war klar, dass eine solche Entscheidung nur von Kohl selbst ausgehen konnte, und viele waren dafür, mit ihm zu reden, wobei als geeigneter Zeitpunkt und Anlass die endgültige Entscheidung des Europäischen Rates über die Einführung des Euro erschien. Allerdings wollte niemand von denen, die plötzlich auf radikale Veränderung drängten, selbst zu Kohl gehen. Stattdessen klopften sie der Reihe nach bei mir an und deponierten ihre Sorgen auf meinem Schreibtisch.

Da auch mich selbst der drohende Wahlausgang und die sich daraus ergebenden Folgen für die Union umtrieb, nahm ich es schließlich auf mich, mit dem Kanzler zu reden. Aber das Gespräch bestätigte schnell meine Vermutung, dass eine Bereitschaft geschweige denn Initiative, das Feld zu räumen, von ihm überhaupt nicht zu erwarten war. Auf meine Aussage, mit ihm als Kandidat sei die Bundestagswahl für die Union nicht mehr zu gewinnen, antwortete er – gegen seine Gewohnheit ohne Umschweife –, er sei im Gegenteil ganz sicher zu gewinnen. Und er fügte sofort hinzu, die unterschiedliche Beurteilung dieser einen Frage werde ja wohl an der Loyalität unserer Zusammenarbeit nichts ändern. Womit er, wie er wusste, Recht hatte.

Für mich blieb als offene Frage, wie es dennoch gelingen könnte, auch mit dem Kandidaten Kohl den Schröder-Nimbus des Neuen, Modernen, Unverbrauchten einigermaßen zu kontern. In Absprache mit Kohl entwickelte ich im Bundesvorstand eine mit Beifall akzeptierte Linie, die der durchgestylten Lächeloffensive des SPD-Kandidaten eine seriöse politische Substanz der CDU entgegensetzte. Es war völlig klar, dass nach 16 Jahren eine auf Kohl zugespitzte Personalisierung, wie sie 1994 im Wahlkampf noch gelungen war, diesmal nicht mehr ziehen konnte. Im »Kampf der Gesichter« musste er gegenüber Schröder den Kürzeren ziehen. Da es Schröders Problem war, dass er mit der SPD-Programmatik kaum in Deckung gebracht werden konnte, bestand unsere einzige Chance, das Blatt noch einmal zu wenden, darin, seine inhaltlichen Defizite bloßzulegen. Der Angriff musste also auf die Substanzlosigkeit des SPD-Kandidaten zielen. Gleichzeitig musste es unser Bestreben sein, den zukunftsorientierten Reformansatz unserer Politik so griffig in Wort und Bild zu kleiden, dass Seriosität und Solidität des Unionsangebots eine hinreichende Attraktivität entwickelten. Zu meiner Überraschung sah ich kurze Zeit später meine Ausführungen vor dem Bundesvorstand in voller Länge im *Spiegel* dokumentiert, versehen mit der redaktionellen Kommentierung, die CDU glaube nicht mehr daran, mit Kohl die Wahl gewinnen zu können. Da allerdings auch der *Spiegel* erste Zweifel an Schröders Showkampagne hegte, konzedierte er immerhin, dass die skizzierte Alternativlinie der CDU eine gewisse Logik für sich habe. Kohl rief mich ziemlich ungehalten an und wollte wissen, wie der Text in das Magazin – das er niemals las – hineingeraten sei. Da ich es nicht wusste, konnte ich die Frage auch nicht beantworten. Aber ich spürte ein unverhohlenes Misstrauen.

Das Echo auf die *Spiegel*-Veröffentlichung bestärkte mich in meiner Einschätzung, dass wir richtig lagen. Doch schon die mühsame Formulierung der gemeinsamen Wahlplattform mit der CSU desillusionierte mich, weil wieder einmal sorgfältig alle unbequem erscheinenden Wahrheiten vermieden wurden und am Ende ein glatt geschliffenes Durchschnittsprodukt übrig blieb, das die öffentliche Auseinandersetzung kaum lohnte. Als in der Phase der konkreten Wahlkampfvorbereitung dann nicht einmal die Entwürfe der Wahlplakate der CDU-Führungsspitze zur Begutachtung präsentiert wurden, bestand kaum noch ein Zweifel, dass ein enger Beraterzirkel um Kohl einen Wahlkampf vorbereitete, der mit der von mir vorgeschlagenen Linie nicht mehr viel gemein hatte.

Da die Perspektiven für den Wahlausgang gleichmäßig schlecht blieben, befassten sich öffentliche und interne Diskussionen zunehmend mit den Folgen für den Fall, dass es der Koalition nicht mehr zur Mehrheit reichen werde. Die meisten Wetten standen auf einer großen Koalition, eine rot-grüne Regierung folgte mit Abstand. Ich hielt die große Koalition, für die sich von *Spiegel* über *Stern* bis *Zeit* und *Woche* selbst Chefredakteure die Finger wund schrieben, für sehr unwahrscheinlich. Sie hätte ein Wahlergebnis vorausgesetzt, bei dem weder die alte Koalition noch Rot-Grün eine Mehrheit gehabt hätten, die PDS-Stimmen also den Ausschlag hätten geben müssen. Doch selbst in diesem Falle wäre es noch entscheidend darauf angekommen, ob CDU/CSU oder SPD stärkste Fraktion würden, also den Anspruch auf den Kanzler anmelden könnten. Kohl hatte es immer weit von sich gewiesen, Kanzler einer großen Koalition sein zu wollen. Ich war mir da nicht so sicher. Würde die Union stärkste Fraktion, ohne dass es mit der FDP zur Mehrheit reichte, hätte es mich nicht überrascht, wenn Kohl in einer großen Koalition mit der SPD weitergemacht hätte. Ob allerdings Schröder darauf verzichtet hätte, notfalls auch mithilfe der PDS-Stimmen gegen Union und FDP Nummer eins zu werden, bezweifelte ich doch sehr. Den anders lautenden Beteuerungen im Wahlkampf glaubte ich jedenfalls nicht. Insofern hätte es uns nichts genutzt, wenn wir – was äußerstenfalls denkbar gewesen wäre, aber eben höchst unwahrscheinlich erschien – mit knappem Vorsprung vor der SPD gelegen hätten. Würde umgekehrt die SPD stärkste Kraft, war nach meiner Einschätzung eine rot-grüne Mehrheit schon deshalb wahrscheinlich, weil die Grünen vorhersehbar stärker als die FDP abschneiden würden. Jede für CDU und CSU theoretisch denkbare Regierungskonstellation mit der SPD, dessen war ich mir sicher, hätte zu einer Zerreißprobe mit kaum absehbaren Folgen zwischen den Schwesterparteien geführt, weil die CSU gegenüber CDU und SPD schon nummerisch drastisch an Bedeutung verlieren würde. Dass die Union sich als Juniorpartner an einer großen Koalition beteiligen könnte, war im Übrigen auch für mich keine verlockende Vorstellung. Ich hielt ein solches Wahlergebnis auch nicht für wahrscheinlich. Immerhin, die öffentlichen

Spekulationen konzentrierten sich auf diese Variante und in der Konsequenz auf die Frage, wer bei der CDU auf Kohl folge. Es ging immer nur um zwei Namen: Volker Rühe und mich. Beide hatte Kohl ja auch schon Anfang der Neunzigerjahre abwechselnd zum Nachfolger ausgerufen.

8. In Sorge um die CDU –
Überlegungen für die Zeit nach der Wahl

Am 21. August 1998 setzten wir beide uns in Hamburg zusammen. Unser Anliegen war, die Union nach jedem denkbaren Wahlergebnis als große integrierende Volkspartei der Mitte zukunftsfähig zu halten. Für den vorhersehbaren Fall einer Niederlage und den damit verbundenen Gang in die Opposition war klar, dass die Lage der Union sehr viel kritischer als 1969 sein würde. 1969 war die CDU/CSU als klar stärkste Fraktion (knapp unterhalb der absoluten Mehrheit) durch die beiden anderen Parteien SPD und FDP von der Regierung verdrängt worden. Außerdem verfügte die Union damals im Bundesrat über eine starke Position. 1998 hingegen hatten wir neben der CSU-Regierung in Bayern nur noch die CDU-FDP-Koalition in Baden-Württemberg, eine CDU-Regierung in Sachsen und vier große Koalitionen in Thüringen, Mecklenburg-Vorpommern, Berlin und Bremen, die letztere SPD-geführt. Mit Ausnahme von Bayern und Baden-Württemberg standen in allen diesen Ländern bis Ende 1999 Landtagswahlen an (Mecklenburg-Vorpommern wählte bereits am Tag der Bundestagswahl). Die Aussichten im Sommer 1998 konnten uns also nicht sehr fröhlich stimmen. Außerdem hatte sich unsere strategische Lage gegenüber 1969 auch im Bundestag erheblich verschlechtert. Seinerzeit gab es nur drei Fraktionen, sodass Mehrheitsbildungen entweder durch die FDP oder durch eine absolute Mehrheit zustande kamen. 1998 war aber mit fünf Fraktionen im Bundestag zu rechnen, wobei die SPD mit jeder der anderen Parteien (CSU ausgenommen) in mindestens einem Bundesland koalierte, die CDU aber neben den großen Koalitionen nur mit der FDP. Unsere Optionen waren also sehr beschränkt. Die Chancen für eine absolute Mehrheit waren bei fünf Fraktionen und den großen strukturellen Unterschieden im Wählerpotenzial im wiedervereinten Deutschland gleich null.

Was uns zusätzlich große Sorgen machte, war die finanzielle Lage der CDU. Der Spendenzufluss hatte sich seit Jahren zu einem immer schmaleren Rinnsal entwickelt. Wenn wir die Wahl verlieren würden, war nicht zu erwarten, dass die Quellen wieder stärker sprudelten, im Gegenteil. Außerdem bedeutete eine Niederlage am 27. September niedrigere Wahlkampfkostenerstattung, eine sogar erhebliche, je nachdem wie schlecht unser Ergebnis sein würde. Und schließlich standen wir vor der unerfreulichen Tatsache, dass offensichtlich keinerlei finanzielle Vorsorge für künftige Zeiten getroffen worden war. Zwar hatten die Mitglieder der Führungsgremien der CDU noch nie wirklich reinen Wein in Sachen Parteifinanzen eingeschenkt bekommen, doch so viel war für uns auch damals erkennbar. Umso mehr beunruhigte es uns, dass auch im Wahlkampf 1998 keinerlei Rücksicht auf die klamme Finanzlage genommen und die finanziellen Ansätze für den Wahlkampf offensichtlich bei weitem überschritten wurden.

Volker Rühe und ich hatten vor diesem in jeder Beziehung trostlosen Hintergrund wenig Probleme, uns über unsere Aufgaben nach dem 27. September 1998 zu verständigen. Es ging für den wahrscheinlichen Fall der Wahlniederlage und einer rot-grünen Regierung um nicht weniger als um den Erhalt einer großen, potenziell mehrheitsfähigen Union als Volkspartei der Mitte. Sie musste auch nach dem Verlust der Regierungsverantwortung genügend Integrationskraft entwickeln, um das Aufkommen radikaler Parteien am rechten Rand des politischen Spektrums zu verhindern. Die Erfahrungen in anderen europäischen Ländern mussten uns alarmieren. Dabei dachte ich weniger an Italien, weil die Strukturen und Prozesse, die dort zum Zerfall der Democrazia Cristiana und zur Zerstörung des italienischen Parteiensystems der Nachkriegszeit geführt hatten, spezifische Ursachen hatten. Auch die französische Entwicklung mit dem langen Leidensweg christlich-demokratischer Parteien schien mir nicht übertragbar, wenngleich die Schwäche des bürgerlichen Lagers und der Erfolg Le Pens genügend Stoff zum Nachdenken auch für uns bot. Österreich war da schon eher mit unserer Situation vergleichbar, wobei allerdings die Lehre insbesondere die war, dass eine lang andauernde große Koalition, in der die Christdemokraten lediglich Juniorpartner sind, einer bürgerlichen Partei nicht gut bekommt und populistische Protestströmungen hochzüchtet. Am meisten beschäftigte mich die Erfahrung der Niederlande, wo nach jahrzehntelanger maßgeblicher Regierungsverantwortung die Christdemokraten in der Opposition auf einen Wähleranteil von unter 20 Prozent abgefallen waren und sich, nach außen kraftlos und nach innen streitsüchtig, einem wenig amüsierten bürgerlichen Publikum zunehmend entfremdeten. Dass sich unsere Freunde in den Niederlanden mittlerweile schon über Wahlergebnisse von 24 Prozent wieder freuen können, sei ihnen herzlich gegönnt. Vorbildfunktion für die CDU konnte das nicht haben.

Wie auch immer Ursachen und Konstellationen in den einzelnen europäischen Ländern sind, Deutschland ist das einzige europäische Land, in dem eine Volkspartei der Mitte, gegründet auf einem am christlichen Menschenbild orientierten Fundament, über alle Zeitstürme hinweg mehrheitsfähig geblieben war. Die Bundesrepublik Deutschland, ja die europäische Nachkriegsgeschichte wäre ohne die Stabilität des deutschen Parteiensystems anders, im Zweifel weniger glückhaft verlaufen. Dieses Parteiensystem ist zu einem wesentlichen Teil durch CDU und CSU geprägt worden. Die Größe und die Schwierigkeit unserer Aufgabe bestanden darin, auch nach einer Wahlniederlage diese stabilisierende Funktion der Union für die Zukunft zu erhalten. Wir durften auf keinen Fall in eine Entwicklung hineinschlittern, in der die Union sich durch interne Auseinandersetzungen selbst um ihre Integrationskraft bringen und damit in einen kaum aufhaltbaren Abwärtsstrudel geraten würde. Die Bewältigung dieser Aufgabe musste notwendigerweise vor allem denjenigen obliegen, die in den 16 Jahren Regierungsverantwortung eine maßgebliche Rolle gespielt hatten und gleichzeitig noch in der Lage waren, unter veränderten Rahmenbedingungen Führungsverantwortung für die Union zu übernehmen.

Es ging uns dabei überhaupt nicht um die Frage, wer nächster Kanzler oder Kanzlerkandidat der Union sein würde. Unser Thema war, wie verhindert werden konnte, dass aus einer Wahlniederlage der Union eine dauerhafte Schwächung nicht nur der CDU werden würde.

Ich sah meine Rolle auch nach der Bundestagswahl, unabhängig vom Wahlausgang, in der Fraktion, während Volker Rühe im Falle einer Regierungsbeteiligung der Union nach unser beider Überzeugung in der Regierung geblieben wäre. In der Frage des Parteivorsitzes stimmten wir in der Einschätzung überein, dass meine Integrationskraft größer sein würde als die seine. Wir haben beide dieses Gespräch nicht vergessen, und es hat dazu beigetragen, dass niemand – innerhalb oder außerhalb der Union – uns in den kommenden schwierigen Wochen gegeneinander ausspielen konnte.

II. Nach der Bundestagswahl – Eine Volkspartei auf der Intensivstation

1. Vom Wahlabend zur Kandidatur

Es kam, wie es kommen musste. Als ich am Nachmittag des 27. September 1998 von Gengenbach nach Bonn fuhr, war die einzig verbliebene Frage, wie schmerzlich die Niederlage werden würde. Kohl hatte mich nicht angerufen, was er sonst an Wahltagen immer tat. Entgegen sonstiger Übung war ich diesmal auch nicht vom Bundesgeschäftsführer mit den Zahlen der Wahlprognosen versorgt worden, die in der Regel ab 16 Uhr vorab vertraulich zur Verfügung gestellt werden. Die sagte mir dann mein Pressesprecher, nachdem ich im Konrad-Adenauer-Haus angekommen war. Meine schlimmsten Befürchtungen schienen sich zu bestätigen. Einige Präsidiumsmitglieder, darunter Norbert Blüm und Erwin Teufel, gesellten sich zu mir. Sie waren sehr betroffen, als sie die Prognosezahlen hörten. Schließlich tauchte auch Volker Rühe auf. »Das war's dann wohl«, sagte er nur.

Ein Mitarbeiter des Konrad-Adenauer-Hauses unterrichtete uns, dass Kohl mit seinen engsten Vertrauten eingetroffen sei und sich in das kleine Präsidiumszimmer begeben habe. Wir gingen mit den anderen hinüber. Es herrschte gedrückte Stimmung, viel zu besprechen gab es ohnehin nicht. Gegen 18.30 Uhr begab sich Kohl mit den anwesenden Präsidiumsmitgliedern in den großen Saal, wo sich Pressevertreter, Mitarbeiter des Adenauer-Hauses und viele Gäste auf der Wahlparty drängten. In einer kurzen, würdigen Erklärung räumte er die Niederlage und das Ende seiner Regierungszeit ohne Umschweife ein. Er kündigte an, auf dem Parteitag am 7. November 1998 auch nicht mehr als CDU-Vorsitzender zu kandidieren. Ich war nicht mit auf das Podium gegangen, weil ich mir im Rollstuhl das Gedränge ersparen wollte. Auch Volker Rühe war nicht mitgegangen und leistete mir Gesellschaft. Während durch die Fenster der Lärm von der Siegesfeier der nur hundert Meter entfernten SPD-Zentrale drang, vergewisserten wir uns kurz, dass sich für den Fall der Niederlage an unseren Schlussfolgerungen, wie wir sie schon im August besprochen hatten, nichts geändert hatte. Dann beschlossen wir, eine Reihe von Fernsehinterviews, die angefragt waren, in den nächsten Stunden gemeinsam zu absolvieren, um ganz bewusst ein Zeichen zu setzen. Natürlich standen sofort die Personalspekulationen im Mittelpunkt des Interesses. Aber durch unser gemeinsames Auftreten nahmen wir allen, die der CDU heftigste Diadochenkämpfe nach Kohls Abgang prophezeit hatten, den Wind aus den Segeln.

Im Laufe des Abends fiel mir plötzlich ein, dass wir frühere Wahlabende im weiteren Verlauf im Kanzlerbungalow verbracht hatten. Kohl war mit seinen engsten Mitarbeitern schon verschwunden. Ich wunderte mich, dass ich diesmal nicht eingeladen worden war, Rühe ebenfalls nicht. Das mochte Zufall sein, aber ganz sicher war ich mir nicht. Wer Siege gemeinsam gefeiert hatte, sollte auch in der Niederlage zusammenstehen. Deshalb überredete ich Rühe, dass wir uns auch uneingeladen im Kanzlerbungalow einfinden sollten. Um allerdings Peinlichkeiten auszuschließen, bat ich Generalsekretär Peter Hintze, der schon etwas früher ging, unser Eintreffen im Bungalow anzukündigen. Wir saßen bis tief in die Nacht zusammen, ein bisschen sentimental, wärmten wehmütig alte Anekdoten auf, redeten über dies und das, nur nicht über die Zukunft der CDU. Es schien wie ein Tabu, das niemand zu brechen wagte.

Am nächsten Morgen kündigte Theo Waigel in München an, nicht mehr für den CSU-Vorsitz zu kandidieren. Waigel hatte gegenüber Freunden oft davon gesprochen, sich zum gegebenen Zeitpunkt ohne Klagen und erhobenen Hauptes aus der politischen Verantwortung zurückzuziehen. Der war nun gekommen. Ohne Ministeramt hätte er als Parteivorsitzender in dem für die CSU immer komplizierten Spannungsverhältnis zwischen Bonn und München einen schweren Stand gehabt. Der Abschied vom Parteivorsitz fiel ihm, der die letzten Jahre manches hatte erleiden müssen, denn auch nicht sehr schwer. Im Gegenteil, ich hatte das Gefühl, dass er es fast wie eine Befreiung von einer drückend gewordenen Last empfand.

Mein Amt als Fraktionsvorsitzender war in CDU und CSU unumstritten. Es gab niemanden, der irgendeinen Anlass gesehen hätte, Änderungen vorzuschlagen. Auch über die Nachfolge im Parteivorsitz gab es wenig Diskussionen. Nachdem ich intern meine Bereitschaft signalisiert hatte, kam es jetzt eigentlich nur darauf an, auch gegenüber den Gremien den formal korrekten Weg zu gehen. Deshalb hielt ich mich in der Öffentlichkeit betont zurück. Allerdings platzten die Medien geradezu vor Neugier, als sei in dieser Frage noch irgendeine Sensation zu erwarten. Wo immer ein prominenter Unionspolitiker einem Pulk von Journalisten in die Hände fiel, wollten alle nur das eine wissen: Wird Schäuble CDU-Vorsitzender? Es blieb dann wieder einmal Kohl vorbehalten, die lediglich intern sondierte Entscheidung am Rande der ersten Fraktionssitzung den wartenden Journalisten als *Fait accompli* zu verkünden. Ich war darüber nicht glücklich, zumal sich einige Freunde bei mir darüber beschwerten, Kohl tue so, als habe er nach wie vor das Sagen. Angesichts der vielen Stimmen in der Partei, die eine schonungslose Diskussion über die Ursachen der Wahlniederlage forderten, war meine große Sorge, dass Kohl durch sein Verhalten den Kessel zur Explosion bringen könnte. Das würde meine Aufgabe nicht leichter machen.

Zwei Stimmen mit Gewicht rieten mir in vertraulichen Gesprächen ab. Kurt Biedenkopf plädierte für eine Trennung von Fraktions- und Parteivorsitz, weil in der neu anbrechenden Oppositionszeit die Verantwortung auf mehrere Schultern verteilt werden müsse. Und Rainer Barzel warnte mich, als Fraktionsvorsitzender sei ich unumstritten und kaum angreifbar, als Parteivorsitzender angesichts der vorhersehbaren, schwierigen Zeiten mit Sicherheit nicht, und dann sei gegebenenfalls nicht nur der Partei-, sondern auch der Fraktionsvorsitz gefährdet. Barzel hatte Recht, und Biedenkopfs Argumentation war in der Tat nicht so einfach vom Tisch zu wischen. Andererseits schienen Partei und Öffentlichkeit so darauf eingestellt, dass ich die Führung der Opposition als Partei- und Fraktionsvorsitzender übernehmen würde, dass jede andere Lösung nicht nur eine Überraschung, sondern auch auf Anhieb in der CDU sehr viel weniger unumstritten gewesen wäre. Angesichts der vorhersehbaren Probleme für die Union nach ihrem schlechtesten Wahlergebnis seit 1949 und der schwersten Niederlage ihrer Geschichte überhaupt, sprach viel dafür, zusätzliche Beunruhigung, auch potenzielle Reibungsverluste, zu vermeiden. Außerdem konnte es in der unkomfortablen Oppositionslage nur von Vorteil sein, wenn mit den damals zwar wenigen, aber selbstbewussten Ministerpräsidenten der CDU ein Parteivorsitzender zusammen am Tisch saß, der zugleich im Bundestag über eine Operationsbasis verfügte. Und auch gegenüber der CSU schien mir das die bessere Lösung zu sein. Also trat ich an.

2. Die Zeit der Besserwisser – Ratschläge und Forderungen

Über das, was auf mich zukommen würde, machte ich mir keine Illusionen. Die CDU befand sich in einer Art Schockzustand. Es war überhaupt nicht abzusehen, welche Reaktionsprozesse in der Partei ablaufen würden, wenn das ganze Ausmaß der Niederlage mit ihren Folgen in das Bewusstsein gedrungen war. Es musste unter allen Umständen vermieden werden, dass der Union das Schicksal anderer christlich-demokratischer Parteien in Europa drohte. Sie musste ihre volle Bandbreite und Integrationskraft bewahren. Darüber waren sich zwar alle führenden Unionspolitiker einig. Doch wie das zu bewerkstelligen sei, war durchaus umstritten. Unmittelbar nach der Wahlniederlage ergoss sich eine Flut von Analysen und Ratschlägen inner- und außerhalb der Partei in die Öffentlichkeit. Die einen rieten, die soziale Komponente stärker zu betonen, weil manche Wahlanalysen – vor allem aus Allensbach – die Unzufriedenheit mit den Reformansätzen von der Rente über die Gesundheitspolitik bis zur Lohnfortzahlung und zum Kündigungsschutz als Ursache der Wahlniederlage ausmachten. Heiner Geißler ließ keine Gelegenheit aus, von »sozialer Kälte« zu sprechen, die von der Politik der Union ausgegangen sei und die Menschen abgeschreckt habe. Man müsse wieder die Herzen der Menschen erreichen, anstatt einer »Shareholder value«-Philosophie zu huldigen. Andere plädierten genau umgekehrt für eine deutlich marktwirtschaftlich orientierte Reformpolitik. Sie sahen im Unbehagen über den so genannten Reformstau den entscheidenden Grund für die verlorene Wahl. Es sei alles viel zu spät und zu zögerlich angepackt worden. Man hätte viel tiefer pflügen müssen, insbesondere bei den Sozialreformen. Wieder andere plädierten für eine stärkere Betonung nationaler Elemente in unserer Politik. Der Abschied von der D-Mark und die Einführung des Euro habe die Menschen verunsichert. In Vertriebenenkreisen, insbesondere bei den Sudetendeutschen, habe außerdem die Überwindung der deutschen und europäischen Teilung nicht nur alte Wunden geheilt, sondern leider auch neue aufgerissen. Ganz ähnlich wie in der Frage der Rückgabe von bei der so genannten Bodenreform in der DDR rechtswidrig enteignetem Grundbesitz die gegensätzlichen Standpunkte bis auf den heutigen Tag unversöhnt aufeinander prallen, hatten auch zwischen Sudetendeutschen und Tschechen die Auseinandersetzungen an Heftigkeit zugenommen. Vor allem die CSU machte das nervös. Auch in den innerdeutschen Befindlichkeiten sahen einige einen der Gründe für die Wahlniederlage. Ostdeutsche plädierten deshalb für eine schnelle Angleichung der wirtschaftlichen Verhältnisse in den neuen Bundesländern, und Westdeutsche betonten, dass die Zurückstellung der Belange der Menschen in den alten Bundesländern – von der Steuer- und Abgabenbelastung bis zu den Verkehrshaushalten – acht Jahre nach der Wiedervereinigung ein Ende finden müsse, der Solidaritätszuschlag eingeschlossen.

Manche forderten die Union auf, endlich den gesellschaftlichen Wandel und die moderne Wirklichkeit besser zur Kenntnis zu nehmen und die CDU-Programmatik von alten Zöpfen und miefiger Vorgestrigkeit zu befreien. Die Entrümpelung des christdemokratischen Hauses sei Voraussetzung für frischen Wind und neuen Schwung. Andere hingegen plädierten genau umgekehrt für eine klarere Betonung konservativer Gedanken, forderten eine Rückkehr zu alten, grundlegenden Werten und machten die Anfälligkeit für Zeitgeistliches und die versprochene, aber angeblich nie eingetretene geistig-moralische Wende in den Achtzigerjahren als eigentliche Ursache des Niedergangs der Union aus.

Jedenfalls zeigte sich darin die ganze Vielfalt von Standpunkten und Interessen in einer großen Volkspartei. Man würde es niemandem ganz recht machen können. Und das beschrieb die Schwierigkeit, die Bandbreite so zu wahren, dass keiner verprellt würde, aber gleichfalls nicht der Beliebigkeit Tür und Tor zu öffnen, und darüber hinaus auch noch eine realistische Zukunftsperspektive für die Union zu eröffnen.

Die Analyse der Ursachen von Wahlergebnissen ist nicht nur in der Voreiligkeit der Fernsehstatements an Wahlabenden niemals interessenfrei. Auch die in den Tagen und Wochen danach von vielen geforderte gründliche Auseinandersetzung mit den Gründen der Niederlage war eher rechthaberischen als zukunftsweisenden Motiven zuzuordnen. Ich hielt das alles unter therapeutischen Gesichtspunkten für wenig zielführend, würde es doch bestenfalls einen Jahrmarkt der Eitelkeiten eröffnen, wahrscheinlich aber nur zum Begleichen tatsächlicher oder vermeintlicher offener Rechnungen führen, jedenfalls der Partei aus ihren Kalamitäten nicht heraushelfen. Ich beschloss deshalb, diese Debatte nach Möglichkeit zurückzudrängen. Dabei kam ein zweiter Gesichtspunkt hinzu. Das Wahlergebnis markierte den Abschied von der Ära Kohl. Nach 25 Jahren Parteivorsitz und 16 Jahren Kanzlerschaft blieb Kohl aber eine unverzichtbare Integrationsfigur für die Union. Eine muntere Debatte über die Ursachen des Wahlergebnisses wäre unvermeidlich bei der Frage gelandet, ob nicht ein erheblicher Teil der Wähler nach 16 Jahren CDU-Regierung aus personellen Gründen einen Wechsel herbeigesehnt hätten. Immerhin hatte Schröders Wahlkampf mit dem Slogan, nicht alles anders, aber vieles besser machen zu wollen, geschickt auf eine solche Wechselstimmung gezielt. Er suggerierte nicht den radikalen Bruch, sondern frischen Wind. Das Wechselargument wäre in unserer Debatte zwangsläufig personalisiert worden. Und dann hätte es mit Sicherheit eine fruchtlose Auseinandersetzung gegeben, ob die CDU etwa mit einer anderen personellen Konstellation im Wahlkampf ein besseres Ergebnis hätte erzielen können.

Welche Gefahren und Unaufrichtigkeiten in einer solchen Debatte lauerten, daran erinnerten mich Gespräche mit Renate Köcher vom Institut für Demoskopie Allensbach. Im Januar 1995 war sie Gast bei einer Klausurtagung des CDU-Bundesvorstands im Ahrtal. Sie war mir damals nicht sonderlich vertraut, suchte aber bei einem gemütlichen Beisammensein am Abend das Gespräch mit mir. Dabei eröffnete sie mir, dass die nächste Bundestagswahl mit Kohl nicht mehr gewonnen werden könne. Die CDU präsentiere schon zu lange immer wieder dasselbe Gesicht. Ein Wechsel im Kanzleramt – also in dieser Legislaturperiode – sei deshalb zwingend notwendig. Ich bin weder damals noch später darauf eingegangen. Im Sommer 1998 sagte sie mir bei einem Gespräch über die inzwischen düsteren Wahlaussichten für die Union, das eigentliche Problem sei, dass die Öffentlichkeit den Eindruck mangelnder Geschlossenheit der CDU-Führung und unzureichender Unterstützung von Kohl durch mich habe. Darauf bin ich dann auch nicht weiter eingegangen. Allerdings konnte ich es mir nicht verkneifen, sie auf ihre Aussage vom Januar 1995 und die offensichtliche Widersprüchlichkeit ihrer Analysen hinzuweisen. Auf jeden Fall waren diese Erfahrungen für mich eine Mahnung, höchste Vorsicht walten zu lassen, um nicht in der äußerst labilen Nach-Wahl-Situation eruptive Diskussionen zu provozieren, die mit Sicherheit genauso widersprüchlich geführt würden, vor allem aber zu unversöhnlichem und verletzendem Streit führen konnten.

3. CDU und CSU – ein pflegebedürftiges Verhältnis

Auch das Verhältnis zwischen CDU und CSU war zu bedenken. Die CSU hatte 14 Tage vor der Bundestagswahl triumphal die absolute Mehrheit in Bayern verteidigt. Bei der Bundestagswahl holte sie noch einmal fast 48 Prozent der Stimmen, was einem bundesweiten Anteil von 6,7 Prozent entsprach. Natürlich waren die Mittel, mit denen die CSU über Jahrzehnte in Bayern so ungewöhnlich erfolgreich war, nicht einfach auf den Rest der Bundesrepublik zu übertragen. Die größere Geschlossenheit eines Landesverbandes in einem Bundesland gegenüber der föderalen Bundespartei und die viel größeren Unterschiede in Wirtschaftskraft, Bevölkerungsstruktur, landsmannschaftlichen Eigenarten und regionaler Entwicklung standen dagegen. Im Übrigen lebte die CSU auch immer gut vom Spannungsverhältnis zwischen München und Bonn, das ihr bei aller bundesweiten Mitverantwortung und umfassendem Gestaltungsanspruch bei Bedarf unter Betonung bayerischer Eigenpositionen eine gewisse Distanz gegenüber etwaigen negativen Auswirkungen der Bonner Regierungsverantwortung erlaubte. Kurzum – aus ihrer Sonderrolle innerhalb der Unionsfamilie zog die CSU Vorteile, indem sie die spezifischen Vorzüge einer Regierungs- oder Oppositionsrolle je nach Lage geschickt kombinierte. Beim 50-jährigen Jubiläum der CSU-Landesgruppe kleidete ich das in den Hinweis, dass die Einmaligkeit der CSU und ihre Erfolge eben auch auf der Voraussetzung beruhten, dass alle anderen nicht auf den Gedanken kämen, das Beispiel nachahmen zu wollen. Dennoch: Die CDU hatte bei der Bundestagswahl gegenüber den 48 Prozent der CSU außerhalb Bayerns insgesamt nur etwas über 32 Prozent der Stimmen erhalten. Außerdem mussten wir am selben Tag in Mecklenburg-Vorpommern noch zusätzlich eine herbe Niederlage bei der Landtagswahl einstecken. So wenig einheitlich die Wählerstrukturen überall in Deutschland sind und so wenig sich wie dargelegt das Erfolgsrezept der CSU einfach auf den Rest Deutschlands übertragen lässt, so wenig konnte man andererseits bestreiten, dass die CSU auch im Vergleich zu außerbayerischen Regionen mit ähnlichen Wählerstrukturen sehr viel erfolgreicher abgeschnitten hatte. Ein um 50 Prozent besseres Ergebnis als die CDU zu erzielen war schon für sich genommen ein Tatbestand, der Überheblichkeit gegenüber der bayerischen Schwesterpartei von vornherein verbot. Vor allem aber brachte es manche in der CDU ins Sinnieren, wenn sie sehnsüchtig auf die Erfolgsrezepte der CSU schauten.

Wenn man die Geschichte der Union, ihre Erfolge und auch selbst verschuldeten Krisen verstehen will, muss man wissen, dass Konflikte innerhalb der beiden Parteien – auch in der gemeinsamen Bundestagsfraktion – niemals entlang des Schrägstrichs zwischen CDU und CSU verlaufen, sondern – bei zumindest äußerer Geschlossenheit der CSU – immer quer durch die CDU. Selbst bei unterschiedlichen Akzenten zwischen dem Bonner und dem Münchener Teil der CSU setzte sich im Streitfall immer das Gebot der Geschlossenheit nach außen durch, wobei im Zweifel der Münchener Teil in der Sache die Oberhand behielt. Demgegenüber war eine äußere Geschlossenheit der CDU bei einem Konflikt mit der CSU niemals zu erreichen, weil in jedem Fall die von der CSU vertretene Position von einer erheblichen Minderheit in der CDU ebenfalls geteilt wurde. Diese latente Spannungslage konnte durch den Rücktritt von Waigel und den bevorstehenden Wechsel zu Stoiber zusätzlich kompliziert werden. Waigel hat mit einem großen Maß an Loyalität gegenüber der gemeinsamen Sache und persönlicher Integrität das natürliche Spannungsverhältnis zwischen Bonn und München immer in einer bundesfreundlichen Balance gehalten. Stoiber musste dafür erst noch gewonnen werden. Auch deshalb war es ratsam, die Auseinandersetzungen über die Ursachen der Wahlniederlage auf keinen Fall eskalieren zu lassen, weil sie sehr rasch in grundsätzlichen Streit mit der CSU münden und damit zusätzliche Sprengkraft entfalten konnten

4. Bewahren und Erneuern – Die Führungsaufgabe

Die Bewahrung von Bandbreite und Integrationskraft der Union war aber nach der verheerenden Wahlniederlage keineswegs das einzige Problem. Neben all den mehr oder weniger gewichtigen Stimmen in der CDU, die als Konsequenz eine Kursänderung unserer Politik in diese oder jene Richtung forderten, hörte man zunehmend auch solche, die trotzig darauf beharrten, dass die CDU eigentlich keinen Fehler begangen habe. Für mich war klar, dass wir – was ebenso wichtig wie schwierig war – gegenüber der Öffentlichkeit bei der Interpretation des Wahlergebnisses auf dem schmalen Grat zwischen Rechthaberei und Opportunismus wandeln mussten. Rechthaberisch wäre es gewesen, so zu tun, als habe die Union alles richtig gemacht, das bessere Programm und den besseren Kandidaten angeboten, nur habe die Wählerschaft das leider nicht begriffen – ein Fehler, für den der SPD-Geschäftsführer Müntefering ein Jahr später Sonntag für Sonntag unselige Anschauungsbeispiele lieferte. Umgekehrt wäre es opportunistisch gewesen, alles, was bis zum 27. September in unserem Namen gemacht und vertreten worden war, als offensichtlichen Irrtum zu erklären und fortan das Gegenteil zu propagieren. Auch in diesem Antagonismus lauerte ein gefährlicher Spaltpilz für die Einheit und Integrationskraft der Union. Für mich gab es keine Alternative zu einem Kurs des Bewahrens und Erneuerns. Natürlich musste die Union auch nach dem niederschmetternden Wahlergebnis ihren Grundüberzeugungen treu bleiben, sonst würde sie ihre Identität gefährden. Andererseits war es dringend erforderlich, viel stärker als bis dahin in den Dialog mit allen Teilen der Bevölkerung einzutreten. Denn unsere Chance, als große und zur Mitte hin integrierende Volkspartei wieder ernsthaft um Platz eins mitspielen zu können, konnte nur darin liegen, dass wir unter Berücksichtigung aller wirtschaftlichen, politischen und sozialen Veränderungen aus unseren Grundpositionen heraus die richtigen Antworten für die Probleme von Gegenwart und Zukunft entwickeln würden. Sich öffnen von einem sicheren Fundament aus – das schien mir der richtige Weg zu sein. Einige Zeit später haben wir daraus unsere Kampagne »Mitten im Leben« entwickelt.

Ein Faktor bereitete mir besonderes Kopfzerbrechen, weil er bei allen Rechnungen für die Oppositionszeit am wenigsten kalkulierbar war, gleichwohl aber sich besonders negativ auswirken konnte. Die Integrationskraft einer Volkspartei vom Charakter der Union war nie in erster Linie Resultat irgendwelcher ideologischer Klammern, ohne die zum Beispiel die SPD kaum denkbar wäre. Ihr Geheimnis ist vielmehr politischer Erfolg. Deshalb musste die nach der Wahlniederlage eingetretene Machtlosigkeit der Union, verstärkt zudem noch durch eine schwache Bundesratsposition, zum Problem für die Integrationskraft werden. Der Begriff »bürgerliche Parteien« ist bei den Soziologen zu Recht sehr umstritten. Ein bürgerliches Milieu ist in der modernen gesellschaftlichen Wirklichkeit anders als noch vor Jahrzehnten nicht mehr exakt abgrenzbar. Auch andere klassische Milieus lösen sich mehr und mehr auf. Grundsätzlich sind die Bindungen an eine bestimmte Partei lockerer geworden. Mit einem festen, treu ergebenen Wählerkern allein können weder SPD noch Union mehr über 40 Prozent der Stimmen erreichen. Sie benötigen, um potenziell mehrheitsfähig zu sein, zusätzliche Wählerschichten, die sich einer Milieudefinition entziehen und seit geraumer Zeit immer kurzfristiger und wechselhafter entscheiden.

Für die CDU stellt sich dieses Problem schärfer, weil sie erfolgsabhängiger ist. So weit der Begriff bürgerlich überhaupt noch zu einer Definition des Wählerpotenzials der Union taugt, beschreibt er am ehesten noch einen Teil insbesondere der mittelständisch geprägten Schichten, ohne die die Union niemals hinreichende Mehrheiten erzielen kann. Insoweit verkörpern CDU und CSU natürlich mehr Bürgerlichkeit als die SPD. Aber eine bei allen Vorbehalten so verstandene »bürgerliche Partei« ist ohne das Element von Einfluss und Gestaltungskraft weniger attraktiv. Das war vielleicht nur zu den Zeiten anders, als die CDU noch das Bollwerk gegen Sozialismus und Kommunismus war und schon aus der faktischen Rolle des Schutzpatrons für die freiheitliche Republik einen erheblichen Teil der Zustimmung bezog.

Heute hingegen wirkt sich stärker aus, dass die Union nach Erfahrung und Selbstverständnis weitaus weniger Programmpartei ist als etwa die SPD. Die Hingabe, mit der zum Beispiel die Genossen vor und auf Parteitagen sich durch Berge von Anträgen und Resolutionen wühlen, um daraus das Korsett einer verbindlichen »Beschlusslage« zu basteln, ist der CDU völlig fremd. Anders als bei SPD oder Grünen hatten Beschlüsse von CDU-Parteitagen nie die Qualität einer normativen Vorgabe, deren Einhaltung von den eigenen Leuten mit kritischen Augen überwacht und bei Abweichungen geradezu eingeklagt wird. Die sprichwörtliche, detailbesessene Spiegelstrichkultur kennt die Union nicht. Dafür wird sie stärker durch Repräsentanten, von den Gemeinderäten bis zum Bundestag, und durch tatsächliche Gestaltung, also Machtausübung und Regierungsverantwortung integriert und geführt. Pragmatismus, nicht zu verwechseln mit Beliebigkeit, war immer ein hervorstechendes Merkmal der Union. Ohne Regierungsmacht allerdings fehlt ihm gewissermaßen die erotische Ausstrahlung. Wer das Verhalten mancher Wirtschaftsführer vor und nach der Wahl betrachtet, wird viel Anschauungsmaterial für den Beleg dieser These sammeln können. Der darin zum Ausdruck kommende Opportunismus bei Interessenvertretung und Interessenwahrnehmung beschreibt, was Regierungsverantwortung so attraktiv erscheinen lässt.

Erfolg als Voraussetzung für Attraktivität hat nicht nur eine objektive Komponente, sondern in der Form des Erfolgversprechens als Bedingung für Führungsakzeptanz eben auch eine subjektive. Mehr noch als jede andere Partei benötigt die Union eine starke Führung, damit bei der gegebenen und notwendigen Bandbreite von Interessen und Standpunkten die zentrifugalen Kräfte nicht überhand nehmen. Dabei muss bei der CDU zusätzlich noch die ausgesprochen föderale Struktur in Rechnung gestellt werden. Die CDU hat im Denken und Handeln ihrer Aktiven das Subsidiaritätsprinzip sehr verinnerlicht. Jeder Lokal- oder Kommunalpolitiker nimmt bei alltäglichen Interessenkonflikten im Zweifel wenig Rücksicht auf eine Landesregierung, auch wenn sie von der eigenen Partei gestellt wird. Für das Verhältnis von Landesinteressen gegenüber dem Bund gilt das Gleiche. Parteitagsdelegierte der CDU fühlen sich in erster Linie als Baden-Württemberger, Sachsen oder Schleswig-Holsteiner, insbesondere bei Personalentscheidungen. Dies trifft übrigens auch auf die Bundestagsfraktion zu. Menschliche Nähe und Bindungen, ohne die freiwillige Integrationsprozesse kaum erfolgreich sind, entstehen in den vielen und häufigen Begegnungen auf regionaler und Länderebene, aber kaum auf Bundesebene. Das lässt sich schon an so banalen Dingen wie der Sitzordnung in der Bundestagsfraktion ablesen, die nach Landesgruppen geordnet ist. Auch sind es die Landesgruppen, die für ihre Mitglieder gemeinsame Ausflüge oder auch Klausurtagungen organisieren, was von der Fraktion als Gesamtheit schon wegen der zahlenmäßigen Größenordnung kaum zu bewerkstelligen wäre. Selbst bei geselligen Anlässen wie Fraktions- oder Parteiabenden sitzen die Angehörigen der jeweiligen Landesverbände in der Regel zusammen.

Starke Führung ist also angesichts vielfältig zentrifugaler Kräfte in der Union unverzichtbar. Starke Führung ist eine wesentliche Voraussetzung für politischen Erfolg, aber zugleich ist dieser politische Erfolg wiederum die Voraussetzung für starke Führung. Die natürliche Konkurrenz politisch engagierter Führungspersonen wird nur durch glaubhaftes Erfolgsversprechen und tatsächlichen Erfolgsnachweis auf ein erträgliches Maß begrenzt. Oder einfacher ausgedrückt: Nur wer für die Union Wahlen gewinnt, ist als Vorsitzender unumstritten. Das gilt im Übrigen zum Teil auch für die SPD, wenn man sich die lange Reihe der seit 1982 erfolglosen Kanzlerkandidaten anschaut: Vogel, Rau, Lafontaine, Engholm, Scharping. Erst als Lafontaine 1995 Parteivorsitzender wurde, wendete sich das Blatt. Der Nutznießer hieß schließlich Schröder. Grundsätzlich gilt jedoch, dass die SPD über lange Zeit stärker durch Programm und Ideologie zusammengehalten wurde als die Union.

Das Problem des künftigen Parteivorsitzenden nach der Wahlniederlage 1998 war also nicht zuletzt, dieses Amt in einer Phase zu übernehmen, in der die Gestaltungsmacht der Union geringer als zu irgendeinem früheren Zeitpunkt war. Das verhieß also wenig Erbauung und umso mehr Kraftanstrengung bei der Aufgabe, die Partei zusammenzuhalten. Mein Vorteil war, dass ich mir als wesentliche Säule der 16 Regierungsjahre eine auch auf frühere Erfolge gegründete Autorität erworben hatte, die ich nun einbringen konnte. Der damit verbundene Nachteil, wie später deutlich sichtbar wurde, war allerdings, für etwaige negative Folgen dieser Zeitspanne notwendigerweise mitverantwortlich zu sein.

5. Düstere Perspektiven für das Wahljahr 1999

Vor diesem Hintergrund mangelnder Gestaltungsmacht waren die Perspektiven für die kommenden Monate nicht dazu angetan, besonders viel Optimismus zu begründen. 1999 standen nicht weniger als sieben Landtagswahlen an: in Hessen, Bremen, Saarland, Brandenburg, Thüringen, Sachsen und Berlin. Dazu kamen Kommunalwahlen in Rheinland-Pfalz, Nordrhein-Westfalen und Baden-Württemberg. Schließlich und nicht zuletzt war mit der Europawahl auch noch ein bundesweiter Urnengang anberaumt. Und es sprach nach der gewonnenen Bundestagswahl und der Übernahme der Regierungsverantwortung durch die SPD alles dafür, dass die Sozialdemokraten dann erneut auf nationaler Ebene zur stärksten politischen Kraft werden würden.

Auch für die Landtagswahlen waren die Aussichten der CDU im Herbst 1998 durchgehend schlecht. Lediglich Sachsen ließ darauf hoffen, dass dank Kurt Biedenkopf weiterhin eine unionsgeführte Regierung die Geschicke des Landes bestimmen würde, wobei allerdings nach dem sächsischen Ergebnis bei der Bundestagswahl die Wiedererlangung einer absoluten Mehrheit durchaus fraglich erschien. In den von großen Koalitionen regierten Ländern Berlin und Thüringen war die Regierungsposition der CDU doppelt gefährdet. Zum einen drohte die SPD, dem allgemeinen Trend entsprechend, die CDU als stärkste Kraft zu überflügeln, und zum anderen waren nach Sachsen-Anhalt und Mecklenburg-Vorpommern weitere SPD-PDS-Koalitionen denkbar, vielleicht nicht so sehr für Berlin, wohl aber für Thüringen, wo der aus dem Saarland stammende SPD-Vorsitzende Dewes schon länger offen seine Vorliebe für die PDS pflegte. In Bremen hatte die durch den Beitrag der CDU gut funktionierende Koalition auf die SPD wie ein Jungbrunnen gewirkt, nachdem sie vier Jahre zuvor nach einer Abspaltung von Unzufriedenen noch arg in Nöten gewesen war und das Wahlergebnis in dieser traditionell sozialdemokratischen Hochburg eine große Koalition erzwungen hatte. In Brandenburg und im Saarland galt die Lage für die Union als hoffnungslos, und auch die rot-grüne Regierung in Hessen schien fest im Sattel zu sitzen. Zu diesen schlechten Aussichten für die CDU kam noch hinzu, dass sie anders als die SPD nur zwei Koalitionsoptionen hatte. Denn während die SPD die freie Auswahl hatte – tatsächlich koaliert sie ja mit jeder anderen Partei (CSU ausgenommen) in mindestens einem Bundesland –, beschränkten sich unsere Möglichkeiten neben einer großen Koalition ausschließlich auf die FDP. Deren Überlebensaussichten freilich erschienen nicht rosiger als die Erfolgsperspektiven für die CDU.

Zu alledem stand auch noch am 23. Mai 1999 die Wahl eines neuen Bundespräsidenten an. Angesichts der Mehrheitsverhältnisse in der Bundesversammlung, die sich selbst bei einem Wunder in Hessen nicht substanziell ändern würden, konnte also nur ein weiterer Erfolg der SPD herauskommen. Bundespräsidentenwahlen haben in der Geschichte der Bundesrepublik Deutschland immer wieder langfristige Auswirkungen auf Mehrheitsbildungsprozesse gehabt. Die Wahl von Gustav Heinemann, möglich geworden durch die Stimmen der FDP, läutete die Ära der sozialliberalen Koalition ein, die nach der Bundestagswahl 1969 dann tatsächlich anbrach. Die Wahl von Karl Carstens fiel in die Phase, als die Union neben ihrer starken Stellung in den Ländern auch im Bundestag mit einer nur knapp unterhalb der absoluten Mehrheit gebliebenen Fraktionsstärke der SPD-FDP-Koalition das Leben schwer machte. Die zweite Wahl von Richard von Weizsäcker hatte 1989 stabilisierende Wirkung auf die in ein Meinungstief geschlitterte CDU/CSU-FDP-Koalition. Und der Erfolg von Roman Herzog 1994 gegen den SPD-Kandidaten Johannes Rau, markierte wieder eine psychologische Trendwende für die Union auf dem Weg zum knappen Wahlsieg. Dabei hatte die SPD gute Erfolgschancen gehabt, die sie wegen Raus Entschlossenheit, bis zum letzten Wahlgang zu kandidieren, nicht zu nutzen vermochte, was sich später als einer der entscheidenden Fehler Scharpings auf dem Weg zu seiner lange nicht erwarteten Wahlniederlage herausstellte.

Der 23. Mai 1999 war also für mich auch kein Datum, das mich mit irgendeiner Vorfreude erfüllen konnte. Vorsitzender der CDU nach der schwersten Wahlniederlage ihrer Geschichte zu werden und ein Jahr voller Misserfolge vor sich zu haben – vergnügungssteuerpflichtig kam mir meine Lage nicht gerade vor, und gegenüber Freunden sagte ich für Ende 1999 eine schwere Krise vorher mit weit über 50 Prozent Wahrscheinlichkeit. Drei Tage nach der Bundestagswahl traf ich mich deshalb bereits mit dem hessischen Landesvorsitzenden Roland Koch, nicht in erster Linie, weil Koch unter den jüngeren Landesvorsitzenden der Union eine überdurchschnittliche Durchsetzungskraft auszeichnete, sondern vor allem, weil in Hessen bereits am 7. Februar 1999 die erste Landtagswahl anstand. Ein Erfolg der CDU, das war klar, würde die Perspektiven für das Jahr 1999 und für den Neuanfang der Union in der Opposition dramatisch verbessern.

Koch war skeptisch, was nicht so sehr in der allgemeinen Einschätzung der politischen Großwetterlage zum Ausdruck kam, sondern sich für mich kurioserweise am deutlichsten in einer Nebenbemerkung zeigte: Das Problem des niedersächsischen Landesvorsitzenden Christian Wulff sei, dass er, Koch, zwei Landtagswahlen vor sich habe, ehe Wulff das nächste Mal die Chance erhalte, in Hannover zu gewinnen. Niedersachsen hat eine fünfjährige Wahlperiode für den Landtag, Hessen weiterhin nur vier Jahre. Der Hintersinn der Bemerkung war mir klar: Weil damals die so genannten »Jungen Wilden« in der CDU denjenigen aus ihren Reihen als nächsten Kanzler der Union ansahen, der zuerst wieder eine Landtagswahl für die Union gewinnen würde, hatte Koch damit gezeigt, dass er weniger auf einen Sieg im Februar 1999, als vielmehr vier Jahre später hoffte. Eine zum damaligen Zeitpunkt zugegebenermaßen realistische Betrachtungsweise, nur leider eine für die CDU Deutschlands und den künftigen Vorsitzenden ziemlich hoffnungslose. Denn bei dieser Sicht der Dinge konnte ich kaum auf die Chance hoffen, die für Führungsakzeptanz und Attraktivität notwendigen Erfolge schon im Jahr 1999 bei den anstehenden Landtagswahlen und der Europawahl erringen zu können. Deshalb redeten wir darüber, nicht die Flinte ins Korn zu werfen, sondern alle Möglichkeiten der Union doch auf einen Wahlsieg im Februar 1999 zu konzentrieren. Wir sprachen auch über die Bundespräsidentenwahl, die Notwendigkeit für die Union, trotz aussichtsloser Lage einen attraktiven Kandidaten zu präsentieren. Wir waren uns einig, dass eine für das Amt geeignete Frau, am besten aus den neuen Bundesländern, die beste Lösung mit dem größten Charme sei. Wir kamen darauf, dass es eine Rektorin der Technischen Universität Ilmenau gab, die sich als Präsidentin des Wissenschaftsrates zumindest unter Insidern der Wirtschafts- und Wissenschaftswelt in ganz Deutschland einen guten Namen gemacht hatte: Dagmar Schipanski.

6. Personelle Erneuerung in Fraktion und Partei

Zunächst einmal aber hing für das Gelingen des Starts in die harte Oppositionszeit viel davon ab, wie die notwendig gewordenen Personalentscheidungen getroffen wurden. Für die Medien und die Öffentlichkeit waren das ohnehin die interessantesten Fragen, von deren Beantwortung immerhin abhängen konnte, ob unser Neuanfang eher positiv oder negativ zu Buche schlagen würde. Erneuern und Bewahren, Kontinuität und Wandel in geeigneter Weise miteinander zu verbinden, das war auch in diesem Fall für mich die Leitschnur. Das Kunststück würde sein, sowohl in der Fraktion als auch in der Partei die Weichen so zu stellen, dass der Zug nicht gleich zu Beginn entgleiste, aber auch nicht auf ein Abstellgleis fuhr.

Für die künftige engere Fraktionsführung, also insbesondere stellvertretende Vorsitzende und parlamentarische Geschäftsführer, kam es darauf an, ein gutes Team zu bilden, in dem sich neben neuen Führungstalenten auch die bisher in ihren Fraktionsämtern bewährten Kollegen und diejenigen ehemaligen Kabinettsmitglieder zusammenfanden, für die der Wechsel auf die Oppositionsbänke nicht das Ende ihrer politischen Ambitionen bedeuten sollte. Gemäß den Regeln des Vertrags mit der CSU über die Bildung einer Fraktionsgemeinschaft wird lediglich der Fraktionsvorsitzende von der Gesamtfraktion gewählt. Dessen erster Stellvertreter ist vertragsgemäß der von der CSU-Landesgruppe gewählte Vorsitzende. Darüber hinaus wählt die CSU aus ihren Reihen einen weiteren stellvertretenden Fraktionsvorsitzenden und einen parlamentarischen Geschäftsführer, so weit nicht bei der Erneuerung des Vertrags über die Fortführung der Fraktionsgemeinschaft etwas anderes vereinbart wird. In die konkrete Entscheidungsfindung, die durch die komplizierte Balance zwischen CSU-Landesgruppe, Parteiführung, Staatskanzlei München und Landtagsfraktion stets ein besonders delikater Vorgang ist, mischte ich mich wohlweislich nicht ein. Zum Landesgruppenvorsitzenden wurde Michael Glos wieder gewählt, für die Position eines stellvertretenden Fraktionsvorsitzenden bestimmte die CSU den vorherigen Gesundheitsminister Horst Seehofer, für den aus München mit Nachdruck der Wunsch nach einer Zuständigkeit für Europapolitik an mich herangetragen wurde. Die Position des parlamentarischen Geschäftsführers blieb bei Peter Ramsauer.

Die härtere Nuss, die es zu knacken galt, betraf die von der CDU zu besetzenden Führungspositionen. Wenn tatsächlich am Ende das von mir erhoffte gute Team herauskommen sollte, musste verhindert werden, dass die verschiedenen Positionen wie sonst üblich durch vorherige Absprachen der Landesgruppen untereinander ausgekungelt wurden. Das Problem komplizierte sich dadurch, dass natürlich einige ehemalige Minister Anspruch auf einen Stellvertreterposten anmeldeten, was einerseits für diejenigen, die bis dahin diese Funktion innehatten, zurücksetzend wirken musste. Andererseits empfanden manche Ex-Minister das Einrücken als einfache Abgeordnete auf die Oppositionsbank auch nicht eben als standesgemäß. Der bequeme Ausweg, einfach die Zahl der Posten zu erhöhen, verbot sich von selbst. Wir hätten uns angesichts einer kleiner gewordenen Fraktion damit nur lächerlich gemacht. Um zu unmittelbare persönliche Auseinandersetzungen mit ihren belastenden Folgen nicht nur für die Betroffenen zu vermeiden, gleichwohl aber die Chancen auf Änderungen zu wahren, entschloss ich mich, dem freien Spiel der Kräfte zu vertrauen. Dafür allerdings bedurfte es einer nicht ganz einfachen Überzeugungsarbeit bei den Vorsitzenden der Landesgruppen.

An sich war es üblich, für die auf den CDU-Teil der Fraktion entfallenden sechs Stellvertreterpositionen zunächst den sachpolitischen Zuschnitt festzulegen und dann nach einem geeigneten Kandidaten Ausschau zu halten. Dieses Verfahren hätte mit Sicherheit dazu geführt, dass alles beim Alten geblieben wäre, allenfalls ein gut gelittener und angesehener Ex-Minister seine frühere Ressortzuständigkeit in ein Fraktionsamt hinübergerettet hätte. Die Erneuerung wäre also gar nicht erst erfolgt. Mein Vorschlag war, ohne vorherige Bestimmung der Sachgebiete in einem Wahlgang einfach nur stellvertretende Vorsitzende zu wählen und ihre Zuständigkeiten nachträglich zu klären. Dieses Verfahren hatte den großen Vorzug, dass die Fraktion frei auswählen konnte, wen sie in der Führung sehen wollte.

Nach mühevollen Gesprächen mit ihren Vorsitzenden gaben schließlich die Landesgruppen grünes Licht. Sechs Stellvertreter hatte der CDU-Teil zu wählen, neun Kandidaten traten an. Heraus kam zur Überraschung vieler eine Mischung, wie ich sie mir insgeheim erhofft hatte. Für Heiner Geißler und Rupert Scholz, die nicht wieder gewählt wurden, war das eine schmerzliche Änderung. Andererseits rückten mit Friedrich Merz und Hermann Kues neue Gesichter in die Stellvertreterriege auf, die sonst nie eine Chance gehabt hätten. Und auch das »alte« Kabinett war mit Jürgen Rüttgers und Volker Rühe kompetent vertreten. Hannelore Rönsch, die schon vor der Wahl meine Stellvertreterin war, und Michael Luther als Repräsentant der Kollegen aus den neuen Ländern komplettierten das Sextett. Hans-Peter Repnik schlug ich zum ersten parlamentarischen Geschäftsführer vor, und er wurde mir in den folgenden Monaten mit seinem ungeheuren Einsatz und seiner unerschütterlichen Geradlinigkeit und Verlässlichkeit zu einer unverzichtbaren Stütze.

In der Parteiführung lag die Aufgabe für die Personalentscheidungen etwas anders. Zunächst musste ich Vorschläge für die Ämter von Generalsekretär und Schatzmeister erarbeiten. Ich wollte die bisherige Doppelfunktion von Brigitte Baumeister als Schatzmeisterin der CDU und parlamentarische Geschäftsführerin in der Fraktion beenden. Da ich Ende 1997 darauf gestoßen war, dass sie eine von mir im Herbst 1994 in Empfang genommene Barspende von 100 000 Mark nicht ordnungsgemäß behandelt hatte, lag nahe, sie als Schatzmeisterin nicht mehr vorzuschlagen. Ich teilte ihr aber mit, dass ich sie als parlamentarische Geschäftsführerin behalten wolle. Obwohl sie sich öfter über die Doppelbelastung beklagt hatte, war sie zu meiner Überraschung über meinen Vorschlag nicht glücklich. Ja, ich hatte sogar den Eindruck, dass sie am liebsten beide Ämter behalten hätte. Als mir in den folgenden Monaten immer häufiger berichtet wurde, dass sie die Ablösung als Schatzmeisterin offenbar nicht verwunden habe und bei vielen Kollegen schlechte Stimmung gegen mich verbreite, kamen mir lange vor dem Ausbruch unserer Finanzaffäre erste Zweifel, ob meine Entscheidung, sie als parlamentarische Geschäftsführerin zu belassen, richtig gewesen war. Die beabsichtigte versöhnende Wirkung für den Verlust des natürlich prestigeträchtigeren Schatzmeisteramtes war jedenfalls offensichtlich nicht eingetreten. Vielleicht wäre ein zwar schmerzhafter, aber klarerer Trennungsschnitt besser gewesen. Gelegentlich erinnerte ich mich an ein Wort meiner Großmutter: »Gutmütigkeit kommt unmittelbar vor der Liederlichkeit.«

Nach einigem Überlegen entschied ich mich, Matthias Wissmann das Amt des Schatzmeisters anzutragen. Er sträubte sich sehr gegen diese Aufgabe, aber ich war überzeugt, dass er dafür der richtige Mann sei – einerseits wegen seiner hohen Akzeptanz in Wirtschaftskreisen, die er sich als früherer wirtschaftspolitischer Sprecher der Fraktion, dann als Minister für Forschung und Technologie und zuletzt als Verkehrsminister erworben hatte. Andererseits brachte er vielfältige Erfahrungen mit der Parteiarbeit auf allen Ebenen mit. In der angespannten Situation, mit der sich die CDU für absehbar längere Zeit konfrontiert sehen würde, musste der um seine Aufgabe nicht zu beneidende Schatzmeister sowohl in der Außenwirkung einnehmend souverän als auch nach innen mit allen Begehrlichkeiten und Bockigkeiten vertraut sein. Nach mehreren intensiven Gesprächen akzeptierte er.

Die für die Öffentlichkeit spektakulärere Entscheidung betraf allerdings das Amt des Generalsekretärs. Eine Anfangsüberlegung, Volker Rühe für eine neu zu schaffende Position des ersten stellvertretenden Vorsitzenden vorzuschlagen, damit einen Generalsekretär überflüssig zu machen und die Funktion des Bundesgeschäftsführers entsprechend aufzuwerten, wurde dadurch obsolet, dass Rühe abwinkte. So blieb es beim klassischen Zuschnitt mit dem in der Satzung vorgesehenen Amt des Generalsekretärs. Ich hatte mich dazu entschlossen, es neu zu besetzen. Zwar hatte ich mit dem amtierenden Generalsekretär Peter Hintze immer gut zusammengearbeitet. Aber ich bezweifelte, ob es klug war, ausgerechnet auf dieser Position, die sowohl für die Partei als auch für die Öffentlichkeit eine zentrale Bedeutung besaß, mit Hintze einen Mann zu übernehmen, der ungeachtet seiner Fähigkeiten und meines guten Verhältnisses zu ihm in der allgemeinen Wahrnehmung ein enger und oft – zu Unrecht – angefeindeter Bestandteil des nun »Ancien régime« gewesen war.

Unglücklicherweise erklärte Hintze nach der Mitteilung des CSU-Generalsekretärs Protzner, zusammen mit dem Parteivorsitzenden Waigel zurücktreten zu wollen, vor laufenden Kameras, dass er 1996 auf vier Jahre gewählt worden sei, also auch nach dem Rückzug Kohls in Amt und Würden bleibe. Partei und Öffentlichkeit nahmen dies mit Befremden zur Kenntnis. Und auch ich war wenig erbaut, zumal ich mit Hintze überhaupt noch nicht über die Zukunft gesprochen hatte. Immerhin bestärkte mich der Vorgang in der Absicht, auch mit dem Amt des Generalsekretärs einen Neuanfang zu wagen. Ich überzeugte Peter Hintze alsbald, dass er mit seiner Erklärung übers Ziel hinausgeschossen sei, weil er mich als künftigen neuen Parteivorsitzenden in einer zentralen Personalfrage präjudiziert habe. Formal hatte er zwar nicht Unrecht, politisch jedoch konnte das in der gegebenen Situation nur falsch verstanden werden. Er sah ein, dass wir auf dem Parteitag das Amt des Generalsekretärs neu besetzen mussten und verkündete seinen Verzicht.

Dann machte ich mich auf die Suche nach einem geeigneten Kandidaten. Mir war klar, dass ich mir keinen Flop, ja nicht einmal einen nur zu drei Viertel überzeugenden Vorschlag leisten konnte. In den Medien wurde bereits heftig spekuliert, ich durfte mir also nicht allzu viel Zeit lassen. Schließlich entschied ich mich dafür, Angela Merkel das Amt anzutragen. Ich kannte sie seit den Verhandlungen über den Vertrag zur deutschen Einheit. Damals war sie stellvertretende Sprecherin der Regierung de Maizière. Ich hatte ihre Arbeit als Ministerin ebenso wie als stellvertretende Parteivorsitzende und Landesvorsitzende des schwierigen Landesverbandes Mecklenburg-Vorpommern mit wachsendem Respekt verfolgt. Als Umweltministerin hatte sie mich mit ihrer Sensibilität gegenüber auch von manchen in der Union als eher ungewohnt empfundenen Zukunftsfragen beeindruckt. Außerdem bewies sie gerade in diesem schwierigen Amt ein hohes Maß an Entscheidungssicherheit und Durchsetzungskraft. Und dies alles in einer Art und Sprache, die in der Routine des Bonner Politikbetriebs mit seinen oftmals gestanzten Formeln neu und erfrischend wirkten. Zu meiner Freude sagte sie zu, und ich bin noch immer überzeugt, dass diese Personalauswahl zu den besten Entscheidungen meiner Amtszeit zählt. Ich habe sie jedenfalls zu keinem Zeitpunkt bereut.

Bei den übrigen anstehenden Personalentscheidungen, insbesondere für das Präsidium der CDU, musste ich als designierter Parteivorsitzender darauf achten, nicht in den Verdacht zu geraten, allzu unbekümmert in die souveräne Entscheidung der Parteitagsdelegierten eingreifen zu wollen. Das vielfältige Geflecht von persönlichen Ambitionen, Landesverbandsinteressen und Gesichtspunkten der Ausgewogenheit zwischen den verschiedenen soziologischen Gruppen musste sorgfältig bedacht werden. Weil andererseits Personalentscheidungen mit die wichtigsten Führungsentscheidungen sind, konnte und wollte ich mich als künftiger Vorsitzender auch nicht nur vornehm zurückhalten. Denn mir kam es auf zwei Dinge ganz besonders an: Zum einen musste die künftige Zusammensetzung des Präsidiums der Leitlinie von Bewahren und Erneuern genügen. Die davon ausgehende Signalwirkung war ein wesentlicher Posten auf meiner Rechnung, wie man die CDU nach dieser Wahlniederlage zusammenhalten und wieder neu motivieren konnte. Zum Zweiten lag mir viel daran, ein kompetentes und engagiertes Präsidium zur Seite zu haben, mit dem ich meine Vorstellungen, die auch einen anderen Führungsstil betrafen, möglichst gut umsetzen konnte.

Von den vier bisherigen stellvertretenden Parteivorsitzenden erwogen Norbert Blüm und Erwin Teufel eine erneute Kandidatur. Christoph Bergner erklärte nach seiner Wahlniederlage in Sachsen-Anhalt und heftigen internen Auseinandersetzungen in seinem Landesverband, dass er nicht mehr zur Verfügung stehe. Frau Merkel, die Vierte im Reigen der stellvertretenden CDU-Vorsitzenden, sollte nunmehr Generalsekretärin werden. Also waren auf jeden Fall zwei Plätze neu zu besetzen. Christian Wulff hatte bereits seinen Anspruch auf einen stellvertretenden Parteivorsitz kraftvoll erhoben und das zudem damit begründet, Repräsentant der jüngeren Führungskräfte in der Union zu sein. Auch Volker Rühe, der für mich als einzige öffentlich diskutierte Alternative für den CDU-Vorsitz in der Führung unverzichtbar war und außerdem sein Gewicht als führender Außen- und Sicherheitspolitiker der Union einbringen sollte, hatte seine Bereitschaft zur Kandidatur erklärt. Ich fand es dabei überhaupt nicht hinderlich, dass mit Rühe und Wulff gleich zwei Repräsentanten der Nord-CDU Stellvertreter werden wollten. Umso mehr ärgerte es mich, als ich erfuhr, dass maßgebliche Politiker der norddeutschen Landesverbände schon kurz nach der Bundestagswahl zu einem informellen Treffen zusammengekommen waren, um sich in den anstehenden Personalfragen zu beraten, Volker Rühe jedoch zu diesem Treffen nicht eingeladen hatten. Angesichts der hässlichen Auseinandersetzungen im schleswig-holsteinischen Landesverband unmittelbar nach der verlorenen Landtagswahl am 27. Februar 2000 kam mir dieser Vorfall wieder ins Gedächtnis. Noch am Wahlabend gab es einen heftigen Streit zwischen dem Spitzenkandidaten Rühe und dem CDU-Landesvorsitzenden Würzbach über die Bewertung des Wahlergebnisses und die Ursachen der Niederlage. Dabei wussten Insider schon seit geraumer Zeit, dass die Auseinandersetzungen innerhalb des schleswig-holsteinischen Landesverbands sowie von Teilen desselben mit Rühe persönlich nur mühsam vor der Öffentlichkeit verborgen gehalten werden konnten.

Die Bereitschaft von Wulff und Rühe, für die frei werdenden Positionen als Stellvertreter zu kandidieren, warf allerdings neue Probleme auf. Wenn Blüm und Teufel bei ihrer Kandidatur blieben, hätte ich vier ausschließlich männliche Stellvertreter bekommen. Das konnte nicht nur im Hinblick auf das satzungsmäßige Frauenquorum eine schwierige Situation auf dem Parteitag heraufbeschwören, sondern ich fürchtete auch vor allem, dass die öffentliche Wahrnehmung einer solchen Parteiführung – trotz eines weiblichen Generalsekretärs – ziemlich verheerend sein würde. Nur ein neues Gesicht, keine Überraschung, dazu Ärger mit den Frauen – einen solchen Parteitag ließen wir am besten ausfallen.

Je mehr ich darüber nachdachte, desto sicherer wurde ich mir, dass der absehbare Riegel der Stellvertreterkandidaturen noch einmal aufgebrochen werden musste. Weder Wulff noch Rühe konnten aus den genannten Gründen zur Disposition gestellt werden. Also konnte sich eine Veränderung nur auf Blüm oder Teufel beziehen. Vor allem, und das machte es nicht leichter, musste es eine Frau sein. Und die wiederum musste so überzeugend sein, dass allein männlicher Hahnenstolz kein Argument zur Verteidigung des Besitzstandes mehr sein konnte. Bei Norbert Blüm war die Sachlage schnell geklärt. Als Vorsitzender des mit Abstand größten Landesverbandes Nordrhein-Westfalen hatte seine Kandidatur schon quantitativ ein beachtliches Eigengewicht. Jedenfalls war es unvorstellbar, gegen den Willen der Nordrhein-Westfalen Blüm durch einen anderen Kandidaten zu ersetzen. Ein Zweites kam hinzu: Es gab weit und breit niemanden, schon gar keine Frau, der oder die auch nur annähernd die für einen Teil der Unionsklientel wichtige soziale Identifikationsfunktion hätten personifizieren können. Das wusste niemand besser als Blüm selbst. Und es war nach der verheerenden Wahlniederlage auch nicht gerade ratsam, nun ausgerechnet die soziale Komponente der Union zu einem kopflosen Gespensterdasein zu verdammen. Hätte der Landesverband Nordrhein-Westfalen einen anderen Vorschlag gemacht oder Norbert Blüm von sich aus auf eine erneute Kandidatur verzichtet, wären neue Überlegungen möglich gewesen. Aber der dachte nicht daran.

Deshalb konzentrierten sich meine Bemühungen um eine Lösung auf Erwin Teufel. Was unter guten Freunden vermeintlich leichter zu regeln ist, kann im Gegenteil sehr viel schwerer sein. Hier war es so. Ich hatte seit längerem ein Auge auf Annette Schavan geworfen, die, aus dem Bereich der katholischen Verbandsarbeit und der Frauenunion kommend, als Kultusministerin von Baden-Württemberg eine hervorragende Figur machte. Sie schien mir in vielfacher Hinsicht die ideale Lösung des Problems zu sein. Allerdings stellte sie von Anfang an klar, dass sie unter keinen Umständen gegen Erwin Teufel kandidieren werde. Damit war die Gefechtslage klar. Ich führte eingehende Gespräche mit Erwin Teufel, bei denen ich dafür warb, dass er seine Kandidatur zurückzog. Doch er sah die Situation anders als ich. Mein Argument, dass er als Ministerpräsident doch ohnehin nach langjährigem Brauch zu allen Sitzungen des Präsidiums eingeladen werde und faktisch dort genauso viel Einfluss habe wie ein gewählter Stellvertreter oder eines der weiteren gewählten Präsidiumsmitglieder, verfing nicht. Auch mein Hinweis, ich selbst hätte 1992 sein Angebot, mich im Namen des baden-württembergischen Landesverbands als stellvertretenden Parteivorsitzenden vorzuschlagen, mit der Begründung abgelehnt, dass ich als Fraktionsvorsitzender kraft Amtes ohnehin dem Parteipräsidium angehöre, konnte ihn nicht umstimmen. Für Erwin Teufel war der zentrale Punkt die Befürchtung, in seiner Position als Ministerpräsident und Landesvorsitzender geschwächt zu werden. Ein Verzicht auf die Wiederwahl zum stellvertretenden CDU-Vorsitzenden, so seine Argumentation, müsse in einer Situation, in der die Partei den Neuanfang versuche, zwangsläufig als ein Eingeständnis von Mitschuld an der Wahlniederlage ausgelegt werden. Es war nicht meine Absicht, unsere Auseinandersetzung über diese Frage eskalieren zu lassen, aber sie wurde zunehmend frostiger. Schließlich gab er nach. In einer öffentlichen, von seiner Bitterkeit gekennzeichneten Erklärung verzichtete er auf seine Kandidatur, und der Landesverband schlug einvernehmlich Anette Schavan vor. Erwin Teufel, mit dem mich eine jahrzehntelange vertrauensvolle politische Freundschaft verbindet, und ich haben in dieser Frage nicht zu einer gemeinsamen Beurteilung finden können. Erst einige Monate später haben wir nach einer offenen Aussprache über dieses Kapitel den Streit als erledigt erklärt und in der Vergangenheit begraben.

7. Parteitag November 1998 – Start in die Opposition

Schließlich waren die Weichen für den Parteitag am 7. November 1998 in Bonn gestellt. Da ich einziger Kandidat für den Parteivorsitz war, hatte ich absprachegemäß den satzungsmäßigen Bericht als Fraktionsvorsitzender zugleich dazu benutzt, meine Vorstellungen als neuer Parteivorsitzender vorzutragen.

Mir war klar, dass diese Rede mit besonderer Spannung erwartet wurde. Nicht nur deshalb, weil es eine Kandidatenrede war, die sich immer besonderer Aufmerksamkeit erfreut. Vielmehr war im Vorfeld des Parteitags in den Medien darüber spekuliert worden, ob ich eine Analyse des Wahlergebnisses vornehmen und wie weit ich dabei gehen würde. Also schonungslose Abrechnung, wie manche forderten, oder weiße Salbe auf die frischen Wunden der Partei? Weder das eine noch das andere konnte und wollte ich machen. Nach meinem Dafürhalten musste von diesem Parteitag das Signal ausgehen, dass die Niederlage, so schwer sie auch war, die Union nicht umgeworfen hatte. Andererseits war alles zu vermeiden, was die verlorene Wahl als bedauerlichen Betriebsunfall hätte erscheinen lassen. Der Blick sollte nach vorne gerichtet werden, ohne die Vergangenheit zu leugnen. »Wir nehmen die Herausforderung an« – das Parteitagsmotto war mit Bedacht gewählt.

Deshalb stellte ich die Rede unter die Überschrift »Bewahren und erneuern«. Aus den Erfolgen der Union in 16 Jahren Regierungsverantwortung und aus unserem Beitrag zu 50 Jahren Nachkriegsgeschichte versuchte ich zunächst, Selbstbewusstsein auch für die Zeit in der Opposition abzuleiten. Im Lichte dieser Leistungsbilanz ließ sich ebenfalls die Notwendigkeit künftiger Integrationskraft zur Mitte hin gut begründen, weil die Erfolge ohne diese Fähigkeit zum Ausgleich nicht möglich gewesen wären. Das war der Kern des Erfolgsgeheimnisses der CDU: Absage an Extreme, dafür Ausgleich und Verbindung unterschiedlicher Interessen, was zum Beispiel in unserem Markenzeichen, der sozialen Marktwirtschaft, die unter neuen Bedingungen um die ökologische Komponente erweitert worden ist, besonders zum Ausdruck kommt, aber auch in dem Bemühen um Versöhnung von nationaler Identität und europäischer Einigung. Integrationskraft zur Mitte, das heißt auch Verzicht auf den Wettlauf um extrem populistische Positionen, etwa in der Ausländerdebatte. Stattdessen verlangt die Aufgabe des Ausgleichs ein stetes Bemühen, Gefühle und Stimmungen der Menschen für einen Kurs rechtsstaatlicher, freiheitlicher und toleranter Mäßigung zu gewinnen. Die Geschlossenheit von CDU und CSU, das machte ich beschwörend klar, würde auch in Zukunft für unser Integrationsvermögen eine unverzichtbare Voraussetzung sein. Die Position der Mitte beschrieb ich als permanenten Prozess des Ausgleichs zwischen einer unendlichen Vielfalt von Interessen und Gesichtspunkten, die es zu einem gemeinsamen, zielgerichteten Wollen auf der Grundlage unserer politischen Überzeugungen zu bündeln galt. Vom Gelingen dieses Prozesses hingen sowohl Stabilität als auch Veränderungsfähigkeit ab, also Bewahren und Erneuern.

Natürlich konnte ich eine Auseinandersetzung mit der Wahlniederlage nicht vermeiden. Aber das musste klug geschehen, wollte ich nicht das Risiko laufen, eine nicht mehr kontrollier- und steuerbare Diskussion zu provozieren. Zwar hatte ich das Gefühl, dass die meisten Delegierten nicht nach gnadenloser Abrechnung lechzten. Doch wenn ich jetzt die Schuldfrage gestellt hätte, wäre dies das Startsignal für ein in jeder Beziehung kontraproduktives »Gemetzel« gewesen. Die Medien hätten sich darüber gefreut, der Neuanfang der CDU wäre dadurch zum Desaster geworden. Also beschränkte ich mich in meiner Analyse auf die relativ blutleere Feststellung, wie notwendig Reformen waren und sind und wie groß die Widerstände, auf die jede Reformpolitik unter den Bedingungen einer modernen Wohlstandsgesellschaft trifft. Weil die Bereitschaft zu Verzicht und Mäßigung offensichtlich mit zunehmendem Wohlstand abnehme, habe unsere Reformpolitik immer weniger Zustimmung gefunden, obwohl die Forderungen nach Reformen eher stärker geworden seien. Das war zumindest ein Teil der Wahrheit.

Um nicht allzu viel Raum zum Grübeln zu lassen, ging ich gleich wieder zum Angriff über. Die rot-grüne Regierung habe in ihrer Koalitionsvereinbarung wie in ihrer Regierungserklärung schon viel an reformerischer Hoffnung enttäuscht. Das zeige, dass unser konzeptioneller Ansatz für Reformen nach wie vor richtig sei, dass wir aber auch weiterhin überzeugend für sie werben müssten. Angesichts der Diskussion, wie lange wohl die Oppositionszeit der Union dauern werde, leitete ich aus der Überzeugung über die Richtigkeit unseres Reformansatzes den kühnen Anspruch ab, alle

Wahlen im Jahr 1999 gewinnen zu wollen – eine Zuversicht, die damals inner- und außerhalb des Parteitags auf unüberhörbare Skepsis stieß.

Die Definition meines Verständnisses von Opposition – nicht die bessere Regierung sein, aber auch keine Obstruktion betreiben zu wollen, sondern grundsätzliche Alternativen zu entwickeln, zu kontrollieren und Kritik zu üben – war mir deshalb wichtig, weil ich dem lähmenden Gefühl vorbeugen wollte, die Opposition sei machtlos. Wer nur die arithmetischen Mehrheitsverhältnisse betrachtete, konnte natürlich kaum einen anderen Schluss ziehen. Ich hielt dagegen, weil auch die Regierungsmehrheit immer unter den Druck öffentlicher Meinungsbildung gesetzt werden kann. Das Kunststück für die Union würde darin bestehen, dafür die richtigen Themen und die richtigen Verbündeten zu finden.

Der selbstverständlichen Kritik an der Regierung, der ich Inhalts-, Substanz- und Ideenlosigkeit vorhielt, und am Kanzler, dem ich einen unverkennbaren Hang zur Beliebigkeit attestierte, versuchte ich als unsere Alternative eine auf Werte gegründete Politik der Mitte als Grundlage für Zukunfts- und Innovationsfähigkeit gegenüberzustellen: Betreuungsmentalität der Linken gegenüber Eigenverantwortung und freiwilliger Solidarität, Wettbewerb und Dezentralisierung, Bildung und Erziehung als Schlüsselbereich und die richtige Mischung aus Fordern und Fördern. Im Anschluss an unser Programm »Arbeit für alle«, das wir entgegen verbreiteter Skepsis in unseren letzten Regierungsjahren aufgelegt und im Sinne subsidiärer Initiativen zu einem gewissen Erfolg gebracht hatten, beschrieb ich in meiner Parteitagsrede Teilhabechancen für alle gegen Ausgegrenztsein als die soziale Frage am Ende des 20. Jahrhunderts. Ich zitierte Bischof Homeyer, dass soziale Gerechtigkeit stärker mit Beteiligungsgerechtigkeit übersetzt werden müsse. Hier sah ich für die CDU auch in der Opposition die große Chance, das soziale Profil in einem neuen Sinne zu schärfen. Denn, davon war ich überzeugt, nur die Union konnte eine Politik glaubhaft vertreten, die sich anheischig machte, den staatlichen Gestaltungsanspruch für mehr Bürgergesellschaft auf seinen Kernbereich zurückdrängen, im Gegenzug dafür Familie, Ehrenamt und kommunale Selbstverwaltung zu stärken. Das war der Weg, der in unserem Zukunftsprogramm in dem Anspruch gipfelte: »Wir schaffen die modernste Gesellschaft Europas.« Aus dieser politischen

Grundskizze habe ich dann Folgerungen für mehr Offenheit in der Parteiarbeit und für die Revitalisierung der kommunalen Basis in der Union abgeleitet. »Die Veränderung beginnt in den Köpfen«, sagte ich. Die CDU müsse ihre neue Rolle finden, die Menschen vor Ort ansprechen und sich neuen Gruppen und Ideen öffnen.

Den Bogen meiner Rede rundete ich mit dem Spannungsverhältnis zwischen europäischer Einigung und nationaler Identität ab. Ich verwies auf die Verantwortung für die Geschichte und auf die Notwendigkeit, dass Deutschland ein ausländerfreundliches Land bleiben müsse. Dabei lehnte ich die von der Koalition vorgesehene regelmäßige doppelte Staatsbürgerschaft entschieden ab, weil sie die Integrierung von Ausländern in Deutschland nicht fördere, sondern das Gegenteil bewirke. Am Ende geißelte ich die rot-grüne Überheblichkeit, und weil Hochmut immer vor dem Fall komme, setzte ich dem eine Mischung aus Mut und Demut entgegen.

Spektakuläre Höhepunkte enthielt meine Rede nicht. Mir war es darauf angekommen, die programmatischen Ansätze unserer Politik in der Opposition zu skizzieren. Weil öffentliches Interesse nach einem Regierungswechsel sich viel stärker auf die Vorhaben der Regierung als auf programmatische Ansätze der Opposition konzentriert, und weil natürlich Personalentscheidungen immer auf größeres vordergründiges Interesse stoßen, war die inhaltliche Resonanz auf meine »Oppositionserklärung« eher begrenzt. »Sie war zu lang; sie war zu kopflastig, um zu begeistern; sie widmete den Ursachen der Niederlage ganze drei Absätze«, kritisierte die *Süddeutsche Zeitung*. Andere urteilten gnädiger. Ich war gleichwohl zufrieden und bekenne mich auch heute noch zu den Inhalten dieser Rede.

Die Wahl des Parteivorsitzenden enthielt dann aber selbst für mich eine echte Überraschung. Zuvor hatte ich mit einem Mitarbeiter etwas scherzhaft, gleichwohl nicht ganz ohne ernsten Hintergrund die Frage erörtert, wo die Untergrenze der Zustimmung zu ziehen sei, bei deren Nichterreichen ich die Wahl nicht annehmen wollte. Das Ergebnis enthob mich dann aller weiteren Überlegungen: Mit 93,4 Prozent der Stimmen hatte ich nicht im Traum gerechnet.

Mit den weiteren Personalentscheidungen des Parteitags konnte ich zufrieden sein. Die Delegierten wählten klug, statteten Angela

Merkel für das Amt des Generalsekretärs mit einem ähnlich beeindruckenden Ergebnis aus, verteilten mit den Stimmenzahlen für Präsidiums- und Vorstandsmitglieder auf subtile Weise Abmahnungen und Vorschusslorbeeren, und hier und da wurde sogar brutal abgestraft. Insgesamt bewiesen die Wahlen, dass ich mit meinem Gefühl richtig gelegen hatte: Im Wissen darum, dass sich vieles ändern musste, wollte die Partei dennoch keine Palastrevolution. Karl Feldmeyer schrieb in der *FAZ*: »Gerade weil sich die CDU darüber im Klaren ist, dass diese Wahlniederlage kein Betriebsunfall, sondern ein für sie verheerender politischer Erdrutsch war, dessen Folgen nach wie vor nicht abzuschätzen sind, hütet sie sich, Entscheidungen ohne hinreichende Lagebeurteilung zu treffen. Und das braucht nach so vielen Regierungsjahren einige Zeit.« Die nächste Etappe auf unserem wohl steinig werdenden Weg hatten die Delegierten zustimmend zur Kenntnis genommen: Im Frühjahr 1999 sollte ein weiterer Parteitag über die programmatische Erneuerung beraten.

III. Erste Schritte – Die Zeit der Rekonvaleszenz

1. Die Wiederentdeckung des politischen Gegners

Parallel zu unserer Neukonstituierung in Partei und Fraktion hatte die rot-grüne Koalition ihre Koalitionsverhandlungen und die Regierungsbildung abgeschlossen. Bundeskanzler Schröder gab am 10. November 1998 seine Regierungserklärung ab. Sie war über die normale Neugier hinaus mittels vielen Medienrummels schon im Vorfeld mit einem Erwartungshorizont versehen worden, dem – dessen war ich sicher – Schröder selbst bei bestem Willen und Können nicht gerecht werden konnte. Sie blieb denn auch eher blass, flüchtete sich dort, wo harte Fakten nötig gewesen wären, in schöne, aber wolkige Formulierungen und konnte am Ende niemanden so recht überzeugen. Wie nicht anders zu erwarten, intonierte er dabei eine Grundmelodie, derzufolge in der Regierungszeit der Union alles immer nur schlechter geworden sei, wir die Wahl deshalb völlig zu Recht verloren hätten und unter seiner Kanzlerschaft nun endlich wieder bessere Zeiten anbrächen.

Da es nicht ratsam war, unwidersprochen Legendenbildungen zuzulassen, die uns in einer völlig hoffnungslosen Defensive einschnüren würden, musste ich dagegenhalten, ohne allzu schönrednerisch und damit unglaubwürdig zu wirken. Ich konzentrierte mich in meiner Erwiderung deshalb darauf, Erfolge und Ergebnisse unserer Regierungszeit relativ nüchtern in Erinnerung zu rufen, insbesondere die im Laufe des Jahres 1998 deutlich bessere Entwicklung auf dem Arbeitsmarkt als Folge unserer Reformpolitik darzustellen. Das sei, so hielt ich Schröder vor, unsere Abschlussbilanz, und diese sei zugleich die Eröffnungsbilanz für seine Regierung. Unter den gegebenen, für die Union schmerzlichen Bedingungen war das immerhin die Demonstration eines gesunden Selbstbewusstseins. Die Fraktion war es denn auch zufrieden.

Die rot-grüne Koalitionsvereinbarung ließ inhaltlich wenig von Schröders neuer Mitte erkennen. Stattdessen beschränkte sie sich auf die Umsetzung von Wahlversprechen, die Schröder in der Erwartung abgegeben hatte, durch die Bildung einer großen Koalition an einer Erfüllung gehindert zu werden. Offensichtlich war in den Koalitionsverhandlungen auf Seiten der SPD der Einfluss von Parteichef Lafontaine sehr viel stärker als der von Schröder. Dennoch erstaunte mich das Maß an Schlampigkeit, mit der die Koalitionsvereinbarung ausgearbeitet wurde, aufs Höchste. Aus jahrzehntelanger Erfahrung wusste ich, dass allzu detaillierte Koalitionsvereinbarungen immer ein Übel waren. Meistens verhakte man sich bereits bei den Koalitionsverhandlungen, was stets dazu führen musste, dass entweder die eine Seite unter Gesichtsverlust nachgab oder das Platzen der Verhandlungen drohte. In jedem Fall vergeudete man ungeheuer viel Kraft, bevor man überhaupt angefangen hatte, zu regieren. Deshalb waren wir zwischen Union und FDP 1994 erstmals nach dem Grundsatz verfahren, die gemeinsamen Projekte für die Legislaturperiode in der Koalitionsvereinbarung festzulegen, die konkrete Ausgestaltung aber erst dann vorzunehmen, wenn wir uns an die entsprechende Gesetzgebung machten.

Das Elaborat der Verhandlungen zwischen SPD und Grünen war genau des Gegenteil. Als Ausfluss unverhohlenen Misstrauens gegeneinander schrieben die künftigen Regierungspartner nicht nur hinein, was sie machen wollten, sondern auch, wie sie es machen wollten. Den Grünen waren dabei seitens der SPD offensichtlich leichthin Zugeständnisse gemacht worden, die den Keim künftiger Koalitionskrisen bereits in sich trugen. Ob Atomausstieg, Staatsbürgerschaftsrecht oder Ökosteuer – überall dominierte der von pragmatischen Einschätzungen wenig getrübte Spielwiesenidealismus. Was mich aber am meisten konsternierte, war, dass sich die Verhandlungspartner sogar dazu hatten hinreißen lassen, künftige Personalentscheidungen in ihrer Vereinbarung festzulegen. Der SPD, so beschloss man, stand demnach der Bundespräsident zu, dafür durften die Grünen einen frei werdenden Posten bei der Brüssler EU-Kommission besetzen. Schröder schien sich für das alles nicht sonderlich zu interessieren. Vielleicht, weil ihm Inhalte ohnehin nicht wichtig waren. Vielleicht aber auch, weil er im Zweifel gar nicht die Absicht hatte, auf die Koalitionsvereinbarung Rücksicht zu nehmen. Wahrscheinlich traf beides zu.

Viel stärker als diese Dinge nahmen jedoch die rot-grünen Personalentscheidungen die öffentliche Aufmerksamkeit gefangen. Insbesondere das Ringen um den Fraktionsvorsitz der SPD bot ein spannendes Schauspiel voller Intrigen. Rudolf Scharping hatte in angemessener Form deutlich gemacht, dass er seinen Platz nicht vorrangig in der Regierung sehe, sondern Fraktionsvorsitzender bleiben wolle. Weder Schröder noch Lafontaine passte das. Dabei galt es als ausgemachte Sache, dass für den Fall, dass Parteichef Lafontaine Anspruch auf den Fraktionsvorsitz erheben sollte, er ihn auch bekommen würde. Dagegen hätte Scharping nichts ausrichten können. Ein Fraktionsvorsitzender Lafontaine wiederum war für Schröder eine Horrorvorstellung, weil die Bündelung von Partei- und Fraktionsvorsitz in einer Hand ihn zum Kanzler unter Lafontaine gemacht hätte. Auch Scharping, in dem er nicht gerade einen treuen Gefolgsmann sah, schien ihm als Chef der SPD-Fraktion mit zu viel unabhängiger Macht ausgestattet. Immerhin hatte der seinerzeitige SPD-Vorsitzende Scharping den damaligen wirtschaftspolitischen Sprecher des SPD-Präsidiums, Schröder, wegen Unbotmäßigkeit rausgeworfen. Nichts war vergessen. Weil Lafontaine und Schröder in der Frage Scharping einig waren, wenn auch aus unterschiedlichen Motiven, setzten sie schließlich nach für Scharping entwürdigenden Auseinandersetzungen ihren Willen durch.

Zu meiner Überraschung zog Lafontaine aber nicht die Option Fraktionsvorsitz, sondern beanspruchte für sich das Amt des Finanzministers, eine Entscheidung, die ich aus seiner Interessenlage weder damals noch später für richtig gehalten habe. Was immer er mit dieser Wahl für sich verband, er suchte jedenfalls sofort das Übergewicht des Finanzministers so auszubauen, dass er einen dominierenden Einfluss zumindest auf den Gesamtbereich der Wirtschafts-, Finanz- und Sozialpolitik ausüben konnte. Zu diesem Zweck wurden die Zuständigkeiten für Europapolitik und für wirtschaftspolitische Grundsatzfragen vom Wirtschafts- auf das Finanzministerium übertragen. Auf der einen Seite führte das zu einer kaum noch erträglichen Abwertung des Wirtschaftsministeriums, das bis heute noch nicht einmal mehr für den Jahreswirtschaftsbericht zuständig ist. Für Schröders »Wunderwaffe« Stollmann, mit dessen Benennung für das Amt des Wirtschaftsministers er im Wahlkampf bei den Medien und in Wirtschaftskreisen

Punkte gesammelt hatte, war das Anlass genug, seinen kurzen Ausflug als Unternehmer in die Politik umgehend zu beenden. Andererseits wurde durch Lafontaines Raubzug im Wirtschaftsministerium sein Zuständigkeitsbereich als Finanzminister derart überdehnt, dass er von der Vielzahl der Aufgaben nicht nur im nationalen, sondern auch im europäischen und außereuropäischen Bereich zuzüglich seiner Funktion als Parteivorsitzender schier erdrückt werden musste. Symptomatisch dafür erschien mir die von den meisten als bewusster Affront verstandene Tatsache, dass Lafontaine als einziger Finanzminister der Teilnehmerländer nicht persönlich zur Jahreswende 98/99 in Brüssel an der Inaugurationsfeier für den Euro anwesend war, sondern sich vertreten ließ.

Im Nachhinein glaube ich, dass Lafontaine sich bei seiner Entscheidung für das Amt des Finanzministers nicht von machtpolitischen Überlegungen leiten ließ, sondern seiner Leidenschaft als »Weltökonom« nachgab. Da er neben seinen unbestreitbaren intellektuellen Fähigkeiten auch mit einem beachtlichen Potenzial an Rechthaberei ausgestattet ist, musste es ihn geradezu umtreiben, dass außer seiner Frau weltweit kaum jemand seine ökonomischen Theorien teilte, geschweige denn in ihnen einen gangbaren politischen Weg erkennen mochte. Jedenfalls stand er außerhalb der Linken weitgehend isoliert da mit der Vorstellung, durch möglichst viele staatliche Interventionen soziale Gerechtigkeit herstellen zu können. Diesen Denkansatz hielt er dennoch konsequent durch, forderte sogar weltweite Regulierungen, um dem Globalisierungswildwuchs entgegenwirken zu können, und plädierte für den Einsatz der Geldpolitik für die Zwecke wirtschaftlicher und sozialer Steuerung, womit er folgerichtig eine autonome, den politischen Mehrheiten in Parlament und Regierung entzogene Geldpolitik der Notenbank ablehnen musste. Als Kanzler konnte er den Beweis für die Richtigkeit seiner Thesen vorerst nicht mehr antreten. Also blieb nur das Finanzministerium, das ihm sowohl das internationale Spielfeld eröffnete als auch die operative Basis bot, es allen Kritikern und Spöttern zu zeigen. Konsequenterweise berief er mit Heiner Flassbeck vom Deutschen Institut für Wirtschaftsforschung und dem Finanzexperten Claus Noé zwei der seltenen Parteigänger seiner wirtschafts- und finanzpolitischen Vorstellungen zu Staatssekretären. Zusammen gingen sie an die Umsetzung von Lafontaines Theorie in die Praxis, und in den wenigen Monaten seiner Amtszeit gelang dies mit beträchtlichem Schaden für die gesamtwirtschaftliche Entwicklung und für das Ansehen des Standorts Deutschland sowie der Regierung Schröder. Das ohnehin vorhandene Misstrauen der Finanzmärkte in die rot-grüne Koalition wuchs dank Lafontaine erheblich an, und wie die Monatsberichte der Deutschen Bank auswiesen, waren die Folgen bei dringend erwünschten Investitionsentscheidungen ausländischer Investoren für den Standort Deutschland geradezu verheerend.

Solange er im Amt war, bot uns Lafontaine mit seiner Politik willkommene Angriffsflächen. Er, der sich in der für Karikaturisten, Glossenschreiber und Leitartikler dankbaren Rolle des Neben- und Überkanzlers gefiel, hatte nicht unwesentlichen Anteil daran, dass unsere Kritik an der rot-grünen Koalition in der Öffentlichkeit zunehmend auf fruchtbaren Boden fiel. Unseren eigentlichen und überraschend frühen Durchbruch verdankten wir allerdings der in der Koalitionsvereinbarung aktenkundig gemachten Absicht der Regierung Schröder, bei Einbürgerungen regelmäßig die doppelte Staatsangehörigkeit einführen zu wollen.

2. Der Doppelpass –
Steilvorlage aus der rot-grünen Koalition

Die Auseinandersetzung um die notwendige Neuregelung des Ausländer- und des Staatsangehörigkeitsrechts hatte eine lange, auch leidvolle Geschichte. Es lohnt sich, sie noch einmal nachzuzeichnen, weil dadurch erst wirklich verständlich wird, was uns bei dem Widerstand gegen das rot-grüne Vorhaben bewegte und warum wir dabei in der Bevölkerung auf so viel Zustimmung stießen. Zu Zeiten der deutschen Teilung war das Reichs- und Staatsangehörigkeitsrecht von 1913 eine der letzten rechtlichen Klammern für die deutsche Einheit. In der Bundesrepublik Deutschland kam eine Änderung schon deshalb nicht in Frage, weil damit unausweichlich der DDR-Forderung nach getrennten Staatsbürgerschaften für die beiden Staaten in Deutschland Vorschub geleistet worden wäre.

Demgegenüber war aber eine Anpassung der Ausländergesetzgebung durch den seit den Sechzigerjahren ansteigenden Zuzug nach Deutschland – beginnend mit der Anwerbung von »Gastarbeitern« bis zum wachsenden Zustrom von Asylbewerbern – schon seit den Siebzigerjahren zwingend erforderlich.

Bei meinem Amtsantritt als Innenminister im Jahre 1989 lag dieses ungelöste Problem als immer sperriger werdende Hinterlassenschaft auf meinem Schreibtisch. In den Achtzigerjahren hatten wir uns immer wieder mit den anschwellenden Asylbewerberzahlen beschäftigen müssen, wie übrigens schon die Regierungen Brandt und Schmidt ein Jahrzehnt zuvor. Nachdem sich die Politik für einen Anwerbestopp gegenüber ausländischen Arbeitnehmern entschieden hatte, war das Grundrecht auf Asyl zunehmend zur offenen Flanke bei dem Bemühen geworden, Zuwanderung zu steuern. Letzten Endes wussten die meisten schon in den Siebzigerjahren, dass eine Änderung des Artikels 16 GG unumgänglich werden würde. Der damalige SPD-Fraktionsvorsitzende Herbert Wehner bewies bereits am 15. Februar 1982 seinen Weitblick, als er an die Adresse der SPD sagte: »Wenn wir uns weiterhin einer Steuerung des Asylproblems versagen, dann werden wir eines Tages von den Wählern, auch unseren eigenen, weggefegt. Dann werden wir zu Prügelknaben gemacht werden. Ich sage euch – wir sind am Ende mitschuldig, wenn faschistische Organisationen aktiv werden. Es ist nicht genug, vor Ausländerfeindlichkeit zu warnen – wir müssen die Probleme angehen, weil uns sonst die Bevölkerung die Absicht, den Willen und die Kraft abspricht, das Problem in den Griff zu bekommen.«

Der grundgesetzlich garantierte Anspruch auf Asyl führte auf Grund der bloßen Behauptung, politisch verfolgt zu sein, wie wenig substanziiert sie auch immer sein mochte, in der Rechtsprechung der Verwaltungsgerichte zur Gewährung eines faktischen Bleiberechts, jedenfalls bis zur rechtskräftigen Ablehnung aller Ansprüche und Klagen. Angesichts der zunehmenden Überlastung von Verwaltungsbehörden und Verwaltungsgerichten dauerte das im Einzelfall Jahre mit der Folge, dass eine Abschiebung nach jahrelangem Aufenthalt, vor allem bei Kindern, zunehmend als unmenschliche Härte empfunden wurde. Auch ich hätte mir mehr Spielraum gewünscht, um im Einzelfall flexiblere und humanere Entscheidungen treffen zu können. Doch durch den Druck der großen Zahl war das nahezu unmöglich. Umgekehrt konnten Schlepperbanden in den Not leidenden Teilen dieser Erde diese Situation in Deutschland zur Grundlage einträglicher Geschäfte machen, und ganze Anwaltskanzleien spezialisierten sich auf die Ausschöpfung aller Rechtsmittel, um den mit Sozialhilfebezug verbundenen Aufenthalt zu verlängern.

Die nahe liegenden Versuche, die Attraktivität der Aufenthaltsbedingungen für Asylbewerber so zu verringern, dass der Missbrauch des Asylrechts abnahm, insbesondere durch die Verweigerung von Arbeitserlaubnissen, hatten immer nur einen kurzfristigen Entlastungseffekt. Der Anspruch auf Sozialhilfe blieb davon unberührt, und die deutschen Sozialhilfesätze waren für viele, die aus den ärmsten Ländern der Welt kamen, immer noch verlockend genug. Die Toleranz der Bevölkerung gegenüber den Hilfesuchenden wurde jedenfalls zunehmend auf eine harte Probe gestellt, und in den verbreiteten Stammtischparolen, »die Asylanten« würden ja nicht einmal durch eigene Arbeit für ihren Lebensunterhalt aufkommen, sondern auf Kosten der Steuerzahler durchgefüttert, baute sich zusätzliches Aggressionspotenzial auf.

Deutschland wirkte in der Mitte Europas durch sein im internationalen Vergleich ausgesprochen attraktives Sozialhilfeniveau wie ein Magnet. Bei einem insgesamt hohen Zuwanderungsdruck auf Europa strömten mehr als die Hälfte aller Asylbewerber nach Deutschland. Unsere großherzige Verfassungslage zuzüglich ihrer bürokratischen und verwaltungsgerichtlichen Umsetzung verhinderte Maßnahmen der Steuerung, wie andere europäische Länder sie praktizierten. Darüber hinaus wuchs der Druck unserer Schengener Vertragspartner in der Europäischen Union, weil die Abschaffung der Personenkontrollen an den Binnengrenzen gemeinsame Regelungen für die Außengrenzen erforderlich machte. Dies voraussehend hatten wir auch schon Mitte der Achtzigerjahre innerhalb der Koalition eine Vereinbarung getroffen, im Zuge einer Abschaffung der Grenzkontrollen innerhalb Europas uns über die Notwendigkeit einer Grundgesetzänderung zu verständigen. Das war ein erster wichtiger Schritt, weil die FDP aus grundsätzlichen Erwägungen stärker gegen eine Änderung des Asylgrundrechts festgelegt war als große Teile der SPD.

So sehr denn auch der Druck durch die objektiven Umstände zugenommen hatte, der humanistisch und moralisch begründete Widerstand gegen eine Änderung des Asylartikels blieb davon unberührt. So weit er organisiert auftrat, hatte er hier und da sogar militante Züge. Die Gegner einer Änderung argumentierten vor allem damit, dass Artikel 16 des Grundgesetzes (GG) eine frühe Reaktion auf die nationalsozialistische Barbarei gewesen sei und deshalb für Deutschland eine historische Verpflichtung beinhalte, und bis weit in die Kirchen hinein berief man sich auf eine moralische Grundposition, dass Probleme in einem so reichen Land nicht zu Lasten der Schwächsten und Ärmsten gelöst werden dürften.

Nach endlosen Bemühungen über mehr als ein Jahrzehnt kam es schließlich zu einer Änderung von Artikel 16 GG. Mit dem FDP-Vorsitzenden Solms verabredete ich gemeinsame Gespräche mit der SPD, ohne deren Zustimmung eine Grundgesetzänderung nicht zu erreichen war. Solms setzte in der FDP gegen den Widerstand insbesondere der damaligen Justizministerin Leutheusser-Schnarrenberger durch, dass die FDP eine zwischen der Union und der SPD erreichte Einigung mittragen beziehungsweise in der Koalition nicht verhindern werde.

Die Asylrechtsverhandlungen begannen Ende 1992 und wurden nach zwei zähen und langwierigen Verhandlungsrunden mit einem erträglichen Ergebnis abgeschlossen. Im April 1993 stimmte der Bundestag unter bürgerkriegsähnlichen Belagerungszuständen der Grundgesetzänderung zu. Zum letzten Mal konzentrierte sich in Bonn der organisierte Widerstand dagegen in einer für ein freiheitliches Parlament unerträglichen Form. Die Abgeordneten konnten zum Teil nur über Schleichwege, unter Polizeischutz oder per Schiff von der Rheinseite her in den Bundestag gelangen.

In der SPD kam dem damaligen Fraktionsvorsitzenden Klose das maßgebliche Verdienst am Zustandekommen eines Ergebnisses zu – gegen den erbitterten Widerstand seines Vorgängers Vogel. Die schweren Zerwürfnisse im rot-grünen Lager nahm er in Kauf. Klose setzte seine gesamte Amtsautorität für die Realisierung der gefundenen Lösung ein, und er hat – wenn auch mit Verzögerung – dafür mit dem Rückzug aus der Parteispitze der SPD bezahlen müssen. Leitlinie der vereinbarten Grundgesetzänderung war, das Schutzniveau unserer Verfassung an den in der Genfer Flüchtlingskonvention niedergelegten Standard anzupassen. Das ermöglichte im Ergebnis, Asylbewerber, die bereits anderswo Schutz vor Verfolgung gefunden hatten, in Deutschland ohne langwierige Gerichtsverfahren abzuweisen. Da Deutschland von lauter Nachbarstaaten umgeben ist, die ihrerseits auch den Schutz der Genfer

Flüchtlingskonvention gewähren, führte diese Änderung in kurzer Zeit zu einem Rückgang der Asylbewerber um zwei Drittel.

Neben der Asyldebatte gab es seit Ende der Achtzigerjahre ebenso heftige Auseinandersetzungen um die Zuwanderung von Spätaussiedlern in die Bundesrepublik Deutschland. Kurzfristig kam nach dem Fall der Mauer Ende 1989 auch noch eine erbitterte Kontroverse um die dramatisch angestiegenen Übersiedlerzahlen aus der DDR hinzu. Alle diese Entwicklungen hatten immer wieder zur Einrichtung von Notunterkünften beziehungsweise zur zeitweiligen Inanspruchnahme von Turnhallen, Schulen und Ähnlichem mehr geführt. Außerdem war der Anteil ausländischer Wohnbevölkerung kontinuierlich angestiegen. Vor allem der Zuzug aus der Türkei hielt auch nach Verhängung des Anwerbestopps an, weil die Familiennachzugsregelungen geradezu exzessiv ausgenutzt wurden.

Steuerung und Begrenzung von Zuwanderung und die Integration ausländischer Mitbürger zählten also seit den Achtzigerjahren zu den dringendsten und zugleich umstrittensten politischen Gestaltungsaufgaben. Fritz Zimmermann, mein Vorgänger im Amt des Bundesinnenministers, hatte angesichts der von ihm für unvereinbar gehaltenen Grundpositionen innerhalb der Koalition eine sachgerechte Neuregelung des Ausländerrechts für unmöglich gehalten und deshalb auf eine Gesetzesinitiative verzichtet. Endlose Dispute mit dem ebenso scharfsinnigen wie in dieser Frage nicht kompromissbereiten FDP-Innenpolitiker Burkhard Hirsch hatten ihn ziemlich entnervt. Obwohl die zunehmenden Probleme bei der Integration und in der Ausländerpolitik eine Lösung dringend erforderten, sah er dafür keine Chance. Gleich zu Beginn meiner Amtszeit als Bundesinnenminister habe ich einen neuen Anlauf unternommen. In intensiven Gesprächen mit Hirsch versuchte ich seinen Widerstand abzubauen. Dann setzten wir eine Arbeitsgruppe der Koalition ein, in der der damalige bayerische Innenminister Stoiber für die CSU, der Staatssekretär im Bundesministerium der Justiz, Klaus Kinkel, für die FDP und ich als Bundesinnenminister zusammen mit meinem Staatssekretär Neusel die kontroversen Punkte abarbeiteten. Leitlinie war, verschiedene Stufen von Aufenthaltsberechtigungen genau zu definieren und den rechtmäßig in Deutschland lebenden Ausländern berechen-

und durchsetzbare Rechtsansprüche zu geben, sodass auch ohne die Annahme der deutschen Staatsangehörigkeit die Rechtsstellung der für längere Zeit in Deutschland lebenden Ausländer deutlich verbessert wurde. Gegen viel Skepsis erreichten wir am Ende eine Einigung in der Koalition und eine entsprechende Gesetzgebung, wobei ich schon damals nicht behaupten konnte, dass die gefundene Neuregelung des Ausländergesetzes sich durch besondere sprachliche Klarheit und bürokratische Einfachheit auszeichnete.

Zuwanderungs- und Integrationsprobleme blieben uns gleichwohl in den Neunzigerjahren erhalten, wobei sich die tatsächliche Entwicklung und die öffentliche Wahrnehmung immer wieder veränderten. Meist kam es – wie bei den Bürgerkriegsflüchtlingen aus dem ehemaligen Jugoslawien und den Kurden – zu kurzfristigen öffentlichen Erregungszuständen, die aber immer nur Äußerlichkeiten und nie den Kern des Problems betrafen. Das Dilemma, einerseits in einer Welt offener Grenzen und des globalen Wettbewerbs Offenheit und Toleranz für das Zusammenleben von viel mehr Menschen unterschiedlichster Herkunft und Kultur sicherzustellen, andererseits aber das Ausbeuten von Ängsten und Fremdheitsgefühlen in der Bevölkerung durch politische Rattenfänger zu verhindern und die Integrationsbereitschaft bei allen Teilen der Wohnbevölkerung zu fördern, bereitete uns zunehmend Sorgen. Deshalb bestand die eigentliche Nagelprobe, die sich im Laufe der Neunzigerjahre abzeichnete, darin, ob es gelingen konnte, der insbesondere unter der türkischen Wohnbevölkerung zu beobachtenden wachsenden Ghettoisierung entgegenzuwirken, die vor allem durch einen sich ausbreitenden islamischen Fundamentalismus gefördert wurde. Da sammelte sich Sprengstoff an, der nur durch mehr Integration entschärft werden konnte.

So rückte nach Asyl- und Ausländergesetzgebung die Neuregelung des Staatsangehörigkeitsrechts immer stärker in den Vordergrund. CDU/CSU und FDP hatten in den Koalitionsvereinbarungen vom Januar 1991 wie vom Dezember 1994 jeweils eine Überarbeitung des Staatsangehörigkeitsrechts verabredet. Aber ungeachtet der Ankündigungen kam eine Einigung in beiden Legislaturperioden nicht zu Stande. Bis 1994 waren wir zu lange mit der Asylrechtsdebatte beschäftigt, und nach 1994 war unsere Mehrheit zu schmal, sodass die Chance, eine in der Koalition erst noch zu erzielende Einigung im Bundestag mit Mehrheit durchzusetzen, zu gering war, weil immer mit einer Restzahl von nicht für einen Mehrheitskompromiss zu gewinnenden Koalitionsabgeordneten gerechnet werden musste.

Dennoch ließ mir das Problem keine Ruhe, und ich versuchte immer wieder, die losen Enden der unterschiedlichen Standpunkte in der Koalition zusammenzubinden. Die Kernfrage war, unter welchen Voraussetzungen in Deutschland geborene und aufwachsende Kinder ausländischer Eltern die deutsche Staatsangehörigkeit sollten erwerben können. Es war unstreitig, dass sie auf jeden Fall bei Verzicht auf die durch Geburt erworbene Staatsangehörigkeit den deutschen Pass bekamen. Unstreitig war in der Koalition auch, dass eine regelmäßige und dauerhafte doppelte Staatsangehörigkeit nicht in Betracht kam. Dabei war uns sehr wohl bewusst, dass seit langer Zeit in etwa 30 Prozent aller Einbürgerungsfälle die bisherige Staatsangehörigkeit nicht aufgegeben werden musste, weil dies entweder gar nicht oder nur unter unzumutbaren Bedingungen möglich gewesen wäre. Hier wurde also als Ausnahmetatbestand eine doppelte Staatsangehörigkeit stillschweigend hingenommen. Wir waren uns in der Koalition auch darüber einig, dass die Voraussetzungen für eine Einbürgerung erleichtert, rechtliche Ansprüche darauf klarer geregelt und die verwaltungsmäßigen Verfahren vereinfacht werden sollten.

In der FDP und bei einer Minderheit innerhalb der Union wurde ein Lösungsansatz vertreten, in Deutschland geborenen Kindern ausländischer Eltern bis zur Erlangung der Volljährigkeit die doppelte Staatsangehörigkeit einzuräumen. Dann hätten sie sich endgültig für eine der beiden Staatsangehörigkeiten selbst zu entscheiden. Die Mehrheit in der Union vertrat demgegenüber die Auffassung, dass es für solche Kinder ausreichend sei, wenn sie mit Erlangung der Volljährigkeit einen Rechtsanspruch auf den Erwerb der deutschen Staatsangehörigkeit geltend machen könnten, was automatisch den Verzicht auf die durch Geburt erworbene bedeutete.

In den Koalitionsverhandlungen vom Herbst 1994 einigten wir uns nach quälenden Debatten auf einen Kompromiss. Mit der so genannten »Kinderstaatszugehörigkeit« hatten wir eine Konstruktion erfunden, bei der unter Verzicht auf die doppelte Staatsangehörigkeit den Kindern lediglich die Option auf die spätere deutsche Staatsangehörigkeit eingeräumt wurde. Bis zu deren Realisierung, höchstens aber bis zur Volljährigkeit sollten sie im verwaltungsmäßigen Alltag so behandelt werden, als besäßen sie die deutsche Staatsangehörigkeit schon. Diese zugegeben komplizierte Regelung war öffentlich von Anfang an schwer zu vermitteln, und die Bereitschaft, sich dafür offensiv einzusetzen, war selbst bei Bundesinnenminister Kanther gering.

Mangels klarer politischer Entscheidungen wurde die öffentliche Debatte zunehmend diffuser. Scheinbar widersprüchliche Grundsatzpositionen prallten immer heftiger und unversöhnlicher aufeinander. Territorialprinzip gegen Abstammungsprinzip, jus soli versus jus sanguinis, das waren die neuen Kampfbegriffe, die das Erregungspotenzial für Fernseh-Talkshows und Querdenker bereicherten. Das Abstammungsprinzip, also das jus sanguinis, wurde dazu sogar noch als dumpfe »Blut und Boden«-Ideologie verunglimpft und damit in die Nähe des nationalsozialistischen Rassismus gerückt. Dabei geriet die Tatsache, dass sich überall in der modernen Welt die Staatsangehörigkeit von Kindern im Zweifel zunächst nach der ihrer Eltern bestimmt, fast völlig aus dem Blickfeld. Das Gelände war also vermint, nicht nur in der Koalition, sondern auch in der Öffentlichkeit.

So weit dennoch in der Koalition und weiten Kreisen der Bevölkerung sachbezogene Überlegungen die Oberhand behielten, war weitgehend unumstritten, dass die doppelte Staatsangehörigkeit eher Ausnahme als Regel bleiben sollte. Also ging es eigentlich nur um die Frage, unter welchen Voraussetzungen in Deutschland geborene und aufwachsende Kinder die deutsche Staatsangehörigkeit erwerben konnten und wie sich die Beantwortung dieser Frage auf das wiederum unbestrittene Ziel auswirkte, solche voraussichtlich auf Dauer in Deutschland lebenden Menschen möglichst rasch und möglichst gut zu integrieren.

Da blieb dann als sachlich begründete Meinungsdifferenz lediglich die Frage übrig, ob der Erwerb der Staatsangehörigkeit eher am Ende eines erfolgreichen Integrationsprozesses stehen oder zum Zweck der Förderung der Integration schon früher erfolgen sollte. Und ein anderer ernst zu nehmender Punkt betraf die Frage, ob bei vorübergehender Hinnahme doppelter Staatsangehörigkeit rechtlich und vor allem tatsächlich nach Erlangung der Volljährigkeit eine Entscheidung für eine Staatsangehörigkeit und die Aufgabe der anderen noch durchzusetzen sein würde.

Aber selbst bei nüchterner Reduktion der Meinungsdifferenzen auf diese reinen Sachpunkte war eine Einigung zwischen den Vertretern der verschiedenen Lager in der Koalition nicht mehr erreichbar, weil sich die eine Position auch emotional mit einer grundsätzlich restriktiveren Haltung gegenüber zu viel Zuwanderung verband, und die andere von der missionarischen Überzeugung getragen wurde, in der modernen Welt müsse sich mehr Offenheit vor allem mit mehr Toleranz und dann erst Integration verbinden. Damit war man ganz schnell bei der Frage, ob die »multikulturelle Gesellschaft« eher Bereicherung oder Bedrohung sei, oder auch bei der Überlegung, ob Deutschland angesichts der Veränderungen in Arbeitswelt und globalisierter Wirtschaft wie im Hinblick auf seine innere demographische Entwicklung nicht geradezu auf Zuwanderung angewiesen sei.

Der Streit jedenfalls war heillos, die Wogen der Diskussion schwappten vor allem in der Unionsfraktion immer wieder ziemlich hoch. Alle Versuche, in der Koalition zu einer Einigung zu kommen, die von sämtlichen Abgeordneten der CDU/CSU und der FDP getragen werden konnte, damit im Bundestag bei unserer knappen Mehrheit und angesichts der Entschlossenheit der Opposition, uns bei der Lösung des Dilemmas nicht zu helfen, nichts anbrennen würde, scheiterten. Also ließen wir es bleiben.

Nach der Bundestagswahl 1998 jedoch waren die Karten völlig anders gemischt. Meine Befürchtung war nicht nur, dass eine Vereinbarung der rot-grünen Koalition für ein staatsbürgerrechtliches Optionsmodell wohl auch die Zustimmung der FDP finden würde, was CDU und CSU also schon am Anfang unserer Oppositionszeit im Bundestag sichtbar isolieren und in der Öffentlichkeit den Eindruck unserer Machtlosigkeit unterstreichen würde. Mehr noch besorgte mich der Gedanke, dass auch die Unionsfraktion eine solche Regelung nicht geschlossen ablehnen, ihr andererseits aber auch mehrheitlich mit Sicherheit nicht zustimmen würde. Damit waren heftige Auseinandersetzungen innerhalb der Union fast unausweichlich, und ich sah für mich kaum eine Chance, die Fraktion auf eine einheitliche Position zu zwingen.

Die rot-grüne Koalition aber ersparte mir diese Verlegenheit: In ihrer Koalitionsvereinbarung verabredete sie die regelmäßige Hinnahme doppelter Staatsangehörigkeit bei allen Einbürgerungen. Das war eine rein grüne Position, für die niemand in der Union zu gewinnen war, die auch bei der FDP auf geschlossene Ablehnung stieß, und von der man wusste, dass sie von erheblichen Teilen der SPD allenfalls halbherzig mitgetragen wurde. Bis heute habe ich nicht verstanden, wieso der SPD ein so schwerer strategischer Fehler in den Koalitionsverhandlungen unterlaufen konnte. Von Lafontaine und von Schröder hörte ich später, persönlich seien sie eigentlich gar nicht für diese Regelung gewesen, aber man habe in dieser Sache keinen Streit mit den Grünen haben wollen. Für mich war das ein weiterer Beweis für die Schlampigkeit, mit der die SPD die Koalitionsverhandlungen geführt hatte, und – was schlimmer war – für die unglaubliche Leichtfertigkeit im Umgang mit einem in vieler Hinsicht besonders sensiblen Thema.

3. Die Unterschriftenaktion – Integration konkret

Jedenfalls stieß die Koalitionsvereinbarung vom 20. Oktober 1998 in diesem Punkt auf geschlossene Ablehnung, und ich war den neuen Regierungspartnern herzlich dankbar dafür, dass sie mir diese erste frühe Zerreißprobe erspart hatten. Die rot-grüne Koalition brachte schnell einen Gesetzentwurf zur Umsetzung ihrer Vereinbarung ein. Die FDP ihrerseits stellte als Alternative ein Optionsmodell dagegen, für das sie auf Unterstützung auch von Teilen der Union und der SPD hoffte. Unterdessen wurde die öffentliche Debatte über das Thema heftiger, und es war allenthalben zu spüren, wie viel Sprengstoff das rot-grüne Vorhaben für die Integrationsbereitschaft und Toleranz breiter Bevölkerungskreise enthielt. Der bayerische Ministerpräsident Stoiber verwies darauf, wenn die Koalition schon Volksbegehren und Volksentscheid ins Grundgesetz einfügen wollte – was sie in ihrer Koalitionsvereinbarung ebenfalls angekündigt hatte –, dann könnte man ja die Frage der doppelten Staatsangehörigkeit einem Volksentscheid unterwerfen. Daraus entwickelte sich sofort auch in der CSU eine für Stoiber unangenehme Kontroverse, ob denn die Union ihren bisherigen wohl begründeten Widerstand gegen die Einführung plebiszitärer Elemente ins Grundgesetz aufgeben wolle.

Mich bewegte dabei nicht so sehr die Tatsache, dass sich der designierte Vorsitzende der Schwesterpartei offensichtlich in eine Falle manövriert hatte, wobei ich es sorgfältig vermied, ihn durch ein Zurückweisen seines Vorschlags in noch größere Kalamitäten zu bringen. Für mich war angesichts der hitziger werdenden Diskussion über das Staatsangehörigkeitsrecht die viel brennendere Frage, ob die Union dabei ihre Bandbreite würde bewahren können. Die starken Vorbehalte in breiten Bevölkerungskreisen gegen die regelmäßige doppelte Staatsangehörigkeit mussten von der Opposition aufgenommen und kraftvoll vertreten werden. Anderenfalls wäre ein wachsender Teil der Bevölkerung in die Resignation gegenüber den etablierten politischen Kräften getrieben worden, eine wundervolle Vorlage für radikale Parteien und ihre ausländerfeindlichen Parolen. Insofern hatte Stoiber den richtigen Ausgangspunkt bezogen: nämlich Sorgen der Menschen nicht brachliegen lassen, sondern sie aufnehmen und zu einem vernünftigen Ausgleich bringen. Nur mit dem Volksentscheid war er über das Ziel hinausgeschossen.

Es ging also in dieser Frage auch um eine Bewährungsprobe unserer Fähigkeit, zur Mitte hin zu integrieren. Das konnte dann aber nicht Widerstand pur bedeuten, denn das birgt immer die Gefahr einer Radikalisierung. Dem Verdacht der Ausländerfeindlichkeit wollte ich aber die Union unter keinen Umständen aussetzen. Gleichzeitig sah ich die Chance, eben weil das Thema die Menschen so sehr beschäftigte, einen Mobilisierungseffekt in den eigenen Reihen zu erzielen, der die Union vor Lethargie und Resignation bewahrte, den größten Gefahren für eine von den Gipfeln herabgestürzte, machtverwöhnte und nun machtlose Partei. Die Frage war, wie man unter Berücksichtigung all dieser Gesichtspunkte den Widerstand gegen den Doppelpass organisieren konnte. Wenn man nicht nur apodiktisch Nein sagen wollte, das lag auf der Hand, musste die Ablehnung mit einem positiven Angebot verbunden werden. Das konnte letztlich nur ein Programm zur Förderung der tatsächlichen Integration der in Deutschland lebenden Ausländer sein.

Nach einigem Überlegen kam mir die Idee einer Unterschriftensammlung der Union gegen das Regierungsvorhaben. Das konnte organisiert werden, die Partei würde damit auf die Straße gehen können, und es war hinreichend spektakulär, um das Medieninteresse für eine Dauerberichterstattung zu binden. Damit wiederum ließ sich in der Sache öffentlicher Meinungsdruck auf die Regierung erzeugen. Ich sprach darüber am 18. Dezember mit Stoiber, der von dem Gedanken gleich angetan war, zumal er ihm aus der Debatte über Volksentscheide einen Ausweg bot. Mir war klar, dass das Unternehmen sorgfältig vorbereitet werden musste, um einen Fehlschlag zu vermeiden. Mitarbeiter hatten mich darauf hingewiesen, dass sich angesichts des vorhersehbaren Medienechos der Verdacht der Ausländerfeindlichkeit von Anfang an am besten dadurch vermeiden ließ, dass unserer Aktion ein von prominenten und glaubwürdigen Persönlichkeiten unterzeichneter Aufruf vorangestellt wurde. Darin mussten die Schädlichkeit der rot-grünen Pläne für die Toleranz gegen Ausländer und der Vorrang für Integration thematisiert werden. Das leuchtete mir ein, war aber zeitaufwendig und sicher nicht ganz einfach zu realisieren. Allerdings hatte ich ohnehin die Absicht, nach der ersten Unterredung mit Stoiber zunächst einmal vorbereitende Gespräche innerhalb der CDU zu führen. Für Anfang Januar stand nämlich die Klausurtagung des Bundesvorstands an, und das schien mir auch im Hinblick auf den beginnenden hessischen Landtagswahlkampf die ideale Gelegenheit zu sein, um mit einem entsprechenden Beschluss den offiziellen Startschuss für die Unterschriftenaktion zu geben. Das war auch im Sinne von Roland Koch. Ich hatte dem hessischen Landesvorsitzenden noch vor dem Gespräch mit Stoiber meine Idee unterbreitet. Er war sofort Feuer und Flamme, weil er darin für seinen Wahlkampf endlich die Chance einer mobilisierenden Kampagne sah.

Um die nötigen Vorbereitungen möglichst rasch abschließen zu können, hatte ich mit Jürgen Rüttgers, dem für Innen- und Rechtspolitik zuständigen stellvertretenden Fraktionsvorsitzenden, verabredet, dass er einerseits ein Programm zur Integrationsverbesserung entwickeln und andererseits in einer Kommission gemeinsam mit dem bayerischen Innenminister Beckstein den Text entwerfen sollte, der zur Unterschriftensammlung ausgelegt werden konnte. Rüttgers machte dabei richtigerweise den Vorbehalt geltend, dass für die Beratung und Abstimmung angesichts der relativ komplizierten Materie Zeit erforderlich sei, wobei erschwerend hinzu kam, dass in der Weihnachtspause nicht alle Kollegen verfügbar sein würden. Dennoch schien es mir möglich zu sein, bis zur Klausurtagung etwas Brauchbares vorlegen zu können.

Ich hatte allerdings nicht mit Stoibers überschwänglichem Enthusiasmus gerechnet. Schon kurz nach unserem Gespräch platzte er in einem Zeitungsinterview mit der Neuigkeit heraus. Zu diesem Zeitpunkt hatte ich außer mit Rüttgers und Koch noch mit keinem der Vorstandskollegen reden können. Vor allem war bis dahin keinerlei Gelegenheit gewesen, sich über die Frage prominenter Erstunterzeichner substanzielle Gedanken zu machen, geschweige denn den einen oder anderen darauf anzusprechen. Mit Stoibers Interviewäußerung war die Sache in der Welt und ich in Zugzwang. Denn in der nachrichtenarmen Woche zwischen Weihnachten und Neujahr gab es für die Medien kein anderes innenpolitisches Thema mehr. Sämtliche Wächter der *political correctness* fielen über die Union her. Der Vorwurf des billigen Populismus war dabei noch die maßvollste Kritik. Die durch Talkshows einschlägig bekannten Moralapostel der Republik witterten prompt ihr Thema und entrüsteten sich in allen Variationen über unseren »Appell an niederste Instinkte«. Selbst der Union wohlwollende Zeitungen waren irritiert, und zu allem Überfluss räsonierten Dutzende von Leitartiklern auch noch darüber, dass nun nach der verlorenen Wahl endgültig die CSU das Sagen habe. »Stoiber treibt Schäuble« – so hieß die personifizierte Kurzfassung.

Natürlich waren durch die frühzeitige öffentliche Bekanntgabe alle meine Zeitpläne über den Haufen geworfen worden. Viel schlimmer aber war, dass uns die mit Wucht losgebrochene öffentliche Debatte völlig unvorbereitet traf. Wir hatten weder einen Beschluss irgendeines Gremiums noch einen unterschriftsfähigen Text für einen Aufruf. Und der Tenor der öffentlichen Kritik, ein solch sensibles Thema eigne sich nicht für eine Parteikampagne, führte zu sehr unterschiedlichen Reaktionen auch innerhalb der CDU. Zweifel in der Sache, vor allem aber nachvollziehbare Verärgerung darüber, aus den Medien erfahren zu müssen, was da ausgeheckt worden war, verstärkte die grummelnden bis offen ablehnenden parteiinternen Stimmen. Dass der öffentliche Eindruck vorherrsche, die CSU oktroyiere der CDU ungefragt etwas auf, machte die Situation eher noch giftiger. Unterdessen hatten die hessischen Freunde ihrer Begeisterung über die Aktion vielfachen öffentlichen Ausdruck verliehen. Sie konnten den Start der Aktion kaum noch erwarten.

Ich fand mich unversehens in einer ungemütlichen Lage. Der Unterschriftenaktion von Anfang an eine positive Botschaft zur Seite zu stellen, schien nicht mehr möglich. Die Aktion noch vor Beginn abzublasen, ging aber ebenfalls nicht. Nicht wegen der hessischen Freunde, und auch nicht im Blick auf die CSU, die mittlerweile höchst aufmerksam verfolgte, was sich da in der CDU tat. Am bedauerlichsten war, dass das eigentliche sachliche Anliegen nahezu völlig von sachfremden Erwägungen zugedeckt wurde. Mir war klar, dass ich als CDU-Vorsitzender Stellung beziehen musste. In einer kurzfristig für den 4. Januar anberaumten Pressekonferenz, also bewusst vor unserer Klausurtagung, bekannte ich mich ausdrücklich zu der Unterschriftenaktion und erläuterte im überfüllten kleinen Saal des Konrad-Adenauer-Hauses, was damit bezweckt sei. Ich stellte klar, dass Stoiber und ich gemeinsam den Vorschlag unterbreiteten. Zwar verkniff ich mir einen Hinweis auf das Urheberrecht an der Idee, aber ich machte dennoch deutlich, dass hier niemand irgendjemanden vor sich hertreibe. Im Übrigen verwies ich auf die bevorstehenden Beratungen des CDU-Bundesvorstands in Königswinter und zeigte mich optimistisch, dass die Unterschriftenaktion ein voller Erfolg werde.

Damit hatte ich natürlich den CDU-Vorstand in gewisser Weise präjudiziert. Aber ich sah in der gegebenen Situation keine andere Möglichkeit. Angela Merkel, deren Vorbehalte gegen die Unterschriftenaktion ich kannte, die aber loyal zur Sache stand, wurde unter dem Eindruck der vielen kritisch bohrenden Fragen auf der Pressekonferenz zunehmend unsicherer. In einem Interview mit zwei Journalisten von der *Zeit*, das ich unmittelbar nach der Pressekonferenz absolvierte, spürte ich, wie schwer es sein würde, den ausländerfeindlichen Populismusverdacht zu entkräften. Dennoch war ich entschlossener denn je, die Unterschriftenaktion zu realisieren.

In dieser aufgeheizten Atmosphäre trafen wir zur Klausurtagung des CDU-Bundesvorstands in Königswinter zusammen. Die Stimmung insbesondere unter den Mitgliedern des Präsidiums war ausgesprochen kritisch. Die Mehrheit von ihnen war gegen das Vorhaben, und die berechtigte Kritik am Verfahren förderte zusätzlich auch die Distanzierung in der Sache. Schließlich setzte sich die Einsicht durch, auch wenn man in der Sache Vorbehalte habe, könne man nicht den Parteivorsitzenden bei der ersten Gelegenheit im Stich oder gar fallen lassen. Das fand ich wenig schmeichelhaft, aber mir genügte im Hinblick auf die zu erwartende Diskussionslage im Bundesvorstand die Tatsache, dass das Präsidium unter Voraussetzung eines eindeutig integrationsfreundlichen Aufruftextes der Aktion zustimmte. Dafür fand ich es umso ärgerlicher, dass umgehend öffentlich bekannt wurde, das Präsidium habe nur deshalb nicht Nein gesagt, weil man Schäuble nicht habe irreparabel beschädigen wollen.

Im Bundesvorstand war die Luft bleihaltig. Es hagelte Kritik, sowohl am Verfahren als auch in der Sache, und die wenigen unterstützenden Stimmen schienen mir keine durchschlagende Wirkung zu haben. Als dann auch noch ein als Gast eingeladener PR- und Kommunikationsfachmann die Unterschriftenaktion als Paradebeispiel einer Selbstbeschädigung mit möglicherweise dauerhaften Negativfolgen brandmarkte, war ich mir nicht mehr sicher, ob ich die Zustimmung des Bundesvorstandes bekommen würde. Beim Gespräch mit einigen Vertrauten fasste ich neuen Mut. Die Stimmung im Saal, so meinten sie, habe mit der Stimmung draußen nichts zu tun. Schon jetzt zeige sich in Hessen eine ungeheure positive Resonanz in der Bevölkerung.

Nach außerordentlich kritischer, aber auch zunehmend konstruktiverer Debatte einigten wir uns schließlich, bald einen integrationsfreundlichen Aufruf gemeinsam mit der CSU zu verabschieden, den sich dann kurze Zeit später mit Ausnahme der Saarländer alle Landesverbände zu Eigen machten. Die Hessen begannen sofort mit der Sammlung von Unterschriften, und die Reaktion in der Bevölkerung war in der Tat geradezu überwältigend. Während noch in Königswinter manche Zweifel geäußert wurden, ob wir überhaupt eine ernst zu nehmende Zahl von Unterschriften zusammenbekommen würden, und uns Journalisten auch darauf festlegen wollten, ab wie viel Unterschriften die Aktion ein Erfolg sei, waren diese Fragen wenige Tage später wie weggeblasen. Innerhalb weniger Wochen kamen über vier Millionen Unterschriften zusammen, darunter viele von eingetragenen SPD-Mitgliedern. Die Zustimmung in Meinungsumfragen war enorm, und die am Anfang nahezu einhellige Kritik in den Medien wurde angesichts dieser eindeutigen Reaktion in der Bevölkerung nachdenklicher.

Natürlich gab es auch undifferenzierte Stimmen, und die Frage eines Passanten: »Wo kann man gegen die Ausländer unterschreiben?«, wurde in allen Fernsehprogrammen gesendet.

Ich selbst bekam die Wogen der Erregung auf dem linken Spektrum hautnah zu spüren. Zwei Veranstaltungen, die ich in dieser Zeit mit dem Ring Christlich Demokratischer Studenten (RCDS) in Berlin und Göttingen verabredet hatte, wurden zur Zielscheibe militanten Protests. An der TU Berlin musste die Veranstaltung unter starkem Polizeischutz in einen Nebenraum verlegt werden, um überhaupt durchgeführt werden zu können. In Göttingen waren wir gezwungen abzubrechen, weil die Situation sich wegen der zur Gewaltanwendung entschlossenen autonomen Szene so bedrohlich zuspitzte, dass die Polizei keine Schutzgarantie mehr geben konnte. Unter einem Hagel von Flaschen und Steinen rettete ich mich, geschützt und abgeschirmt von meinen Bodyguards, gerade noch ins Auto.

Die Mehrheit der Bevölkerung aber erkannte klar, dass der Aufruf nicht gegen Ausländer gerichtet war, sondern gegen ein für die Integration und die gegenseitige Toleranz letztlich schädliches Regierungsvorhaben. Mit am eindrucksvollsten war dabei, dass rechtsradikale Parteien, die als Trittbrettfahrer mit eindeutig ausländerfeindlichen Parolen ebenfalls Unterschriften zu sammeln suchten, völlig unbeachtet blieben. Meines Erachtens liegt darin der beste Beweis, dass unsere Aktion richtig und notwendig war, gerade um die Gefahr zu vermeiden, dass das unsinnige Vorhaben der rot-grünen Koalition rechtsradikale Fischzüge provozierte und förderte. Nach der Bundestagswahl 1998 war von vielen professionellen Beobachtern ein Anwachsen rechtsradikaler Gruppierungen vorhergesagt worden, weil die Union nach der verheerenden Niederlage ihre Bindungskraft verlieren müsse. Dass alle diese Vorhersagen im ganzen Jahr 1999 nicht eintrafen, sondern deutlich widerlegt wurden, dafür hat nach meiner Überzeugung unsere Unterschriftenaktion einen entscheidenden Beitrag geleistet. Gleichzeitig drehte sich das Klima im hessischen Wahlkampf. Die Unionsanhänger spürten Aufwind und waren unglaublich engagiert, während das rot-grüne Lager sich zunehmend verunsicherter zeigte.

4. Der Überraschungscoup:
Dagmar Schipanski kandidiert gegen Rau

Mit Roland Koch hatte ich verabredet, unseren Personalvorschlag für die Wahl des Bundespräsidenten in der Endphase des hessischen Landtagswahlkampfes möglichst öffentlichkeitswirksam zu platzieren. Der thüringische Ministerpräsident Bernhard Vogel suchte mich am 27. November 1998 zu einem Gespräch auf und wollte wissen, ob ich mir über einen möglichen Unionskandidaten für die Wahl des Bundespräsidenten schon Gedanken gemacht hätte. Ich bejahte, bat ihn aber, zuerst seine Meinung zu sagen. Er machte, was mich nach meinem Gespräch Ende September mit Roland Koch nicht überraschte, aber umso mehr freute, denselben Vorschlag: Dagmar Schipanski.

Wir waren uns völlig im Klaren darüber, dass ein solcher Vorschlag sehr sorgfältig vorbereitet werden musste, um Fehler zu vermeiden. Fünf Jahre zuvor waren wir um ein Haar in ein fürchterliches Desaster geschlittert, als der von Kohl vorgeschlagene Kandidat, der sächsische Justizminister Steffen Heitmann, in unseren eigenen Reihen nicht einhellig akzeptiert und wegen einiger unglücklicher Äußerungen zusammen mit der überwiegenden Meute so genannter kritischer Journalisten geradezu kaputtgeredet und -geschrieben wurde. Schließlich musste die Notbremse gezogen werden: Roman Herzog wurde neuer Kandidat, und ein tief verletzter Steffen Heitmann blieb auf der Strecke. So etwas durfte sich unter keinen Umständen wiederholen. Deshalb kam es nicht nur darauf an, die eigenen Truppen zu überzeugen. Zumindest genauso wichtig war es, einen solchen Kandidaten vorzuschlagen, dem die öffentliche Debatte nicht mit dem Argument zu Leibe rücken konnte, es seien ausschließlich irgendwelche Proporzgesichtspunkte – zum Beispiel Frau, ostdeutsch etc. – ausschlaggebend gewesen. Unser Personalvorschlag musste vielmehr so beschaffen sein, dass die Öffentlichkeit allein aus der Persönlichkeit heraus zu überzeugen war, hier handle es sich um jemanden, der unabhängig von den Mehrheitsverhältnissen in der Bundesversammlung im Falle der Wahl mit Sicherheit das Amt des Staatsoberhauptes gut ausfüllen würde.

Bei Dagmar Schipanski hatten wir beide daran keinen Zweifel. Also verabredeten wir, mit ihr Anfang Januar ein erstes Gespräch zu führen, ob sie für einen solchen Vorschlag gewonnen werden könnte. Zugleich beschlossen wir äußerste Diskretion. Ich hatte schon in meiner Rede auf dem Bundesparteitag am 7. November 1998 darum gebeten, keine öffentlichen Personalempfehlungen für das Amt des Bundespräsidenten zu geben, sondern der Parteiführung die Chance zu geben, zum rechten Zeitpunkt und mit richtiger Vorbereitung einen Vorschlag zu platzieren. Daran hielten sich alle.

Mit Stoiber vereinbarte ich ebenfalls Diskretion, wobei wir uns einig waren, dass die CDU versuchen sollte, einen Vorschlag zu machen, der ebenso überzeugend wie erfrischend war. Ich deutete ihm meine Überlegungen an, und wir verabredeten daraufhin, in einer gemeinsamen Sitzung der Präsidien von CDU und CSU am 24. Januar in Frankfurt unseren Vorschlag erst untereinander zu beraten und dann der Öffentlichkeit zu präsentieren. Mit wenigen Freunden, darunter Angela Merkel, Annette Schavan und Christian Wulff, besprach ich unsere Überlegungen, und alle spontanen Reaktionen waren uneingeschränkt positiv.

Im Anschluss an den Neujahrsempfang des Bundespräsidenten am 12. Januar 1999 in Berlin setzten Bernhard Vogel und ich uns mit Dagmar Schipanski zusammen. Wir führten ein sehr offenes Gespräch, wobei wir uns einig waren, dass angesichts der Mehrheitsverhältnisse in der Bundesversammlung ein Wahlerfolg nur sehr geringe Chancen hatte. Andererseits aber musste für eine fundierte Nominierung allein entscheidend sein, dass die vorgeschlagene Persönlichkeit im Falle einer Wahl ein guter Bundespräsident sein werde. Die Bedeutung und Aufgabe einer Kandidatur Schipanski, so formulierte ich das »Projekt«, lägen darin, bis zum Wahltag am 23. Mai 1999 die interessierte Öffentlichkeit von der unbestrittenen Qualität des Kandidatenvorschlags zu überzeugen.

Frau Schipanski berichtete von ihrem und dem Leben ihrer Familie in Zeiten der deutschen Teilung. Wir redeten über ihre Erfahrungen, die sie nach der Wiedervereinigung in der gesamtdeutschen Öffentlichkeit, vor allem in der Forschungs- und Hochschulgemeinschaft gesammelt hatte, aber auch über ihre Tätigkeiten im Rundfunkrat des Mitteldeutschen Rundfunks und der Kammer für öffentliche Verantwortung der EKD, und schließlich über ihre Erkenntnisse im internationalen Bereich, der sich ihr zunehmend geöffnet hatte. Sie traute sich die Aufgabe zu, und sie hatte sehr klare Vorstellungen, welchen besonderen Beitrag sie vor dem Hintergrund ihres Lebensweges und ihrer Erfahrungen in diesem Amt und in der Kandidatur für dieses Amt für unser Gemeinwesen leisten konnte.

Dennoch zögerte sie. Die öffentliche Neugier, die mit Wucht über sie und ihre Familie hereinbrechen würde, war ein Faktor, der sie nachdenklich stimmte. Was würde das für sie und ihre Familie bedeuten? Konnte sie, wollte sie das aushalten? Zwangsläufig mussten wir über die Erfahrungen von Steffen Heitmann reden. Wenn jedes Wort, jeder Halbsatz auf die Goldwaage gelegt wird, wenn die Wächter der *political correctness* mit Argusaugen Tun und Lassen beobachten, um gegebenenfalls öffentlich die Stirn zu runzeln oder gar den Daumen nach unten zu senken – unbefangen jedenfalls konnte niemand in eine solche Kandidatur gehen. Das Leben würde sich radikal ändern. Frau Schipanski erbat sich Bedenkzeit. Wir vereinbarten strengstes Stillschweigen über unser Gespräch. Vor der gemeinsamen Präsidiumssitzung von CDU und CSU am 24. Januar 1999 sollte nichts nach draußen dringen, schon um zu verhindern, dass zur Unzeit in den eigenen Unionsreihen eine unselige Debatte über Eignung oder Nichteignung losging, wie sie Steffen Heitmann schließlich die Kandidatur gekostet hatte.

Ich lud Frau Schipanski und ihren Ehemann für den folgenden Sonntag, den 17. Januar, zu mir nach Hause in Gengenbach ein. Die beiden Ehepaare redeten einen langen Sonntagnachmittag und -abend miteinander. Am Ende stand die Bereitschaft von Frau Schipanski ebenso fest wie meine Überzeugung, dass wir mit ihr einen ausgezeichneten Vorschlag machen würden. Sie war sich nun völlig im Klaren darüber, was die Bekanntgabe ihrer Kandidatur für ihr Leben und das ihrer Familie bedeuten würde. Aber sie war bereit, den Preis der unvermeidlichen Veränderungen zu bezahlen. Auch für den Fall der Nichtwahl, darauf hatte ich sie noch einmal ausdrücklich hingewiesen, würde sie eine Persönlichkeit des Zeitgeschehens mit all den spezifischen Besonderheiten bleiben. Zugleich war ich zuversichtlich, dass es gelingen werde, sie und ihre Familie vor nicht akzeptablen Beschädigungen zu bewahren. Vor allem aber war ich sicher, dass die Union mit dieser Kandidatur für das höchste Staatsamt Ehre einlegen würde.

Ich informierte den CSU-Vorsitzenden Stoiber über das Gespräch mit dem Ehepaar Schipanski und teilte ihm mit, dass ich überzeugter denn je sei, mit ihr die richtige Kandidatin präsentieren zu können. Auch der CDU-Generalsekretärin Merkel berichtete ich von dem gemeinsamen Gespräch in Gengenbach. Zusammen organisierten wir die technische Hilfestellung, die Frau Schipanski für die Dauer ihrer Kandidatur benötigte. Ein Büro musste eingerichtet, Pressebetreuung und Zuarbeit sichergestellt werden. Vor allem aber mussten wir, wenn das Projekt der Kandidatur gelingen sollte, bis zum Tag der Wahl in der Bundesversammlung am 23. Mai eine Kampagne zustande bringen, mit der die Öffentlichkeit von den spezifischen Vorzügen und Qualitäten unseres Kandidatenvorschlags überzeugt werden konnte.

Am 24. Januar trafen die Präsidien von CDU und CSU in einem Hotel in der Nähe von Frankfurt unter großem Medienandrang zusammen. Ich hatte zunächst die Mitglieder des CDU-Präsidiums zu einer Vorbesprechung eingeladen. Frau Schipanski war ebenfalls im Hotel anwesend, aber wir hatten verabredet, dass sie – um Vorabmeldungen zu vermeiden – erst zu der gemeinsamen Sitzung mit der CSU gerufen werden würde.
Im CDU-Präsidium war die Stimmung nur begrenzt freundlich. Ich hatte einige Präsidiumsmitglieder, die mich gefragt hatten, vertraulich vorab informiert, und alle hatten Einverständnis signalisiert. Ausgerechnet einen Tag vor der Sitzung war aber in der *Welt* erstmals gemeldet worden, die Union wolle Frau Schipanski auf den Kandidatenschild heben. Eigentlich war es völlig ungewöhnlich, dass es überhaupt gelungen war, bis zu dieser Pressemeldung am 23. Januar den Namen Schipanski aus all den vielen Spekulationen herauszuhalten. Dabei hätte man durch eigenes Nachdenken darauf kommen können, so wie jener Journalist, der für den Aufmacher in der *Welt* verantwortlich war. Er hatte im Wesentlichen die gleichen Überlegungen angestellt, die schon mich im Gespräch mit Roland Koch am 30. September zu Dagmar Schipanski geführt hatten. Er landete dann allerdings zusätzlich noch einen Glückstreffer, weil er wenige Tage vor unserem Präsidiumstreffen zufällig einen der wenigen Eingeweihten getroffen und bei dem einfach mal auf den Busch geklopft hatte. Der war zwar so geistesgegenwärtig, den Namen nicht offiziell zu bestätigen, aber dennoch hinreichend überrumpelt, um zumindest mittelbar seine Richtigkeit zuzuge-

ben. Nun stand es also in der Zeitung, und das Heer der Journalisten vor und in unserem Tagungshotel wollte nur noch wissen, ob der *Welt*-Bericht zutreffe. Im Übrigen machten schon erste Gerüchte über Unstimmigkeiten in der CDU-Führung und Naserümpfen bei der CSU die Runde.

Wie auch immer, die Tatsache dieser Veröffentlichung lieferte den bisher nicht informierten Präsidiumsmitgliedern den üblichen Vorwand, sich kritisch zu zeigen. Zwar lobten Bernhard Vogel, Kurt Biedenkopf und Roland Koch ausdrücklich den Vorschlag Schipanski, aber das Klima blieb ungewöhnlich frostig. Dabei war ich mir sicher, dass Vorwürfe hinsichtlich des Verfahrens unbegründet waren. Schließlich diente diese Sitzung dem Zweck, einen Kandidatenvorschlag zu machen. Wenn vorher alle im Bilde gewesen wären, hätte man sich das sparen können. Vor allem aber wäre es mit der erforderlichen Diskretion bis zu der gemeinsamen Sitzung mit der CSU mit Sicherheit nicht allzu weit her gewesen. So hatte immerhin erst einen Tag vorher der richtige Name erstmals in der Zeitung gestanden. Da ich von der Qualität meines Vorschlags ohnedies überzeugt war, konnte ich mit dem Risiko leben, dass der eine oder andere Nichtinformierte im Präsidium etwas verschnupft sein würde. Doch dass es spürbar knisterte, überraschte auch mich. Die Bereitschaft anderer, die vorher informiert gewesen waren, so wie Vogel, Koch und Biedenkopf für den Vorschlag zu werben, nahm gleich nach Beginn der Sitzung rapide ab. Offenbar wollten sich die meisten nicht selbst der Kritik am Verfahren aussetzen. Dafür hatte man ja den Parteivorsitzenden.

Und so wurde mir rasch klar, dass die eigentliche Ursache des Temperatursturzes wieder einmal die früheren Auseinandersetzungen über unsere Unterschriftenaktion gegen die doppelte Staatsbürgerschaft waren. Einige murrten offen, sie hätten gedacht, dass es keine zweite »Überfallaktion« mehr geben werde, die es dann nicht mehr erlaube, ohne Beschädigung des Vorsitzenden über Sinn oder Unsinn des Vorhabens mit der Möglichkeit, es auch abzublasen, intensiv zu diskutieren. Andere beließen es bei einem offen skeptischen Gesichtsausdruck. Mag sein, dass mancher, auf dessen Unterstützung ich gehofft hatte, sich plötzlich daran erinnerte, dass er drei Wochen zuvor die Unterschriftenaktion noch heftig kritisiert hatte, sich inzwischen aber, zumindest was die Akzeptanz dieser Aktion in Partei und Öffentlichkeit anbetraf, eines

Besseren hatte belehren lassen müssen. Das dämpfte wohl die Bereitschaft, für das Überraschungsunternehmen Schipanski offensiv einzutreten.

Ich hatte Mühe, die Vorbesprechung so rechtzeitig zum Abschluss zu bringen, dass wir die CSU-Kollegen nicht unziemlich lange warten lassen mussten. Meine Argumentation, dass ein anderes Verfahren die notwendige Diskretion nicht gewährleistet hätte, überzeugte nur in Maßen. Als ich schließlich spitz bemerkte, wenn jemand die Kandidatin für ungeeignet halte, möge es bitte jetzt gesagt werden, wollte sich niemand äußern. Es könne ja gut sein, räumte ich ein, dass dem einen oder anderen ein fundiertes Urteil noch nicht möglich sei, weil man Frau Schipanski nicht so gut kenne. Um diesen Mangel zu beheben, sei das gemeinsame Treffen mit der CSU und Frau Schipanski arrangiert worden. Da dem Vorschlag selbst niemand im Präsidium widersprochen habe, ginge ich davon aus, dass ich Frau Schipanski auch in der gemeinsamen Sitzung als Kandidatenvorschlag präsentieren könne und im Übrigen noch an diesem Abend eine klare Entscheidung herbeizuführen sei. Dagegen erhob sich ebenfalls kein Widerspruch, einige herabgezogene Mundwinkel entgingen mir gleichwohl nicht.

Dann kam die nächste Hiobsbotschaft. Edmund Stoiber wartete vor dem Sitzungszimmer des CDU-Präsidiums auf mich. Während die anderen dem gemeinsamen Tagungsraum zustrebten, teilte er mir mit, das CSU-Präsidium habe in seiner Vorbesprechung beschlossen, dass heute keinesfalls über einen Unionsvorschlag für die Wahl des Bundespräsidenten entschieden werden könne. Um eine Entscheidung von dieser Tragweite treffen zu können, seien weitere Vorbesprechungen erforderlich. Im Übrigen sei nach der Satzung der CSU für eine solche Entscheidung der Vorstand und nicht das Präsidium zuständig.

Ich konnte nur mit Mühe meinen aufkeimenden Zorn zurückhalten. Ich erinnerte Stoiber daran, dass wir beide Verfahren und Personalvorschlag intensiv und völlig einvernehmlich besprochen hätten, was er auch überhaupt nicht in Abrede stellte. Daran anknüpfend argumentierte ich, dass angesichts der öffentlichen Erwartungen an unsere Sitzung, auch an unsere damit verbundenen Ankündigungen, alles andere als eine klare Entscheidung die Kandidatur von Frau Schipanski schon beim Start so schwer beeinträchtigen würde, dass ihr ein Antreten unter solchen Umständen nicht zuzumuten sei und im Übrigen auch für die Unionsparteien keinen Sinn mehr mache. Dann packte ich Stoiber bei der Vorsitzendenehre. Ich informierte ihn über ähnliche, mehr oder weniger stark artikulierte Vorbehalte bei einigen CDU-Präsidiumsmitgliedern. Meine Vermutung sei, dass es bei den Einwänden weniger um Kritik an der Kandidatin und dem Verfahren gehe als vielmehr darum, den neu gewählten Parteivorsitzenden von CDU und CSU – Stoiber war am 16. Januar zum CSU-Vorsitzenden gewählt worden – gleich zu Beginn die Grenzen aufzuzeigen. Das dürften wir beide unter gar keinen Umständen akzeptieren, weil damit die Handlungs- und Führungsfähigkeit unserer Parteien infrage gestellt werde.

Immerhin war es ja neu, dass ein solcher Personalvorschlag nicht einseitig von irgendjemandem verkündet, sondern in einer gemeinsamen Sitzung der Präsidien beider Unionsparteien beschlossen werden sollte. Angesichts der Eigengesetzlichkeit medialer Prozesse bei einer solch bedeutenden Personalie lasse sich die Gefahr, dass sie schon vor Beschlussfassung nach allen Regeln der Kunst öffentlich zerredet werde, nur vermeiden, wenn in der Sitzung nicht nur beraten, sondern auch entschieden werde. Deshalb sollten wir den Versuch wagen, uns auch gegen Widerstände durchzusetzen.

Stoiber war einverstanden, äußerte aber den Vorbehalt, sich nach der Befragung von Frau Schipanski noch einmal kurz mit dem CSU-Präsidium separat besprechen zu können, bevor wir dann einen gemeinsamen Beschluss fassten. Dagegen konnte ich nichts haben, obwohl ich sicher war, dass es nach der Vorstellung von Dagmar Schipanski nicht mehr nötig sein werde. Dann begannen wir mit der Sitzung, zunächst noch ohne die Kandidatin. Erneut entspann sich eine ausufernde Debatte, die sich vor allem um den einen Punkt drehte, dass die Union sich auf keinen Fall einen Reinfall leisten dürfe. Wieder machte sich das »Heitmann-Syndrom« bemerkbar, wobei diesmal noch die Variante beigesteuert wurde, ob die Dame als Wissenschaftlerin nicht zu unpolitisch sei und gerade deshalb ein viel größeres »Gefahrenpotenzial« darstelle als der nur wegen dummer Missverständnisse unglücklich gescheiterte Politiker Heitmann. Jedenfalls müsse sichergestellt sein, dass in allen für die Union höchst sensiblen Fragen nichts anbrennen werde, weil sonst sofort eine heillose Diskussion in den eigenen

Reihen drohe. Schließlich beendeten wir das längst nicht mehr zielführende Palaver mit dem Hinweis, dass Frau Schipanski, die seit Stunden in einem Hotelzimmer darauf wartete, sich dem Gremium vorstellen zu können, längeres Hinhalten nicht zuzumuten sei.

Unterdessen hatte sich bei den wartenden Journalisten herumgesprochen, dass die Sache Schipanski offenbar nicht reibungslos über die Bühne ging. Die Diskussion im CSU-Präsidium über eine Verschiebung der Entscheidung war nicht verborgen geblieben. Und die missmutige Miene einiger CDU-Präsiden gab ebenso Anlass zu Spekulationen wie die an sich richtige Weigerung, irgendwelche Stellungnahmen oder Wasserstandsmeldungen abzugeben. Die wachsende Spannung und Nervosität war auch in unserem Tagungsraum mit Händen zu greifen, als Frau Schipanski endlich hinzugebeten wurde.

Sie machte ihre Sache glänzend. Nachdem sie zunächst ein wenig über sich und ihren Lebensweg, über ihre Familie und ihre Tätigkeit berichtet hatte, begründete sie kurz, warum sie sich der ehrenvollen Aufgabe stellen wolle und sich ihr gewachsen sehe. Dann begann eine intensive, von ihr als hart und unfreundlich empfundene Befragung. Kurt Biedenkopf sprach nachher sogar empört von »Inquisition«. Ich riet ihr zu völliger Gelassenheit, weil ich spürte, wie sehr sie alle Anwesenden überzeugte und weil ich vermutete, dass die Schroffheit der an sie gerichteten Fragen vor allem den Fragestellern erlauben sollte, von vorher geäußerten Bedenken Abstand zu nehmen und sich von der Richtigkeit der Nominierung überzeugen zu lassen. Frau Schipanski wich nichts und niemandem aus und parierte selbst Fallenstellerei mit lebensnaher Souveränität.

Gegen Mitternacht war es dann so weit. Wir baten Frau Schipanski, uns für eine Beratung allein zu lassen. Sie war kurz und einmütig. Stoiber teilte mit, dass man eine separate CSU-Sitzung nicht mehr für erforderlich halte. Die Vorstellung von Frau Schipanski habe sie völlig überzeugt. Einstimmig beschlossen die anwesenden Präsidiumsmitglieder von CDU und CSU, Dagmar Schipanski zur Wahl für das Amt des Bundespräsidenten vorzuschlagen. Stoiber und ich teilten den noch zahlreich anwesenden Journalisten dieses Ergebnis anschließend in den frühen Morgenstunden mit. Die Stimmung unter den Präsidiumsmitgliedern der CDU war wie ausgewechselt. Alle machten plötzlich fröhliche Gesichter, und ich hatte das Gefühl, dass wir an diesem Abend eine wichtige Etappe unserer Konsolidierung nach der Wahlniederlage erfolgreich abgeschlossen hatten.

Die offizielle Vorstellung unserer Kandidatin übernahmen Stoiber und ich am folgenden Nachmittag vor der Bundespressekonferenz in Bonn. Auch dort präsentierte sich Frau Schipanski glänzend, und man konnte in diesem kritischen Forum beinahe körperlich spüren, wie die anfängliche Skepsis gegenüber einer bisher in der breiteren Öffentlichkeit nicht bekannten Kandidatin – oder auch die Hoffnung uns nicht wohlgesonnener Journalisten, diesen Vorschlag schnell öffentlich ramponieren zu können – von Minute zu Minute schwand.

Das Echo auf die Kandidatur von Frau Schipanski war überwiegend positiv. Die Neugier, etwas mehr über sie zu erfahren, führte unmittelbar zu einer Flut von Anfragen nach Interviews und »Homestories«. Von Anfang an profitierte sie von ihrer natürlichen Art, die sich so wohltuend von der Sprechblasenkultur vieler Politprofis unterschied. So wurde in den folgenden Wochen die Unterstützung auch in Teilen der Öffentlichkeit größer, die nicht schon von vornherein immer der Union zuzuneigen pflegen.

Zwar ergaben die Meinungsumfragen ein deutliches Übergewicht für den designierten SPD-Kandidaten Johannes Rau. Aber das konnte angesichts der jahrzehntelangen Bekanntheit von Rau und der völligen Unbekanntheit von Frau Schipanski niemanden überraschen. Für unser »Projekt« war es ohnehin bedeutungslos. Viel gewichtiger war die Resonanz etwa von Persönlichkeiten aus Wissenschaft und Forschung oder auch aus der Wirtschaft und – weniger überraschend – aus dem Bereich von Frauenverbänden. In Ostdeutschland hingegen herrschte anfänglich eine unverkennbare Skepsis. Dort konnte man sich offenbar des Eindrucks nicht erwehren, dass wieder einmal eine Persönlichkeit aus dem Osten als Alibikandidat in der westdeutsch bestimmten Öffentlichkeit zerschlissen werden sollte. Der Vorwurf, die Union habe nur deshalb einen solchen Vorschlag – Frau, Osten – gemacht, weil es angesichts der Aussichtslosigkeit ihrer Wahl in der Bundesversammlung nichts koste, war schmerzlich und fand auch im Westen hier und da Gehör. Dagegen war in Thüringen, wo Frau Schipanski als mutige Rektorin der Technischen Universität Ilmenau weithin bekannt war, die Zustimmung von Anfang an stark.

Die folgenden vier Monate waren für Frau Schipanski aufreibend und strapaziös. Neben einem Interviewmarathon für Presse und Fernsehen absolvierte sie eine Veranstaltungsreihe quer durch die Landesverbände der Union. Und es gelang das, was ich mir erhofft hatte: Die Zweifel, dass sie im Falle ihrer Wahl eine gute Bundespräsidentin sein würde, wurden in der Öffentlichkeit praktisch ausgeräumt. Allein die Tatsache, dass ihr auch von außerhalb des Unionslagers immer mehr Sympathie entgegenschlug, machte unser »Projekt« zu einem Erfolg. Selbst in der SPD brach unter den Genossinnen eine Diskussion los, warum man nicht ebenfalls eine Frau als Kandidatin nominiere. Gehandelt wurden die »üblichen Verdächtigen«, allen voran die Präsidentin des Bundesverfassungsgerichts, Jutta Limbach, die unvermeidliche Hildegard Hamm-Brücher von der FDP wurde genannt, und selbst der Name Rita Süssmuth war für manche der SPD-Frauen kein Tabu.

Doch das blieb alles ohne Folgen. Der Deutsche Frauenrat, dessen Vorsitzende der SPD angehört, monierte öffentlich, die Sozialdemokraten würden zwar immer von Emanzipation und Gleichberechtigung reden. Aber wenn es darum gehe, das auch einmal spektakulär in die Praxis umzusetzen, falle die Partei in die alten Reflexe zurück. Der eher links gestrickte Frauenrat – das war eine kleine Sensation – beschloss die öffentliche Unterstützung der Kandidatur Schipanski. Das nährte eine Zeit lang unsere Hoffnungen, das Lager der rot-grünen Koalitionsvertreter in der Bundesversammlung doch noch aufbrechen zu können, sodass die rechnerische Chance für eine Wahl von Dagmar Schipanski bestanden hätte. Doch den Führungen von SPD und Grünen gelang es, gegen alle Zweifel ihre Reihen geschlossen zu halten, indem die Wahl von Johannes Rau der Koalitionsräson unterstellt wurde. Die Überzeugung von der Richtigkeit des eigenen Vorschlags jedoch war bei den Anhängern von Frau Schipanski sehr viel größer, bis in die entscheidenden Wahlgänge in der Bundesversammlung hinein.

Auch wenn sie dort am Ende nicht die Mehrheit erhielt, das »Projekt« ihrer Kandidatur war gelungen. Die Union hatte mit diesem Vorschlag Ehre eingelegt und über die Wahl hinaus damit viel Sympathie errungen. Frau Schipanski und ihre Familie hatten den öffentlichen Diskussionsprozess unbeschadet überstanden. So feierten wir – Edmund Stoiber, Michael Glos, Angela Merkel, Bernhard Vogel und ich samt unseren Ehepartnern – am

Abend des 23. Mai 1999 in Berlin mit der Familie Schipanski in fröhlicher Runde.

5. Erneuerung in den Ländern: Die CDU macht mobil

Die Mobilisierung unserer Anhänger durch die Unterschriftenaktion zur Staatsangehörigkeit und die entsprechende Verunsicherung des rot-grünen Anhangs schafften am 7. Februar 1999 die Sensation in Hessen. Der Sieg war knapp; vor allem hing der Wiedereinzug der FDP in den Landtag, ohne den die Ablösung der rot-grünen Landesregierung nicht gelingen konnte, an einem seidenen Faden Entgegen früherer Gepflogenheiten, dass bei Landtagswahlen der CDU-Generalsekretär im Konrad-Adenauer-Haus anwesend zu sein und die öffentliche Kommentierung des Ergebnisses zu bestreiten hatte, machte sich diesmal der Parteivorsitzende selbst auf den Weg nach Bonn. Es war die erste Landtagswahl unter meinem Vorsitz, und ich hielt es nicht für fair, vor allem im Falle einer Niederlage Angela Merkel allein vorzuschicken. Die Meinungsumfragen der vergangenen Wochen hatten zwar ein stetes Anwachsen der CDU signalisiert. Aber auch die SPD konnte mit Zahlen aufwarten, die zumindest ein Kopf-an-Kopf-Rennen erwarten ließen. Die Grünen und insbesondere die FDP bewegten sich in Bereichen, wo alles möglich war. Die Wahlprognose um 18 Uhr ließ uns zum ersten Mal jubeln. Mehr als 43 Prozent für die CDU, während die SPD unter 40 Prozent blieb, waren mehr als wir zu träumen gewagt hatten. Dann wurde es jedoch noch einmal unverhofft spannend Schließlich entschieden wenige tausend Stimmen bei der FDP über den Regierungswechsel in Hessen. Getreu meiner Devise, dass knappe Siege sehr viel schöner als klare Niederlagen sind, freuten wir uns gleichwohl uneingeschränkt. Ich hatte immer gesagt, ein Wahlsieg bei der Landtagswahl in Hessen sei angesichts der Perspektiven für das Wahljahr 1999 politisch ungefähr so, als wenn Weihnachten und Ostern auf einen Tag zusammenfallen würden. Folgerichtig gab es das erste Mal im Sitzungszimmer im zehnten Stock des Konrad-Adenauer-Hauses Champagner.

Die Union hatte wenige Monate nach der schwersten Wahlniederlage ihrer Geschichte einen von kaum jemand für möglich gehaltenen Erfolg erzielt. Die Phase von pessimistischen Spekulationen und Mutlosigkeit war beendet. Das rot-grüne Lager wurde durch den unerwarteten Sturz in Hessen tief verunsichert. Die Mehrheitsverhältnisse im Bundesrat waren dramatisch verändert, weil Rot-Grün dort keine eigene Mehrheit mehr hatte. Kurzum, die Perspektiven für den weiteren Verlauf des Jahres 1999 mit seinen vielen Wahlen waren über Nacht sehr viel rosiger geworden.

Mein Bestreben war von Anfang an gewesen, selbst unter den zunächst ausgesprochen düster erscheinenden Aussichten für die kommenden Landtagswahlen dort, wo es erforderlich und möglich war, insbesondere die personellen Voraussetzungen zu optimieren. In Brandenburg, wo die Stellung von Ministerpräsident Stolpe und der mit absoluter Mehrheit regierenden SPD ebenso übermächtig erschien wie die Lage der zerstrittenen und mutlosen CDU hoffnungslos, hatte ich schon in den Wochen vor der Jahreswende dafür geworben, den Berliner Innensenator Jörg Schönbohm zum Spitzenkandidaten für die Landtagswahl zu nominieren und ihm die Führung des Landesverbandes anzuvertrauen. Schönbohm, gebürtiger Brandenburger und seiner Heimat sehr verbunden, hatte sich 1990/91 bei der gewaltigen Aufgabe, die Nationale Volksarmee der DDR nach der Wiedervereinigung – jedenfalls den verbleibenden Rest – in die Bundeswehr zu überführen und zu integrieren, große Verdienste und allseitige Anerkennung erworben. Er hat über diese Zeit in einem sehr bewegenden Buch berichtet. Ich hatte mit ihm bereits vor der Landtagswahl 1997 darüber gesprochen, ob er sich nicht als Spitzenkandidat für Brandenburg zur Verfügung stellen wollte. Damals war Schönbohm noch nicht Mitglied der CDU, weil sich die Mitgliedschaft in einer Partei nicht mit seinem Verständnis von den Verpflichtungen eines aktiven Generals vereinbaren ließ. Der Versuch scheiterte aber schon daran, dass der damalige CDU-Vorsitzende Kohl die Auffassung vertrat, der Partei sei ein Spitzenkandidat, der erst noch Parteimitglied werden müsse, nicht zu vermitteln.

Inzwischen war Schönbohm seit einigen Jahren angesehener Innensenator in Berlin, natürlich auch längst Mitglied der CDU. Nach einigen Gesprächen konnten sowohl er als auch die Brandenburger CDU sich mit dieser Lösung anfreunden. Die Lage der Brandenburger Union war so, dass es eigentlich nur besser werden konnte, und Schönbohm reizte die Aufgabe, etwas unmöglich Erscheinendes in Angriff zu nehmen. Auch Eberhard Diepgen erklärte sich einverstanden, obwohl damit für ihn neun Monate vor der Wahl zum Berliner Abgeordnetenhaus die Notwendigkeit entstand, einen neuen Innensenator zu finden. Das war angesichts der Berliner Verfassungslage, nach der jeder Senator im Abgeordnetenhaus mit Mehrheit bestätigt werden muss, und angesichts wachsender Spannungen in der Berliner großen Koalition nicht so einfach. Andererseits wurde die Entscheidung dadurch erleichtert, dass schon geraume Zeit innerparteiliche Gegenspieler von Diepgen immer wieder versuchten, die wachsende Popularität Schönbohms gegen den Regierenden Bürgermeister auszuspielen. So konnte Diepgen seinen Innensenator mit einem lachenden und einem weinenden Auge gen Potsdam ziehen lassen.

Am 16. Januar 1999 sprach ich auf dem Landesparteitag der CDU Brandenburg, bei dem Schönbohm zum Landesvorsitzenden gewählt wurde. Es war nach meiner Wahl zum CDU-Vorsitzenden mein erster Auftritt bei einem CDU-Landesparteitag, und ich wollte der CDU Brandenburg Mut für den nicht leichten Weg zur Landtagswahl im September machen. Zu meiner Überraschung und Freude spürte ich auf diesem Parteitag bereits eine Aufbruchstimmung und ein neues Selbstbewusstsein, wie man es in der brandenburgischen CDU lange nicht erlebt hatte. Schönbohms Anspruch zu führen und die gelebte Bereitschaft, seiner Heimat zu dienen, waren die richtige Tonart für die Brandenburger. Die CDU-Malaise in »Stolpe-Land« schien sich endlich beenden zu lassen. Meine Zufriedenheit über diese positive Stimmung konnte auch nicht dadurch getrübt werden, dass ich nach meiner Rede bei der Rollstuhlfahrt vom Podium herab halb zu Fall kam – ein Missgeschick, das ich immer gefürchtet hatte, weil ich damit rechnete, dass mich die dabei entstehenden Bilder für den Rest meiner politischen Laufbahn nicht verlassen würden. Dank der schnellen Reaktion meiner Sicherheitsbeamten gelang es aber, das Übel in Grenzen zu halten.

Von Potsdam aus flog ich unmittelbar weiter zum CSU-Parteitag nach München. Dort nahm mich zunächst mein Pressesprecher in Empfang, um mir mitzuteilen, dass sich die Kunde von meinem Potsdamer Sturz bereits bis nach München verbreitet hatte. Er wollte wissen, was genau geschehen war und ob er sich darum kümmern müsse, dass mit eventuellen Bildern verantwortungsvoll umgegangen werde. Da ich das Gefühl hatte, von den Sicherheitsbeamten genügend abgeschirmt worden zu sein, konnte es sich um kein üppiges Bildmaterial handeln. Ich winkte deshalb ab. Tatsächlich gab es nur ganz sporadisch ein Bild oder eine kurze Fernsehsequenz mit Hinweis auf einen Sturz, doch es war dank der umstehenden Menschen kaum etwas zu erkennen. Damit konnte ich leben.

Ich kam gerade noch rechtzeitig in die Halle, um Stoiber zu seiner Wahl zum CSU-Vorsitzenden gratulieren zu können. Anschließend hielt er eine lange programmatische Rede, der ich aufmerksam zuhörte. Obwohl der Parteitag am inzwischen späten Samstagnachmittag nach dem Abschied und dem Dank an Waigel und der Wahl Stoibers samt anschließender neunzigminütiger Rede hinreichend müde sein musste, nahm er auch meine anschließende Gastrede noch freundlich auf. Jedenfalls bekundete mir der lang anhaltende Beifall, dass ich die Delegierten nicht gelangweilt hatte.

Stoiber und ich kannten uns schon lange. Wir waren zur gleichen Zeit Leiter der Staatskanzlei in München beziehungsweise Chef des Bundeskanzleramts und später auch gleichzeitig Innenminister in Bayern beziehungsweise in Bonn gewesen. Wir hatten in den zurückliegenden 16 Jahren gemeinsamer Regierungsverantwortung von CDU und CSU viel und zunehmend vertrauensvoller zusammengearbeitet. Insbesondere seit dem Tod von Franz Josef Strauß hatte ich immer darauf geachtet, nicht den Bonner Teil der CSU gegen den Münchner oder umgekehrt auszuspielen, sondern auch bei gelegentlich unvermeidlichen Spannungen mit beiden Teilen offen und gut zu kooperieren. Ich glaube, dass die meisten Beteiligten dies auch so gesehen haben, sodass trotz aller Meinungsverschiedenheiten in Sachfragen, denen ich durchaus nicht auszuweichen pflegte, daraus ein belastbares Vertrauensverhältnis erwuchs – was ich bis in die letzten und schwierigsten Monate meiner Amtszeit als Partei- und Fraktionsvorsitzender besonders dankbar empfand.

Wir hatten uns beide bereits im Herbst intensiv über die schwierige Lage der Union in der Opposition ausgesprochen und unsere jeweiligen Aufgaben und gemeinsame Verantwortung beleuchtet.

Eine Konsolidierung und ein möglicher neuer Aufstieg, darüber waren wir uns einig, konnte nur gelingen, wenn CDU und CSU auf einem Kurs enger Zusammenarbeit gehalten würden. Das aber setzte zunächst und vor allem voraus, dass wir beide uns nicht in persönlicher Rivalität auseinander dividieren ließen. Ebenso stimmten wir überein, dass die Frage eines künftigen Kanzlerkandidaten erst gegen Ende der Legislaturperiode zum Thema werden durfte. Jede Diskussion zur Unzeit würde nur unnötig Kräfte binden und Reibungsverluste verursachen. Wir waren auch entschlossen, uns in allen Fragen eng abzustimmen und unterschiedliche Meinungen so lange zu diskutieren, bis wir ein gemeinsames Ergebnis erzielt hatten. All dies gelang uns von Anfang an und zunehmend besser. Der Inhalt unserer persönlichen Gespräche blieb immer vertraulich, und das gegenseitige Vertrauen wuchs.

Michael Glos, der Vorsitzende der CSU-Landesgruppe, mit dem ich schon länger gut kooperierte, war seinerseits, ohne dass wir viel darüber reden mussten, klug genug um zu wissen, dass die Zusammenarbeit zwischen den beiden Parteivorsitzenden von CDU und CSU in der Bedeutung noch vor der Zusammenarbeit zwischen Fraktions- und Landesgruppenvorsitzendem rangieren musste. Im Ergebnis habe ich wohl sogar einen mittelbaren Beitrag dazu geleistet, dass auch das anfänglich eher distanzierte Verhältnis zwischen Stoiber und Glos politisch und menschlich sehr viel an Qualität gewann.

Auch in Nordrhein-Westfalen kam Bewegung in den CDU-Landesverband. Im bevölkerungsreichsten Bundesland war die CDU seit 1965 in der Opposition. Die scheinbar hoffnungslose Lage in einem Land, das in der Adenauer-Zeit geradezu der Schlüssel für die CDU-Erfolge bei Bundestagswahlen gewesen war, hatte bisher noch keiner wirklich verbessern können. Die CDU Nordrhein-Westfalen ist zwar mit Abstand der mitgliederstärkste Landesverband, aber traditionell eher zerstritten. Als es noch zwei Landesverbände gab, nämlich Rheinland und Westfalen-Lippe, rivalisierten die jeweiligen Vorsitzenden meistens um die Führungsrolle. Die mentalen Unterschiede zwischen Rheinländern und Westfalen begünstigten Eigenbröteleien, aber auch die sehr verschiedenartigen wirtschaftlichen und sozialen Strukturen in den verschiedenen Teilen des Landes. Nachdem es in den Achtzigerjahren endlich gelungen war, die beiden großen selbstständigen Landesverbände Rheinland und Westfalen unter Kurt Biedenkopfs Führung zu einem Landesverband zu vereinen, blieb die Frage lange Zeit offen, ob dadurch die Geschlossenheit der CDU Nordrhein-Westfalens tatsächlich überhaupt verbessert worden war. Heftiger Streit um Biedenkopf, der neben persönlichen Animositäten entlang der alten Schützengräben verlief, deutete eher auf das Gegenteil.

Als die Situation unerträglich zu werden begann, war die Frage eines neuen Vorsitzenden gerade auch vor dem Hintergrund der rheinisch-westfälischen Inkompatibilitäten von höchster Priorität. Ich half tatkräftig mit, Norbert Blüm dazu zu bewegen, den Landesvorsitz in Nordrhein-Westfalen zu übernehmen und auch bei der Landtagswahl 1990 als Spitzenkandidat ins Rennen zu gehen. Da er nach verlorener Wahl aber nicht als Oppositionsführer in den Düsseldorfer Landtag umziehen wollte, nahm seine Bindungskraft im Landesverband in den Neunzigerjahren kontinuierlich ab und beförderte neue Grabenkämpfe, deren Auswirkungen bis in den Bundesvorstand der CDU reichten. Nach der verlorenen Bundestagswahl 1998 zeichnete sich auch im Hinblick auf die im Jahr 2000 anstehende Landtagswahl dann ein erneuter Führungswechsel ab.

Bei einer Analyse der Wahlergebnisse war die zentrale Bedeutung von Nordrhein-Westfalen für die Mehrheitsverhältnisse in der gesamten Bundesrepublik nicht zu übersehen. In Ostdeutschland mussten wir zur Kenntnis nehmen, dass die PDS ihre relativ starke Position über den Zusammenbruch des Sozialismus und die Wiedervereinigung hinweg gerettet hatte und allenfalls langsamer verlieren würde, als ich 1990 noch angenommen hatte. Wenn wir also davon ausgehen mussten, dass die CDU-Ergebnisse in Ostdeutschland insgesamt bestenfalls den notwendigen Bundesdurchschnitt erreichen, nicht aber etwaige Defizite in Westdeutschland ausgleichen konnten, kam es für einen Wahlsieg der Union entscheidend darauf an, im Westen so stark wie möglich zu sein. In Niedersachsen hatte die SPD seit Schröders Wahlsieg 1990 eine relativ starke Position, in Schleswig-Holstein litt die CDU noch immer unter den Spätfolgen der Barschel-Affäre. Die norddeutschen Stadtstaaten waren traditionell eher SPD-Hochburgen. In Hessen lagen wir im Zweifel etwa gleichauf mit der SPD, was dank der Erfolge in der Ära Alfred Dreggers schon eine gewaltige Verbesserung gegenüber früheren Jahrzehnten war. An der Saar hatte Lafontaine seit seinem Wahlsieg 1984 eine schier uneinnehmbare SPD-Bastion aufgebaut. Selbst Rheinland-Pfalz war 1991 als Folge unseliger Streitereien in der CDU an die SPD gefallen. Und in Baden-Württemberg hatten wir die absoluten Mehrheiten der Siebziger- und Achtzigerjahre, die wir durch die Auflösung des im Lande traditionell starken liberalen Lagers während der Regierungszeit der FDP mit der SPD in Bonn gewonnen hatten, durch die Wahlerfolge der Republikaner eingebüßt. Das hatte die CDU 1992 sogar zu einer großen Koalition gezwungen, die zwar 1996 durch Erwin Teufel wieder in eine CDU-FDP-Koalition umgewandelt werden konnte, aber die CDU-Ergebnisse für sich blieben deutlich unter der 50-Prozent-Marke.

Ohne eine deutliche Verbesserung unserer Position in Nordrhein-Westfalen waren Mehrheiten in Deutschland für die Union also kaum vorstellbar. Im Übrigen kam der Landtagswahl 2000 auch deshalb eine überragende Bedeutung zu, weil nach 35 Jahren SPD-Herrschaft die Sozialdemokraten dieses Land geradezu als ihr Eigentum betrachteten. Das hatte nicht nur zu entsprechender Verfilzung geführt, sondern auch dazu, dass die Union an eigene Erfolgschancen gar nicht mehr glaubte und deshalb den Versuchungen zu üblichen Personalquerelen und Ränkespielen kaum widerstehen konnte.

Blüm nutzte seine Absicht, den Landesvorsitz abzugeben, dazu, die CDU Nordrhein-Westfalen zu einer Klärung ihrer personellen Führungsstruktur zu veranlassen. Ich bestärkte ihn ausdrücklich darin, was letzten Endes bedeutete, dass mit der Frage des künftigen Landesvorsitzenden zugleich auch die Frage des Spitzenkandidaten bei der Landtagswahl 2000 gelöst werden sollte, um die Partei der traditionellen Verlockung zu entwöhnen, sich weiterhin mit personellen Spekulationen und Auseinandersetzungen zu beschäftigen.

Nachdem sich abzeichnete, dass mehrere Kandidaten sich um den Landesvorsitz bewerben würden, inszenierte der Landesverband eine Vorstellungsrunde quer durch das Land. Das hatte nicht nur den Vorteil einer offenen Auseinandersetzung, sodass sich die Parteigliederungen und alle Interessierten ein eigenes Bild von den Aspiranten machen konnten. Es hatte auch den durchaus erwünschten Nebeneffekt, dass immer wieder neuer Anlass für eine breite Medienberichterstattung gegeben wurde. Dadurch machte sich die CDU interessant, eine nicht alltägliche Erfahrung in der nordrhein-westfälischen Union. So kämpften der Düsseldorfer Fraktionsvorsitzende Helmut Linssen, Spitzenkandidat bei der Landtagswahl 1995, CDU-Präsidiumsmitglied Christa Thoben und der stellvertretende Vorsitzende der Bundestagsfraktion Jürgen Rüttgers um die Gunst der Landes-CDU. Auf dem Parteitag am 29. Januar 1999 setzte sich Rüttgers durch. Mit seiner Wahl verband er zugleich den Anspruch auf die Spitzenkandidatur, wobei er seine Bereitschaft klarstellte, von der Bundes- in die Landespolitik zu wechseln und auch im Falle der Niederlage Oppositionsführer in Düsseldorf zu werden. Ich war als Gastredner auf dem Parteitag, und ich tat alles, um der Landes-CDU auch auf Grund der hervorragend gelaufenen Kandidatenvorstellungsrunden neue Zuversicht zu predigen. Aber die Resonanz war schwach, der Glaube der Delegierten, tatsächlich einmal gewinnen zu können, deutlich unterentwickelt. Die Aufbruchstimmung und die Zuversicht, die ich für unbedingt notwendig und wünschenswert hielt, um den Kampf um Nordrhein-Westfalen beherzt aufzunehmen, gingen zu meinem Leidwesen jedenfalls von diesem Landesparteitag noch nicht aus.

Auch in Schleswig-Holstein war ein personeller Neuanfang notwendig. Ottfried Hennig, der nach den schweren Turbulenzen der Barschel/Pfeifer/Engholm-Affäre die Führung des Landesverbandes übernommen hatte und nach respektablem Wahlergebnis als Oppositionsführer in die Landespolitik gewechselt war, hatte schon nach der letzten Landtagswahl 1996 resignieren müssen. Peter-Kurt Würzbach, sein Nachfolger als Landesvorsitzender, hatte alle Mühe, die divergierenden Teile dieses Landesverbands, in dem als Spätfolge unseliger Vergangenheit viel Streit herrschte, zu integrieren. Im Landesverband selbst machten seine eigenen Mitstreiter keinen Hehl daraus, dass sie seine Attraktivität als Spitzenkandidat als gering ansahen. Innerhalb der Führungskreise der schleswig-holsteinischen Union kam deshalb der Gedanke auf, diese Aufgabe dem aus dem benachbarten Hamburg stammenden Volker Rühe anzutragen.

Ich sprach am 25. Januar 1999 mit Gerhard Stoltenberg darüber, der entschieden für diese Lösung eintrat. Stoltenberg war vor seiner Zeit als Bundesfinanzminister lange Jahre Ministerpräsident in Schleswig-Holstein gewesen. Er verfügte noch immer über hohes Ansehen und großen Einfluss insbesondere bei den Anhängern der schleswig-holsteinischen CDU. Er war es letztlich auch, der Volker Rühe und den schleswig-holsteinischen Landesverband für die Kandidatur gewann. Volker Rühe fragte mich um meinen Rat, und ich antwortete, dass ich aus Parteiinteresse heraus sein Auftreten nur befürworten, ihm als Freund persönlich aber schwer raten könne, weil ich wusste, wie sehr sein politisches Herz an der Bundespolitik und vor allem an der Außen- und Sicherheitspolitik hing, und weil er für sich auch etwaige künftige bundespolitische Ambitionen bedenken musste. Als er sich schließlich entschied, die Aufgabe anzunehmen, stellte er für mich nicht überraschend die Bedingung, nur für den Fall des Wahlsieges seine bundespolitischen Zelte abbrechen zu wollen. Ich hatte dafür Verständnis, obwohl ich ahnte, dass damit bereits der Grundstein für neuen Zwist in der schleswig-holsteinischen CDU gelegt war.

Zunächst jedoch war die Reaktion in Partei und Öffentlichkeit überaus positiv. Die rot-grüne Koalition in Kiel brachte seit Jahren außer negativen Schlagzeilen wenig zustande. Ministerpräsidentin Heide Simonis, die schon bei der vorangegangenen Wahl aus ihrem Abscheu über die künftige grüne Kröte an ihrer Seite keinen Hehl gemacht hatte, konnte neuerdings auch ihren Ärger darüber, von Gerhard Schröder nicht in die Bundesregierung berufen worden zu sein, kaum verbergen. Das strömte alles keinen landespolitischen Enthusiasmus aus. Stattdessen verbreitete sich der Eindruck von einer Ministerpräsidentin, die keine Lust mehr hatte, und von Koalitionspartnern, die vorwiegend damit beschäftigt waren, sich gegenseitig misstrauisch zu belauern. So geriet die CDU in Schleswig-Holstein beinahe über Nacht in eine Favoritenrolle, zumal Rühe eine verlässliche Koalitionsperspektive mit der FDP aufzuweisen vermochte.

Innerhalb weniger Wochen setzte sich die Erwartung fest, dass der Union möglicherweise in Schleswig-Holstein der erste Wahlsieg nach der für 1999 erwarteten Serie von Wahlniederlagen beschieden sein könnte. Die Journalisten durften jedenfalls schon einmal darüber spekulieren, dass Rühe nach einem solchen Triumph im Februar 2000 alsbald Kanzlerkandidat werden würde.

Bis zu der schweren Krise, die die CDU im November 1999 traf, wuchs jedenfalls die Siegeszuversicht der Union in Schleswig-Holstein parallel zu den Meinungsumfragen kontinuierlich an. Mit zehn Prozentpunkten vor der SPD kletterte die CDU im Oktober auf einen seit 1975 nicht mehr gekannten Vorsprung.

IV. Hessen als Zäsur – Es geht wieder aufwärts

1. Das Ende des Doppelpasses und die Chaostage der Regierung Schröder

Mit unserem Sieg bei der Landtagswahl in Hessen am 7. Februar 1999 veränderte sich die politische Landschaft in Deutschland. Die rot-grüne Mehrheit im Bundesrat war dahin. Die Gefahr der Depression, die unseren Anhängern nach dem Wahlschock vom September gedroht hatte, schien wie weggeblasen. Dafür war die rot-grüne Klientel tief verunsichert. Vor allem in der SPD machte sich der angestaute Ärger über das Unternehmen doppelte Staatsangehörigkeit Luft, das bis auf wenige Ausnahmen innerhalb der Parteilinken ohnehin nie ein Herzensanliegen der Genossen gewesen war. Maßgebliche SPD-Politiker rügten mit barschem Ton, dass es sich niemals auszahle, wenn man an den Interessen und Sorgen der Menschen vorbei Politik mache. Die Grünen waren ziemlich kleinlaut geworden und widersprachen nur der Ordnung halber. Jedenfalls wollte sich niemand mehr in der Regierung Schröder für die Einführung der regelmäßigen doppelten Staatsangehörigkeit kompromisslos einsetzen. Stattdessen erlag man den Verlockungen der FDP, die nun mit neuer Energie ihr Optionsmodell anpries.

Man einigte sich schließlich auf einen entsprechenden Gesetzentwurf, der in seinen Grundzügen bereits früher einmal von der SPD-FDP-Koalition in Rheinland-Pfalz in den Bundesrat eingebracht worden war, dort aber mangels Mehrheit nicht weiter behandelt wurde. CDU und CSU lehnten das Modell bis auf eine kleine Minderheit in der Fraktion weiterhin ab, und dafür gab es auch nach wie vor viele begründete Einwände bis hin zu verfassungsrechtlichen Bedenken. Aber nachdem wir in der Hauptsache obsiegt hatten, beschränkte sich der Rest auf das alltägliche Niveau politischer Auseinandersetzungen. Immerhin hatten wir den Anfang Januar auf unserer Vorstandsklausur formulierten Auftrag, ein umfassendes Konzept für »Integration und Toleranz« zu entwickeln, mittlerweile auch erfüllt. Damit verfügte die Union als einzige Partei in Deutschland über ein durchdachtes und umsetzbares Programm zur besseren Integration von ausländischen Mitbürgern.

Die Arbeit hat sich in mehrfacher Hinsicht gelohnt. Das Integrationskonzept als solches erntete breites Lob, weil es sich nicht in Allgemeinplätzen erschöpfte, sondern ganz konkrete Vorschläge unterbreitete, was auf den verschiedenen Ebenen von den Kommunen bis zum Bund und von den vielen in der Sache engagierten gesellschaftlichen Gruppen geleistet werden musste, um das Integrationsziel zu erreichen. Vor allem aber hatte es den verblüffenden Nebeneffekt, dass die bis dahin modische »Multi-Kulti«-Diskussion schlagartig verstummte und auch bis heute nicht mehr aufgeflammt ist. Das war für mich eine besondere Genugtuung, weil ich immer den von vielen konstruierten Gegensatz zwischen Integration und multikulturellem Zusammenleben für künstlich und falsch gehalten hatte. Das Thema war und ist Integration der ausländischen Mitbürger, ohne dass sie dadurch ihre kulturelle Identität aufgeben müssen.

Unterdessen begann die Öffentlichkeit, ein gesteigertes und zunehmend kritisches Interesse für die verschiedenen politischen Aktivitäten der Bundesregierung zu entwickeln. Die rot-grüne Koalition hatte nach der Regierungsbildung zügig Initiativen ergriffen, um – wie im Wahlkampf angekündigt und in der Koalitionsvereinbarung festgelegt – einige unserer wichtigsten Reformgesetze zurückzunehmen. Das betraf insbesondere unsere Reformen zur Rentensicherung, zur finanziellen Konsolidierung der gesetzlichen Krankenversicherung, zur Selbstbeteiligung bei der Lohnfortzahlung im Krankheitsfall und zur Flexibilisierung beim Kündigungsschutz. Gleichzeitig brachte sie unter heftigen Geburtswehen am 1. April die so genannte »Ökosteuer« auf den Weg, deren Aufkommen angeblich zur Senkung des Rentenbeitrags verwendet werden sollte.

Schon frühzeitig kündigte sich an, dass die Regierung Schröder über keinerlei wirklich durchdachte Konzepte für ihre Politik verfügte. Zwar bemerkten das die Menschen zunächst noch nicht so sehr, weil der Charme des Neuen gravierende Anfangsfehler überdeckte. Und auch unsere Kritik drang nicht richtig durch, weil man den Kassandrarufen der gerade in die Opposition verbannten Union wenig Glauben schenken mochte. Aber nachdem selbst in den Schröder und den Seinen freundlich gesinnten Medien zunehmend häufiger Unverständnis über das chaotische Vor und Zurück der Regierung artikuliert wurde, begann der Wind sich zu drehen.

In der Rentenversicherung setzte die rot-grüne Koalition wie versprochen den von uns beschlossenen demographischen Faktor aus, der langfristig den Anstieg des Rentenniveaus verlangsamen und die Lasten zwischen weniger werdenden Beitragzahlern und mehr werdenden Rentenempfängern gerechter verteilen sollte. Unser Reformschritt war insbesondere in der älteren Generation nicht gerade populär gewesen, gleichwohl unabdingbar notwendig, wenn der Kollaps der Rentenversicherung auf Sicht verhindert werden sollte. Schröder und sein Arbeitsminister Riester konnten sich also zunächst des Beifalls vor allem der Rentner sicher sein. Allerdings vermochte Riester keinerlei Angaben darüber zu machen, was er denn zu tun gedenke, um die Rentenversicherung langfristig zu stabilisieren. Dafür verwirrte er die Öffentlichkeit mit unausgegorenen Überlegungen mal in die, mal in die andere Richtung. Schon Anfang 1999 räsonierte Arbeitsminister Riester angesichts düsterer Aussichten für die Höhe des Rentenbeitrags über die Möglichkeit einer Grundsicherung. Die aufkommende Unruhe bei den Rentnern, die schon im Landtagswahlkampf in Hessen deutlich spürbar wurde, versuchte Bundeskanzler Schröder zu dämpfen, indem er sich mehrfach höchstselbst dafür verbürgte, dass es bei der nettolohnbezogenen Rentenanpassung bleiben werde. Wenige Wochen später bereits wurde diese Zusicherung wieder zurückgenommen. Nun war nur noch von einem Kaufkraftausgleich für die Rentner die Rede. Doch nicht einmal dieser wurde schließlich voll verwirklicht. Die offensichtliche Konzeptionslosigkeit, dazu immer wieder eine neue »Rentenlüge«, lieferte der Union jede Menge politischer Munition und bescherte der rot-grünen Koalition einen flächendeckenden Vertrauensverlust beim Thema Rente.

Die Ankündigung der Regierung, den Grundfreibetrag bei der Einkommensteuer und das Kindergeld erhöhen zu wollen, barg zwar ein erhebliches finanzielles Risiko, solange nicht klar war, in welche Steuerreformkonzeption das alles eingebettet werden sollte. Aber da die Union kein Interesse daran haben konnte, eine materielle Besserstellung von Familien mit Kindern abzulehnen, hielt sich unsere Kritik an den Maßnahmen in engen, vorwiegend formalen Grenzen.

Ein anderes Vorhaben hingegen entwickelte sich zum Desaster für Rot-Grün. Schon in seiner Regierungserklärung hatte Bundeskanzler Schröder angekündigt, dass seine Koalition die Einführung einer Versicherungspflicht für geringfügige Beschäftigungsverhältnisse in Angriff nehmen wolle. Dass hier angesichts der explosionsartig zunehmenden versicherungsfreien Billigjobs ein Problem vorlag, hatten auch wir nie geleugnet. Allerdings war es uns bis zur Bundestagswahl nicht gelungen, in der Koalition mit der FDP zu einer einigermaßen vernünftigen Lösung zu kommen. Das lag unter anderem daran, dass die Materie ziemlich komplex war und sich grobschlächtigen Änderungsversuchen verschloss. Die Unbekümmertheit, mit der Rot-Grün nun daranging, die vor allem bei den gewerkschaftstreuen Sozialdemokraten verhassten Billigjobs drastisch einzuschränken oder gar abzuschaffen, führte zu abstrusen politischen Verrenkungen. Allein der Bundeskanzler setzte innerhalb weniger Monate vier verschiedene, sich jeweils widersprechende Versionen in die Welt, wie man dem Problem zu Leibe rücken werde. Arbeitsminister Riester tat das Seine noch dazu, und so erzielte die Koalition mit ihrem Vorhaben, die geringfügigen Beschäftigungsverhältnisse versicherungspflichtig zu machen, eine für sie verheerende Wirkung. Wir setzten der Regierung durch eine gezielte öffentliche Kampagne kräftig zu. Der öffentliche Aufschrei, der in der Regierung Schröder neue hektische Aktivitäten auslöste, wodurch alles noch schlimmer wurde, war Wasser auf die Mühlen der Union. Wir konnten wesentliche Punkte sammeln, was sich auch bei den Wahlen im Juni positiv auswirken sollte.

Die »Ökosteuer« entwickelte sich zu einem weiteren Reizthema, das der Regierungskoalition erheblich schadete. Sie war ohnehin bei der Bevölkerung unbeliebt, weil eine absehbare Verteuerung des Benzins keinen Autofahrer fröhlich stimmen kann. Hinzu kam jedoch noch eine schnell durchschaubare Camouflage. Denn der angebliche Zweck der »Ökosteuer«, einerseits einen positiven

Lenkungseffekt für mehr Umweltschutz zu erzielen, andererseits durch die Mehreinnahmen den Rentenbeitrag zu senken, wurde im ersten Fall nicht erreicht und war im zweiten nur vorgeschoben. Tatsächlich verwendete die Bundesregierung den Löwenanteil der Mehreinnahmen bei der Mineralölsteuer ungeniert zur Entlastung des Bundeszuschusses zur Rentenversicherung und damit zur Haushaltssanierung. Geradezu abstrus gestaltete sich die ziemlich unsystematische und stringent auch kaum zu begründende Strombesteuerung mit ihren vielen Ausnahmen. Um angesichts der in Deutschland im Vergleich zu europäischen Nachbarländern ohnedies höheren Energiekosten das Wirtschaftswachstum durch die neue Strombesteuerung nicht weiter zu belasten, war die Regierung gezwungen, für die besonders energieintensiven Produktionsbereiche zahlreiche Ausnahmen zuzulassen. Man entschied sich dafür, den Steuersatz degressiv auszugestalten. Das aber führte zu dem absurden Ergebnis, dass sich die Strombesteuerung umso geringer auswirkte, je höher der Stromverbrauch war. Das war nun wahrhaftig kein überzeugender Nachweis einer besonders großen rot-grünen Kompetenz in der Umweltpolitik. Im Übrigen führte das Ganze zu unendlich komplizierten Detailregelungen, und zusätzliche Verunsicherung entstand dadurch, dass völlig unklar war, ob die Ausgestaltung dieser Strombesteuerung der Genehmigung durch die Europäische Kommission bedurfte und wie gegebenenfalls die Kommission entscheiden würde. Die »Ökosteuer« als rot-grüne Herzensangelegenheit wurde so mangels öffentlicher Akzeptanz zum Rohrkrepierer. Den Reformansatz, den ich in Sachen »Ökosteuer« immer vertreten habe, wurde von Schröders Koalitionären nicht einmal ansatzweise in Betracht gezogen. Denn dann hätte eine höhere Besteuerung des Ressourcenverbrauchs einen spürbaren Lenkungseffekt im Sinne von Einsparung, also Reduzierung des Verbrauchs haben und einhergehen müssen mit einer drastischen Senkung der direkten Steuern auf Lohn und Einkommen. Und zweitens wäre eine Verteuerung der Energiepreise nur im europäischen Kontext, aber nicht im nationalen Alleingang zielführend gewesen. Auch in diesem Punkt brach die Regierung Schröder unbekümmert ein Versprechen: Sie wollte nur die erste Stufe der »Ökosteuer« national, alle weiteren dann auf europäischer Ebene realisieren. Davon war schon bei der zweiten Erhöhung keine Rede mehr.

Das Durcheinander in der rot-grünen Politik war also schon nach wenigen Monaten ebenso groß, wie die öffentliche Reaktion negativ. Die gesamtwirtschaftlichen Wachstumserwartungen hatten sich seit Regierungsantritt kontinuierlich verschlechtert, was – neben anderen Ursachen – vor allem auf massive Enttäuschung und Verunsicherung über das Herumgewerkel der Regierung Schröder zurückzuführen war. Entsprechend verschlechterten sich die Perspektiven am Arbeitsmarkt. Zu alldem kam noch hinzu, dass Lafontaine national wie international seine überwiegend kritisch beurteilten wirtschafts- und finanzpolitischen Vorstellungen zu verwirklichen suchte – vom Druck auf Bundesbank und Europäische Zentralbank in Richtung einer Politik leichteren Geldes bis zur Regulierung der Finanzmärkte. Was die Regierung Schröder auch unternahm, es stand nicht einmal ein halbes Jahr nach dem unter anderen Vorzeichen errungenen Wahlsieg unter Ideologieverdacht. Kritische Reaktionen der Märkte waren vorhersehbare Folgen, und eine weitere Verschlechterung des Ansehens des Standortes Deutschland konnte nicht ausbleiben.

Wir konzentrierten unsere Kritik an der Regierungspolitik zunächst auf mangelnde konzeptionelle Stimmigkeit bei der Sozialpolitik und darauf, dass als Folge der Regierungspolitik die positive Entwicklung am Arbeitsmarkt abgebrochen war – 1998 war von Januar bis September die Arbeitslosigkeit saisonbereinigt um 400 000 zurückgegangen, seit Oktober jedoch stagnierte die saisonbereinigte Arbeitslosenzahl. Im Frühjahr 1999 begann sie sogar wieder anzusteigen, und die Zahl der Beschäftigen ging kontinuierlich zurück, was ein noch kritischerer Indikator war. Die Bilanz der Neuregelungen der »630-Mark-Jobs« und der von der Regierung so genannten »Scheinselbstständigkeit« war geradezu vernichtend: Verunsicherung von Arbeitgebern und Arbeitnehmern, Verlust von Arbeitsplätzen und mehr Bürokratie. Allein die Einführung der Versicherungspflicht für geringfügige Beschäftigungsverhältnisse vernichtete Arbeit in den Pufferbereichen der Dienstleistungsbranchen, erzwang zusätzliche Überstunden der sozialversicherungspflichtig Beschäftigten und trieb viele Minijobber in die Schattenwirtschaft. Bis zum Spätsommer 1999 sind dadurch im Hotel- und Gaststättengewerbe, im Einzelhandel, bei der Telekommunikation, in der Zeitungsbranche und in der Informatik bundesweit rund 800 000 Beschäftigungsverhältnisse überwiegend ersatzlos weggefallen. Eine Umwandlung in sozialversicherungspflichtige Voll- oder Teilzeitstellen, wie von der Koalition vollmundig versprochen, hat es hingegen nur zu einem sehr geringen Teil gegeben.

Schröders persönliches Ansehen als Bundeskanzler wurde von der insgesamt schlechten öffentlichen Aufnahme der Regierungspolitik zunächst relativ wenig tangiert. Es gelang ihm geschickt, das spürbar zunehmende Unbehagen über die »Pleiten, Pech und Pannen«-Politik auf Lafontaine zu lenken. Er selbst konzentrierte sich auf publikumswirksame öffentliche Auftritte, vorwiegend im Fernsehen. Sie hatten zwar mit der Substanz von Politik wenig zu tun, aber zunächst verstärkten sie den Charme von Neuanfang und Frische. Schon begannen professionelle Politikbeobachter und Medienberater damit, den unaufhaltsamen Siegeszug amerikanischer Verhältnisse zu konstatieren und räsonierten über die Konsequenzen. Demnach komme es in der medialen und gesellschaftlichen Wirklichkeit für die Akzeptanz von Politik und damit für die Mehrheitsfähigkeit einer politischen Richtung weniger auf die inhaltliche Substanz als vielmehr auf die mediale Vermittlung durch eine Person an. Und da sei Schröder zweifellos ein Meister, während wir in der Union eher alt und grau wirkten.

Ich hatte durchaus meine Zweifel an solch klugen Analysen, weil ich mir trotz aller spürbaren Verflachung der politischen Diskussion in Deutschland und der neuen Eventkultur nicht vorstellen konnte, dass die wirklich wichtigen Entscheidungen in der Politik künftig vorrangig eine Frage der Inszenierung und nicht mehr des Inhalts sein würden. Denn ob und welche Reform man in der Rentenversicherung oder welche Maßnahme man gegen steigende Kriminalität ergriff konnte ja wohl nicht davon abhängen, ob man etwas unterhaltsam in Szene zu setzen vermochte. Die inhaltlichen Notwendigkeiten mussten nach meinem Politikverständnis immer noch Vorrang vor der Frage haben, wie man sie dem Volk vermittelt. Also griff ich Schröder im Bundestag konsequent auf der Linie an, dass er viel Schau und wenig Substanz biete. Dabei war ich überzeugt, dass diese Linie sich durchsetzen würde, wenn wir nur die Kraft hätten, sie einige Zeit durchzuhalten. Ich ließ mich auch durch die gegenteiligen Ratschläge und Warnungen der PR-Strategen schon deshalb nicht irre machen, weil diese Anfang Januar einmütig unsere Unterschriftenaktion zum Dümmsten erklärt hatten, was wir in unserer auf viele Jahre hinaus ohnehin hoffnungslosen Situation noch tun konnten, um unsere Lage weiter zu verschlechtern. Dass sich schließlich tatsächlich in der Öffentlichkeit der Eindruck vom Beliebigkeits- und Showkanzler durchsetzte, war angesichts des fortdauernden Regierungschaos dann nicht mehr so überraschend. Zu meiner Verblüffung jedoch trug Schröder selbst das entscheidende Quäntchen dazu bei, weil er die Unterhaltungsmasche einfach überzog. Höhepunkt war schließlich die für bodenständige Genossen geradezu lästerliche Modeverliebtheit, die ihn dazu verführte, in sündhaft teurer italienischer Garderobe samt Schuhwerk und Accessoires zu posieren und damit die eher biedere SPD zutiefst zu irritieren. Seither musste er mit dem Beinamen »Cashmere-Kanzler« leben.

In meiner Meinung, dass die professionellen Öffentlichkeitsexperten oft dazu neigen, ihren Analysen Augenblicksbetrachtungen zu Grunde zu legen und deshalb die Entwicklungsmöglichkeiten und die Wandelbarkeit in den Prozessen öffentlicher Meinungsbildung zu unterschätzen, wurde ich bestätigt. Immerhin, nach der verlorenen Wahl war das Ringen um öffentliche Zustimmung und damit auch um die Unterstützung in den eigenen Reihen einige Wochen lang eher mühsam. Die rot-grüne Koalitionsführung hatte umgekehrt offensichtlich die Sprachregelung ausgegeben, ich sei seit der Wahlniederlage verbittert, weil ich mich wohl um meinen Lebenstraum, Bundeskanzler zu werden, gebracht sehe. Da die mit großen Anstrengungen verbundene Aufgabe, die Union in dieser schwierigen Zeit des Oppositionsanfangs zu neuer Zuversicht zu führen, ihre Spuren bei mir hinterließ und natürlich auch manche interne Anfangsrivalitäten nicht nur in den Kleidern hängen blieb, gewann die »Bitterkeitslegende«, die sich in den ersten Parlamentsdebatten durch alle Reden der Koalitionspolitiker zog und zwangsläufig in Bezug zum Rollstuhl geriet, eine gewisse Wirkung. Zwar vermieden die meisten der darauf zielenden Koalitionäre die Geschmacklosigkeit des früheren SPD-Vorsitzenden Vogel, der schon in den frühen Neunzigerjahren gemeint hatte, der Rollstuhl habe mich bitter gemacht, was ich immer als besonders infam empfunden hatte, weil damit auf ein Vorurteil angespielt wurde, gegen das man geradezu wehrlos war. Aber da ich nach dem Attentat bei meiner Rückkehr in das politische Leben sorgfältig darauf geachtet und auch mit den Kollegen der anderen Fraktionen darüber gesprochen hatte, dass die Tatsache meiner Behinderung bei der politischen Auseinandersetzung möglichst unbeachtet blieb, sodass weder ich noch andere daraus für sich einen emotionalen Vorteil zu ziehen versuchten, verletzte es mich nun nach acht Jahren doch, dass dies erstmals unausgesprochen, aber unüberhörbar als Mittel des politischen Kampfes gegen mich benutzt wurde.

Ich bemühte mich, locker und freundlich zu wirken und die Bissigkeit meiner Angriffe wohl zu dosieren. Umgekehrt spürte Schröder offensichtlich, dass meine gegen ihn gerichteten Pfeile für ihn nicht ungefährlich waren. Unmittelbar nach einem von der Öffentlichkeit und vielen unserer Anhänger noch als besonders »eindrucksvoll« empfundenen Auftritt in der Fernsehshow von Thomas Gottschalk begann er erkennbar, sich um mehr Seriosität zu bemühen.

2. Lafontaines Rücktritt

Im März dann überschlugen sich die Ereignisse. Am 11. des Monats trat Oskar Lafontaine von seinen Ämtern als Finanzminister und Parteivorsitzender zurück und legte zugleich sein Bundestagsmandat nieder. Der spektakuläre Schritt kam für die Öffentlichkeit wie für die rot-grüne Koalition wie ein Blitz aus heiterem Himmel. Ich selbst hatte mit Lafontaine noch am Vortag telefoniert und fand ihn ungewöhnlich entspannt. Wir hatten uns am Sonntagabend in der Sendung »Sabine Christiansen« kräftig gestritten. Beim anschließenden Plausch bei einem Glas Wein und kleinen Häppchen war jeder von uns fest davon überzeugt, dass der andere in der Diskussion jeweils sehr viel mehr Redezeit in Anspruch genommen und auch bekommen habe. Wir baten die Verantwortlichen der Sendung, die jeweilige Redezeit doch einmal auszählen zu lassen und wetteten um eine Flasche guten Rotwein. Mittwochs rief mich Lafontaine an, um mir das Ergebnis mitzuteilen. Er hatte die Wette gewonnen, weil er tatsächlich wenige Sekunden kürzer geredet hatte als ich. Wir unterhielten uns noch eine Zeit lang über diese erstaunliche Wahrnehmungsphänomen. Ich hätte Stein und Bein geschworen, dass ich kaum zu Wort gekommen war, und er hatte umgekehrt für sich nichts anderes angenommen. Dabei waren unsere

Redeanteile nahezu gleich verteilt gewesen. Irgendeine Andeutung von persönlichen oder politischen Problemen machte Lafontaine weder direkt noch mittelbar.

Als mich am Spätnachmittag des nächsten Tages mein Pressesprecher zu Hause anrief und mir die sensationelle Mitteilung von Lafontaines Totalrücktritt machte, antwortete ich spontan, es sei der 11. März und nicht der 1. April. Ich konnte nicht glauben, was ich da hörte, zumal ich keinerlei Erklärung für diesen Schritt hatte. Außer der dürren Rücktrittsmeldung gab es nichts, was irgendwelche Hintergründe offen legte. Mein Pressesprecher überzeugte mich gleichwohl, dass ich noch am selben Abend ins Fernsehen müsse. Angesichts der Sprachlosigkeit der SPD war das eine Chance für uns. Also begab ich mich zum Missfallen meiner Frau, die sich auf einen ruhigen Abend gefreut hatte, umgehend nach Baden-Baden ins Fernsehstudio und ließ mich von den Moderatoren des ZDF-»Heute-Journal« wie der ARD-»Tagesthemen« nach meiner Einschätzung der Sache Lafontaine befragen. Ohne dabei Lafontaine in Schutz zu nehmen, thematisierte ich als Grund für das Zerwürfnis insbesondere die Substanz- und Konzeptionslosigkeit der Regierung Schröder. Tatsächlich war ich an diesem Abend der einzige prominente Politiker überhaupt, der sich ausführlicher dazu äußerte.

Die Umstände von Lafontaines Ausscheiden aus der aktiven Politik verstärkten zunächst das negative Erscheinungsbild der rotgrünen Koalition erheblich. Zwar bekam auch Lafontaine sein Fett weg, weil die einhellige Meinung in den Medien war, jemand, der so viel politische Verantwortung in seiner Hand gebündelt habe, dürfe sich nicht wie ein Dieb in der Nacht davonschleichen. Auch blühten die Spekulationen um die Gründe für den Rücktritt wie die Frühlingsblumen auf den Wiesen, zusätzlich angeheizt durch das tagelange Schweigen Lafontaines. Schröder indessen nutzte die Chance. Sehr kurzfristig wurde der hessische Wahlverlierer Eichel zum neuen Finanzminister ernannt.

Was zunächst wie eine Versorgungsaktion für einen arbeitslos gewordenen Ministerpräsidenten aussah, erwies sich in der Folgezeit als ausgesprochener Glücksgriff. Denn Eichel warf das Ruder in der Finanzpolitik herum und steuerte den Bundeshaushalt zielstrebig in seriösere Gewässer. Als Ministerpräsident hatte er eher spröde gewirkt, und die Medien attestierten ihm den Charme einer

Büroklammer. Aber das war nun eine fast ideale Voraussetzung für seine neue Aufgabe und für den Versuch der Regierung Schröder, den Eindruck von Leichtfüßigkeit und Substanzlosigkeit zugunsten einer neuen Ernsthaftigkeit zu korrigieren. Den größten Nutzen jedoch zog Schröder daraus, dass er nun die Verantwortung für alle Fehler des ersten halben Jahres seiner Regierung dem desertierten Lafontaine zuschieben konnte. Das zuletzt außerordentlich frostige Klima in der Öffentlichkeit und in Wirtschaftskreisen begann sich langsam wieder zu erwärmen.

Die tief schockierte und irritierte SPD war zunächst wie gelähmt. Da Lafontaine keine plausible Erklärung für seinen Rücktritt lieferte und – nachdem er endlich nach Tagen kurz sein Schweigen brach – lediglich etwas kryptisch von »fehlendem Mannschaftsspiel« sprach, das ihn zu seinem Schritt bewogen habe, richtete sich die ratlose Wut der Genossen immer mehr gegen den Fahnenflüchtigen. Schröder hatte nur eine kurze Phase schwerer Vorwürfe gegen sich und seine bisherige Politik zu überstehen, die auch in der SPD nicht kritiklos aufgenommen worden war und bei vielen als eigentlicher Anlass für Lafontaines Demission galt. Schwerer wog, dass die Aussicht, künftig einen Vorsitzenden Schröder zu haben, zahlreiche Mitglieder und Anhänger der SPD mit Unbehagen erfüllte.

Die Beziehung zwischen Schröder und seiner Partei war nie sehr innig. Die emotionale Wärme, mit der Lafontaine, darin Willy Brandt sehr ähnlich, die sozialdemokratische Seele erfüllen konnte, ging Schröder völlig ab. Dessen Bande zur SPD definierten sich vorrangig nach nüchternen Interessen. Entsprechend hölzern ging man miteinander um. Viele mutmaßten, dass das Ausscheiden von Lafontaine die Unterstützung der SPD für Schröders Regierung sehr viel fragiler machen würde. Aber die Umstände, unter denen Lafontaine zurückgetreten war, ließen der SPD keine Alternative zu Schröder. Dem half dabei sogar, dass der Versuch Rudolf Scharpings, die entstandene Gefühlslücke in der SPD auszufüllen und sich als ehemaliges Lafontaine-Opfer erneut für Höheres zu empfehlen, von den meisten dann doch als zu plump empfunden wurde. Obwohl die Kritik an Schröder zeitweise so stark war, dass es erste Spekulationen über seinen Verbleib im Amt des Bundeskanzlers gab, brachte Scharping durch voreiliges Zucken das Mikado-Häuflein seiner neu erwachten Ambitionen durcheinander und schied aus dem Rennen, bevor es wirklich begonnen hatte. Nachdem Schröder erkannt hatte, von welcher Bedeutung für die Zementierung seiner Kanzlerschaft das Amt des SPD-Vorsitzenden war, entwickelte er mit dem ihm eigenen Geschick eine beeindruckende Souveränität bei der Verteidigung seiner Machtposition.

So verursachte Lafontaines Abgang zwar für einige Zeit Aufregung und Turbulenzen, die beim Erscheinen seines Buches »*Das Herz schlägt links*« noch einmal auflebten. Im Ergebnis aber verbesserten sich das Ansehen der Regierung und auch die Position Schröders in der Öffentlichkeit und in der SPD allmählich. Hohen Anteil daran hatte zuletzt der frühere Bundesgeschäftsführer Franz Müntefering, der nach Schröders Willen künftig das neu zu schaffende Amt eines Generalsekretärs der SPD einnehmen sollte. Dessen Idee, auf einer Reihe von Regionalkonferenzen im Herbst 1999 der Parteibasis Sinn und Zweck der rot-grünen Regierungspolitik zu erklären, führte nach anfänglichen Problemen dann doch zu einer spürbaren Konsolidierung. Ein harmonischer Parteitag am 8. Dezember 1999 mit der Wiederwahl Schröders zum SPD-Vorsitzenden gab dem Ganzen einen gelungenen Abschluss. Lafontaine darf also im Rückblick auf das Jahr 1999 für sich in Anspruch nehmen, mit seinem abrupten Rückzug die Position der Regierung und von Schröder im Besonderen entscheidend stabilisiert zu haben. Dass das seine Absicht war, wird weiter zu bezweifeln sein, und ebenfalls, ob ihn das Ergebnis wirklich freut.

3. Krieg im Kosovo: Die Union hält Linie

Der März 1999 hatte es in sich. Nicht nur Lafontaine beschäftigte die Nation. Eine andere dramatische Veränderung kam aus dem Kosovo. Der Unruheherd des ehemaligen Jugoslawien sorgte immer wieder für neue Spannungen. Nach Bosnien und der mehr schlecht als recht gelungenen Befriedung dieses Teils war nun die Provinz Kosovo an der Grenze zu Albanien Schauplatz kriegerischer Auseinandersetzungen. Schon in der Übergangszeit nach der Bundestagswahl und noch vor der Konstituierung des neu gewählten Parlaments und der Regierungsbildung musste die noch amtierende alte Bundesregierung mit konstitutiver Zustimmung des Bundestags die Beteiligung der Bundeswehr an etwaigen NATO-Maßnahmen beschließen. Die notwendigen Entscheidungen wurden im engen Einvernehmen zwischen der geschäftsführenden Regierung Kohl und der künftigen Regierungsmehrheit getroffen. Die Situation war insofern außergewöhnlich, als wegen des Entscheidungsdrucks noch der 13. Bundestag den erforderlichen Beschluss fassen musste, obwohl der 14. Bundestag bereits gewählt war. Deshalb war für uns Voraussetzung, dass auch die neue Mehrheit damit einverstanden war und nicht nur die alte. In jeder Phase der in der NATO ablaufenden Überlegungen und Vorbereitungen unterrichteten wir die führenden Politiker der künftigen rot-grünen Koalition. Es durfte auch nicht der leiseste Anschein erweckt werden, als treffe die alte Bundesregierung irgendeine Entscheidung, die nicht zugleich die Entscheidung der neuen Bundesregierung sei. Umgekehrt erklärte ich in der anberaumten Sondersitzung des alten Bundestags im Oktober 1998, dass wir diesem Beschluss zum Einsatz der Bundeswehr im Kosovo-Konflikt nicht nur als alte Mehrheitsfraktion, sondern genauso auch als künftige Oppositionsfraktion zustimmen würden, und dass sich in dieser Frage durch den Wechsel in der parlamentarischen Verantwortung unsere Haltung nicht ändern würde. Wir haben das auch in der Folgezeit durchgehalten.

Die Geschichte der vielfältigen internationalen Bemühungen, die serbische Führung in Belgrad durch die bloße Androhung von Gewalt zum Einlenken zu bewegen, braucht im Einzelnen ebenso wenig nachgezeichnet zu werden wie die mannigfachen Versuche, durch Verhandlungen eine Stabilisierung der Lage zu erreichen. Sie dauerten lange, möglicherweise zu lange, weil der serbische Präsident Milošević sowohl das lange Zögern des Westens bei der Realisierung der Gewaltandrohung als auch die immer wieder mit Inbrunst an ihn herangetragene Verhandlungsbitte nur als Ermutigung missverstehen konnte, die serbische Aggression fortzusetzen. Das Balkan-Knäuel war jedenfalls so heillos verknotet, dass es offenbar nur noch mit nackter Gewalt durchschlagen werden konnte. Diese unerfreuliche Perspektive bekam in der deutschen Situation zusätzliche Brisanz, weil natürlich viele spekulierten, dass die rot-grüne Koalition gegebenenfalls eine positive Entscheidung zu NATO-Luftoperationen unter Beteiligung der Bundeswehr nicht würde zustande bringen können.

Umgekehrt begannen Militärexperten in der NATO schon um die Jahreswende 98/99 darüber zu diskutieren, ob als Ultima Ratio nicht auch der Einsatz von Landstreitkräften ins Auge gefasst werden müsse. Diese Diskussion erfasste auch die Union. Vor allem der bisherige Verteidigungsminister Rühe lehnte jede deutsche Beteiligung an Landstreitkräften kategorisch ab. Die Bundeswehr sei auf solche Einsätze überhaupt nicht vorbereitet, außerdem werde die dafür nötige Anzahl von Soldaten unter keinen Umständen bereitgestellt werden können. Andere Experten argumentierten etwas differenzierter, konnten aber das Grundbedenken, ob die Bundeswehr für einen Landeinsatz weitab vom nationalen Verteidigungsgebiet wirklich eingesetzt werden sollte, nicht ausräumen. Mein Ausgangspunkt war ein anderer. Ich war zwar der Meinung, dass ein Einsatz von Landstreitkräften zur Stabilisierung in Krisengebieten und eine Beteiligung der Bundeswehr daran nicht ausgeschlossen werden durfte. Was ich aber unbedingt ausschließen wollte, war ein Szenario, in dem gegen den Aggressor eine Operation von Landstreitkräften vorgesehen war, die nichts anderes bedeutete als eine militärische Eroberung. Das barg unvorhersehbare Eskalationsmöglichkeiten, und darauf konnten und durften wir uns nicht einlassen.

Ich war überzeugt, dass jeder derartige Versuch zu katastrophalen Entwicklungen führen musste und binnen kurzer Zeit zwangsläufig auch zum Zusammenbruch jeder innenpolitischen Unterstützung. Damit wäre aber nach dem Modell des Vietnam-Kriegs eine vorhersehbare Niederlage nahezu unausweichlich geworden. Nachdem selbst der Bundeskanzler in einem *Focus*-Interview keine militärische Option ausschließen wollte, nutzte ich die Münchner Wehrkundetagung am 6. Februar 1999 dazu, klar meine Position zu markieren, von der ich annahm, dass sie von der ganzen Union geteilt wurde. Ich erklärte, dass wir als Opposition die NATO entschlossen unterstützen und auch die deutsche Beteiligung an Lufteinsätzen mittragen würden. Einem Einsatz von Landstreitkräften zur militärischen Besetzung serbischer Landesteile bis hin zu einer etwaigen Invasion von Belgrad würden wir jedoch unter gar keinen Umständen zustimmen. Experten aus

NATO-Kreisen und aus Deutschland hielten mir daraufhin vor, damit schwäche man den Druck auf Milošević. Es dürfe keine Option ausgeschlossen werden, damit der größtmögliche Abschreckungseffekt erzielt werden könne. Auch Scharping machte sich diesen Standpunkt zu Eigen. Ich hielt und halte die Kritik an meiner Position für falsch. Denn nach meiner festen Überzeugung beruht eine glaubwürdige Abschreckung – und nur dann wirkt sie präventiv – gerade auf der Tatsache, dass an der Entschlossenheit und Fähigkeit, die angedrohten Übel auch anzuwenden, kein Zweifel besteht. *The uncertain trumpet* – Titel eines bekannten Buches aus den Zeiten des Kalten Krieges – war die größte Kriegsgefahr. Deshalb musste und muss jede militärische Drohung immer vom Ende her bedacht werden, nämlich sie tatsächlich wahr machen zu können, sonst ist sie keine. Nur so macht Abschreckung Sinn und entfaltet seine kriegs- und eskalationsvermeidende Wirkung. Allein die akademischen Erörterungen der Militärexperten, wie viele hunderttausend Soldaten man für einen Einsatz von Landstreitkräften benötigen würde, zeigt die Absurdität dieser Überlegungen. Kein NATO-Land, erst recht nicht Deutschland, hätte durchgehalten, dass hunderttausende Soldaten in einen langwierigen Krieg mit unabsehbaren Opfern verwickelt worden wären. Ganz abgesehen von der Frage, wie sich Serbiens alter Verbündeter Russland bei einem Eroberungsfeldzug der NATO verhalten hätte.

Die Union hat diese Linie während der gesamten Dauer der Kosovo-Krise durchgehalten, wobei ich vor allem von Volker Rühe und Karl Lamers, genauso auch von Edmund Stoiber und Michael Glos unterstützt wurde. Glücklicherweise blieb der NATO und auch Deutschland erspart, für die gegenteilige Auffassung die Probe aufs Exempel zu machen. Am 14. Juli traf ich mich nach langer Zeit einmal wieder mit Joschka Fischer zu einem Abendessen. Wir hatten das im Laufe der Jahre schon einige Male getan, ohne dass daraus irgendwelche Vertraulichkeiten entstanden wären. Ihm und mir ging es schlicht um einen Gedankenaustausch jenseits parteipolitischer Wegzäune. So hatten wir bei allen politischen Gegensätzen nicht nur eine menschliche Gesprächsbasis entwickelt, sondern den Abende auch immer als interessant empfunden.

In dem Gespräch am 14. Juli überfiel Fischer mich mit der vorwurfsvollen Frage, warum ich den Einsatz von Landstreitkräften so kategorisch ausgeschlossen hätte. Ob ich mir denn nicht im Klaren darüber gewesen sei, wie nahe die NATO bereits vor einem solchen Einsatz gestanden habe und wie unausweichlich notwendig er hätte werden können. Ich war ehrlich überrascht. Etwas ungläubig fragte ich zurück, ob er denn wirklich einem Einsatz von Landstreitkräften zugestimmt und ob er denn nicht gesehen hätte, dass eine solche NATO-Entscheidung mit Sicherheit zu einer Katastrophe geführt hätte. Wir haben lange darüber diskutiert, eine gemeinsame Einschätzung haben wir nicht gefunden. Außer der, dass es besser war, dass der NATO die Entscheidung erspart geblieben ist.

Am 5. Februar 2000 diskutierten die NATO-Experten auf der jährlichen Münchener Wehrkundetagung die Erfahrungen aus dem Kosovo-Krieg. Ich sprach nach dem neuen NATO-Generalsekretär Robertson, der an den Anfang seiner Rede die Feststellung setzte, die NATO habe den Krieg gewonnen. Überhaupt konzentrierte sich die Diskussion sehr auf die Frage, wie man in einem künftigen Wiederholungsfalle militärisch noch erfolgreicher operieren könne und welche Lehren aus den Erfahrungen auf dem Balkan zu ziehen seien müssten. Dabei spielte wiederum die These eine Rolle, dass die Option einer möglichen militärischen Eskalation erhalten bleiben müsse, um den Gegner gegebenenfalls stärker unter Druck setzen zu können. Man kam zu dem Schluss, dass der von den Politikern in der Kosovo-Krise festgelegte Verzicht auf den Einsatz von Landstreitkräften falsch gewesen sei. Auch wenn es diesmal zum Glück gut ausgegangen sei, in Zukunft dürfe eine derartige Optionsverengung nicht wiederholt werden. Diese Auffassung, hatte neben anderen der von mir sehr geschätzte General Naumann stets vertreten, während etwa der damalige Generalinspekteur von Kirchbach auf einem von der *Welt am Sonntag* veranstalteten sicherheitspolitischen Symposium meine gegenteilige Meinung teilte.

Auf der Wehrkundetagung im Februar 2000 in München jedenfalls sah ich mich veranlasst, bei den Sicherheitsexperten erneut wider den Stachel zu löcken. Ich provozierte sie ganz bewusst mit der These, dass meines Erachtens der Kosovo-Krieg keineswegs nur als Erfolg gewertet werden dürfe. Tatsächlich bedeute der Militäreinsatz ein Scheitern, weil die Androhung militärischer Mittel nebst allen politischen und diplomatischen Bemühungen nicht ausgereicht hatte, den Ausbruch von Krieg und Gewalt zu verhindern. Das aber sei der Sinn von Abschreckung und die eigentliche Aufgabe von NATO und Bundeswehr. Eine Diskussion über weitere Optimierung von Zielgenauigkeit und Zerstörungskraft sei deshalb der falsche Ansatz. Meines Erachtens müsse sich die Auswertung der Erfahrungen vielmehr darauf konzentrieren, wie in Zukunft der angestrebte Zweck erreicht werden könne, ohne Tod und Zerstörung in Kauf nehmen zu müssen. Das zentrale Problem im Kosovo-Krieg sei die Glaubwürdigkeit der Abschreckung gewesen, und deshalb käme ich auch in der Rückschau zu keinem anderen Ergebnis als dem, dass der Einsatz von Landstreitkräften gar nicht hätte angedroht und noch nicht einmal ins Kalkül gezogen werden dürfen, weil er nicht durchzuhalten gewesen wäre. Eine Drohung mit Glaubwürdigkeitsmakel hätte im Gegenteil Milošević eher ermuntert, die Eskalation zu suchen. Denn seine Stärke sei die brutale Rücksichts- und Skrupellosigkeit eines menschenverachtenden Diktators, die sich gegenüber einer demokratischen Öffentlichkeit jedenfalls dann durchsetzen könnte, wenn die eigene Unversehrtheit dieser demokratischen Öffentlichkeit durch den Diktator nicht tatsächlich bedroht erschien. Mit anderen Worten: Verluste an Menschen und Material hätten Milošević nicht geschadet, viele tote NATO-Soldaten hingegen hätten in den Heimatländern sofort zu einer heftigen Debatte über den Sinn des Schlachtens und zum sicheren Entzug der öffentlichen Zustimmung zum Militäreinsatz geführt. Eine deutsche Regierung zum Beispiel hätte das nicht durchhalten können. Ob meine Ausführungen bei den Militärexperten auf fruchtbaren Boden gefallen sind, weiß ich nicht. Immerhin gab es danach einige nachdenkliche Stimmen, die mir zeigten, dass nicht nur mit den Säbeln gerasselt wird.

Am 24. März 1999 war es soweit. Alle Bemühungen und Verhandlungen zur friedlichen Beilegung der Kosovo-Krise waren gescheitert, und die NATO beschloss Luftschläge gegen Serbien. Bundeskanzler Schröder begründete die Entscheidung in einer würdig inszenierten Fernseherklärung. Zum ersten Mal – so mein Eindruck – gelang es ihm, wirklich staatsmännisch zu erscheinen. Der Ernst der Lage zwang ihn dazu. Fischer und Scharping rangen um öffentliche Zustimmung und vor allem um die Unterstützung im eigenen Lager, was wahrlich keine Kleinigkeit war. Auch ich bemühte mich für die Opposition, der gemeinsamen Verantwortung gerecht zu werden und jede Versuchung zu unterdrücken, in dieser Lage auf parteitaktische Vorteile zu schielen.

Insgesamt glaube ich, dass Regierung und Opposition diese Herausforderung angemessen bewältigt haben. Dass das wiedervereinte Deutschland am Ende des 20. Jahrhunderts vor die Notwendigkeit gestellt sein würde, sich über Monate hinweg an Luftangriffen zu beteiligen mit unabsehbaren Risiken für die Soldaten und mit schrecklichen Folgen für die von Milošević drangsalierten Menschen, das hatte sich keiner von uns vorstellen mögen, und ich beneidete die Verantwortlichen in der Regierung nicht um die Last dieser Verantwortung.

Sicherlich war es eine besondere Pikanterie der Geschichte, dass ausgerechnet eine rot-grüne Regierung diese Entscheidung treffen musste. Es bedurfte wenig Fantasie, sich auszudenken, welchen öffentlichen Zerreißproben Deutschland ausgesetzt worden wäre, wenn eine unionsgeführte Regierung den Bundestagsbeschluss zum Einsatz der Bundeswehr gegen Serbien hätte durchsetzen müssen. Die Vermutung, dass eine rot-grüne Opposition sich weniger staatstragend gezeigt hätte, ist jedenfalls nicht ganz abwegig.

In einem Gespräch des CDU-Präsidiums mit dem Rat der Evangelischen Kirche in Deutschland am 20. April fasste ich dies in der Feststellung zusammen, dass die Stellungnahme der EKD zu der NATO-Aktion im Kosovo und der deutschen Beteiligung daran ganz gewiss nicht so zurückhaltend und verständnisvoll abwägend ausgefallen wäre, wenn diese Entscheidung bei sonst völlig gleichem Sachverhalt von der früheren Regierung getroffen worden wäre. Nach einem Augenblick betroffenen Schweigens widersprach mir keines der anwesenden Ratsmitglieder.

Allerdings ergaben sich im Zuge der Militäroperationen Probleme, wo ich sie gar nicht erwartet hatte. Von Konvertiten wird oft behauptet, sie seien anschließend 150-prozentig bei der Sache. So kam mir manchmal auch die Entwicklung in der rot-grünen Regierung vor. Jedenfalls beschlich mich zunehmend die Sorge, dass sich insbesondere der Außen- und der Verteidigungsminister in eine überzogene Rhetorik hineinsteigerten. Vor allem bei Außenminister Fischer hatte ich den Eindruck, dass er, unter ständigem Rechtfertigungszwang gegenüber seiner grünen Fraktion stehend, die Lage im Kosovo bewusst dramatisierte, um die Zustimmung seiner Leute nicht zu verlieren. Ich war mir nicht sicher, ob damit gegebenenfalls auch eine Eskalation hin zum Einsatz von Landstreitkräften vorbereitet werden sollte. Aber bereits die überzogene Rhetorik ließ befürchten, dass eine Verhandlungslösung, die ja Russland und mit hoher Wahrscheinlichkeit eben auch Milošević einschließen musste, massiv behindert oder gar unmöglich gemacht würde. Deshalb warnte ich eindringlich vor nicht sachgerechten Vergleichen insbesondere mit dem nationalsozialistischen Holocaust. Ich formulierte diese Warnungen im Bundestag bewusst so, dass sie nicht konfrontativ wirkten, dass es also für den vor allem gemeinten Außenminister keinen Gesichtsverlust bedeutete, wenn er den Ratschlägen folgte – was er sichtlich in der Folge auch tat, denn er mäßigte seine Rhetorik spürbar.

Einen schweren Fehler beging die Bundesregierung in Bezug auf Russland und dessen mögliche Rolle bei der Beendigung des Konflikts. Offensichtlich gaben NATO und deutsche Bundesregierung sich anfangs damit zufrieden, dass Russland zwar verbale Einwände gegen die Luftangriffe auf Serbien erhob, letztlich aber Milošević nicht ernsthaft unterstützte und vor allem nicht mit dem eigenen militärischen Eingreifen gegen die NATO-Aktion drohte. Das Problem einer nicht eindeutigen Ermächtigung durch eine Resolution des UN-Sicherheitsrats hatte man nach meiner Überzeugung in zutreffender Weise gelöst. Es zeichnete sich aber schnell ab, dass die ursprüngliche Erwartung, wenige NATO-Luftschläge würden genügen, um Milošević zum Einlenken zu zwingen, sich nicht erfüllten. Im Gegenteil, der serbische Diktator schien durch eine Solidarisierung im eigenen Land gegen die Angriffe gestärkt. Jedenfalls dachte er überhaupt nicht ans Nachgeben.

So machte sich zunehmend Ratlosigkeit breit, wie denn die Aktionen erfolgreich zu Ende gebracht werden sollten, ohne eine große Invasionsarmee in Marsch setzen zu können. Angesichts dieses Dilemmas festigte sich meine Überzeugung, dass ein Ende der NATO-Lufteinsätze nur durch ein Verhandlungsergebnis erreicht werden konnte. Für dessen Zustandekommen war aber der Beitrag Russlands unerlässlich. Denn niemand sonst als der alte Verbündete hatte genügend Einfluss auf Milošević. Der russische

Premierminister Primakow hatte bereits mehrfach Kontakt mit Milošević aufgenommen und sondierte offensichtlich die Möglichkeiten für Verhandlungen, die schon deshalb in Russlands Sinn sein mussten, weil die fortdauernden Luftangriffe der NATO in der russischen Öffentlichkeit zu massiven Protesten und dem Ruf nach militärischem Beistand für die Serben geführt hatten.

Nach einem kurzfristig anberaumten Besuch in Belgrad war Primakow, offenbar auf eigenes Drängen, zu Gesprächen mit der deutschen EU-Präsidentschaft nach Bonn gekommen. Bis heute ist mir völlig schleierhaft, was in die Bundesregierung gefahren war. Jedenfalls war der Besuch Primakows offensichtlich miserabel vorbereitet und verlief völlig ergebnislos. Ja, es schien sogar, als sei Primakows Visite den Deutschen höchst ungelegen gekommen. Der peinliche Eindruck verstärkte sich noch, als Primakow vor den versammelten Medienvertretern im Bonner Kanzleramt minutenlang von seinen Bonner Gesprächspartnern schweigend herumstehen gelassen wurde. Das öffentlich vermittelte Bild war jedenfalls deprimierend und demütigend. Vor allem aber war hier eine Chance vertan worden, mit Russland zusammen Milošević in die Zange zu nehmen. Als ich Primakov im Juni 2000 in Moskau wieder traf bestätigte er meine Wahrnehmung seines Besuchs in Bonn ausdrücklich.

Mit zunehmender Dauer der NATO-Angriffe wuchs der Widerstand dagegen in den rot-grünen Reihen. War vor allem bei den Grünen die Zustimmung im Bundestag schon ein Kraftakt sondergleichen gewesen, so gerieten die Mitglieder der Bundestagsfraktion und insbesondere Außenminister Fischer immer mehr unter den Druck der grünen Basis. Bei ihr nahm die Empörung über den Verrat an grünen Idealen zu. Das galt nicht nur in Bezug auf die Militäraktionen im ehemaligen Jugoslawien, sondern auch für andere Felder der Politik. Auch in der Anhängerschaft der SPD mehrten sich Frust und Unmut. Vor allem einige militärische Fehlleistungen der NATO, bei denen viele Zivilisten ums Leben kamen, führten zusammen mit der ohnehin die sozialdemokratischen Nerven strapazierenden politischen Pannenserie zu sich stetig verschlechternden Demoskopiewerten. Es zeichnete sich ab, dass bei der am 13. Juni 1999 anstehenden Europawahl dem rot-grünen Lager schwere Verluste drohten und vor allem die Grünen Gefahr liefen, wegen der Zerrissenheit ihrer Anhängerschaft marginalisiert zu werden.

Anfang Juni konnte im zeitlichen Zusammenhang mit dem Kölner EU-Gipfel doch noch ein Ende der militärischen Aktionen in und um das Kosovo vereinbart werden, wozu die Vermittlungsaktion des vom russischen Präsidenten Jelzin inzwischen bevollmächtigten früheren Premierministers Tschernomyrdin und des finnischen Staatspräsidenten Ahtisaari entscheidend beitrugen. Die Erleichterung war allseits groß, und auch wir als Opposition waren froh, wenngleich wir zur Kenntnis nehmen mussten, dass dem rot-grünen Lager die schlimmste Zerreißprobe erspart geblieben war.

4. Vor der Europawahl – Fallgruben für Regierung und Opposition

Die Auseinandersetzung um die Europapolitik war in diesen Wochen des Kosovo-Krieges in den Hintergrund getreten. Dabei war sie in den ersten Monaten meiner Amtszeit als Parteivorsitzender in vielfältiger Weise von zentraler Bedeutung. Dafür sorgte schon der Wahltermin 13. Juni 1999. Da neben der Bundestagswahl die Europawahl die einzige ist, die bundesweit stattfindet, ist sie viel stärker als noch so viele Landtagswahlen ein wichtiges Stimmungsbarometer auf nationaler Ebene. Die Frage, ob die SPD dabei erneut bundesweit stärkste Kraft würde, oder ob die Union die Chance hätte, insoweit eine erste Korrektur gegenüber der Wahlniederlage vom September 1998 zu erreichen, war deshalb ein erhebliches Politikum.

Die Chancen für die SPD, so sah es jedenfalls Anfang 1999 aus, standen gut, zumal Schröder ja die Möglichkeit hatte, als Bundeskanzler zu agieren, Ereignisse und Nachrichten zu bestimmen und positive Bilder zu inszenieren – ein Privileg der Regierung, das wir die 16 Jahre zuvor immer zu nutzen versucht hatten. Sein Aktionsradius erweiterte sich noch dadurch, dass Deutschland im ersten Halbjahr 1999 die EU-Präsidentschaft innehatte und damit auch die medienträchtigen Gipfel hierzulande und unter Regie der Bundesregierung stattfanden.

Die Frage war, mit welcher Grundbotschaft Regierung und Opposition ihre europapolitischen Auseinandersetzungen führen wollten. Schröder hatte sich in der Vergangenheit öfter als populistischer Europaskeptiker präsentiert und damit insbesondere in der Euro-Debatte versucht, verbreitete Ressentiments in der Bevölkerung auf seine Mühlen zu leiten. Der früheren unionsgeführten Bundesregierung und ihrem Kanzler wurden ein Übermaß an sentimentaler Europabegeisterung und damit eine Vernachlässigung deutscher Interessen unterstellt. Umgekehrt spürte Schröder im Bundestagswahlkampf 1998 selbst, wie gefährlich diese Demagogie für ihn und die SPD werden konnte, weil die Sozialdemokraten und ein erheblicher Teil ihrer Anhänger natürlich wussten, dass die europäische Einigung in Vergangenheit und Zukunft eine unerlässliche Voraussetzung für eine glückliche und stabile Entwicklung des in der Mitte Europas gelegenen Deutschland war. Ob der offensichtlichen Verlogenheit der Schröderschen Ausfälle gegen tatsächliche oder vermeintliche europäische Misshelligkeiten bekam die Partei jedenfalls rasch ein schlechtes Gewissen.

Das sozialdemokratische Trauma, in den Fünfzigerjahren mit dem Widerstand gegen die Westintegration auf der falschen Barrikade gekämpft zu haben, kam vielleicht noch im Unterbewusstsein hinzu. Ich hatte jedenfalls schon im Wahlkampf 1998 Besorgnisse, Schröders SPD könne auf populistische Weise europaskeptische Ressentiments ausbeuten, nicht geteilt. Ich war überzeugt, dass die SPD eine solche Wahlkampflinie nie beschließen würde, und wenn doch, würde sie scheitern, weil sie nicht von eigener Überzeugung getragen wäre. Ein schlechtes Gewissen ist immer eine denkbar ungünstige Voraussetzung für leidenschaftliche Auseinandersetzungen um große Themen. Denn dabei gewinnen nur diejenigen, die von der Richtigkeit ihrer Position selbstbewusst überzeugt sind. Wir hatten das 1972 bei der Auseinandersetzung um die Ost- und Deutschlandpolitik leidvoll erleben müssen, und ich habe diese Erfahrung nicht vergessen.

Immerhin, Schröder trat zu Beginn des Europawahljahres 1999 nicht nur selbstbewusst, sondern sogar auftrumpfend auf. Grundsätzlich sei das Eintreten für die Einigung Europas richtig, aber nationale Interessen müssten dabei vorrangig berücksichtigt werden. Und deshalb, so rief er auf einer SPD-Veranstaltung in Saarbrücken, müsse endlich Schluss damit sein, dass in Brüssel »das Geld deutscher Steuerzahler verbraten« werde.

Ich argwöhnte, dass er der Union eine Falle stellen wollte. Es war ja nicht verborgen geblieben, dass der bayerische Ministerpräsident Edmund Stoiber in der Bevölkerung vorhandene Widerstände und Besorgnisse gegen zu viel Brüsseler Bürokratie stets deutlicher artikuliert hatte als andere in der Union. Auch verbreitete Bedenken, der Euro könne nicht hinreichend stabil sein, fanden bei ihm eher Eingang in öffentliche Äußerungen als die positiven Botschaften seines Parteifreundes und ehemaligen Finanzministers Waigel. Dabei hatte Stoiber im Kern die europapolitische Linie der Union immer unterstützt. Auch der Einführung des Euro stimmte er am Ende zu, wobei er sich zuvor als einer der strengsten Wächter über das Einhalten der Kriterien von Maastricht gezeigt hatte. Schon lange vor unserer gemeinsamen Parteivorsitzendenzeit hatte ich mit Stoiber immer wieder über die Probleme der Europapolitik diskutiert und wusste, dass er diesbezüglich in der Substanz die gleichen Überzeugungen teilte. Allerdings war er davon überzeugt, das Ohr näher am Volke zu haben. Deshalb fühlte er sich verpflichtet, die Probleme europäischer Entwicklungen deutlich kritischer anzusprechen, schon um zweifellos vorhandene Ressentiments nicht anderen, vorwiegend rechts gepolten politischen Strömungen zur Ausbeutung zu überlassen.

Ein Kanzler, der sich darauf verlegte, nationale Interessen in Europa stärker zu betonen und dabei durchaus zu kraftmeierischen Auftritten fähig war, konnte die Opposition also leicht zu einem Wettlauf in euroskeptischer Argumentation provozieren. Die Versuchung war umso größer, als die Bundesregierung schon im Laufe des ersten Halbjahres in ihrer EU-Präsidentschaft insbesondere bei der auf der Tagesordnung stehenden Agenda 2000 würde Ergebnisse präsentieren und vertreten müssen, die notwendigerweise auf erhebliche Kritik in der Bevölkerung stoßen mussten. Was hätte also näher gelegen, als diese Kritik aufzunehmen.

Umgekehrt war vorhersehbar, dass eine Union, die sich zum Beginn ihrer Oppositionszeit erkennbar kritischer zu Europa einließ als zuvor in ihrer Regierungsverantwortung, sofort dem Verdacht ausgesetzt wäre, jetzt verrate sie ihr europapolitisches Erbe seit Konrad Adenauer. Ein solcher Opportunismus konnte nicht unsere Linie sein, ganz abgesehen davon, dass erhebliche Teile der Union sich mit aller Macht gegen einen derartigen Politikwechsel – gleich ob tatsächlich oder nur vermeintlich – gewehrt hätten.

Ohnehin war es Schröders Strategie, die Union wo immer möglich in die rechte Ecke zu drängen, damit für ihn mehr Platz in der Mitte blieb.

Deswegen war die europapolitische Programmatik, mit der CDU und CSU in die Auseinandersetzungen der kommenden Monate ziehen wollten, von großer Bedeutung. Ich wollte unter allen Umständen vermeiden, dass die Union die bis dahin verfolgte konstruktive und auch vorwärtsdrängende Politik relativierte oder gar verließ. Gleichzeitig war mir angesichts der Komplexität der Materie durchaus klar, wie schwer die Abstimmung zwischen CDU und CSU werden würde, weil wie immer der Teufel oft in den Details steckte und der Dissens darüber gleich die Grundsatzfragen mit aufwarf. Wir konnten mit der inhaltlichen Arbeit auch nicht allzu lange warten, weil ja schon vor der Europawahl im März der Berliner EU-Gipfel anberaumt war, bei dem mit der so genannten Agenda 2000 – also der Reform der europäischen Finanz- und damit auch vor allem der Agrar- und Regionalpolitik – die Voraussetzungen für den Beitritt mittelosteuropäischer Länder, allen voran Polen, Ungarn und Tschechien geschaffen werden sollten.

Die beiden Unionsparteien setzten eine gemeinsame Kommission für die programmatischen Arbeiten unter dem Vorsitz der beiden stellvertretenden Partei- und Fraktionsvorsitzenden Rühe und Seehofer ein. Beide erklärten aber schon nach relativ kurzer Beratung, dass sie sich außerstande sähen, in den zentralen Fragen – Zeitpunkt für eine erste EU-Erweiterung Richtung Osten, Voraussetzungen für die Zustimmungsfähigkeit eines Ergebnisses des Berliner Gipfels und wesentliche Positionen der Union für die institutionellen Reformen der EU – eine Einigung herbeizuführen. Diese könne nur zwischen den beiden Parteivorsitzenden persönlich ausgehandelt werden.

Am 12. Februar trafen wir uns in Frankfurt – Stoiber, Seehofer, Goppel und Friedrich von der CSU sowie Merkel, Rühe, Hintze und ich für die CDU. In der unpersönlichen und wenig anheimelnden Atmosphäre des riesigen Hotelkomplexes am Frankfurter Flughafen mit seinen endlos langen Fluren saßen wir uns in einem der vielen Sitzungszimmer gegenüber wie zwei gegnerische Verhandlungsdelegationen. Zumindest zu Beginn, als Volker Rühe und Horst Seehofer über ihre vorangegangene Arbeit und damit vor allem über die Punkte berichteten, an denen sie nicht weitergekommen waren, lag eine eigentümliche Spannung im Raum. Meine Sorge war, dass wir uns an einem dieser Punkte festbeißen würden. Deshalb stellte ich zunächst Übereinstimmung über die Notwendigkeit deutlicher struktureller Reformen in der Europäischen Union fest. Stoiber hatte in früheren Jahren immer befürchtet, dass der Bonner Teil der Union in europapolitischen Fragen zwar grundsätzlich übereinstimmte, in den konkreten Entscheidungen aber im Zweifel das Einvernehmen mit den Partnern über das Vertreten eigener durchdachter Positionen stellte. Indem wir jetzt übereinkamen, gerade im Interesse des Fortgangs der europäischen Einigung auf die notwendigen Korrekturen im europäischen Alltag zu drängen, löste sich die Spannung, und wir konnten die von Rühe und Seehofer nicht zu überwindenden Probleme zügig bewältigen.

Ausgehend von dem gemeinsamen Wissen um die Bedeutung eines starken Europa und eines baldigen Beitritts unserer östlichen Nachbarn waren Stoiber und ich uns immer einig, dass der Schlüssel zur Lösung der Probleme sowohl bei der Agenda 2000 als auch bei den notwendigen institutionellen Reformen in einer effizienteren Durchsetzung des Subsidiaritätsprinzips, also des Vorrangs der kleineren Einheit und der bürgernäheren Ebene, lag. Dieser Grundsatz war zwar Bestandteil der europäischen Verträge, insbesondere von Maastricht und Amsterdam, aber in der Alltagswirklichkeit europäischer Politik setzte er sich nicht durch. Der Grund dafür lag zunächst einmal darin, dass alle anderen Mitgliedstaaten der EU die föderalen Grunderfahrungen Deutschlands nicht teilten. Während in Deutschland, schon seit der Geschichte des Heiligen Römischen Reiches, Staatlichkeit ursprünglich zunächst immer vorrangig in den einzelnen Teilen des Reichs bestand und erst danach für die übergeordnete Ebene, konnten sich die meisten anderen EU-Mitglieder Staatlichkeit nur für die nationale Ebene denken und für die unteren Ebenen – Regionen, Provinzen oder was auch immer – allenfalls abgeleitet vorstellen. Das war letztlich auch der Grund, warum das Wort »föderal« im englischen Sprachgebrauch das genaue Gegenteil der deutschen Bedeutung hatte, wobei sich die Franzosen eher der englischen Version anschlossen.

Ein zweiter Grund ergab sich im Alltag daraus, dass die für

europäische Integration verantwortlichen Institutionen und Personen – von der Kommission über das Parlament bis zum Gerichtshof – europäische Kompetenzen immer als ungenügend geregelt empfanden. Die Schwerfälligkeit der Entscheidungsprozesse insbesondere in den europäischen Räten und die Widerstände bei der Um- und Durchsetzung europäischer Regelungen auf nationaler Ebene taten das Ihre noch hinzu. Infolgedessen bestand sowohl bei den Institutionen als auch bei den handelnden Personen immer eine Tendenz, sich im Zweifel für mehr europäische Zuständigkeit zu engagieren, anstatt zu prüfen, ob auf nationaler oder regionaler Ebene das Problem nicht besser gelöst werden konnte. Das führte unter anderem dazu, dass bei Zuständigkeitsstreitigkeiten zwischen Europäischer Union und Mitgliedstaaten sich der Europäische Gerichtshof niemals als wirklich neutrale Instanz präsentierte, sondern regelmäßig eine weitere Bresche zu Gunsten der EU schlug.

Diese ungute Entwicklung war und ist nach meiner Überzeugung nur zu stoppen, indem die Zuständigkeiten der europäischen Ebene einerseits und der Mitgliedstaaten, Regionen und Kommunen andererseits in einem klaren Kompetenzkatalog geregelt werden. Gemeinsam mit Karl Lamers, dem außenpolitischen Sprecher der CDU/CSU-Bundestagsfraktion, hatte ich schon in der Vergangenheit mehrfach diese Position formuliert. Sie erschien mir umso wichtiger, als auch die Notwendigkeit von hinreichend viel Flexibilität bei den institutionellen Strukturen, vor allem in einem durch weitere Beitritte größer werdenden Europa, ohne einen solchen Kompetenzkatalog keine belastbare Grundlage hatte. Bereits 1994 fanden wir mit unserer Forderung nach einem Kerneuropa viel Resonanz – positive und widersprechende. Die Einsicht, dass das Tempo der europäischen Entwicklung nicht vom langsamsten oder widerspenstigsten Mitglied bestimmt werden dürfe, sondern dass diejenigen, die können und wollen, auch schneller vorangehen können, war zunächst von vielen Missverständnissen überdeckt worden. Vor allem der abwegige Verdacht, es solle ein exklusiver Club gebildet werden, der anderen verschlossen bleibe, machte anfangs eine konstruktive Debatte nahezu unmöglich. In den Folgejahren jedoch setzte sich die Idee einer variablen Geometrie oder unterschiedlicher Geschwindigkeiten bei den Integrationsprozessen in Europa durch, insbesondere als der Teilnehmerkreis der

Wirtschafts- und Währungsunion festgelegt wurde. Denn dies war im Prinzip nichts anderes als ein Kern, der in der Entwicklung schneller voranging als andere, der aber den anderen jederzeit offen stand, sobald sie die notwendigen Voraussetzungen erfüllten und an der Währungsunion teilnehmen wollten.

Subsidiarität und Kompetenzabgrenzung sind nach wie vor die zentralen Erfordernisse, ohne deren befriedigende Regelung der europäische Einigungsprozess Gefahr läuft, am Widerstand und mangelnden Verständnis in der Bevölkerung zu scheitern. Üblicherweise regelt man staatsrechtlich diese Materie – also die Frage, welche Ebene und welche Institution entscheidet in welchen Verfahren und mit welcher Legitimation welche Gegenstände – in einer Verfassung. Gegen diesen Begriff hatte aber vor allem Edmund Stoiber starke Bedenken. Er argumentierte, dass mit dem Terminus »Verfassung« der europäischen Ebene eine staatliche Qualität zugeschrieben werde, die ihr nicht zukomme, die mit der Souveränität der Mitgliedstaaten unvereinbar und für die eine Legitimation nicht gegeben sei. Auch in anderen Mitgliedstaaten war diese Auffassung, wenngleich unterschiedlich stark ausgeprägt, weit verbreitet. Und sie fand nicht zuletzt etwa im Kreis der Karlsruher Verfassungsrichter viel Unterstützung.

Ich selbst halte den Streit, ob die Europäische Union Bundesstaat oder Staatenbund werde oder gar schon sei, seit langem für eine unfruchtbare Seminardebatte. Die Wirklichkeit europäischer Einigung lässt sich mit diesem überlieferten Begriffspaar des klassischen Staatsrechts schon lange nicht mehr erfassen. Es gibt für den Prozess der europäischen Einigung kein historisches Vorbild. Stattdessen hat sie etwas Modellhaftes, was die Frage ihres formal staatsrechtlichen Endzustands jedenfalls nicht mit den herkömmlichen Definitionen staats- und verfassungsrechtlicher Lehre beantworten lässt. Gleichwohl hat die Europäische Union auch nach den klassischen Standards unzweifelhaft bereits heute staatliche Qualität. Auch der Begriff der nationalen »Souveränität« muss spätestens seit Ende des Zweiten Weltkriegs für alle europäischen Staaten kritisch hinterfragt werden. Die Gewährleistung von Sicherheit nach außen, aber auch zunehmend nach innen, konnte schon lange kein europäisches Land mehr für sich allein leisten. Das ist zwar nicht allen zum gleichen Zeitpunkt bewusst geworden, doch inzwischen sind auch die verbliebenen Bastionen eines stolzen nationalen Sicherheitsegoismus so weit beigeschliffen, dass zum Beispiel eine europäische Streitmacht bereits zum Beschlusskatalog der EU gehört. In Zeiten der Globalisierung von Wirtschaft und Ökologie wie auch der Universalität von Menschenrechten ist die Bedeutung von nationaler Souveränität zusätzlich immer mehr eingeschränkt worden.

Immerhin, die Debatte, dass Europa kein Staat sei, musste wegen der damit verbundenen Missverständnisse ernst genommen werden. Es kann ja auch dem überzeugtesten Europäer nicht gleichgültig sein, dass der ganz überwiegende Teil der Menschen in den Mitgliedsländern jedenfalls derzeit und wohl noch auf absehbare Zeit nicht bereit ist, der europäischen Ebene unmittelbar staatliche Legitimität im Sinne von Zugehörigkeit und Identität, Verbindlichkeit von Mehrheitsentscheidungen und Gewaltmonopol zuzuerkennen. Entsprechend hat das Bundesverfassungsgericht auch in seiner Euro-Entscheidung die Grenzen der Übertragbarkeit von Souveränitätskompetenzen ohne einen Volksentscheid im Sinne einer »*pouvoir constituante*« aufgezeigt.

Deswegen hatten Lamers und ich beizeiten den Vorschlag gemacht, die zu regelnden Fragen in einem Verfassungsvertrag zusammenzufassen. Stoiber bevorzugte eher den Begriff »Charta«, um den Unterschied zu einer staatlichen Verfassung zu markieren. Aber da wir uns in der Sache einig waren, gab es bei der Suche nach gemeinsamen Formulierungen keine unüberwindlichen Schwierigkeiten. Damit konnten wir auf unserem Frankfurter Treffen die erste Hürde überwinden.

Derselbe Lösungsansatz »Subsidiarität« half uns auch, für die Agenda 2000 und die Bewertung der Ergebnisse des europäischen Gipfels gemeinsame Kriterien zu finden. Vor allem Letzteres war wichtig, weil ich unter allen Umständen vermeiden wollte, dass die Union entweder wegen das laufenden Europawahlkampfs opportunistischen Neigungen nachgab und ressentimentgeladene Kritik aus Teilen der Bevölkerung nur um der Kritik willen aufnahm, oder aber dass wir zwischen CDU und CSU oder gar quer durch alle Unionsreihen mit unterschiedlichen Maßstäben die Ergebnisse bewerteten und dann zwangsläufig in eine Kakophonie der Stellungnahmen ausbrachen. Über den gemeinsamen Nenner »Subsidiarität« war das auch möglich. In der Agrarpolitik hieß das zum

Beispiel, einen Teil der Zuständigkeit, die Überlebensfähigkeit einer bäuerlichen Landwirtschaft unter völlig unterschiedlichen geografischen, klimatischen und wirtschaftlichen Rahmenbedingungen sicherzustellen, auf die Ebene der Mitgliedstaaten und Regionen von Europa zurückzuübertragen. Diese Forderung Stoibers, verkürzt und gelegentlich auch zum Zwecke der Diffamierung »Renationalisierung der Agrarpolitik« genannt, hatte ich aus grundsätzlicher Überzeugung schon zu Zeiten unserer Regierungsverantwortung unterstützt, was den damaligen Bundeskanzler ersichtlich nicht freute. Auf dem Berliner Gipfel hätte nach unserer Meinung die Chance bestanden, als ersten Schritt eine »Kofinanzierung« zuzulassen. Danach wäre die nationale Ebene sowohl aus strukturellen als auch aus finanziellen Gründen in die Lage versetzt worden, die spezifischen Belange ihrer Landwirtschaft nicht allein über den groben europäischen Kamm scheren zu lassen, sondern dort, wo es erforderlich und sinnvoll war, ausgleichend tätig zu werden. Trotz der spezifischen Interessenlage Frankreichs bei der Finanzierung der gemeinsamen Agrarpolitik hätte man dafür nicht nur eine Mehrheit unter den Ratsmitgliedern finden, sondern bei energischer und kluger Verhandlungsführung nach meiner Überzeugung auch eine konstruktive Einigung erzielen können. Entsprechende Überlegungen galten für die Regionalpolitik, und beides zusammen hätte eine Reform der europäischen Finanzverfassung ermöglicht, die – auf dem Berliner Gipfel auf die Schiene gebracht – die EU besser darauf vorbereitet hätte, mit den gewaltigen Belastungen im Zuge eines Beitritts osteuropäischer Nachbarn zu Rande zu kommen.

Jedenfalls waren unsere Frankfurter Bemühungen erfolgreich, und die Union hatte fortan eine gemeinsame programmatische Linie in der Europapolitik, die wir in den Debatten vor und nach dem Berliner Gipfel vertraten und die niemand ernsthaft als europafeindlich oder populistisch diffamieren konnte. Das Ergebnis des Berliner Gipfels blieb weit hinter allen Notwendigkeiten zurück. Zwar gelang es der Regierung, die Tatsache, dass es überhaupt ein Ergebnis gab und der Gipfel nicht im Eklat endete, schon als Erfolg zu verkaufen. Aber selbst wohlwollende Kritiker attestierten dem Berliner Ergebnis allenfalls, dass es für die nächsten Jahre der EU vor einer Erweiterung zur Not gerade noch ausreichen könne.

Niemand behauptete dagegen im Ernst, dass mit dem in Berlin Erreichten die Europäische Union dafür gerüstet sei, die mit einem Beitritt der mittelosteuropäischen Länder verbundenen Herausforderungen auch nur annähernd zu meistern. Inzwischen hat die Bundesregierung das auch selbst zugeben müssen.

Für CDU und CSU war es besonders wichtig, die Auseinandersetzung um die Agenda 2000 Seite an Seite führen zu können. Wir entwickelten für die Europawahl in der CDU die »Erfurter Leitsätze« auf der gleichen Argumentationslinie, die wir in Frankfurt beschlossen hatten. So hatten CDU und CSU denn auch wenig Mühe, einen gemeinsamen programmatischen Text für den Europawahlkampf zu formulieren. Mit dem Slogan »Europa muss man richtig machen« zogen wir in die Schlacht um die Wählerstimmen. Niemals zuvor haben die Unionsparteien völlig einvernehmlich einen Europawahlkampf mit so konkreten und konstruktiven europapolitischen Vorschlägen geführt. Das Ergebnis der Europawahl mochte zwar nur zu einem kleinen Teil darauf zurückzuführen sein; es widerlegte aber auf jeden Fall nicht die Richtigkeit unseres Ansatzes.

Zuvor mussten wir allerdings den Wahlkampf erst noch bestreiten. Wir hatten unter der Leitung der Generalsekretärin eine Wahlkampfkommission in der Bundespartei eingesetzt. Schon bald nach der Bundestagswahl beschäftigte mich die Frage, welche Persönlichkeit wir im Wahlkampf bundesweit plakatieren konnten. Dazu war ich auch durch entsprechende Überlegungen von Edmund Stoiber für die CSU veranlasst worden. Dabei hatten wir ein doppeltes Problem: Zum einen kann die CDU im Gegensatz zu den anderen Parteien bei der Europawahl nicht mit einer Bundesliste antreten, da wir ja in Bayern nicht kandidieren. Zum anderen haben die Mitglieder im Europäischen Parlament seit jeher unter einer geringeren öffentlichen Wahrnehmung zu leiden, können also einen hinreichenden öffentlichen Bekanntheitsgrad nur durch andere Tätigkeiten gewinnen. Für die Suche nach einem entsprechend bundesweit bekannten Europakandidaten war es allerdings im Herbst 1998 bereits zu spät, weil in den Landesverbänden die Nominierungsverfahren abgeschlossen oder weitestgehend vorbereitet waren. Auch Stoiber schaffte es in der CSU nicht, einen Spitzenkandidaten mit überragendem Bekanntheitswert zur Nominierung zu bringen.

Daraus ergab sich für die Wahlkampfplanung die Frage, ob wir auf eine Personalisierung bei Plakaten und Werbemitteln nicht völlig verzichten konnten. Frau Merkel berichtete mir aus der ersten Sitzung der Wahlkampfkommission, sie habe den Eindruck, dass einige Teilnehmer darauf drängten, den Parteivorsitzenden im Wahlkampf zu plakatieren. Das sei weniger aus der Hochachtung vor meiner Person geboren als vielmehr aus der hintersinnigen Überlegung heraus, es werde im Juni ohnehin kein gutes Ergebnis für die CDU geben, und da habe es gewisse Vorteile, auf denjenigen verweisen zu können, der die Plakate ziere. Außerdem könne dann daraus mittelbar auch ein wenig Munition für künftige Debatten um Kanzlerkandidaturen gewonnen werden. Ich fand solche überschlauen taktischen Spielchen eher belustigend; zumal damit wieder einmal der Nachweis erbracht war, dass es manchem so genannten Mitstreiter eben doch nicht vorrangig um den gemeinsam Erfolg geht, sondern um die Frage, wer sich mit wem gegen wen zum eigenen Vorteil verbünden kann. Aber ungeachtet dessen blieb natürlich das objektive Dilemma, dass die SPD ganz sicher Schröder plakatieren würde. Und es lag auf der Hand, dass ein neuer Bundeskanzler weniger als neun Monate nach der Bundestagswahl im seither ersten nationalen Wahlgang für die Plakatierung attraktiver sein musste als ein nach der Wahlniederlage ins Amt gekommener Oppositionsführer.

Wir entschieden uns nach eingehenden Beratungen schließlich für eine Mischung aus Themenplakaten und solchen des Parteivorsitzenden, wobei mir die Idee gekommen war, Angela Merkel und mich gemeinsam abbilden zu lassen mit dem Satz: »Nicht immer einer Meinung, aber immer auf demselben Weg.« Bei einer langen Fotosession, die wir – leicht erschöpft – nach Ende des Erfurter Parteitags auf einer Empore des Messehallenfoyers geduldig absolvierten, kamen tatsächlich brauchbare Bilder zustande. Das damit bestückte ungewöhnliche Plakat, auf das ich besonders stolz war, fand denn auch naturgemäß viel öffentliche Beachtung. Neben spontaner Zustimmung gab es allerdings auch Kritik. Vorsitzender und Generalsekretärin müssten immer einer Meinung sein, dürften jedenfalls das Gegenteil nicht noch durch Plakate öffentlich machen, meinte zum Beispiel der hessische Landesvorsitzende Koch. Ich dagegen fand, dass ein Schuss Selbstironie im Wahlkampf nicht schaden konnte. Außerdem war einer der Hauptzwecke der

Übung schon erreicht: Mitglieder und Öffentlichkeit redeten darüber. Und gegen die Lesart, die CDU fange endlich an, von verstaubten Wahlkampfmethoden Abschied zu nehmen und frischen Wind in ihre Kampagne zu blasen, hatte ich ohnedies nichts einzuwenden. Wie das Ergebnis zeigte, hat es uns auch nicht geschadet.

5. Triumph für die Union –
Die Europawahl und die Folgen

Am 6. Juni 1999, eine Woche vor der Europawahl, wählte die Hansestadt Bremen. Zwar konnte auf Grund der relativ niedrigen Zahl der Wahlberechtigten das dortige Ergebnis nicht repräsentativ sein. Aber als Stimmungstest nicht nur für die bevorstehende Europawahl war es von genügendem Interesse. Das Ergebnis kann als Musterbeispiel für unterschiedliche Wahrnehmung und hohe Interpretationskunst gelten. Tatsächlich schnitt die CDU sehr gut ab. Im Vergleich zu den vorangegangenen Bürgerschaftswahlen legte sie noch einmal um knapp fünf Prozent auf 37,1 Prozent zu. Gegenüber der Bundestagswahl vor acht Monate zuvor waren es sogar 12 Prozent. In der öffentlichen Kommentierung jedoch spielten nur die starken Zugewinne der SPD gegenüber der letzten Bremer Wahl eine Rolle. Aus dem Plus von neun Prozent auf 42,6 Prozent machte nicht nur die SPD-Prominenz, sondern auch mancher Leitartikler eine dramatische Trendänderung. SPD-Bundesgeschäftsführer Schreiner jubelte in der Fernsehrunde der Generalsekretäre, jetzt zeige sich, dass das hessische Ergebnis eine Eintagsfliege gewesen und nur wegen der »Hetzkampagne« der CDU zu Stande gekommen sei. Er verschwieg dabei geflissentlich, was der eigentliche Grund für die SPD-Zuwächse gewesen war. Erstens muss man berücksichtigen, dass Bremen immer eine klassische sozialdemokratische Hochburg gewesen ist. Zweitens war bei der Wahl zuvor nur deshalb eine große Koalition bei praktisch gleicher Stärke von CDU und SPD gebildet worden, weil eine Abspaltung von der SPD auf Anhieb mehr als zehn Prozent der Stimmen erzielt hatte. Die hatte in den vier Jahren seither ihre Chance nicht genutzt, dafür war die SPD in Bremen auch dank des Ersten Bürgermeisters Henning Scherf wieder etwas solider geworden, und so ließ sich vorhersehen, dass ein großer Teil derer, die sich zuvor für die SPD-Abspaltung entschieden hatten, jetzt wieder in die Arme der Sozialdemokratie zurückkehren würden.

Dennoch blieb die SPD hinter ihrem Bundestagswahlergebnis um knapp acht Prozent zurück. Für die Bremer CDU war das Resultat das beste in ihrer Geschichte. Dabei hatte es sich im Wahlkampf noch als Problem erwiesen, dass die erfolgreiche Arbeit des Bremer Senats – unstreitig zu einem Großteil den von der Union gestellten Senatoren zu danken – vor allem den persönlichen Werten Bürgermeister Scherfs zugute kam. Der frühere Exponent des linken Flügels in der SPD kam ganz offensichtlich mit dem Senatspartner Union hervorragend zurecht. Er machte im Wahlkampf denn auch gar keinen Hehl daraus, dass er keine Änderung der Machtverhältnisse anstrebte. Am meisten fürchtete er wohl eine absolute Mehrheit der SPD.

Bei allen Relativierungen galt das Bremer Ergebnis im Blick auf die unmittelbar bevorstehende Europawahl jedenfalls nicht als überwältigende Erfolgsverheißung für die Union. Da auch die verfügbaren Meinungsumfragen indifferent blieben, konnten wir nach Lage der Dinge allenfalls von einem spannenden Kopf-an-Kopf-Rennen mit der SPD ausgehen. Umso größer war dann der Triumph am 13. Juni 1999. Die Union errang die absolute Mehrheit aller deutschen Mandate. Im Gebiet der früheren Bundesrepublik erhielten wir sogar über 50 Prozent der Stimmen, was seit 1949 nur einmal, nämlich bei der legendären Adenauer-Wahl 1957, gelungen war. Nach dem schlechtesten Wahlergebnis seit 1949 bei der Bundestagswahl im September 1998 hatten wir also nicht einmal neun Monate später mit 48,7 Prozent das zweitbeste in der Geschichte der Union eingefahren und dazu noch gute Kommunalwahlergebnisse in einer Reihe von Bundesländern.

Die Gruppe der CDU/CSU-Abgeordneten im Europäischen Parlament wurde durch dieses Wahlergebnis die größte überhaupt, nicht nur in der EVP-Fraktion, sondern auch im ganzen Parlament. Zugleich hatte die EVP-Fraktion die Chance, erstmals in der Geschichte des Europäischen Parlaments die Sozialisten zu überflügeln und stärkste Fraktion zu werden. Das allerdings setzte voraus, dass es gelang, möglichst viele der Abgeordneten aus dem christlich-demokratischen und konservativen Lager in einer Fraktion zusammenzuführen und die Bildung einer eigenen konservativen Fraktion neben der EVP zu verhindern.

Die Bemühungen, die nicht sozialistischen Parteien der Mitte in Europa zu einen, haben eine lange und wechselvolle Geschichte. Neben der Europäischen Volkspartei, die vor allem die christdemokratischen Parteien auf europäischer Ebene zusammenfasst, sind Parteien der Mitte und der rechten Mitte in Europa auch in der EDU zusammengeschlossen, wobei ein Großteil der Parteien in beiden Organisationen Mitglied ist. Die Abgrenzung Mitte-Rechts gegenüber christlich-demokratisch lässt sich bei der ganz unterschiedlichen Parteienstruktur und Parteienlandschaft in Europa kaum durchhalten. So ergaben sich die Unterschiede eher daraus, dass die EVP nur Parteien aus den Mitgliedsländern der Europäischen Union umfasste und strukturell als eine europäische Partei aufgebaut ist, während die EDU lediglich als ein Bündnis von Parteien fungiert. Mittlerweile war aber diese Abgrenzung im Wesentlichen auch schon wieder überholt, weil Parteien aus Beitrittskandidatenländern auch in der EVP Mitglied werden konnten.

Jedenfalls hatten sich in der EVP und in der EVP-Fraktion diejenigen Kräfte durchgesetzt, die das »bürgerliche« Lager im Parlament durch eine weitgehende Einbeziehung aller seiner Repräsentanten stärken wollten. Gegen den Widerstand der so genannten »Athen-Gruppe« – eines Zusammenschlusses von Christdemokraten vor allem aus den Beneluxländern und den Restbeständen der Democrazia Cristiana aus Italien – waren in der letzten Legislaturperiode auch die Abgeordneten von Berlusconis »Forza Italia« aufgenommen worden. Ich hatte mich am 28. April 1999 mit Berlusconi in Straßburg zum Abendessen getroffen, um sicherzustellen, dass Forza Italia auch in der kommenden Periode des Europäischen Parlaments der EVP-Fraktion angehören würde. Meine Überzeugung war immer, dass die breiten Wählerschichten, die wir in Deutschland ansprachen, um die Mehrheitsfähigkeit der Union zu gewährleisten, möglichst auch aus den anderen europäischen Ländern in der EVP repräsentiert sein sollten. Eine Aufteilung des bürgerlichen Lagers im Parlament in eine christlich-demokratische und in eine konservative Gruppe hielt ich für falsch. Forza Italia kam da durchaus eine Schlüsselrolle zu, weil bei der Zersplitterung der bürgerlichen Mitte in Frankreich nicht damit zu rechnen war, dass alle Abgeordneten aus dem Bereich des RPR sich der EVP anschließen würden. Außerdem konnte eine starke konservative Fraktion im Europäischen Parlament auch neue Anziehungskraft auf die britischen Konservativen ausüben, zumal angesichts der in deren Reihen verbreiteten Euroskepsis ein Verbleib in der EVP-Fraktion ohnehin immer ein wenig wacklig war. Also musste unser Bestreben sein, die EVP so groß und so stark wie nur möglich zu machen. Mit dem spanischen Ministerpräsidenten und Vorsitzenden des Partido Popular (PP), José Maria Aznar, hatte ich diesen Kurs bereits am 18. Januar in Madrid vereinbart. Mit dem Chef der britischen Konservativen im Europaparlament, Hague, sprach ich kurz vor den Wahlen am 2. Juni 1999, als wir uns turnusmäßig anlässlich des EU-Gipfels in Köln auf dem kleinen EVP-Gipfel trafen, den wir diesmal nach Bonn einberufen hatten.

Dabei machte ich einen Vorschlag für die Zusammenführung von EVP und EDU. Seit Jahren schon liefen Bemühungen, die EDU zu Gunsten der EVP aufzulösen. Aber angesichts der unverrückbaren Position der französischen Gaullisten und vor allem wegen der Tatsache, dass die britischen Konservativen aus ihrem Europa- und Souveränitätsverständnis heraus die Mitgliedschaft in einer europäischen Partei grundsätzlich ablehnten, konnte das Vorhaben auf absehbare Zeit nicht zum Erfolg führen. Deshalb schlug ich vor, das Problem der doppelten Mitgliedschaft der meisten Parteien in EVP und EDU umgekehrt dadurch zu lösen, dass die EVP als solche Mitglied der EDU werden und ihre Mitgliedsparteien durch die EVP gemeinsam in der EDU repräsentiert werden sollten. Der Vorschlag fand nicht nur bei Hague eine positive Aufnahme. Wenngleich er noch nicht vollständig verwirklicht ist, sind die Chancen dazu immer noch gut.

Nach der Europawahl lebten bei den britischen Konservativen tatsächlich alte Widerstände gegen eine Mitgliedschaft in der EVP-Fraktion neu auf. Auch die Konservativen hatten in Großbritannien einen großen Wahlsieg errungen. Ein Teil der Tory-Führung führte den Erfolg jedoch auf die euroskeptische Wahlkampfführung zurück und wollte dem nun durch ein Ausscheiden aus der eindeutig proeuropäischen EVP-Fraktion Rechnung tragen. Ich telefonierte mehrfach mit Hague und erinnerte ihn an unsere früheren Absprachen. Dabei warb ich auch für meine Überzeugung, dass die britischen Konservativen auf Dauer nur mit einer proeuropäischen Linie Erfolg hätten. Am Ende gelang es bei einem Treffen der EVP-Führung im Juli in Malaga, auch dank der gemeinsamen Bemühungen unserer Freunde im Europäischen Parlament, alle Klippen zu umschiffen und die EVP-Fraktion mit den britischen Konservativen als mit Abstand stärkste Fraktion im Parlament einzurichten. Sie setzte sich denn auch gleich bei der Wahl der Parlamentspräsidentin im Bündnis mit den Liberalen gegen die Sozialisten durch.

Nach der österreichischen Parlamentswahl im Herbst tauchten dann neue Schwierigkeiten auf. Die langjährige große Koalition zwischen SPÖ und ÖVP war im Laufe der Jahre immer schwächer geworden, gleichzeitig wuchs die Zustimmung für die von dem Rechtspopulisten Haider geführte FPÖ kontinuierlich an. Außenminister Schüssel und die von ihm geführte ÖVP hatten im Wahlkampf angekündigt, in die Opposition zu gehen, wenn sie bei der Wahl nicht wenigstens zweitstärkste Partei werden sollten. Da die ÖVP – wenn auch nur ganz knapp – tatsächlich weniger Stimmen als die FPÖ erzielte, kam es zu langen Turbulenzen um die Regierungsbildung. Nach einiger Zeit nahm die ÖVP entgegen ihren Ankündigungen doch wieder Verhandlungen mit der SPÖ auf. Doch die scheiterten ganz zum Schluss, nachdem die SPÖ die von der ÖVP für notwendig gehaltenen und längst überfälligen klaren Reformen in der Wirtschafts-, Finanz- und Sozialpolitik im Koalitionsvertrag zwar zugestanden hatte, sie hinterher aber nicht ratifizieren mochte. Umgekehrt hielt die ÖVP es ohne einen solchen Reformkurs für unmöglich, angesichts der stetig wachsenden Unzufriedenheit der Bevölkerung dem ständigen Auszehrungsprozesses bei weiterer Zunahme der FPÖ erfolgreich entgegenwirken zu können.

Schon kurz nach der Wahl hatte es aus den Reihen der CSU Empfehlungen an unsere österreichische Schwesterpartei gegeben, das Elend der großen Koalition zu beenden und mit der FPÖ zusammenzugehen. Auch der CSU-Vorsitzende Stoiber äußerte sich in diese Richtung. Ich war darüber nicht glücklich, denn zu diesem Zeitpunkt mussten derartige Ratschläge gemäß den Gesetzen unserer innenpolitischen Debatten sofort nach hinten losgehen. Außerdem war ich nicht der Meinung, dass es unsere Aufgabe sei, der ÖVP öffentlich Ratschläge über ihr Tun und Lassen zu erteilen. Da ich kein Interesse daran hatte, dass aus dieser Sache auch noch ein

Gegensatz zwischen CDU und CSU, insbesondere zwischen Stoiber und mir konstruiert wurde, gab ich als CDU-Vorsitzender eine kurze Erklärung ab, die das Nichteinmischungsprinzip betonte, und dämpfte so zunächst einmal die entstandene Aufregung. In einem gemeinsamen Auftritt vor der Bundespressekonferenz, bei dem es vorrangig um Steuerreform und Rentenpolitik ging, bezog auch Stoiber diese Position, und damit war das Thema weitgehend erledigt.

Allerdings nahmen die Ereignisse in Österreich dann ihren Lauf. Auch die SPÖ hatte heimlich die Möglichkeiten einer Koalition mit Haiders Freiheitlichen sondiert, bevor sie die Koalitionsverhandlungen mit der ÖVP aufgenommen hatte. Nach deren Platzen jedoch schwenkte die ÖVP in ihrem Kurs um und marschierte zielstrebig auf eine Koalition mit der FPÖ zu, die dann auch nach relativ kurzen, aber hart geführten Verhandlungen ohne Beteiligung Haiders an der Regierung zustande kam. Die Bildung der ÖVP-FPÖ-Koalition führte nicht nur zu schweren innenpolitischen Auseinandersetzungen in Österreich, sondern auch zur Verhängung einer Art politischer Quarantäne über das Land durch den Rest der Europäischen Union.

Von den damit verbundenen Streitereien blieb auch die EVP nicht verschont. Vor allem die französischen Zentristen unter Führung von François Bayrou und die spanische Partido Popular von José Maria Aznar forderten vehement Maßnahmen gegen die österreichischen Christdemokraten bis hin zu einem Ausschluss der ÖVP aus der EVP. Dabei konnten sie sich der Sympathien vieler anderer EVP-Mitglieder sicher sein, die sich allenfalls etwas vornehmer zurückhielten, ohne in der Sache selbst anderer Meinung zu sein. In Deutschland äußerten die politischen Tugendwächter unisono mit der SPD und den Grünen »Abscheu und Empörung« über das österreichische Geschehen und forderten die Union auf, sich den Sanktionen anzuschließen. CDU und CSU haben sich ohne irgendwelche internen Probleme entschieden dagegen ausgesprochen und diesen Standpunkt auch in der europäischen Partei wie in der EVP-Fraktion vertreten. So wenig uns Haiders Rechtspopulismus gefallen konnte und kann, so wenig kann es andererseits angehen, Koalitionsentscheidungen einer Partnerpartei in einem EU-Mitgliedsland mit Sanktionen zu belegen, obwohl der Inhalt der vereinbarten und gestalteten Politik zweifelsfrei mit den

Grundsätzen der Europäischen Union wie der EVP vereinbar ist. Die wohlfeile Empörung über österreichische Innenpolitik wird ohnehin im Zweifel eher befördern, was sie angeblich bekämpfen will. Es hat ja auch nicht allzu lange gedauert, bis die europäischen Tugendhelden die Maß- und Sinnlosigkeit ihrer Quarantäne einsehen mussten. Die Art und Weise, wie seither die Regierungen, auch die deutsche, mit peinlichen Verrenkungen und verlegenem Pfeifen *business as usual* zu praktizieren suchten, ohne offiziell ihren Boykottbeschluss zurücknehmen zu müssen, ist schon einigermaßen komisch. Welchen Schaden sie dadurch in Europa angerichtet haben, wird man erst im Laufe der Zeit wirklich ermessen können.

Die Notwendigkeit für christlich-demokratische Politik, zur Mitte hin erfolgreich zu integrieren, wird im Übrigen durch die österreichischen Erfahrungen nur unterstrichen. Die Dauereinrichtung der großen Koalition in Österreich hat ihre Innovationsfeindlichkeit eindrucksvoll bewiesen. Die Zementierung der überkommenen Verhältnisse ließ immer mehr frustrierte Menschen zurück, die ihre Sorgen und Interessen nicht mehr hinreichend berücksichtigt sahen und ihren Unmut schließlich dadurch zum Ausdruck brachten, dass sie den Parolen Haiders folgten. Die ÖVP hat dabei am meisten bezahlt, weil sie ihre Integrationsaufgabe nicht mehr erfüllen konnte. Sie bleibt mit die wichtigste Aufgabe der Union – wie aller Schwesterparteien in der EVP.

Im Übrigen konnte man auch bei all den Aufregungen über die österreichischen Entwicklungen den Verdacht nicht ganz loswerden, dass sich hier eine willkommene Gelegenheit bot, von der mangelnden Substanz europäischer Reformpolitik abzulenken. Und wenn sich bei dieser Gelegenheit zudem noch die Chance bot, mit Beschlüssen der linken Mehrheit der Regierungschefs das Mitte-Rechts-Lager in Europa zu schwächen, war auch ein solches Manöver ganz im Sinne der Ablenkung vom europäischen Stillstand. Was unter der deutschen Präsidentschaft bei den Gipfeln in Berlin und Köln nicht gelungen war, nämlich sich auf substanzielle Reformen zu verständigen, die die Europäische Union auf die Erweiterung vorbereiteten und die Verständnis und Unterstützung der Bevölkerung für den Fortgang des europäischen Prozesses sichern konnten, das fand in Helsinki seine unrühmliche Fortsetzung. Die Erweiterung des Kreises der Beitrittskandidaten auf elf wurde ebenso ohne zureichende Absicherung durch Reformen oder eine vorbereitende Diskussion in der europäischen Bevölkerung beschlossen wie die Einführung einer europäischen Verteidigungskomponente ohne die notwendigen Voraussetzungen in der nationalen Sicherheits- und Haushaltspolitik.

Ich habe in der Bundestagsdebatte nach dem Helsinki-Gipfel im Dezember 1999 versucht, die ernsten Gefahren dieser Art von Europapolitik zu kritisieren und auf die Folgen hinzuweisen, die sich daraus für die Akzeptanz des europäischen Einigungsprozesses in der Bevölkerung ergeben können. Aber die öffentliche Resonanz blieb gering, weil die allgemeine Aufmerksamkeit bereits vollständig von der Finanzaffäre der CDU gefangen war und für Zukunftsfragen selbst dieses Kalibers kaum Interesse mobilisiert werden konnte.

6. Der Erfurter Parteitag – Arbeitsprogramm für die Opposition

Auf dem Erfurter CDU-Parteitag vom 25. bis zum 27. April 1999 hatten wir uns nicht nur mit der europapolitischen Programmatik zu beschäftigen, sondern auch und vor allem mit der inhaltlichen Arbeit der Union in den vier Jahren Opposition, die uns die Wähler am 27. September 1998 verordnet hatten. In den Erfurter Leitsätzen formulierten wir unseren Anspruch, modernste Partei Europas werden zu wollen, und nahmen die These aus dem Zukunftsprogramm, die modernste Gesellschaft Europas zu schaffen, wieder auf und setzten sie konkretisierend in eine Art Arbeitsprogramm für die vier Jahre Opposition um. Was die Parteiarbeit anbetraf, so ging es unter dem Slogan »Mitten im Leben« darum, neue Kommunikationsformen zu nutzen und die Partei als eine lernfähige, offen diskutierende, mit allen gesellschaftlichen Gruppen kommunizierende Organisation zu entwickeln. Dem diente auch ein offener Wettbewerb, den wir für unsere Parteigliederungen ausgeschrieben hatten, um die Fantasie für Projekte vor Ort anzuregen und die gemachten Erfahrungen weiterzugeben. Auch wenn das für viele ungewohnt war und es mancherlei Trägheiten zu überwinden galt, gab es doch eine beachtliche Beteiligung und viele anregende Ergebnisse.

Die inhaltliche Arbeit stellten wir unter das Motto »Wo Werte

Zukunft haben«. Das war ein durchaus anspruchsvolles Unternehmen, weil es mehrere Fliegen mit einer Klappe zu schlagen galt. Einerseits musste die Kontinuität christdemokratischer Politik in ihren Grundüberzeugungen auch nach der verlorenen Bundestagswahl zum Ausdruck kommen. Andererseits hatten wir durchaus Nachholbedarf auf vielen Gebieten, wo wir wegen mancherlei Rücksichtnahme auf tatsächliche oder vermeintliche Empfindlichkeiten bei den Wählern wie in den eigenen Reihen und zunehmender Kraftlosigkeit in den letzten Jahren unserer Regierungszeit alles vermieden hatten, was als innerparteilicher Streit interpretiert werden konnte. In den »Erfurter Leitsätzen« konkretisierten wir nun unsere Vorstellungen von einer auf Werte gegründeten, zur Mitte hin integrierenden Volkspartei, die der Freiheit, Eigenverantwortung und freiwilliger Solidarität genauso verpflichtet ist wie der Nachhaltigkeit und der Verantwortung für die eine Welt und für nachkommende Generationen. Neben der Wirtschafts- und Finanzpolitik, insbesondere der weiteren Arbeit an einer Steuerreform und der Europapolitik wollten wir uns vor allem auf vier Themenfelder konzentrieren, die alle den Vorrang von Werten und Dezentralisierung gegenüber zentralistischer Bürokratie und rotgrüner Beliebigkeit konkretisieren sollten.

An erster Stelle stand das Thema Familie, zu dem eine von Angela Merkel zu leitende Kommission einen kleinen Parteitag im Dezember vorbereitete, der die Aufgabe hatte, die zentrale Bedeutung von Familie für eine Ordnung der Freiheit unter sich verändernden Sozialstrukturen und Einstellungen der Bevölkerung wirkungskräftig zu halten.

Eine Kommission unter der Leitung von Annette Schavan sollte mit der Zielrichtung Bundesparteitag 2000 die überfälligen Reformen von Schule und Hochschule thematisieren und damit hinsichtlich der Revitalisierung von Bildung und Erziehung der CDU neue Kompetenz vermitteln.

Mir lag besonders auch ein Arbeitsbereich am Herzen, der Vorschläge für die Reform des Föderalismus und der kommunalen Selbstverwaltung, aber ebenfalls zur Straffung unserer rechtsstaatlichen Strukturen und Verwaltungsprinzipien erarbeiten sollte. Es hatte mich lange genug genervt, dass der Kampf gegen Bürokratie und Zentralismus meist nur Lippenbekenntnis blieb, aber nie zu wirklichen Veränderungen führte. Ich gewann Christa Thoben für diese komplizierte Aufgabe, und ich warb vor allem bei Juristen für die Mitarbeit aus der Überzeugung heraus, dass Verwaltungsrecht und Verwaltungspraxis zu den Hauptverantwortlichen für die bürokratischen Wucherungsprozesse gehören. Eine stärkere Bündelung von Zuständigkeiten bei den unteren Verwaltungsbehörden zum Beispiel und eine Rückgewinnung von größeren Spielräumen für Ermessensentscheidungen der Verwaltung könnten meines Erachtens Flexibilität und Effizienz deutlich stärken, wenn gleichzeitig die staatliche Zuständigkeit für alle möglichen Regelungssachverhalte spürbar zurückgenommen wird. Wenn Gesetzgebung immer mehr zur bloßen Verfassungsinterpretation mutiert und Verwaltung nur noch Gesetzesvollzug ohne Gestaltungsauftrag und Gestaltungsmöglichkeit ist, muss daraus zwangsläufig eine detailwütige Regelungshypertrophie entstehen, die am Ende Freiheit und Rechtsstaatlichkeit eher erstickt als sie zu ermöglichen.

Und schließlich wurde unter der Leitung des niedersächsischen Landesvorsitzenden und stellvertretenden Bundesparteichefs Christian Wulff eine Kommission »Sozialstaat 21« gebildet, die sich nicht nur mit Renten- und Gesundheitsreform, sondern auch mit all den Fragen befassen sollte, die mit der Beschäftigungsproblematik zusammenhängen. Die Regierung Schröder hatte bei Amtsantritt die Frage des Arbeitsmarktes zum entscheidenden Kriterium ihrer Beurteilung erklärt; aber schon im Frühjahr 1999 war zu spüren, dass Schröder nach Wegen suchte, sich dieser Verpflichtung zu entledigen. So wurde das »Bündnis für Arbeit« medienwirksam inszeniert, aber von Woche zu Woche wurde deutlicher, dass damit eher ein Unternehmen zur Verwischung der unterschiedlichen Verantwortlichkeiten ins Leben gerufen worden war als zu einer Verständigung über die wirklich notwendigen strukturellen Reformen.

Tatsächlich hat das »Bündnis für Arbeit« vorwiegend Placebos für die Öffentlichkeit produziert, weil der Mangel an Bereitschaft, im eigenen Bereich mit Innovation und Flexibilität zu beginnen, durch die Inszenierung gewichtiger Verhandlungsrunden camoufliert wurde. Im Übrigen war der Bündnisgedanke schon im Ansatz falsch, weil er eine korporatistische Tradition wieder belebte, die mit dem großen Konsens, der nie etwas anderes als der kleinste gemeinsame Nenner war, immer einen fruchtbaren Wettbewerb um die beste und effizienteste Lösung verhindert hat. Was im Zeitalter klassenkämpferischer Auseinandersetzungen und auch noch in der Phase des Übergangs zu ausgeglicheneren Sozialstrukturen seine Berechtigung gehabt haben mochte, in der Welt von Internet und Dienstleistungsrevolution machen Dinosauriertreffen nach Bündnisart einen eher hilflos angestaubten Eindruck. Eigenverantwortung, kleine Einheiten und Dezentralisierung, die eigentlich modernen Ordnungsprinzipien für mehr Freiheit und wirtschaftliche Dynamik, sollten umso mehr zu einem Markenzeichen der CDU werden.

In meiner Parteitagsrede versuchte ich, unsere konzeptionellen Ansätze und die programmatische Arbeit in die kämpferische Auseinandersetzung mit der rot-grünen Bundesregierung einzuordnen, und natürlich musste ich mich auch mit dem Kosovo-Krieg und der europapolitischen Diskussion beschäftigen. Die Resonanz auf diese Rede hielt sich in Grenzen. Vielen Beobachtern erschien sie zu sehr »kopfgesteuert«, zu viel Intellekt, zu wenig Streicheleinheiten für die Delegiertenseele. Am Tag danach sprach Edmund Stoiber das »Grußwort« des CSU-Vorsitzenden. Es wurde eine lange, sehr kämpferische und umjubelte Rede. Abgesehen davon, dass er Volker Rühe zu dessen nicht geringem Ärger viel Wirkung hinsichtlich der von ihm vorzustellenden europapolitischen Leitsätze nahm, gab die unterschiedliche Reaktion des Parteitags auf die Reden der beiden Parteivorsitzenden anschließend Kommentatoren breiten Raum für Spekulationen über den künftigen Kanzlerkandidaten. Das ließ mich relativ kalt. Die Frage, warum eine konzeptionell ähnliche Rede als Fraktionsvorsitzender mir zwei Jahre zuvor in Leipzig überraschenderweise wahre Beifallsstürme und Elogen in Zeitungskommentaren eingebracht hatte, jetzt aber der Bericht des Parteivorsitzenden sehr viel weniger Zustimmung fand, war interessanter. Offensichtlich waren die Erwartungen des Parteitags zu Zeiten einer unionsgeführten Bundesregierung an den Bericht des Fraktionsvorsitzenden andere als in der Oppositionszeit an den des Parteivorsitzenden. Und natürlich war für die Aufnahme bei den Medien und in der Öffentlichkeit die Reaktion auf dem Parteitag selbst entscheidend. So hatte ich lange Grund, über diese Erfahrung nachzudenken und auch über die Frage, wie viel inhaltliche Arbeit zu welchem Zeitpunkt die Partei in der Opposition leisten wollte und verkraften konnte.

Ein weiteres Erlebnis kam noch hinzu. Mein Amtsvorgänger war am ersten Tag in Erfurt nicht anwesend, aber für den geselligen Abend hatte er sich angesagt. Seine Mitarbeiter hatten dafür gesorgt, dass der Zeitpunkt seines Eintreffens rechtzeitig bekannt wurde, sodass sich schon am späten Nachmittag Trauben von Fotografen und Kameraleuten vor dem Haupteingang der Messehalle bildeten, um den Auftritt abzulichten. Zusammen mit dem Thüringer Ministerpräsidenten Vogel, dem an diesem Abend die Gastgeberrolle zukam, wurde der Einzug zur Freude der Delegierten zelebriert, so wie in all den vielen Jahren zuvor. Ich kam in meinem Rollstuhl, wie üblich und unter zumutbaren Umständen gar nicht anders möglich, mit möglichst wenig Gedränge und Aufhebens in die Halle. Der Unterschied im Auftritt und in der Wahrnehmung durch die Delegierten blieb in den Medien nicht unbemerkt. Für Inszenierungen, das hatte ich nun gelernt, war ich also ungeeignet, und auf Verständnis in der Öffentlichkeit konnte nicht gehofft werden, wenn schon diejenigen, die es wissen mussten, keine Rücksicht nahmen.

Dennoch war ich mit dem Erfurter Parteitag sehr zufrieden. Er hatte die CDU wieder ein Stück in die Normalität der politischen Auseinandersetzung zurückgebracht. Sechs Monate nach der verheerenden Niederlage hatten auch die kritischen Beobachter in den Medien anerkannt, dass die Partei sich engagiert um neue Themen und Fragestellungen kümmerte. Die noch vor Monaten angemahnte schonungslose Auseinandersetzung mit den Ursachen der verlorenen Wahl fand auch diesmal nicht statt, ja niemand schien sie zu vermissen. Der hessische Erfolg hatte wie ein Wunder gewirkt, auch bei den Delegierten. Hätte man im Falle des Scheiterns in Hessen mit missmutiger Stimmung und schwierigen Diskussionen rechnen müssen, so war mir jetzt das Maß an Selbstzufriedenheit schon fast wieder zu groß. Denn der gefährlichste Gegner für die notwendige programmatische Erneuerung der CDU war jener Virus, der einlullt: Wenn alles gut läuft, warum dann noch die Unbequemlichkeit schwieriger Debatten?

Obwohl ich also im Grunde ein gutes Gefühl hatte, dass wir uns auf dem richtigen Weg befanden, war ich nach Erfurt besonders darum besorgt, dass die auf dem Parteitag erteilten Arbeitsaufträge auch zügig in Angriff genommen wurden. So wurden die Kommissionsvorsitzenden immer wieder und nicht nur zu ihrer ungeteilten Freude gebeten, vor Präsidium und Bundesvorstand Zwischenberichte über die Arbeit ihrer Gruppe abzugeben. Immerhin zeichnete sich bald ab, dass es tatsächlich voranging. Das Arbeitsprogramm von Erfurt, terminiert bis zur nächsten Bundestagswahl, wurde zum Rückgrat unserer Oppositionsstrategie.

7. Schröders »Neue Mitte«: Überholt die CDU links?

Seit dem Rücktritt von Lafontaine versuchte Bundeskanzler Schröder verstärkt, an die im Wahlkampf 1998 beschworene »Neue Mitte« anzuknüpfen und die bis dahin inhaltlich nicht unterfütterte Position für sich und seine Politik in der Wahrnehmung der Öffentlichkeit zurückzugewinnen. Das chaotische erste halbe Jahr seiner Regierung hatte nicht nur die Zustimmung in der Bevölkerung massiv abschmelzen lassen, sondern auch in der SPD selbst war die Unzufriedenheit spürbar angewachsen. Das programmatische Vakuum, das Lafontaine in seiner Partei hinterlassen hatte, suchte Schröder nun nach seinem Gusto zu füllen. Zu diesem Zweck veröffentlichte er am 8. Juni 1999 gemeinsam mit dem britischen Premierminister Tony Blair das so genannte Schröder-Blair-Papier, das den Begriff »Neue Mitte« inhaltlich zu besetzen beanspruchte. Offenbar war das Ganze eine Idee der sich als *»spin doctors«* verstehenden Berater von Blair und Schröder, Peter Mandelson und Bodo Hombach.

Die Inszenierung, für die Hombach noch die Verantwortung trug, zielte auf großes Medieninteresse und bedeutete zugleich den Versuch, Schröder am Image des erfolgreichen Modernisierers, das sich Tony Blair erworben hatte, teilhaben zu lassen. Der Inhalt las sich über weite Strecken wie eine vernichtende Kritik der Opposition an der Politik Schröders und an jahrzehntelangen wirtschafts- und sozialpolitischen Grundvorstellungen der SPD. Sätze wie: »Soziale Gerechtigkeit lässt sich nicht an der Höhe der öffentlichen Ausgaben messen«, oder: »Rechte wurden allzu oft höher bewertet als Pflichten«, hätten, wären sie von Abgeordneten der Union oder auch der FDP im Bundestag gesagt worden, unweigerlich wütende Proteste der SPD-Fraktion hervorgerufen. Auch die Rezepte des Papiers – mehr Wettbewerb, niedrigere Steuern, mehr Deregulierung, Reform der Sozialsysteme, die Initiative und Kreativität fördern – lasen sich mehr als Alternative der Opposition denn als Programm der Regierung Schröder, auch wenn sie als »angebotsorientierte Agenda der Linken« bezeichnet wurden.

Entsprechend war die Reaktion. In der SPD herrschte tiefe Verunsicherung. Die Gewerkschaften fuhren schwere Sturmgeschütze auf und drohten Schröder mit massivem Liebesentzug. Aus der Wirtschaft wurde, was Wunder, begeisterte Zustimmung laut. Und die FDP wollte das ganze Papier gleich im Bundestag beschließen lassen.

Wir blieben etwas zurückhaltender. Die Sache hatte irgendwie den Charakter eines Versuchsballons, dem allzu viel Nachhaltigkeit wohl kaum zu attestieren war. Ziemlich abstrakt und unverbindlich erschienen mir die Forderungen. Vor allem aber der eklatante Widerspruch zur konkreten Regierungspolitik machte das Ganze unglaubwürdig. Darin zeigte sich nicht nur die Hemmungslosigkeit, mit der Schröder seine Positionen wechseln konnte, sondern auch die Vorliebe für den vordergründigen Effekt. Denn dass die Konkretisierung sehr viel schwieriger ist als die Formulierung allgemeiner Grundsätze, diese Erfahrung hatte Schröder noch gar nicht gemacht. Vor allem aber blieb das Papier jede Antwort schuldig, wie genau die Verbindung zwischen wirtschaftlicher Effizienz und sozialem Ausgleich, übrigens auch ökologischer Nachhaltigkeit, geschaffen werden sollte. Insofern schien mir auch dieses Papier für Schröder typisch: viel Schau und wenig Substanz. Eingebettet in die laufende Debatte um »*shareholder value*« als neuer Standard für politischen Erfolg, sollte es Schröder das Image eines Modernisierers verschaffen; Nutzanwendungen für konkrete Politik waren dagegen kaum zu erkennen.

Ich artikulierte diese Kritik wenige Tage nach der Europawahl im Bundestag. Aber schon meine eher zurückhaltenden Bewertungen trugen mir das Missverständnis ein, die Union wolle die SPD links überholen. Eckhard Fuhr entdeckte bei mir in einem *FAZ*-Kommentar sogar eine »rhetorische Nähe zu Lafontaine«. Auch das war ein Grundproblem unserer Oppositionsstrategie, das wir in ähnlicher Form bei der Rentendebatte erlebten. Sobald die Regierung ihre bisherigen Positionen auch nur teilweise aufzugeben oder zu korrigieren schien, lief jede Kritik von uns Gefahr, als ein Positionswechsel der Opposition missverstanden zu werden. Als ob das Recht und die Pflicht der Opposition zu kritischer Durchleuchtung von Regierungshandeln oder -ankündigungen zu enden habe, wenn nur die Regierungsparteien ein wenig zur Hoffnung Anlass gaben, von früheren Irrtümern abzurücken.

Jedenfalls war der Sommer 1999 von vielfältigen Vermutungen geprägt, die SPD sei aus der linken Ecke in die Mitte gerückt, und die Union wechsle mit ihrer Kritik aus der Mitte nach links. Nichts an diesen Verdächtigungen war durch substanzielle Positionen gedeckt; aber darauf kommt es in der Wirkung unserer medialen Debatten nicht immer an. So bescherte das Schröder-Blair-Papier uns eine öffentliche Sommerdebatte über Kurs und Alternativen der Opposition. Diese wurde noch durch die Besorgnis angereichert, die Union werde nun ihre gestärkte Position im Bundesrat – wie weiland Lafontaine, Schröder und Eichel – zur Blockade nutzen, obwohl wir das zu jedem Zeitpunkt in Abrede stellten und auch niemals uns anders verhielten. Während das Schröder-Blair-Papier in der SPD wie ein »*Non paper*« behandelt wurde und das allgemeine Interesse an einem Schröderschen Kurswechsel rapide abnahm, fand sich die CDU immer mehr im Fadenkreuz kritischer Anmerkungen. Umso wichtiger war für uns, die inhaltlichen Positionen präzise zu entwickeln und uns die Themenfelder, auf denen wir kontroverse Debatten führten, sorgfältig auszusuchen.

In einem längeren Beitrag für die *Welt*, der am 3. September 1999 erschien, versuchte ich deshalb den Vorwurf zu entkräften, die Union sei zur »Partei der sozialen Besitzstandswahrung« mutiert. Weil dieser Artikel zugleich eine grundsätzliche Darstellung des Oppositionsprofils und unserer Alternativen zur Regierungspolitik enthielt, also eine wesentliche Bedeutung für das Verständnis unserer Linie des »Bewahrens und Erneuerns« hat, möchte ich den Text im Folgenden dokumentieren:

»›Union auf der linken Spur‹, war in dieser Zeitung zu lesen. ›Sozialkonservative Besitzstandswahrer‹ hätten die Definitionsmacht christdemokratischer Politik usurpiert. Die CDU blockiere die notwendige Modernisierung, und indem sie sich als ›Schutzmacht der kleinen Leute‹ geriere, sei sie auf dem Weg der Sozialdemokratisierung. Auf die neuen Fragen an der Schwelle des nächsten Jahrtausends gebe sie keine Antworten. Das ist, träfe es zu, starker Tobak.

Nun ist es nicht einmal anderthalb Jahre her, dass die CDU ein Zukunftsprogramm verabschiedet hat. Es wurde damals selbst von Kritikern der Union als das modernste und fortschrittlichste Parteiprogramm seiner Art auf dem politischen Markt gelobt. Es ist bis heute konkurrenzlos und nach wie vor Richtschnur christdemokratischer Politik. Es beschreibt, aufbauend auf unserer Politik in der letzten Legislaturperiode, die Handlungsfelder der Zukunft. Nicht auf alle Fragen, das wird ausdrücklich betont, hat die CDU bereits fertige Antworten. Aber die Richtung, in die unsere Politik gehen soll, wird präzise beschrieben: Deregulierung und Entbürokratisierung; Rückverlagerung von Kompetenzen weg von den großen Einheiten und Regelungsvorrang für die kleinere Einheit, was mit dem Stichwort Subsidiarität gemeint ist; Stärkung der Eigenverantwortung insbesondere im Bereich der sozialen Sicherungssysteme; Förderung von Leistung und Wettbewerb um die bessere Lösung, beim Föderalismus im Allgemeinen und bei der Bildung im Besonderen.

Auf dem Erfurter Parteitag im April dieses Jahres hat die CDU beschlossen, in den Themenfeldern, wo wir erkennbar Defizite und Nachholbedarf haben oder die Notwendigkeit programmatischer Weiterentwicklung sehen, unsere inhaltliche Arbeit zu konzentrieren und im Laufe dieser Legislaturperiode abzuschließen. [...] Dabei geht es nicht darum, die CDU neu zu erfinden, sondern innerhalb unseres Koordinatensystems dort neue Antworten auf gesellschaftliche und wirtschaftliche Rahmenbedingungen zu formulieren, wo die alten nicht mehr ausreichen.

Die Union war konzeptionell und – daran muss man heute offenbar wieder erinnern – auch in den Ergebnissen ihrer Politik für mehr Wachstum und Beschäftigung auf dem richtigen Weg. Die Wahlniederlage 1998, an deren Eindeutigkeit es nichts zu beschönigen gibt, hat verhindert, dass wir mehr Früchte dieser Politik ernten konnten, als sie bis zum 27. September schon gereift waren. Das beklage ich nicht, sondern stelle es nur fest.

Die Regierung Schröder, wäre sie klüger gewesen, hätte diese Ernte in ihre Scheuer einfahren können. Doch als Gefangene ihrer Wahlversprechen hat sie die wichtigsten Reformschritte der alten Koalition rückgängig gemacht. Seither ist die Entwicklung von Wachstum und Beschäftigung signifikant schlechter. Und hier liegt die Ursache der Haushaltslöcher, die Eichel so beredt beklagt.

Unsere schwere Wahlniederlage nahmen viele zum Beweis, dass die Politik der CDU falsch gewesen sei. Ich erinnere mich lebhaft an die Grabgesänge, die der Union als Volkspartei gesungen wurden. Weil sie mit ihrer Reformpolitik ›soziale Kälte‹ verbreitet habe, seien ihr die Wähler, insbesondere die kleinen Leute weggelaufen – ›dauerhaft‹, wie nicht selten mit dickem Ausrufezeichen hinzugefügt wurde. Schon damals habe ich das für ein grandioses Missverständnis gehalten, gegen das anzuargumentieren freilich fast unmöglich war. Abgesehen von der Unschärfe des Begriffs (Wie grenzt man die ›kleinen Leute‹ von anderen Bevölkerungsgruppe ab?) ist eines allerdings richtig: Die CDU kann nur dann Volkspartei sein, wenn sie Heimat für alle Gruppen der Bevölkerung ist. Aus dem Werben um sie nun eine plötzliche Modernisierungsfeindlichkeit der CDU abzuleiten, ist deshalb einigermaßen absurd. Und soziale Gerechtigkeit ist für uns das Gegenteil von Leistungsfeindlichkeit.

Diese Lektion hat die CDU aus der Wahlniederlage gelernt: Unsere Reformansätze waren grundsätzlich richtig, aber wir haben zu wenig darauf geachtet, die Menschen auf diesem Weg mitzunehmen, ihnen das nötige Vertrauen in die Richtigkeit unserer Entscheidungen zu vermitteln. Wer in einer Wohlstandsgesellschaft Veränderungen durchsetzen will, muss zwangsläufig viele Widerstände überwinden. Das kann nur gelingen, wenn langfristig das Vertrauen der Menschen in die Verlässlichkeit und Berechenbarkeit der Politik gebunden wird. Gegen diesen Grundsatz hat die Regierung Schröder bereits in ihrem ersten Jahr eklatant verstoßen. Gebrochene Versprechen, chaotische Politik, keine erkennbare Linie, geschweige denn ein Ziel – Schröder hat die Menschen ein ums andere Mal vor den Kopf gestoßen und damit ihre Reformbereitschaft, die ja immer auch Akzeptanz von Unbequemem einschließen muss, nachhaltig beschädigt. Mit dieser Hypothek für unser Land wird jede künftige Reformpolitik zu kämpfen haben.

Für eine verantwortungsbewusste Opposition ist es selbstverständlich, das nach Kräften anzuprangern. Und natürlich profitiert sie von den Fehlern der Regierung. Aber darin darf sich Opposition nicht erschöpfen. Deshalb hat die CDU von Anfang an ihre Oppositionsrolle auch in dem Sinne angenommen, dass sie sachgerechte Alternativen zur Regierungspolitik formuliert. Der Vorwurf, das geschehe nicht oder zu wenig, ist schlicht falsch. Natürlich wäre es sinnlos, bis ins Detail ausgearbeitete Gesetzentwürfe zu präsentieren. Denn deren Schicksal ist angesichts der eindeutigen parlamentarischen Mehrheitsverhältnisse unweigerlich der Papierkorb. Aber den konzeptionellen Wettbewerb um die modernere, zukunftsweisende Lösung nimmt die CDU mit der Regierung jederzeit auf, auch und vor allem in den derzeit am meisten diskutierten Reformbereichen Rente, Steuern und Gesundheit.

Beispiel Rente: Wer das System der solidarischen und dynamischen Rentenversicherung langfristig sichern will, steht vor der Notwendigkeit, angesichts der wachsenden Anzahl älter werdender Menschen, die länger Rente beziehen, und des zurückgehenden Anteils beitragszahlender Menschen das Verhältnis von Ansprüchen und Belastungen neu zu justieren. Nach unserer Überzeugung ist das in einem ersten Schritt nur durch den Einbau eines demographischen Faktors in die Rentenformel zu erreichen, der sicherstellt, dass die Renten auch weiterhin steigen, allerdings in geringerem Maße als in früheren Jahren, während die Belastungen für die Beitragszahler in vertretbaren Grenzen bleiben. Das ist eine solidarische Lösung.

Sie ist nicht ausreichend, weil die Hinterbliebenenversorgung ebenso neu geregelt werden muss wie der Tatsache Rechnung zu tragen ist, dass die Vorsorge für die nächste Generation, also die Erziehung von Kindern, bislang nicht ausreichend berücksichtigt wird. An diesen Problemen arbeiten wir. Und neben der Rentenversicherung muss freiwillige private Vorsorge und betriebliche Altersversorgung vor allem durch bessere steuerliche Rahmenbedingungen gestärkt werden.

Für eine langfristig wirksame Rentenreform ist es richtig, auch im Sinne von Vertrauensbildung den größtmöglichen gesellschaftlichen und politischen Konsens zu suchen. Dazu ist die Union unverändert bereit. Doch bislang hat die Regierung Schröder außer einer schamlosen Rentenmanipulation, mit der den Rentnern in Wahrheit kurzfristig ein Sonderopfer zum Stopfen von Eichels Haushaltslöchern abverlangt wird, nichts Konzeptionelles vorgelegt. Die Union wird sich konstruktiven Gesprächen nicht verweigern. Aber dazu bedarf es einer Klarstellung und einer Voraussetzung. Die Klarstellung: Gespräche zu dem Zweck einer Mitverantwortung der Union für Riesters und Schröders Rentenmanipulation werden wir nicht führen. Die Voraussetzung: Um sinnvoll über eine Rentenreform sprechen zu können, müssen Konzepte auf dem Tisch liegen, die die Regierung aber nicht hat. Über ein Nichts kann man schlecht reden. Gespräche über unsere Vorschläge lehnt die Regierung strikt ab. Wer also hat konkrete Reformvorstellungen, und wer verweigert darüber das Gespräch?

Beispiel Steuerreform: Wir haben in der letzten Legislaturperiode eine Steuerreform beschlossen, die nach dem Urteil nahezu aller Experten die denkbar beste und zukunftsweisende Lösung darstellt. Bestandteil dieser Reform war unter anderem ein linear progressiver Tarif mit einem Eingangssteuersatz von 19 und einem Spitzensteuersatz von maximal 39 Prozent für alle Einkommen. Die schrittweise Verwirklichung dieses Konzepts sah in der Endstufe eine Gesamtnettoentlastung von über 30 Milliarden DM vor. Das Schicksal dieser Reform ist bekannt, Lafontaine und Schröder, auch Eichel war mit von der Partie, haben sie über die SPD-Mehrheit im Bundesrat blockiert.

Wir halten das dieser Steuerreform zugrunde liegende ›Petersberger Konzept‹ nach wie vor für richtig. Deshalb hat die CDU keinen Zweifel daran gelassen, dass sie ihre konzeptionelle Arbeit nicht auf eine völlig neue Reform, sondern auf die Weiterentwicklung des richtigen Konzepts konzentriert. Das mag weniger Charme haben, ist aber in der Sache viel progressiver als das rückwärts gewandte Umverteilungsmodell von Finanzminister Eichel, der es nicht einmal schafft, die Steuersätze so zu senken, dass eine deutliche Nettoentlastung aller Einkommensbezieher zustande kommt, und der darüber hinaus mit seiner so genannten Unternehmenssteuerreform den Mittelstand zusätzlich benachteiligt.

Auch hier gilt: Die Union wird sich konstruktiven Gesprächen nicht verweigern, wenn sie über eine Reform geführt werden, die drei Voraussetzungen erfüllt: eine deutliche Nettoentlastung für alle Bürger, eine deutliche Senkung aller Steuersätze bei gleichzeitiger Streichung von Steuervorteilen, und schließlich eine Regelung, mit der selbstständige Unternehmer nicht schlechter gestellt werden als Kapitalgesellschaften. [...]

Beispiel Gesundheitswesen: Frau Fischer tut so, als sei die Kostenexplosion im Gesundheitswesen etwas Neues. Das stimmt insoweit, als die Regierung Schröder ausgerechnet die Maßnahme, die als bisher einzige zu einer sparsameren Mittelverwendung geführt hat, nämlich die maßvolle Selbstbeteiligung der Krankenversicherten an den Kosten zum Beispiel für Arzneimittel, rückgängig gemacht hat. Seitdem fällt die Regierung und insonderheit Frau Fischer von einer Verlegenheit in die andere, verheddert sich heillos im Gestrüpp der Interessengruppen und greift zu allem Überfluss auf Rezepte zurück, die sich längst als untauglich erwiesen haben, die bürokratische Monster gebären, neu explodierende Kosten verursachen und zu alledem auch noch zu einer Zweiklassenmedizin führen, weil die gesetzlich Versicherten vom medizinischen Fortschritt ausgeschlossen werden. Warum soll die Union von ihrem Konzept abrücken, bloß weil es vielleicht niemanden mehr interessiert, dass sie einmal die Weichen richtig gestellt hat und seither keinem etwas Klügeres eingefallen ist?

Wir waren immer für eine sparsame Haushaltspolitik. Die alte Regierung hat bewiesen, dass sie es konnte, und dafür immer wieder Prügel vor allem von der SPD bezogen. Sparsame Haushaltspolitik gehört auch heute unverändert zu den Grundsätzen der CDU. Der Unterschied zu Eichel freilich ist der, dass der Ansatz der Union mit strukturellen Veränderungen im Bundeshaushalt verbunden war und die staatlichen Leistungen unter dem Gesichtspunkt einer stärkeren Eigenverantwortung überprüft und zum Teil deutlich reduziert worden sind. Ob Lohnfortzahlung im Krankheitsfall, Eigenbeteiligung in der Krankenversicherung, Rentenreform und Steuerreform, Korrekturen beim Kündigungsschutz und in der Arbeitsförderung, um nur diese wenigen Beispiele zu nennen: Das alles waren Maßnahmen mit dem Ziel, Kosten zu senken, die Staats- und Abgabenquote zu reduzieren, um damit mehr Wachstum und mehr Beschäftigung zu erreichen. Die Statistik wies seit Anfang 1998 aus, dass wir auf dem richtigen Weg waren. Schröder hat die Richtung geändert, ohne zu wissen, wohin er überhaupt will, und seither ist die Entwicklung rapide schlechter.

Die CDU hat also sehr wohl Alternativen, und wir fordern die Regierung Schröder ausdrücklich auf, mit uns in den Wettbewerb um die bessere Lösung einzutreten. Aber das erfordert dann auch ein Mindestmaß an Substanz und Seriosität. Und da ist bei Schröder Fehlanzeige.«

Mit dieser Positionsbestimmung nahm ich der auch in den eigenen Reihen hörbar gewordenen Kritik weitgehend den Wind aus den Segeln. Nach den Wahlen im Herbst war die Debatte dann plötzlich gänzlich wieder verschwunden. Sicherlich trug dazu bei, dass Schröder aus Gründen der inneren Konsolidierung der SPD sich abermals um ein anderes Image bemühte und deshalb nachträglich dem gemeinsamen Papier mit Blair – wie zu vermuten war – den Charakter einer Eintagsfliege gab. Aber genauso sorgten die Wahlerfolge der Union als solche zum Verstummen der Kritik, weil damit offenbar wurde, dass die CDU mit ihrer Politik so falsch nicht liegen konnte. Wahlergebnisse sind offensichtlich auch für die Bewertung von Sachpositionen von Regierung und Opposition durch die interessierte Öffentlichkeit von erheblicher Bedeutung. Oder anders ausgedrückt: Nichts ist erfolgreicher als der Erfolg.

V. Erfolge im Herbst –
Der Siegeszug der CDU

1. Elefant im Brüsseler Porzellanladen – Schröders Rücksichtslosigkeiten

Die Sommermonate waren bis auf diese Auseinandersetzung ansonsten verhältnismäßig ereignisarm verlaufen. In einer Reihe von Interviews hatte ich immer wieder die Position der CDU gegenüber der Regierung markiert. Schlagzeilenträchtige Neuigkeiten waren nicht dabei. Die öffentliche Aufnahmebereitschaft für politische Botschaften war einer eher trägen Ferienstimmung gewichen. Eine gewisse Erschöpfung nach den Anstrengungen um den Kosovo-Krieg mag dazu beigetragen haben, und im Übrigen stand ein Herbst voller Wahlkämpfe an.

Lediglich Schröders Mann für alles Mögliche, Hombach sorgte für etwas Aufregung. Hoch gelobt als Wahlkampfstratege und Medienmanager, hatte sich Hombach in der Rolle des Kanzleramtschefs schon früh als Fehlbesetzung erwiesen. Ähnlich wie fast 30 Jahre zuvor Horst Ehmke hatte er mehr Probleme verursacht als gelöst. Offenbar lag ihm sehr an eigener öffentlicher Wirkung und weniger daran, sich vor allem auf das Funktionieren von Regierung und Koalition zu konzentrieren. Das konnte nicht gut gehen. Hinzu kam, dass Hombach in mehrere Affären aus der Vergangenheit verstrickt war. Schließlich wurde es Schröder zu viel, und er schob Hombach als Balkanbeauftragten der EU ab.

Das passte denkbar schlecht in die Landschaft einer personalpolitischen Debatte um die deutschen Mitglieder in der EU-Kommission. Schröder und seine Koalition zeichneten sich dabei weder in Bezug auf europäische Befindlichkeiten noch in der Wahrung deutscher Interessen durch besonders hoch entwickelte Sensibilität aus. Schon im Koalitionsvertrag hatte Rot-Grün vereinbart, dass die Grünen einen EU-Kommissar erhalten sollten. Geschmackvollerweise hatte man das sogar in einen Zusammenhang mit der Verabredung gestellt, einen Sozialdemokraten zum Bundespräsidenten zu wählen.

Auch die Union erhob Anspruch auf die Besetzung einer Kommissarposition aus den eigenen Reihen. Wir befanden uns damit in einer guten europäischen Tradition, nach der üblicherweise die großen Mitgliedstaaten, die zwei Kommissare benennen können, dabei Regierung und Opposition berücksichtigen. Bei der anstehenden Bildung der Kommission Prodi war das auch in allen anderen Mitgliedsländern der Fall. Da vor allem die Medien nichts so sehr interessiert wie Personalquerelen, war natürlich dieser Frage die gesteigerte öffentliche Aufmerksamkeit sicher. Die rot-grüne Koalition dachte gar nicht daran, uns irgendwelche Zugeständnisse zu machen. Stattdessen mussten wir uns entgegenhalten lassen, dass auch in unserer Regierungszeit einige Jahre lang beide deutschen Kommissionsmitglieder aus Koalitionsparteien kamen. Aber angesichts der Tatsache, dass wir bei der Europawahl immerhin die absolute Mehrheit der deutschen Mandate gewonnen, hatten, erhielt unser Anspruch auf einen Kommissar ein deutlich höheres politisches Gewicht. Hinzu kam, dass nach dem Amsterdamer Vertrag inzwischen die Zustimmung des Europäischen Parlaments für die neu zu bildende Kommission notwendig war, was allein schon eine vorsichtige und sorgfältige Vorgehensweise bei der Auswahl der geeigneten Kandidaten empfehlenswert machte. Der designierte Kommissionspräsident Prodi sprach sich deshalb nachdrücklich für eine Berücksichtigung der stärksten politischen Kraft im Europäischen Parlament bei der Kommissionsbildung aus, denn er konnte kein Interesse daran haben, bei der Bestätigung im Parlament unter Umständen aufzulaufen.

Mit Stoiber war ich mir einig, dass der Unionskandidat gegebenenfalls von der CDU vorgeschlagen werden sollte, schon allein deshalb, weil seit der Zeit von Karl-Heinz Narjes kein Kommissionsmitglied mehr aus den Reihen der CDU gekommen war. Ich lehnte es allerdings ab, mich öffentlich auf eine bestimmte Persönlichkeit festzulegen, weil nicht damit zu rechnen war, dass Schröder nachgeben würde, und ich auch niemanden durch eine aussichtslose Benennung verschleißen wollte. Im Übrigen hätte der Bundeskanzler seinerseits geltend machen können, dass er vor der Benennung eines Kommissionsmitglieds aus den Reihen der Opposition gefälligst hätte konsultiert werden müssen.

Die Personaldebatte, die gleichwohl von interessierten Kreisen versucht wurde anzuzetteln, vermischte sich noch ein Stück weit mit der Frage des künftigen Vorsitzenden der EVP-Fraktion. Die Aussichten, dass ein deutscher Abgeordneter dafür gewählt werden könnte, waren gut, zumal mir der spanische Ministerpräsident Aznar schon im Januar die Unterstützung der Partido Popular für einen deutschen Kandidaten zugesagt hatte. Elmar Brok, der seit langen Jahren für die CDU im Europaparlament saß, berief sich mir gegenüber auf eine Zusage des früheren CDU-Vorsitzenden, im Fall der Fälle den Fraktionsvorsitz zu erhalten. Ich vertrat demgegenüber den Standpunkt, dass die Europaabgeordneten selbst ihren Kandidaten für den Fraktionsvorsitz auswählen sollten, und ich war darüber auch mit dem CSU-Vorsitzenden einig.

Wie vorhersehbar, entschieden sich die CDU/CSU-Mitglieder im Europäischen Parlament für Hans-Gert Pöttering als Kandidaten, und nun rechnete sich Brok Chancen aus, Mitglied der Kommission zu werden. Die EVP-Fraktion unterstützte die Forderung nach einem deutschen Kommissar aus den Reihen der CDU, und Romano Prodi begann um die Zustimmung der größten Fraktion im Europäischen Parlament zu seiner Kommission zu fürchten. Bevor er sich mit dem Bundeskanzler traf, um über die deutschen Kommissionsvorschläge, wie sie vom Amsterdamer Vertrag vorgeschrieben werden, zu sprechen, besuchte er mich. Ich erläuterte ihm unsere Position, machte aber aus meiner Einschätzung keinen Hehl, dass Schröder, der sich im Koalitionsvertrag und in verschiedenen öffentlichen Erklärungen festgelegt hatte, nicht nachgeben werde. Prodi seinerseits hatte den Eindruck erweckt, er werde einem Vorschlag der deutschen Regierung, der die Opposition nicht berücksichtige, seine nach dem Amsterdamer Vertrag notwendige Zustimmung verweigern. Ich hielt das für eine nicht durchhaltbare Position, zumal mir klar war, dass die EVP-Fraktion letztlich nicht wegen deutscher Querelen einer Kommission geschlossen die Zustimmung verweigern würde, in der nicht nur EVP-Kandidaten aus den von EVP-Mitgliedsparteien regierten Ländern – Spanien, Belgien, Luxemburg – vertreten waren, sondern auch aus Österreich, Frankreich, Großbritannien und Italien.

In den Zeitungen stand zwischenzeitlich zu lesen, Schröder habe den sächsischen Ministerpräsidenten Biedenkopf für die Position eines EU-Kommissars in Brüssel gewonnen. Abgesehen davon, dass ich mir einen Wechsel aus dem schönen Amt des »Königs von Dresden« zu einem Kommissar unter vielen bei Biedenkopf nicht recht vorstellen konnte, war der Sache der Stempel der Unseriosität bereits von vornherein aufgedrückt. Denn selbst, wenn Biedenkopf gewollt hätte, drei Monate vor der Landtagswahl in Sachsen hätte er gar nicht gekonnt. Auch das musste also in die Kategorie Ablenkungsmanöver eingeordnet werden.

Nachdem Prodi im Gespräch mit Schröder erkennen musste, dass der Bundeskanzler bei den EU-Kommissaren nicht nachgeben würde, relativierte er seine Position, indem er die Frage zu einem deutschen Problem erklärte, das nur in Deutschland zwischen Regierung und Opposition einvernehmlich gelöst werden könne. Er bot sogar großzügig an, ein Gespräch zwischen Schröder und mir zu vermitteln. Schröder indes dachte nicht an ein Einlenken. Einerseits wusste er, dass er sich letztlich mit seinem Vorschlag würde durchsetzen können, und andererseits hätte er einen Koalitionsbruch riskiert, wenn er vertragswidrig keinen Kandidaten aus den Reihen der Grünen akzeptiert hätte. Ihm wäre lediglich der Ausweg verblieben, wie einst sein Vorgänger Kohl zu Lasten der eigenen Partei nachzugeben. Das aber wollte und konnte er sich in einer Phase nicht leisten, in der nach dem Rückzug von Lafontaine und dem Niedergang der SPD in Wahlen und Meinungsumfragen seine Position innerhalb der Partei alles andere als gefestigt war. Deshalb waren Prodis gut gemeinte Aktionen letztlich nur Rückzugsgefechte.

Umso mehr ärgerte ich mich darüber, dass am Ende noch aus der Brüsseler Gerüchteküche die Legende verbreitet wurde, ein CDU-Kommissar scheitere letztlich nur an der mangelnden Flexibilität des deutschen Oppositionsführers, der sich mit dem Bundeskanzler nicht über einen Gesprächstermin verständigen wolle. Ich habe mir derlei Heckenschießerei dringlich verbeten und darauf verwiesen, dass ich von Anfang an die Kommissarsfrage zu einem Gegenstand des innenpolitischen Streits in Deutschland erklärt hatte, den wir allerdings nicht zu einer Blockade europäischer Politik missbrauchen würden.

Es kam schließlich genauso, wie es seit langem absehbar gewesen war. Schröder setzte sich durch, Prodi gab nach, und das Europäische Parlament bestätigte mit der Mehrheit auch der Stimmen der EVP-Fraktion die neue Kommission. Viele Freunde hatte sich der deutsche Bundeskanzler allerdings mit seiner Vorgehensweise nicht gemacht, und die Aktion Hombach, bei der Schröder seinen Abschiebekandidaten geradezu mit Brachialgewalt Brüssel aufs Auge drückte, verbesserte das Ansehen deutscher Personalpolitik in der EU auch nicht.

Ich habe immer wieder die Einschätzung bestätigt bekommen, dass Schröder bei der Durchsetzung seiner Interessen nicht allzu viel Rücksicht auf andere, insbesondere nicht auf die Opposition zu nehmen pflegt. Das war bei der Frage der deutschen Kommissare nicht anders als später in der höchst komplizierten und sensiblen Problematik der Zwangsarbeiterentschädigung. Bereits im Sommer 1999 hatten wir in einem Gespräch der Partei- und Fraktionsvorsitzenden beim Bundeskanzler der Regierung Unterstützung zugesagt für die Verhandlungslinie, die dem deutschen Chefunterhändler Graf Lambsdorff vorgegeben wurde. Dabei war von der Regierung erklärt worden, dass der deutsche Gesamtbeitrag keinesfalls über fünf Milliarden DM liegen dürfe und dass eine Beteiligung der öffentlichen Hand mit maximal zwei Milliarden DM allenfalls dann infrage komme, wenn die Industrie einen höheren Betrag, nämlich drei Milliarden DM erbracht habe. Außerdem wurde verbindlich vereinbart, den notwendig werdenden Gesetzentwurf gemeinsam durch die zuständigen Kollegen aller Fraktionen erarbeiten zu lassen.

Keine von diesen Absprachen wurde eingehalten. Natürlich war nicht zu bestreiten, dass die ursprünglich vereinbarte Verhandlungslinie letztlich nicht ohne Ausweitung durchzusetzen war. Aber von gemeinsamen Beratungen konnte nicht die Rede sein. Ein ums andere Mal lasen wir in den Zeitungen von veränderten Positionen der Regierung. Natürlich wusste Schröder, dass uns das Anliegen zu wichtig war, um es scheitern zu lassen. Aber leicht hat er uns die Zustimmung durch sein Verhalten nicht gemacht. Und manchmal war ich besorgt, er wolle geradezu eine Ablehnung durch die Opposition provozieren, um uns politisch in eine »rechte« Ecke rücken zu können. Jedenfalls war die partnerschaftliche Zusammenarbeit mit der Regierung schwierig. Aber wenn Schröder schon mit seinem Koalitionspartner nicht sonderlich rücksichtsvoll umgeht –, solange er glaubt, stark genug zu sein, kann die Opposition wohl schwerlich mehr Verlässlichkeit erwarten.

Eine ähnliche Erfahrung habe ich auch in der Frage der Auswahl des Präsidenten des Bundesgerichtshofs gemacht, wo die Regierung Schröder trotz mehrfacher Monita der Vorsitzenden von CDU und CSU sich unbekümmert über eine jahrzehntelange, von der jeweiligen Regierung und Opposition abgesprochene und eingehaltene Praxis hinwegsetzte. Christian Wulff hatte mir früher schon über seine entsprechenden einschlägigen Erfahrungen als Oppositionsführer mit dem niedersächsischen Regierungschef Schröder berichtet.

2. Rot-Grün in der Krise

In Deutschland blieb die Stimmung den Sommer über für die Regierung schlecht. Weil die Union gleichzeitig gravierende Fehler vermeiden konnte, profitierten wir davon. Wir hatten uns vorgenommen, die Regierung gegen Ende der Sommerpause vor allem mit dem Rententhema anzugreifen. Die zahlreichen Wortbrüche der rot-grünen Regierung und von Schröder persönlich hatten eine tiefe Verärgerung und Verunsicherung nicht nur bei der älteren Bevölkerung hervorgerufen. Im Wahlkampf hatte Schröder die Rücknahme unserer Rentenreform – von der SPD als »Rentenkürzung« diffamiert – als eine der ersten Maßnahmen einer von ihm geführten Regierung versprochen. Dieses Versprechen wurde auch formal eingelöst. Aber natürlich hatte niemand unter der von der SPD versprochenen »Rücknahme von Rentenkürzungen« verstanden, dass stattdessen willkürlich die gesetzliche Rentenanpassung zu Gunsten eines so genannten »Kaufkraftausgleichs« ausgesetzt werden würde. Noch am Aschermittwoch hatte Schröder vor laufenden Fernsehkameras persönlich sich dafür verbürgt, dass es bei der nettolohnbezogenen Rentenanpassung bleiben werde. Drei Monate später war keine Rede mehr davon. Und alsbald zeichnete sich sogar ab, dass die Rentner noch nicht einmal mit einem vollen Inflationsausgleich rechnen konnten. Substanzielle und konstruktive Ansätze für eine strukturelle Rentenreform, die ja nach wie vor unbestreitbar notwendig war, blieben hingegen völlig im Dunkeln. Stattdessen verhedderte sich Arbeitsminister Riester im Dornengestrüpp einer völlig unrealistischen »Rente mit 60« und flickschusterte ansonsten konzeptionslos im Rahmen einer Rente nach Kassenlage.

Deshalb starteten wir eine breite öffentliche Aktion, in der wir nicht nur die Rentenlügen der Regierung Schröder anprangerten, sondern zugleich auch für eine nachhaltige Strukturreform in der Rentenversicherung warben, die ohne unseren von der Regierung außer Kraft gesetzten demographischen Faktor nicht zu bewerkstelligen war. Den 28. August 1999 machten wir mit einer zentralen Veranstaltung in Berlin und Aktionen in vielen anderen Zentren der Bundesrepublik zu einem zentralen »Rententag«. Die Resonanz war selbst für uns überraschend weit über den Erwartungen. Durch unsere Orts- und Kreisverbände verteilten wir zusätzlich noch einen von mir an alle Rentner geschriebenen Brief, in dem wir nicht nur die Regierung frontal angriffen, sondern auch ungeschminkt deutlich machten, dass eine Sicherung der Renten langfristig nur dadurch zu erreichen sei, dass der Anstieg der Renten allmählich abgebremst werde, womit sich das Niveau zwangsläufig mindern müsse.

Schröders große Versprechen, die er ein Jahr zuvor im Wahlkampf auf einer Art Scheckkarte abgegeben hatte, griffen wir unsererseits wieder auf und stellten dem unter der Überschrift »Versprochen – gebrochen« die Realität Schröderscher Regierungspolitik gegenüber. Die SPD schäumte. Wir würden die Sorgen der alten Menschen schamlos ausbeuten, wir betrieben verantwortungslose Hetze, wir seien hemmungslose Opportunisten – und so weiter und so fort. Wenn es eines Beweises bedurft hätte, dass wir einen der wundesten Punkte der Regierung Schröder getroffen hatten, die Reaktion der SPD auf unsere Aktion wäre es gewesen.

Am 5. September 1999 musste die SPD in Brandenburg bei beachtlichem Zugewinn der Union einen erdrutschartigen Stimmenverlust hinnehmen. Ministerpräsident Stolpe, der bis dahin wie Kurt Biedenkopf in Sachsen als einziger Landesfürst unangefochten mit absoluter Mehrheit regiert hatte, stürzte mit seiner Partei von 54,1 auf 39,3 Prozent ab. Die CDU, die bei den Wahlen zuvor hoffnungslose 18,7 Prozent erzielt hatte, kam dank Schönbohms neuem Schwung auf 26,5 Prozent. Nach Lage der Dinge gab es in Brandenburg keine Alternative zur Bildung einer großen Koalition. Die SPD-Politikerin Regine Hildebrandt, eine der bekanntesten Figuren auf der politischen Bühne der neuen Länder, hatte sich vehement für eine Koalition mit der PDS eingesetzt und verloren. Sie trat verbittert von ihren Ämtern zurück.

An der Saar errang die CDU am selben Tag sensationell die absolute Mehrheit der Mandate. Spitzenkandidat Peter Müller hatte einen mutigen Wahlkampf geführt, in dem er den Wählern die Wahrheit zumutete, dass Kohle und Stahl, traditionelle Basis der Wirtschaft an der Saar und deshalb seit Jahrzehnten Ursache der zunehmenden Strukturkrise, für das Saarland keine Zukunft mehr haben könnten. Man müsse sich vielmehr offensiv dem Strukturwandel stellen und neue Chancen nutzen. Mir schien sein Erfolg deshalb besonders wertvoll zu sein, weil er bewies, dass mit beherzter Reformpolitik entgegen allen landläufigen Lehrmeinungen doch Wahlen zu gewinnen waren. Natürlich hatten die Schwäche der Grünen und die Turbulenzen in der SPD wegen des Rückzugs von Lafontaine den Wahlerfolg begünstigt, aber der Mut Müllers war gleichwohl beispielhaft und vom verdienten Erfolg gekrönt. Er hatte sich auch nicht durch eine heftige Diskussion um die Rolle der FDP in seiner Linie beirren lassen. Die Liberalen hofften natürlich auf Zweitstimmen aus den Reihen der Unionswähler, um den Sprung in den Landtag zu schaffen. Nur zusammen mit der FDP, so war man dort überzeugt, konnte die CDU eine Mehrheit erreichen. Angesichts der anhaltenden Schwäche der FDP in allen Umfragen an der Saar, die die Liberalen weit unter der für Leihstimmen interessanten Schwelle sahen, mussten wir das ablehnen, weil eine realistische Chance für die FDP, die Fünfprozenthürde zu überspringen, nicht zu entdecken war.

Die FDP hatte einen unerfreulichen Herbst voller Probleme zu bewältigen. Bei den Wahlen in den ostdeutschen Ländern, auch in Berlin, hatte sie nicht den Hauch einer realistischen Chance gehabt. Erst im Februar 2000 bei der Wahl in Schleswig-Holstein konnte sie darauf hoffen, nach langer Durststrecke endlich wieder einmal den Sprung in ein Landesparlament zu schaffen. Angesichts der begrenzten Koalitionsoptionen der Union war das auch für uns ein Problem, denn eine Dauerschwäche der FDP würde uns im Zweifel dazu nötigen, stets die absolute Mehrheit der Mandate zu erringen, weil sich eine andere Möglichkeit zu regieren nicht bot. Das aber war schwierig genug und konnte immer nur in Ausnahmefällen gelingen. Deshalb lag mir daran, das wenige, was in unseren Möglichkeiten stand, beizutragen, um der FDP über dieser schwierigen Phase hinwegzuhelfen. Ich warb auch immer in Partei und Fraktion dafür, mit der FDP gerade in der für sie harten Zeit besonders rücksichtsvoll umzugehen. FDP-Chef Wolfgang Gerhardt, den ich nicht nur in der gemeinsamen Koalition als zuverlässigen und fairen Partner kennen gelernt hatte, bestärkte ich in der Einschätzung, dass für die FDP im nächsten Jahr wieder bessere Zeiten kommen würden.

Seit der Bundestagswahl 1998 war in der veröffentlichten Meinung die Einschätzung kontinuierlich gewachsen, die FDP habe nur noch wenig Überlebenschancen, weil die Grünen die Rolle der dritten Kraft im Parteiensystem übernommen hätten. Ich habe diese Meinung nie geteilt und hatte den heimlichen Vorsitzenden der Grünen, Fischer, schon Jahre zuvor gewarnt, gegenüber der FDP nicht überheblich zu werden. Die Grünen würden meines Erachtens eher als die FDP in ihrer Existenz gefährdet werden, weil sie immer noch mehr Bewegung als Partei seien und im Übrigen mindestens zwei Parteien unter einem grünen Dach vereinten. Das darin schlummernde Konfliktpotenzial war viel größer als die Gefahr der Schwindsucht bei der FDP.

Nach dem Wechsel der Grünen in die Regierungsverantwortung war die kritische Entwicklung geradezu abzusehen, weil die Grundsätze, mit denen sie einst als neue »Bewegung« die politische Landschaft in Deutschland verändert hatten, zumindest teilweise aufgegeben werden mussten, um zu konkretem und berechenbarem Regierungshandeln fähig zu werden. Dieser Gefahr der Selbstentleibung leisteten die Grünen allerdings nach dem Wahlsieg 1998 gerade zu fahrlässig Vorschub, indem sie den Eindruck erweckten, vor lauter Freude an Ämtern und eigener Bedeutung müssten sie um die richtige Mitte zwischen Grundsatztreue und pragmatischem Handeln nicht einmal ernsthaft ringen – und Josef Fischer verkörperte dies geradezu symbolisch, indem er sich von den demoskopischen Sympathiewerten seiner neuerdings mit Nadelstreifen und Weste ausgestatteten Person so blenden ließ, dass kaum jemand noch zu erkennen vermochte, für welche Überzeugung Fischer einmal in der Politik angetreten war.

Erschwerend kam für die Grünen hinzu, dass sie in Schröder einen Partner hatten, von dem sie Rücksicht außerhalb der Opportunität nicht erwarten durften. Aus Niedersachsen hätten sie es wissen müssen, denn dort hatte Jürgen Trittin bereits einmal das

Vergnügen, mit Schröder regieren zu dürfen. Doch ausgerechnet er wurde in der Anfangszeit vom Bundeskanzler geradezu entwürdigend behandelt, was Trittin Schröder allerdings auch leicht machte. Und Fischer war selbstverliebt genug, um Schröders gallig gemeinter Koalitionsparole »Mehr Fischer, weniger Trittin« auch noch Geschmack abzugewinnen.

Ich war immer wieder fassungslos, was sich die Grünen von der SPD alles gefallen ließen. Nach meiner Überzeugung durften Koalitionspartner so nicht miteinander umgehen, vor allem aber durfte der kleinere eine derartige Behandlung unter gar keinen Umständen akzeptieren. Doch zu meiner grenzenlosen Überraschung schluckten die Grünen sogar die Riesenkröte, dass sie im Kabinett beziehungsweise im Bundessicherheitsrat gelegentlich überstimmt wurden. In den 16 Jahren unserer Koalition mit der FDP wären wir niemals auch nur auf die Idee gekommen, den kleinen Partner majorisieren zu wollen, geschweige denn, dass die FDP einen solchen Versuch akzeptiert hätte. Bei den Grünen indes gelang die Mutation zum zahnlosen Bettvorleger so perfekt, dass sie im März 2000 auf ihrem Parteitag in Karlsruhe förmlich beschlossen, in der Frage von Panzerexporten an die Türkei zwar dagegen zu sein, aber in jedem Fall daran nicht die Koalition scheitern zu lassen. Die Partei, deren prominenteste Sprecher einst gar nicht genug Häme über die FDP ausgießen konnte wegen deren angeblichem Opportunismus und rückgratloser Anpassung an den größeren Koalitionspartner, hätte bei einem verbliebenen Funken Selbstachtung sich eigentlich umgehend auflösen müssen!

Dass es noch ärger gehen konnte, hätte ich nicht für möglich gehalten. Aber in Nordrhein-Westfalen wurde es demonstriert. Dort gehören die Grünen an sich nicht zu den etwas pflegeleichteren Realos, sondern haben stets mehrheitlich den eher fundamentalistischen Prinzipien gehuldigt. Ministerpräsident Clement hatte sie schon vor der Landtagswahl immer wieder provoziert, indem er wenig Rücksicht auf das politische Profil seines Koalitionspartners nahm. Er machte auch nie einen Hehl daraus, dass er die Grünen lieber heute als morgen loswerden würde.

Nach der Landtagswahl im Mai 2000 hätte er die Chance gehabt, weil auch eine Koalition mit der neu erstarkten FDP möglich gewesen wäre. Doch die Stallorder aus Berlin versperrte ihm diese

Option – jedenfalls fürs Erste. Dafür nutzte er die Möglichkeit, auch anders zu können, als politischen Prügel und klopfte in den Koalitionsverhandlungen die Grünen zu einer völlig konturlosen Masse zusammen, die man nach Belieben kneten und formen konnte. Um nur ja in der Regierung bleiben zu können, schluckten die Grünen in Nordrhein-Westfalen alles, was die SPD verlangte. Darunter waren selbst solche Kröten, die – wie das von ihnen vehement verlangte und von Clement ebenso vehement abgelehnte Nachtflugverbot auf dem Flughafen Köln/Bonn – ansonsten schon für sich genommen Grund genug gewesen wären, die Koalition erst gar nicht zu Stande kommen zu lassen. So endeten die Grünen in Nordrhein-Westfalen nicht nur als zahnloser, sondern auch noch als von den Motten ziemlich zerfressener Bettvorleger.

Da die Freien Demokraten wegen ihres beachtlichen Potenzials an Individualisten zwar zu mancher Überraschung, aber bei allem Opportunismus nicht zur Zerstörung ihrer inhaltlichen Substanz fähig waren, sah ich die Perspektiven für die FDP im weiteren Verlauf der Legislaturperiode nicht so schlecht wie die Mehrzahl der Betrachter. Allerdings musste es der FDP gelingen, ohne zu große Turbulenzen den Herbst 1999 mit seiner absehbaren Serie von Niederlagen zu überstehen. Dass die FDP sich dann infolge der Krise der Union schneller erholte, steht auf einem anderen Blatt.

Schröder nutzte die Unterwürfigkeit der Grünen schamlos aus und begann, auf subtile Art und Weise der FDP Avancen zu machen und sich damit vorausschauend zusätzlichen Spielraum zu verschaffen. So bestimmte er nach dem Ausscheiden von Hombach aus dem Kanzleramt, der als zuständiges Kabinettsmitglied in den Verhandlungen zur Frage der Zwangsarbeiterentschädigung nahezu alles falsch gemacht hatte, den früheren FDP-Vorsitzenden Otto Graf Lambsdorff zum neuen Verhandlungsführer. Den ehemaligen Bundestagsvizepräsidenten Burkhard Hirsch ließ er nach im Kanzleramt verschwundenen Akten fahnden.

Ich glaube nicht, dass er kurzfristig an eine Änderung seiner Koalitionspolitik dachte, aber die atmosphärische Vorbereitung von Optionen für die Zukunft kann ja niemals schaden. Darüber redete er sogar ganz offen. Außerdem übte er weiteren Druck auf die Grünen aus, und nicht zuletzt verstärkte eine gewisse Annäherung an die FDP, die ihn überdies nichts kostete, auch den Eindruck von »Neuer Mitte«.

Diese zunächst folgenlose Entwicklung gewann dann im Zusammenhang mit der Landtagswahl in Nordrhein-Westfalen und dem an sonstigen FDP-Ergebnissen gemessen sensationellen Erfolg Jürgen Möllemanns eine neue Qualität. Aber meine grundsätzliche Einschätzung änderte sich dadurch nicht, dass Schröder mit seinem offenen Bekenntnis, jederzeit zwischen Grünen und FDP als Koalitionspartner wählen zu können, sich langfristig eher mehr schadete als nützte. Ausweis für Verlässlichkeit in koalitionärer Partnerschaft war seine offene Haltung jedenfalls nicht. Und mir scheint, dass auf längere Sicht Verlässlichkeit und Berechenbarkeit sich bei der Bevölkerung in stärkerem Maße vertrauenswirkend auswirken als situationsbedingte Cleverness. Im Übrigen bestand die Aufgabe der Union nach meiner Überzeugung zu jeder Zeit darin, für die von uns vertretenden politischen Positionen genügend Unterstützung in der Öffentlichkeit zu finden. Je besser dies gelang und gelingt, desto erfolgreicher werden wir auch immer bei der gegebenenfalls notwendigen Suche nach Koalitionspartnern sein.

3. Auf der Welle des Erfolgs – CDU im Überschwang, Wende bei der SPD

Am 12. September 1999 gewann die CDU in Thüringen 51 Prozent der Stimmen, und die SPD fiel mit 18,5 Prozent noch hinter die PDS auf den dritten Platz zurück. Noch sensationeller war das Ergebnis der Kommunalwahl in Nordrhein-Westfalen, wo die CDU glatte 10 Prozent gegenüber der letzten Kommunalwahl im Jahre 1994 hinzugewann und 50,3 Prozent der Stimmen erhielt gegenüber 33,9 Prozent für die SPD. Bei der Bundestagswahl nicht einmal ein Jahr zuvor war die SPD in Nordrhein-Westfalen noch auf 46,9 Prozent gekommen und die CDU auf 33,8 Prozent. Dabei wurden in Nordrhein-Westfalen an diesem 12. September erstmals überall die Oberbürgermeister, Bürgermeister und Landräte in direkter Wahl ermittelt. Das hatte angesichts des Stimmungsumschwungs die erdrutschartige Folge, dass die Union seither nahezu alle Landräte, Bürgermeister und Oberbürgermeister in Nordrhein-Westfalen stellt. In ihrem Stamm- und Kernland waren die Sozialdemokraten auf einen Schlag praktisch aus den Rathäusern verdrängt worden. Wer weiß, wie sehr gerade in Nordrhein-Westfalen die Rathäuser Basis und Bastion der sozialdemokratischen Machtposition und roten Verfilzung waren, der konnte erahnen, welche dramatische Veränderung sich am 12. September 1999 vollzog. Umgekehrt hatte die CDU mit diesem Erfolg in Nordrhein-Westfalen eine neue Qualität und ein Selbstbewusstsein gewonnen, das ihr seit 1965 zunehmend abhanden gekommen war. Weil ich die strategische Bedeutung der Kommunalwahl in Nordrhein-Westfalen hoch eingeschätzt hatte, hatte ich die Mehrzahl meiner Wahlkampfeinsätze im August und September trotz der Landtagswahlen in den ostdeutschen Ländern auf NRW konzentriert. Nachdem wir schon aus der Europawahl in Nordrhein-Westfalen mit 47,3 Prozent gegenüber 37,3 Prozent der SPD als Sieger hervorgegangen waren, schien mir jetzt der Weg zu einem Regierungswechsel in Düsseldorf bei der Landtagswahl im Jahr 2000 endlich offen und das Ziel erreichbar. Ganz entsprechend änderte der FDP-Landesvorsitzende von Nordrhein-Westfalen, Jürgen Möllemann, beeindruckt von der CDU-Hausse im Herbst, flugs seine ursprüngliche Absicht, die FDP für die Landtagswahl 2000 auf eine Koalitionsaussage zugunsten der SPD festzulegen.

Eine Woche später errang die CDU in Sachsen 56,9 Prozent, und die SPD sackte auf fast unglaubliche 10,7 Prozent – natürlich weit hinter die PDS – ab. Ausgerechnet in Sachsen, einem sozialdemokratischen Stammland im Kaiserreich und in der Weimarer Republik, wurde die SPD von den Wählern marginalisiert. Wieder eine Woche später erzielte die CDU auch in Baden-Württemberg bei der Kommunalwahl deutliche Zugewinne bei Verlusten der SPD, und schließlich steigerte die Union sich bei der letzten Landtagswahl des Jahres am 10. Oktober in Berlin auf 40,8 Prozent, während die SPD sich mit gerade mit 22,4 Prozent bescheiden musste. Wir hatten allen Grund, auf unsere Erfolge stolz zu sein. Also gönnte ich mir bei meiner Rede auf dem CSU-Parteitag am 9. November in Nürnberg das Vergnügen zu erläutern, dass auch die CDU inzwischen wieder eine ganz ansehnliche Schwesterpartei geworden sei. »Von der CDU lernen heißt siegen lernen!« – diesen Ausruf konnte ich mir einfach nicht verkneifen.

Natürlich war nicht alles nur erfreulich. Vor allem bei den Wahlen in den neuen Bundesländern empfand ich das Anwachsen der PDS als Wermutstropfen. Andererseits war das geradezu nur die

Kehrseite der desaströsen SPD-Verluste, und damit bewahrheitete sich unsere Warnung, dass der Versuch der SPD, die PDS über eine Zusammenarbeit einzubinden und dann ihren Einfluss einzuschränken, tatsächlich nur zu Lasten der SPD gehen konnte. Weil die SPD aber durch diese für sie schockierenden Wahlergebnisse längerfristig zu einer Korrektur ihres Verhältnisses zur PDS gezwungen sein würde, war ich überzeugt, dass die PDS-Erfolge nur eine temporäre Erscheinung blieben. Die Altsozialisten hatten ohnehin das gravierende Problem, bei jüngeren Wählern kaum Blumentöpfe zu gewinnen. Ihre Erfolge gründeten sich vielmehr auf die Treue ihrer älter werdenden Stammanhänger. Außerdem gelang es der PDS auch im Herbst 1999 nicht, in Westdeutschland wirklich Fuß zu fassen. Die Landtagswahlen 2000 in Schleswig-Holstein und Nordrhein-Westfalen haben das bestätigt. Auf die Dauer aber, davon bleibe ich überzeugt, wird die PDS als nostalgisch gefärbte Ostpartei keine Zukunft haben. Der Rückzug der Galionsfiguren Gregor Gysi und Lothar Bisky aus der ersten Reihe der PDS ist das erste deutliche Indiz für den schwindenden Glauben an die eigene Zukunft.

Besonders bemerkenswert, in der öffentlichen Kommentierung aber für meinen Geschmack unter Wert gehandelt, war die Tatsache, dass rechtsradikale Parteien ohne jeden Erfolg geblieben waren. Unsere Strategie, rechts von der Union keinen Raum für das Aufkommen radikaler Kräfte zu lassen und vorhandenen Protest in der Bevölkerung zur Mitte hin integrierend aufzunehmen, war also durch die Wahlergebnisse des Jahres 1999 eindrucksvoll bestätigt worden.

Bei aller Freude und berechtigtem Stolz über die schon fast sensationelle Siegesserie der CDU warnte ich davor, die Bodenhaftung zu verlieren. Manche in der Führungsspitze der Partei nahmen es mir geradezu übel, dass ich gebetsmühlenhaft jeden Überschwang zurückwies. Mir war klar, dass den Erfolgen, die in diesem Ausmaß mehr als nur ungewöhnlich waren, Rückschläge nahezu zwangsläufig folgen mussten, zumal die hohen Wahlergebnisse für die CDU teilweise auch auf Wahlenthaltung von enttäuschten SPD-Anhängern zurückzuführen waren. Schröder und die SPD mussten aus diesen Katastrophen Konsequenzen ziehen, und die SPD hatte in dieser Schwächephase noch nicht einmal die Kraft für innerparteilichen Widerstand gegen Schröder. Zwar wurde viel gemeckert und geschimpft, und die verkniffenen Mienen der Genossen in der Bundestagsfraktion sprachen Bände. Aber es gab niemanden, der Frust und Protest hätte bündeln und auf das Ziel eines Wechsels an der Spitze hätte ausrichten können. Scharpings Profilierungsversuch war schon abgewehrt, und sonstige Alternativen ließen sich nicht einmal in Schemen ausmachen – zumal Clement ja nach der verheerenden Kommunalwahl in Nordrhein-Westfalen mindestens ebenso angeschlagen war.

Außerdem konnte nicht übersehen werden, dass der Kurswechsel in der Finanzpolitik mit dem Wechsel von Lafontaine zu Eichel allmählich öffentlich Wirkung zu zeigen begann. Geradezu monoton wiederholte Eichel seine Botschaft, dass angesichts der aufgelaufenen öffentlichen Gesamtverschuldung äußerste Sparsamkeit unvermeidlich sei. 30 Milliarden DM Einsparung verkündete er als ehrgeizige Zielvorstellung, und es gelang ihm, in den Haushaltsdebatten des Bundestags den Eindruck zu erwecken, dass tatsächlich 30 Milliarden DM eingespart würden, obwohl seine Etatzahlen diese Summe überhaupt nicht deckten.

Eichels Trick bestand darin, dass er zur Vergleichsbasis seiner Daten die fiktiven Ausgabenansätze von Lafontaines mittelfristiger Finanzplanung heranzog. Der hatte die Waigelsche Finanzplanung um 30 Milliarden DM aufgebläht. Eichel nun machte nichts anderes, als diese 30 Milliarden wieder einzukürzen. Im Vergleich zur Vorgängerregierung war das also ein Nullsummenspiel. Doch das verstanden nicht einmal die meisten Journalisten, sodass die Medien dem vermeintlichen »Sparkommissar« Eichel Lorbeerkränze wanden. Der von Eichel bewusst gepflegte, eher biedere Habitus verstärkte noch den Eindruck von Solidität. Mit dem »Charme einer Büroklammer« gelang ihm das Kunststück, sein »Sparpaket« so anzupreisen und dann durchzusetzen, dass die Öffentlichkeit und vor allem die Wirtschaft überzeugt waren, jetzt werde tatsächlich Ernst gemacht mit einer soliden Finanz- und Haushaltspolitik. Der Widerstand in Teilen der SPD verstärkte die günstige öffentliche Wirkung noch. Unsere Gegenargumentation, dass der angebliche Spareffekt von 30 Milliarden auf einem Rechentrick beruhe und tatsächlich kaum etwas gespart werde, drang nicht durch, weil sie zu kompliziert war. Eichel hatte den Vorteil der einfachen, wenn auch falschen Argumente und Formeln auf seiner Seite. Um ihn zu entlarven, mussten wir viel zu viel erklären. Damit hatte der Finanzminister die Partie schon fast gewonnen.

Alsbald nutzten Schröder und Eichel das erzielte Gesamtbild, dass Sozialdemokraten möglicherweise doch mit Geld umgehen konnten, um auch die Weichen in Richtung einer Steuerentlastung zu stellen, immer bezogen auf eine möglichst positive Wahrnehmung in der Öffentlichkeit. Dabei war es manchmal schon beeindruckend, mit welchem Minimum an Substanz Eichel ein Optimum an Eindruck schinden konnte. So verbesserte sich allmählich auch die Stimmung in der Wirtschaft. Im »Bündnis für Arbeit« blieben die substanziellen Ergebnisse zwar weiterhin aus, aber nach einigem Hin und Her um den Vorstoß des IG-Metall-Vorsitzenden Zwickel zur Rente mit 60, bei dem auch der Arbeitsminister eine irritierende Rolle spielte, setzte sich vor allem in den großindustriellen Wirtschaftskreisen die Einschätzung durch, Schröder werde schon dafür sorgen, dass nichts so heiß gegessen werde wie gekocht. Der Kanzler selbst tat mit dem ihm eigenen Charme alles, um die Eitelkeiten auf den obersten Manageretagen geschickt zu bedienen und damit sein Renommee weiter aufzupolieren.

Ganz ähnlich verlief die Entwicklung beim so genannten »Atomkonsens«. Im Koalitionsvertrag war der Ausstieg aus der friedlichen Nutzung der Kernenergie fest verabredet worden, allerdings möglichst in Übereinstimmung mit der betroffenen Energiewirtschaft. Für die Grünen hatte die Frage, ob in dieser laufenden Legislaturperiode ein sichtbarer Ausstiegsschritt erfolgen, also wenigstens ein Kernkraftwerk stillgelegt werden würde, mehr als nur hohen symbolischen Wert. Der Ausstieg, der auf dem Schleifstein des Koalitionsalltags zu einem »Einstieg in den Ausstieg« zusammengeschrumpft war, bildete das letzte noch verbliebene Herzstück des einstmals so idealistischen Ansatzes, mit dem die grüne Bewegung einmal in die Politik gegangen war. Hier wollten, hier mussten sie hart bleiben. Umgekehrt hatte das Thema natürlich eine nicht minder große Bedeutung für die Beantwortung der Frage, ob in der Regierung Schröder letztlich wirklich wirtschaftliche Vernunft herrsche.

Die Interessenlage der Energiewirtschaft war relativ einfach. Durch die auf den Energiemärkten eingetretenen Veränderungen war auf mittlere Sicht ein Bedarf für einen Kraftwerkzubau nicht mehr gegeben. Durch den europäischen Stromverbund war es viel einfacher und finanziell sogar attraktiver, billigen Strom – auch aus Kernkraftwerken – außerhalb Deutschlands einzukaufen und ins einheimische Stromnetz einzuspeisen. So ging es betriebswirtschaftlich nur noch um die Frage, wie lange man die vorhandenen Reaktoren nutzen konnte und wie wenig störanfällig der Betrieb und wie gesichert vor allem die Entsorgung war. Seit Fischer in Hessen sein Unwesen als Umweltminister getrieben hatte, wusste man, dass jede atomrechtliche Gesetzgebung letztlich durch einen »ausstiegsfreundlichen« Vollzug unterlaufen werden konnte. Insbesondere die Frage der Entsorgung abgebrannter Kernbrennstäbe und der Transporte der Brennelemente entwickelte sich immer mehr zum eigentlichen Flaschenhals. Spätestens seit die »Castor«-Transporte jedes Mal zu einer Art öffentlichem Ausnahmezustand führten, war auch den Stromerzeugern die Lust an der Kernkraft vergangen. Also bestand eine gute Grundlage für einen Konsens mit der Energiewirtschaft, der sich etwa auf der Linie »störungsfreier Betrieb gegen Festlegung von Restlaufzeiten« bewegen konnte.

Ich hatte schon Mitte der Achtzigerjahre als Chef des Kanzleramtes die unvergessliche Erfahrung gemacht, dass mitten in den heftigen Auseinandersetzungen um die Wiederaufarbeitungsanlage in Wackersdorf, die wir auf Drängen der Kraftwerksbetreiber gegen erbitterte politische Widerstände durchgesetzt hatten, der damalige VEBA-Vorstandsvorsitzende zu mir kam, um mir freudig zu berichten, man habe sich mit der französischen Atomfirma Cogema geeinigt, die Wiederaufarbeitung in Frankreich zu betreiben. Das Wackersdorf-Projekt werde deshalb nicht mehr benötigt. Man sitzt ungemütlich auf einer Barrikade, wenn man plötzlich entdeckt, dass die, für die man kämpft und die man schützt, sich gerade heimlich aus dem Staub gemacht haben.

Deshalb war es für mich gar keine Frage mehr, ob sich mit der Energiewirtschaft ein Konsens über den Ausstieg aus der Kernenergie erzielen ließe, obwohl natürlich jeder Vertreter der Atomlobby die weitere friedliche Nutzung der Kernenergie für unverzichtbar erklärte. Aber ihnen ging und geht es um eine vorrangige Berücksichtigung kurzfristiger Unternehmensinteressen. Das aus übergeordneten Gesichtspunkten volks- und energiewirtschaftlich für richtig Gehaltene lässt man dann schon mal gerne beiseite.

Diese Haltung der meisten Kernkraftwerksbetreiber wird vielleicht auch dadurch noch gefördert, dass die zu vereinbarenden Restlaufzeiten der Atommeiler in jedem Fall deutlich länger sind als die weitere persönliche Vorstandszugehörigkeit jedes einzelnen Unternehmensvertreters. Das war zumindest in den heißen Kampfzeiten um die Kernenergie ein Gesichtspunkt, der nicht vernachlässigt werden durfte, wenn man zugleich die persönlichen Belastungen bedenkt, denen die so genannten »Manager der Atomwirtschaft« dabei ausgesetzt waren.

Ein ganz typisches Beispiel für die Haltung der Energiewirtschaft war Schröders Wirtschaftsminister Müller, ehemaliges Vorstandsmitglied der VEBA, der öffentlich erklärte, persönlich halte er den Ausstieg aus der Kernenergie für falsch. Gleichwohl setzte er sich im Sinne des von den Grünen angestrebten Ausstiegs für einen Konsens ein.

Jedenfalls entstand so ganz allmählich ein Bild von der rot-grünen Regierung, das davon kündete, nach dem ersten schrecklichen Halbjahr – für das in der Rückschau nur noch Lafontaine die Verantwortung trug – sei nun allmählich Vernunft eingetreten. Gleichzeitig gelang es Schröder mit Münteferings Hilfe, die kritisch gewordene innere Situation der SPD zu konsolidieren. In einer Serie von Regionalkonferenzen zog er durch Deutschland. Landauf, landab wurde den Genossen die Möglichkeit geboten, ihren Ärger und ihre Enttäuschung loszuwerden, Dampf abzulassen, und Schröder präsentierte sich als lernwilliger Genosse, der sich erstmals um die Seele der Partei und die emotionale Zustimmung der Genossen bemühte. Angesichts der Alternativlosigkeit, von der die SPD in ihrem Desaster beherrscht wurde, ging die Strategie auf, und der SPD-Parteitag bestätigte im Herbst Schröder in beträchtlicher Harmonie als Parteivorsitzenden.

4. Die neue Macht der Opposition – Strategien für den Bundesrat

Umgekehrt ergaben sich auch für die Union auf Grund der Wahlerfolge neue strategische Fragen. Unsere Position im Bundesrat war nun so konsolidiert, dass für den Rest der Legislaturperiode Rot-Grün nicht einmal rechnerisch mehr eine eigene Mehrheit zurückgewinnen konnte. Sogleich war damit die öffentliche Wahrnehmung verbunden, dass die Union wieder ein bestimmender Faktor der deutschen Politik geworden war – ganz im Gegensatz zu der landläufigen Einschätzung noch ein Jahr zuvor. Damit aber stellten sich zwei Probleme neu: Zum einen wurde die Frage wieder aktuell, welche politischen Alternativen die Union konkret vertrete, und zum anderen mussten wir uns verständigen, wie wir mit unserer Position im Bundesrat umgehen würden.

Hinter der ersten Frage versteckte sich ein Dilemma. Reformen und Veränderungen, auch Sparsamkeit in öffentlichen Haushalten, sind abstrakt besehen immer populär. Mit jedem Schritt der Konkretisierung jedoch stoßen sie auf wachsende Widerstände. Eine Steuerreform wird von der Öffentlichkeit grundsätzlich gutgeheißen, weil sie dadurch beträchtliche Entlastungen erhofft. In dem Maße jedoch, in dem betroffenen Bevölkerungsteilen, der Wirtschaft, Verbänden und dem Heer der Interessenvertreter klar wird, dass die Entlastungen jedenfalls zum Teil mit dem Verzicht auf bisher genossene Privilegien verbunden sind, gehen sie auf Distanz oder gar auf Gegenkurs. Natürlich will die Krankenschwester oder der Schichtarbeiter weniger Steuern zahlen und mehr in der Lohntüte haben. Aber auf die bisher steuerfreien Nacht- oder Feiertagszuschläge künftig ebenfalls die – insgesamt erheblich niedrigere – Lohnsteuer bezahlen zu sollen, weil es für die Steuerpflichtigkeit des Einkommens grundsätzlich keine Bedeutung haben darf, zu welcher Tages- oder Nachtzeit es erwirtschaftet worden ist, mag dann niemand einsehen, selbst dann nicht, wenn unter dem Strich trotzdem netto mehr übrig bleibt. In dieser Gesetzmäßigkeit der Betroffenheiten liegt einer der wesentlichen Gründe, warum es für jede Regierung – keineswegs nur in Deutschland – zunehmend schwieriger geworden ist, gestaltende Veränderungen durchzusetzen. Diese Erfahrung ist übrigens für mich auch eine Erklärung für die sich häufenden Regierungswechsel etwa in Frankreich, wo jedes Mal die jeweilige Opposition mit Erwartungen gewählt wird, die sie nach der Wahl wegen der Widerstände bei der Umsetzung nicht zu erfüllen in der Lage ist mit der Folge, dass bei der nächsten Wahl die neue Opposition daraus wieder Nutzen zieht. In Frankreich ist auf diese Weise die Kohabitation fast zur Regel geworden, denn wer die Präsidentschaftswahl gewinnt, dessen politisches Lager hat die nächste Parlamentswahl fast schon verloren.

Mit diesem Problem hatte ich mich schon in meiner Zeit als Chef des Bundeskanzleramts intensiv beschäftigt und war zu der Überzeugung gekommen, dass Veränderungen im Zweifel auch gegen Mehrheiten in aktuellen Meinungsumfragen durchgesetzt werden müssen. Die Erfahrung lehrt, dass dies einerseits kein politisches Zuckerschlecken, jedoch andererseits durchaus möglich ist, weil die Erregung in den öffentlichen Diskussionen während des Entscheidungsprozesses zwar groß ist, nach getroffener und in Kraft gesetzter Entscheidung allerdings immer rasch abflaut. Die Kunst dabei ist, die eigene parlamentarische Mehrheit beisammen zu halten, denn sie steht natürlich auch unter dem Druck der öffentlich artikulierten und von den Medien verstärkten Widerstände. Diese Erfahrung begründet zum Teil meine Überzeugung, dass das repräsentative System innovationsfreundlicher ist als Formen der plebiszitären Demokratie. Die Schweiz liefert dafür einen guten Anschauungsunterricht. Eine der wesentlichen Konsequenzen für jede Regierung aus diesen Erfahrungen besteht darin, schwierige Vorhaben, die eine große politische Kraftanstrengung und streitige öffentliche Diskussionen erwarten lassen, möglichst am Anfang von Legislaturperioden in Angriff zu nehmen und Entscheidungen so früh durchzusetzen, dass für die notwendige Konsolidierung im Rest der Legislaturperiode noch genügend Zeit bleibt. Gegen dieses Gebot hatten wir in der letzten Legislaturperiode insbesondere bei Steuer- und Rentenreform teilweise verstoßen.

Da eine Opposition Entscheidungen aus eigener Kraft letztlich nicht durchsetzen kann – sonst wäre sie ja nicht Opposition –, folgt aus dieser Erkenntnis für ihre politische Strategie die Notwendigkeit, auf ein zu großes Maß an Konkretisierung ihrer Vorschläge und Konzepte zu verzichten. Deshalb hatte ich schon unmittelbar nach der verlorenen Bundestagswahl die Parole ausgegeben, dass unsere Alternativen zur Politik der rot-grünen Koalition eher grundsätzlich formuliert werden sollten und wir uns nicht zu sehr in detaillierte Vorschläge verlieren dürften, die letztlich doch nur entweder von der Mehrheit unter Urheberrechtsverletzung an die eigenen Fahnen geheftet werden oder im Papierkorb verschwinden. Durch unsere nun als stärker wahrgenommene Position wurde es schwieriger, diesen Ansatz beizuhalten.

Das andere Problem ergibt sich daraus, dass die Interessenlage einer Opposition im Bundestag zwangsläufig nicht immer deckungsgleich sein kann mit den Interessen der von ihr gestellten Landesregierungen. Das ermöglicht jeder Bundesregierung, auch andersfarbige Landesregierungen in ihrem Abstimmungsverhalten im Bundesrat zu beeinflussen. Wenn die Opposition im Bundestag Regierungsvorlagen mit guten Gründen ablehnt, entstehen daraus keine weiteren Konsequenzen, weil für die Regierung ja mit der Mehrheit im Parlament auch die Notwendigkeit verbunden ist, die Verantwortung für Entscheidungen zu übernehmen. Im Bundesrat aber führten die veränderten Mehrheitsverhältnisse dazu, dass wir bestimmte Entscheidungen verhindern konnten, was politisch sehr viel komplizierter ist. Schon wurde die Sorge laut, dass nach der Lafontaine-Blockade in der letzten Legislaturperiode nun unter umgekehrten Vorzeichen schon wieder Stillstand drohe.

Diese Gefahr mussten wir vermeiden. Die Öffentlichkeit war der Blockaden überdrüssig – die SPD Lafontaines konnte sie auch nur für eine begrenzte, damals aber eben gerade noch ausreichende Zeit aufrechterhalten. Außerdem wäre die Union nach meiner Überzeugung niemals in der Lage, eine solche Strategie der »verbrannten Erde« durchzuhalten. Ich hatte sie Jahre zuvor ja nicht einmal der SPD zugetraut. Bei der Union würde das schlechte Gewissen über eine derartige, staatspolitisch nicht zu verantwortende Strategie sich ziemlich rasch durchsetzen und die Linien aufweichen. Außerdem ist die Struktur der Unionsparteien, auch im Denken fast aller ihrer Entscheidungsträger viel föderaler als die der SPD. Deshalb wäre es auch pure Illusion zu glauben, man könne im Ergebnis Landesregierungen, die von CDU oder CSU gestellt werden, so eng und konsequent an die Leine der Parteiführung legen, wie es Lafontaine in der SPD gelungen war. Ich habe diesen Sachverhalt übrigens immer als Stärke der Union empfunden, auch wenn er die Aufgabe eines Oppositionsführers nicht unbedingt leichter machte.

Hinzu kam außerdem noch, dass die Mehrheitsbildungsprozesse im Bundesrat in Wahrheit komplizierter und differenzierter waren, als den meisten Betrachtern und der Öffentlichkeit bewusst war. In der Länderkammer gab es weder für Rot-Grün noch für die Union, auch nicht für die Union zuzüglich der FDP eine Mehrheit, weil die großen Koalitionen in Berlin, Brandenburg und Bremen und zudem die SPD-FDP-Koalition in Rheinland-Pfalz weder der einen noch der anderen Seite einfach zugerechnet werden konnten.

Bei zustimmungsfreien Gesetzen brauchte die Regierung Schröder also kaum mit einem Einspruch des Bundesrats zu rechnen, den sie ja auch mit ihrer komfortablen Bundestagsmehrheit ohnehin zurückweisen konnte. Dagegen musste die rot-grüne Koalition bei zustimmungspflichtigen Gesetzen im Bundesrat eine Mehrheit finden. Daran wird sich auch für den Rest der Legislaturperiode nichts mehr ändern.

Allerdings war bei der Frage unseres Verhaltens zu beachten, dass im Vermittlungsausschuss die Koalition immer noch über eine Mehrheit verfügte. Mit dieser Mehrheit kann sie nach den Regeln des Vermittlungsverfahrens Beschlussempfehlungen durchsetzen, die Bundestag und Bundesrat nur insgesamt annehmen oder ablehnen können. Solche Empfehlungen werden überdies zunächst im Bundestag zur Abstimmung gestellt, sodass am Ende immer wieder die Union im Bundesrat mit der Alternative konfrontiert werden kann, zuzustimmen oder in der Öffentlichkeit die Verantwortung für ein Scheitern des Gesetzgebungsvorhabens übernehmen zu müssen. Demgegenüber ist die Union letztlich nicht in der Lage, über den Bundesrat oder den Vermittlungsausschuss Änderungen an Gesetzen zu erzwingen, also die Verwirklichung eigener Konzeptionen ohne eine Einigung mit der rot-grünen Mehrheit der Koalition wirklich durchzusetzen. Da Schröder offensichtlich in der Kalkulation solcher Prozesse relativ kühl, notfalls auch hinreichend skrupellos war, mussten wir möglichst intensiv bedenken, welche Ziele wir maximal erreichen konnten, und uns demnach in unserem Verhalten gegenüber der Gesetzgebung frühzeitig ausrichten. Im Juli 2000 sammelte die Union beim Ringen um die Steuerreform entsprechende Erfahrungen. Zunächst verweigerte die rot-grüne Mehrheit bei der parlamentarischen Behandlung der Steuergesetze im Bundestag eine intensive Erörterung der unterschiedlichen Reformansätze von Regierung und Opposition. Obwohl die große Mehrheit der Steuer- und Finanzwissenschaftler den Ansatz der Union einer gleichmäßigen Steuerentlastung für alle unterstützte und das Eichelsche Konzept einer differenzierten Steuerbelastung je nach Rechtsform des Unternehmens und Verwendung der Gewinne ablehnte, gewann die Regierung in der Öffentlichkeit, auch in Wirtschaftskreisen, viel Unterstützung für die Argumentation, selbst eine mit Fehlern behaftete Steuersenkung sei besser als keine. Auch im Vermittlungsverfahren ließ sich die Mehrheit nicht auf systematische Argumente ein, sondern machte zwar einige Zugeständnisse bei den Steuersätzen, setzte aber das nur von der Koalitionsmehrheit getragene »unechte« Vermittlungsergebnis im Bundestag durch und konzentrierte den öffentlichen Druck auf die Bundesratssitzung am 14. Juli, bei der die Steuerreform nicht scheitern dürfe. Um eine zustimmende Mehrheit im Bundesrat zu erreichen, mussten von den vier Landesregierungen, in denen die SPD mit der CDU oder FDP zusammenarbeitete, mindestens drei gewonnen werden. Der FDP – für die Koalition in Rheinland-Pfalz – bot man dazu weitere Zugeständnisse für den Mittelstand an, worauf die FDP schon deshalb gerne einging, weil es ihr als Möglichkeit erschien, nach den Diskussionen im Zusammenhang mit der Landtagswahl in Nordrhein-Westfalen zusätzlich Eigenständigkeit gegenüber der Union zu demonstrieren. In Bremen wurde die durch die Debatte um eine Neuordnung des Länderfinanzausgleichs zusätzlich belastete schwierige Haushaltslage des Landes zum Hebel genommen. In Brandenburg wurde angedroht, die SPD-Regierungschefs könnten unter Bruch ihrer Koalitionsvereinbarungen auch gegen den Widerstand des Unionspartners für die Steuergesetzgebung stimmen – kühl kalkulierend, dass die CDU nicht gerne die Verantwortung dafür übernehmen würde, wenn in Brandenburg eine weitere SPD-PDS-Regierung als Ergebnis eines Koalitionsbruchs zustande kommen würde. Und schließlich bot man der Hauptstadt Berlin für eine Zustimmung erhebliche finanzielle Bundeshilfen an.

So problematisch die Missachtung der vom Grundgesetz vorgegebenen Beratungsprozesse für die Gesetzgebung auch war, das Ergebnis war jedenfalls kurzfristig ein politischer Erfolg der Regierung Schröder. Vor allem aber zeigte der ganze Geschehensablauf, wie begrenzt letztlich bei den gegebenen differenzierten Mehrheitsverhältnissen im Bundesrat die Gestaltungsmöglichkeiten der Union sind, wenn die Regierung in der Durchsetzung ihrer politischen Interessen nur hinreichend skrupellos ist, woran zu zweifeln bei Schröder gewiss nicht erlaubt ist.

Ich bin deshalb immer dafür eingetreten, die Oppositionsrolle gerade in der öffentlichen Darstellung auf den Bundestag zu konzentrieren. Das entspricht auch dem jeweiligen Wählerauftrag für Mehrheit und Minderheit. Die Mehrheit hat die Gestaltungsmacht und trägt die Verantwortung für die Entscheidungen. Die Minderheit hat die Pflicht zu kritischer Kontrolle und Alternative. Im Bundesrat gelten andere Gesetze, Interessen und Verantwortlichkeiten. Und da wir zu Zeiten der Lafontaine'schen Blockade, an der die damaligen Ministerpräsidenten Schröder und Eichel kräftig mitwirkten, das als Machtmissbrauch heftig kritisierten, müssen wir uns sorgfältig hüten, jetzt den gleichen Eindruck zu erwecken. Dem dient, in der Wahrnehmung der öffentlichen Debatte, nach Möglichkeit die Auseinandersetzung um sachliche Alternativen im Bundestag zu führen und nicht schon am Anfang der Diskussion die schlussendliche Abstimmung im Bundesrat in den Vordergrund der Aufmerksamkeit zu rücken. Dies ist zugegebenermaßen ein Anliegen, für dessen Umsetzung auch bei den Medien noch viel um Verständnis geworben werden muss. Aber die Reduzierung der politischen Debatte auf die Frage »zustimmen oder scheitern?« ist bei europäischen Gipfeln, deren Ergebnisse der Ratifizierung bedürfen, ebenso problematisch wie bei zustimmungspflichtigen Gesetzesvorhaben, weil damit die argumentative Auseinandersetzung um alternative Lösungsansätze weitgehend entleert wird.

Aus alledem leitete ich ab, dass wir sorgfältig zwischen zustimmungsfreien und zustimmungspflichtigen Gesetzen unterscheiden und diese Unterschiede auch öffentlich bewusst zu machen hatten. Bei zustimmungsfreien Gesetzen konnten wir eine klare alternative Position ohne zu viel Rücksicht auf den Fortgang des Verfahrens formulieren, während wir bei der zweiten Gruppe eher die Bereitschaft zum Kompromiss erkennen lassen sollten.

Mit den Ministerpräsidenten der unionsregierten Länder verabredeten wir enge Absprachen im möglichst frühen Stadium jeder Gesetzgebung. Bei der Steuerdebatte führte dies dazu, dass CDU und CSU eine gemeinsame Kommission unter der Leitung des stellvertretenden Fraktionsvorsitzenden Friedrich Merz und des bayerischen Finanzministers Kurt Faltlhauser mit der Ausarbeitung eines alternativen Gesetzentwurfs zur Unternehmenssteuerreform der Regierung beauftragten. Es war uns klar, dass der Grat, auf dem wir uns als Opposition im Bundestag und Bundesrat bewegen konnten, schmal war. Zwischen dem Vertreten einer grundsätzlich richtigen Position zur Steuerreform einerseits und der politischen Notwendigkeit, dass eine Senkung der Unternehmenssteuerbelastung, wie sie ja auch von der Regierung intendiert war, letztlich jedenfalls nicht scheitern durfte, mussten wir eine möglichst kluge strategische Position einnehmen.

Bei der Gesundheitsreform legten wir uns klar auf ein Scheitern fest. Den Ansatz der Regierung hielten wir für derart grundfalsch, dass eine Korrektur durch Kompromisse im Vermittlungsausschuss nicht möglich schien. Allerdings war von vornherein klar, dass die Bundesregierung die Lösung spezifischer Finanzprobleme der ostdeutschen Krankenkassen mit in das Gesetz einbeziehen und so die dortigen Landesregierungen unter Druck setzen könnte. Damit war zumindest die theoretische Möglichkeit gegeben, den Widerstandsriegel der Union zu knacken und die ostdeutschen Länder dazu zu bewegen, dem Gesetz am Ende doch noch zuzustimmen. Deshalb habe ich mit jedem einzelnen unserer Ministerpräsidenten und mehrfach mit allen gemeinsam gesprochen, und immer war das Ergebnis, dass das Gesetz unter jedem denkbaren Umstand abgelehnt werden müsste. Es war also zum Scheitern verurteilt. Und dennoch: Die Bundesregierung bekam es zum Schluss dann doch hin, die ostdeutschen Landesregierungen durch das Anlegen finanzieller Daumenschrauben zu einer Zustimmung zu bewegen. Alle zuvor getroffenen und mehrfach bekräftigten Festlegungen lösten sich – wie so oft – unter dem Diktat von Mark und Pfennig auf. Hätte damals nicht schon die Finanzaffäre der Union alle öffentliche Aufmerksamkeit beansprucht, dann hätte dieser Sachverhalt kurz vor Weihnachten als erstes großes Scheitern einer gemeinsamen Oppositionsstrategie die Schlagzeilen beherrscht. Für die Erfahrung bei der Steuerreform im Juli hatte es also schon ein halbes Jahr zuvor einen Präzedenzfall gegeben.

Für das Thema »Rentenreform« kam ich zu einem anderen Lösungsvorschlag. Sie ist nach dem Grundgesetz nicht zustimmungspflichtig, sodass die Union sich eigentlich auf eine grundsätzliche Alternative und die konsequente Ablehnung der Regierungsvorschläge hätte beschränken können, da sie für das, was die rot-grüne Koalition mit ihrer Mehrheit durchsetzen konnte, nicht in Mithaftung zu nehmen war. Doch das schien mir bei dieser sensiblen Materie nicht zureichend. Das System der gesetzlichen Alterssicherung bedarf angesichts dramatischer Veränderungen im Altersaufbau der Bevölkerung bei gleichzeitiger ständiger Verkürzung der Lebensarbeitszeit, sich immer schneller verändernden Erwerbsbiografien und der Notwendigkeit, aus Gründen des Arbeitsmarktes wie des globalisierten Wettbewerbs die Beitragsbelastung in wirtschaftlich erträglichen Grenzen zu halten, dringend einer grundlegenden Reform, die langfristig für Jung und Alt Klarheit und Verlässlichkeit schafft. Dabei ist jeder Versuch, Änderungen im System der gesetzlichen Rentenversicherung durchzusetzen, politisch mit ungeheuren Schwierigkeiten, Widerständen und Risiken verbunden. Es hatte viel Mühe und Kraft gekostet, mit dem so genannten demographischen Faktor in der vorangegangenen Legislaturperiode eine Änderung der Rentenformel durchzusetzen, und wir hatten das ausdrücklich als einen ersten Schritt bezeichnet, also klargestellt, dass das allein langfristig noch nicht ausreichte. Schon diese Maßnahme war aber auf erhebliche Widerstände in den eigenen Reihen und in der Öffentlichkeit gestoßen und hatte der SPD ja auch reichlich Wahlkampfmunition geliefert.

Nun hatte die Regierung Schröder diesen Reformschritt wie im Wahlkampf versprochen zurückgenommen. Dabei war aber deutlich geworden, dass die rot-grüne Koalition zu einer den tatsächlichen Notwendigkeiten gerecht werdenden Rentenreform nicht bereit oder nicht fähig war. Die Verstrickungen Arbeitsminister Riesters in alle möglichen Detailfragen der Rentenproblematik ließen jedenfalls ein zukunftsfähiges Konzept nicht im Geringsten erkennen. Es drohten also weitere vier Jahre für die so dringend notwendige Reform verloren zu gehen, womit sich die Probleme weiter dramatisch verschärfen würden. Aus der Opposition heraus, auch das war absehbar, würden sich CDU und CSU nicht allein zu einer detaillierten Reformkonzeption durchringen können, zumal dies angesichts der vielen herumliegenden heißen Eisen wohl auch nicht den Regeln politischer Klugheit entsprechen würde. Selbst die Aussicht, nach einer erneuten Übernahme der Regierungsverantwortung nach 2002 dann das inzwischen noch größer gewordene Problem in Angriff nehmen zu müssen, schien mir nicht sonderlich verlockend.

So entstand mein Vorschlag, dass Regierung und Opposition das Thema »Reform der Alterssicherung« aus dem politischen Streit herausnehmen und gemeinsam lösen sollten. Nachdem ich die Überlegung einvernehmlich mit dem CSU-Vorsitzenden Stoiber besprochen hatte, stimmte ich sie auch mit dem Präsidium der Partei und in der Bundestagsfraktion ab. Danach unterbreitete ich dem

SPD-Vorsitzenden Schröder – auch im Namen von Stoiber – schriftlich unseren Vorschlag einer gemeinsamen Lösungssuche, wobei ich anregte, auch FDP und Grüne einzubeziehen. Schröder akzeptierte den Vorschlag, und am 17. Dezember verabredeten die Parteivorsitzenden im Kanzleramt, in einer gemeinsamen Arbeitsgruppe Möglichkeiten einer grundlegenden Reform der Alterssicherung, die mindestens bis zum Jahr 2030 verlässliche Klarheit schaffen sollte, zu erarbeiten. Dabei legte ich ausdrücklich Wert darauf, dass tabufrei über alle Aspekte einer Reform geredet werden müsse, um zu verhindern, dass die Gespräche schon nach kurzer Zeit wegen unbeweglicher Positionen in die Sackgasse geraten würden. Allerdings hatte ich nicht damit gerechnet, dass Riester die so genannten Konsensrunden zu dem Versuch missbrauchen würde, einige Nebensächlichkeiten, die gleichwohl in der Öffentlichkeit positiv wirken konnten, vorab mit der Opposition zu regeln, aber selbst keine durchgerechnete Konzeption für die Gesamtreform auf den Tisch zu legen. Für die unangenehmen Wahrheiten, so schien es, sollte die Union geradestehen. Diese Vorgehensweisen führten im Frühjahr 2000 fast zum Abbruch der Konsensrunden.

VI. Die Krise

1. Der Paukenschlag –
Eine Million im Koffer und die Folgen

Die Wahlerfolge der Union im Herbst hatten in der Partei eine Stimmung erzeugt, die stetig euphorischer wurde. Immer wieder sah ich mich veranlasst, vor der Illusion zu warnen, die Bundestagswahl 2002 sei praktisch schon gelaufen. Denn auch in den Medien wurde mittlerweile darüber spekuliert, ob Schröders Kanzlerschaft nur eine kurze Episode bleiben würde, zumal er in seiner eigenen Partei beträchtliche Probleme bekommen hatte und es auch in der Koalition ziemlich knirschte. Zugleich erschien die Wahlniederlage im September 1998 immer mehr als Betriebsunfall, den die Wähler inzwischen schon bereuten. In den Meinungsumfragen kletterte die Union in noch nie gemessene Höhen, und der CDU-Sieg bei den nächsten Landtagswahlen im Jahr 2000 in Schleswig-Holstein und in Nordrhein-Westfalen stand selbst für kritischere Beobachter schon so gut wie fest. So wuchs auch die öffentliche Zustimmung zum früheren Bundeskanzler wieder, der zeitweilig im Politbarometer persönliche Sympathiewerte erhielt, die weit besser waren als in der längsten Dauer seiner Amtszeit. So sehr mich freute, dass damit seine historische Leistung öffentlich Anerkennung fand, so wenig glaubte ich, dass die Bundestagswahl 1998 nur auf einem Irrtum beruhte.

Kohls Demoskopiewerte wuchsen in den Wochen um den zehnten Jahrestag des Mauerfalls noch ganz erheblich. Bei den vielen Festakten und Gedenkveranstaltungen wurde er gefeiert wie ein nationaler Held. Die Kohl-Nostalgiewelle hatte schon zuvor im Herbst die Nachfrage nach Wahlkampfauftritten für die Union emporschnellen lassen, wobei die Resonanz außerordentlich groß war. Mancherorts hatte es sogar den Anschein, als sähen die Menschen nach wie vor in ihm den Kanzler.

So freundete sich Kohl auch mit unseren Erfolgen an. Anfangs hatte ich den Eindruck, dass er sich positive Resultate der Union nach seiner Amtszeit gar nicht richtig vorstellen konnte. Er schien deshalb auch Mühe zu haben, sich über Wahlergebnisse zu freuen, die nicht seinen Erwartungen entsprachen. Und erwartet hatte er unsere Serie von Wahlsiegen offensichtlich nicht. Später, als er in den Wahlkämpfen selbst wieder mitmischte, forderte er bei Mitarbeitern der CDU-Bundesgeschäftsstelle für seine öffentlichen Auftritte die gleiche organisatorische Unterstützung an, die er in seiner Zeit als Parteivorsitzender gewohnt war. Die Generalsekretärin musste dies, mit meiner Zustimmung, unterbinden. Unsere angespannte finanzielle Situation hatte uns schon das ganze Jahr zu strikter Sparsamkeit gezwungen. Ich verzichtete darauf, für meine Wahlkampfeinsätze die Hubschrauber des Bundesgrenzschutzes zu benutzen, weil das die Partei hätte bezahlen müssen. In früheren Jahren war das anders gewesen. Es konnte auch nicht hingenommen werden, dass an Generalsekretärin und Bundesgeschäftsführer vorbei versucht wurde, Mitarbeitern des Konrad-Adenauer-Hauses Weisungen zu erteilen. Die Verhältnisse hatten sich nun mal verändert.

Mit Volker Rühe hatte ich für die gemeinsame Auftaktveranstaltung zum Landtagswahlkampf in Schleswig-Holstein den 15. Januar 2000 als Termin verabredet. Eines Tages erfuhr ich mehr zufällig, dass dazu auch der Ehrenvorsitzende eingeladen worden war – kurze Zeit, bevor diese Einladung dann aus anderen Gründen wieder zurückgenommen wurde.

Am 4. November 1999 war ich mit dem EVP-Vorsitzenden Martens zum Abendessen verabredet. Er berichtete mir, dass er am nächsten Morgen zum früheren Bundeskanzler bestellt sei, der offenbar Ehrenvorsitzender der EVP werden wolle. Ich sagte Martens, dass ein solcher Vorschlag eigentlich von Kohls Partei, der CDU, gemacht werden müsste. Ich sei aber gar nicht auf den Gedanken gekommen, weil mir Kohl ein Jahr zuvor, als ich ihm den Ehrenvorsitz der CDU angetragen hatte, erklärt habe, dass dieses der einzige Ehrenvorsitz sei, den er anzunehmen bereit wäre. Nach dem Gespräch mit Martens verstand ich allerdings die Ankündigungen besser, die Kohl in verschiedenen Interviews im Sommer gemacht hatte, dass er sich nämlich im Herbst persönlich wieder stärker um die europäische Politik kümmern wolle.

An diesem 5. November 1999, an dem Martens zu Kohl bestellt war, wurden wir durch eine Agenturmeldung aufgeschreckt, die Staatsanwaltschaft Augsburg habe gegen den früheren CDU-Schatzmeister Walter Leisler Kiep einen Haftbefehl erwirkt. Kiep sei zur Fahndung ausgeschrieben, und die Grenzkontrollen seien um erhöhte Aufmerksamkeit gebeten worden. Ich war fassungslos. Kiep ein Gangster, von der Polizei gejagt? Groteskerweise war der Haftbefehl damit begründet worden, dass Kiep ein Ferienhaus in der Schweiz besitze und deshalb Fluchtgefahr bestehe. Wenn schon die Tatsache einer Ferienwohnung im Ausland die für einen Haftbefehl notwendige Fluchtgefahr begründen kann, dann stehen viele Zeitgenossen im Zweifel mit einem Bein im Gefängnis.

In Wahrheit hielt sich Kiep an diesem Tag zu einem nicht einmal geheimen Treffen in der Siemens-Zentrale in München auf, und anschließend stellte er in einer öffentlichen, von der Polizei geschützten Veranstaltung sein neues Buch in Stuttgart vor. Das hätte auch ein Staatsanwalt herausfinden können. Kiep meldete sich unmittelbar am nächsten Morgen bei der zuständigen Behörde, und der Haftbefehl wurde gegen Kaution außer Vollzug gesetzt. Ob die verheerende Wirkung der aufgeregten Meldungen, dass ein ehemaliger CDU-Schatzmeister und Landesfinanzminister quasi flüchtig von der Polizei gesucht wurde, damit ausgeräumt werden konnte, kann füglich bezweifelt werden. Weil Recht und Gesetz für jedermann in gleicher Weise zu gelten haben, sollten meines Erachtens Strafverfolgungsbehörden die öffentliche Bekanntheit eines Beschuldigten auch nicht ohne Not zu dessen Nachteil verwenden. Die in der Strafprozessordnung gebotene Sorgfalt, mit der die Rechte Angeschuldigter beachtet werden sollen, gelten jedenfalls auch für Prominente.

Der Vorwurf gegen Kiep lautete, er habe sich mit der Annahme eines Betrages von einer Million DM von dem wegen verschiedener Delikte zur Fahndung ausgeschriebenen Kaufmann Schreiber einer Steuerhinterziehung verdächtig gemacht. In einer ersten Vernehmung räumte Kiep ein, zusammen mit dem seit vielen Jahren für die CDU tätigen Wirtschaftsprüfer Weyrauch 1991 in einem Einkaufszentrum in dem Schweizer Ort Sankt Margrethen einen solchen Betrag empfangen zu haben. Es habe sich dabei aber um eine Spende für die CDU Deutschlands gehandelt, die Weyrauch absprachegemäß zunächst auf einem Treuhandanderkonto bei einer Frankfurter Bank eingezahlt habe. Der Betrag sei später zur Zahlung einer Abfindung an den früheren Bevollmächtigten des CDU-Schatzmeisters, Uwe Lüthje, zwecks Begleichung von Anwaltskosten, die in den wegen illegaler Parteispenden gegen ihn geführten Strafverfahren entstanden waren, und schließlich zur Abgeltung der Beratungstätigkeit von Weyrauch für die CDU verwendet worden.

Damit nahm ein Unheil seinen Lauf, dessen Dimensionen sich niemand in der Parteiführung selbst in seinen schlimmsten Träumen hätte vorstellen können. Besonders fatal wirkten sich die Begleitumstände der Geldübergabe aus. Hier passte alles wie in einem schlechten Krimi zusammen. Ein Kaufmann, der als Lobbyist für Waffenhersteller tätig ist, bestellt den CDU-Schatzmeister und dessen Finanzberater in die Schweiz auf den Parkplatz eines Einkaufszentrums. Dort wird geradezu unter konspirativen Umständen ein »Behältnis« – vulgo Koffer – mit einer Million DM in bar übergeben. Der Finanzberater schmuggelt das Geld nach Deutschland und zahlt die Summe in Teilbeträgen auf irgendein Konto angeblich zugunsten der CDU ein.

Diese mittlerweile symbolisch gewordene Szene hat maßgeblich dafür gesorgt, dass die dadurch ans Tageslicht gekommene Finanzaffäre der CDU von Anfang an in einem halb kriminellen Licht erschien. Zumindest war allen möglichen Mutmaßungen und Verdächtigungen Tür und Tor geöffnet, von denen die, dass die Schreiber-Million ein Dank für ein gelungenes Waffengeschäft sei, eine der nächstliegenden und hartnäckigsten war. Findige Rechercheure hatten denn auch flugs kombiniert, der seinerzeitige Verkauf von »Fuchs«-Spürpanzern an Saudi-Arabien, bei dem angeblich eine Menge Schmiergeld geflossen sein solle, sei der Grund für die Geldzuwendung an den CDU-Schatzmeister. Waffen, Spende, Schreiber – aus diesem Gebräu sollte noch manche üble Blase aufsteigen.

In der Parteiführung schrillten alle Alarmglocken. Wir beauftragten sofort eine renommierte Bonner Anwaltskanzlei mit der Vertretung unserer etwaigen Interessen, wobei es uns zunächst vor allem darum ging, gegenüber der zuständigen Staatsanwaltschaft Augsburg auch den geringsten Anschein unkorrekten Verhaltens zu vermeiden. Zugleich bemühten wir uns unsererseits um Aufklärung, was sich anfangs außergewöhnlich schwierig gestaltete, da außer den unmittelbar Beteiligten offensichtlich niemand informiert war, diese aber zunächst entweder nicht zu erreichen oder jedenfalls nicht zu Auskünften bereit waren. Kiep reiste unmittelbar, nachdem der Haftbefehl gegen ihn außer Vollzug gesetzt war, für zehn Tage in die USA. Da er Beschuldigter in einem Ermittlungsverfahren war, mussten wir uns ihm gegenüber besonders vorsichtig verhalten, um nicht in den Verdacht zu geraten, der Staatsanwaltschaft ins Handwerk pfuschen zu wollen. So war die Lektüre der Tageszeitungen, insbesondere der *Süddeutschen Zeitung*, zeitweilig unsere wichtigste Informationsquelle, zumal uns die Staatsanwaltschaft Augsburg Akteneinsicht verweigerte.

Als unangenehm erwies sich die Tatsache, dass die von Schreiber an Weyrauch und Kiep übergebene eine Million DM, die angeblich eine Spende an die CDU gewesen sein sollte, in den uns zugänglichen Unterlagen der Partei nirgends auffindbar war. Für den 8. November waren Sitzungen von Präsidium und Bundesvorstand anberaumt. Es war klar, dass wir zu der ominösen Million etwas sagen mussten. Deshalb bat ich über unseren Bundesgeschäftsführer noch vor dem Wochenende Weyrauch um Auskunft. Er teilte uns schriftlich den »Tathergang« mit, den wir aus den Presseberichten aber im Wesentlichen schon kannten. Die einzige neue Erkenntnis war, dass Weyrauch betonte, die Million sei nicht der CDU zugute gekommen. Erstmals hörten wir etwas von »Sondervergütungen« an den langjährigen Generalbevollmächtigten Lüthje, an Kiep sowie die Weyrauch und Kapp GmbH.

Mehr konnte ich der Parteiführung nicht mitteilen. Kohl sagte in den Gremien, er habe weder von der Millionenspende noch von der Existenz des Treuhandanderkontos etwas gewusst. Wir stellten ausdrücklich klar, dass es unter der neuen Parteiführung keine derartigen Sachverhalte mehr gebe, vor allem gebe es keine Treuhandanderkonten mehr, auf denen offiziell nicht bekannte Parteispenden lägen. Im Übrigen forderten wir die Augsburger Staatsanwaltschaft auf, bis zum nächsten Wochenende ihre Ermittlungen zu einem Ergebnis zu führen, da der Ruf der CDU mit jedem Tag, an dem die Vorwürfe ungeklärt blieben, Schaden nehme. Es war – wie sich bald herausstellte – ein etwas naiver Appell.

Die Staatsanwaltschaft führte unterdessen bei der Kanzlei Weyrauch eine Hausdurchsuchung durch und beschlagnahmte eine

Fülle von Unterlagen. Über Indiskretionen in der Presse erfuhren wir, dass dabei Unterlagen über eine Reihe weiterer Treuhanderkonten seien, die Weyrauch für die CDU geführt habe, von denen wir aber in unseren Unterlagen und Rechenschaftsberichten ebenfalls nichts entdecken konnten. Spätestens zu diesem Zeitpunkt beschlichen mich böse Vorahnungen angesichts der Brisanz, die hinter diesen Berichten stecken konnte.

SPD und Grüne hatten inzwischen so viel Gefallen an der Geschichte gefunden, dass sie ankündigten, die Einsetzung eines Untersuchungsausschusses zu beantragen, um die Frage zu klären, ob Regierungsentscheidungen unter Bundeskanzler Kohl käuflich gewesen seien. Das schreckte uns wenig, weil wir sicher waren, dass sich ein solcher Verdacht als unbegründet erweisen würde. Kohl erläuterte in der Präsidiumssitzung am 22. November, wie die Spürpanzerlieferung an Saudi-Arabien zustande gekommen und dann abgelaufen war. Jeder, der noch eine halbwegs präzise Erinnerung an das sicherheitspolitische Umfeld des Golfkriegs hatte, konnte schon aus den banalen Zusammenhängen erkennen, dass der Gedanke an die Käuflichkeit dieser Entscheidung ziemlich absurd war. Deshalb beschlossen wir in dieser Präsidiumssitzung, nun unsererseits darauf zu drängen, dass ein solcher Untersuchungsausschuss seine Arbeit bald und zügig aufnehmen sollte, damit den üblen Verdächtigungen rasch der Boden entzogen werden konnte.

Mitte November erklärte Lüthje vor der Staatsanwaltschaft, dass das Geld von Schreiber tatsächlich aufgeteilt worden sei. Die Vernehmung Weyrauchs, so entnahmen wir der unglaublich gut informierten *Süddeutschen Zeitung*, habe zudem ergeben, dass offenbar tatsächlich ein breit gefächertes Anderkontosystem existiert hatte, das zur Verschleierung von Spenden gedacht gewesen sei. Das wiederum machte SPD und Grünen Appetit auf eine Ausweitung der parlamentarischen Untersuchung. Man müsse auch das Finanzsystem der CDU durchleuchten. Dagegen erhob ich vehement Widerspruch. In der Präsidiumssitzung am 22. November vertraten wir den Standpunkt, dass die Aufklärung von etwaigen Unstimmigkeiten im Rechenwerk der CDU nicht Sache eines parlamentarischen Untersuchungsausschusses sein dürfe, sondern von uns selbst entsprechend den Bestimmungen des Parteiengesetzes geleistet werden müsse. Wir erörterten deshalb, die Wirtschaftsprüfungsgesellschaft Ernst & Young damit zu beauftragen, die Rechenschaftsberichte entsprechend dem Parteiengesetz zu überprüfen und gegebenenfalls zu ergänzen. Außerdem forderten wir alle Beteiligten auf, ihr Wissen und sämtliche relevanten Informationen den Wirtschaftsprüfern zur Verfügung zu stellen. Wir besprachen auch einvernehmlich, dass die daraus gewonnenen Erkenntnisse nicht einzeln in die Öffentlichkeit gelangen, sondern insgesamt als Ergebnis der Prüfung vollständig publik gemacht werden sollten. So kündigte ich es auch öffentlich an. Der von der SPD designierte Vorsitzende des künftigen Untersuchungsausschusses stimmte mir immerhin darin zu, dass die Durchleuchtung der Parteifinanzen nicht Sache des Untersuchungsausschusses sei.

Doch unsere Hoffnung, einigermaßen geordnet die nächsten Wochen überstehen zu können, erwies sich als Illusion. Während wir intern fieberhaft nach Hinweisen auf mögliche Unregelmäßigkeiten im Finanzwesen fahndeten, schufen die Ermittlungen der Staatsanwaltschaft und die damit verbundenen Veröffentlichungen täglich neue Schlagzeilen. Ein ganzes Heer von journalistischen Spürnasen machte sich daran, in der Vergangenheit der CDU nach Merkwürdigkeiten zu schnüffeln. Mancher Unsinn, der dabei berichtet wurde, konnte von uns gar nicht so schnell entkräftet werden, wie er in die Zeitungsspalten geriet. Ziemlich mannhaft schloss ich noch am Wochenende des 20./21. November die Existenz schwarzer Konten, wie sie in einigen Gazetten der CDU unterstellt worden waren, aus.

2. Die Schatten der Vergangenheit – Enthüllungen über »schwarze Kassen«

Am Ende der Präsidiumssitzung am 22. November erlitt ich einen Schwächeanfall, der mich zwang, die anschließende Pressekonferenz im Wesentlichen durch die Generalsekretärin abhalten zu lassen. Wir hatten, ohne viel Neues an Erkenntnissen zu haben, im Präsidium beschlossen, eine erste Konsequenz zu ziehen und die Zusammenarbeit mit der Wirtschaftsprüfungskanzlei Weyrauch und Kapp zu beenden. Außerdem bekräftigten wir unsere Verteidigungslinie, dass wegen der Ungeheuerlichkeit der Vorwürfe, Regierungsentscheidungen seien käuflich gewesen, schnellstmögliche Aufklärung geboten sei. Auch deshalb müsse der Untersuchungsausschuss noch vor Weihnachten seine Arbeit aufnehmen. Das sollte Frau Merkel den Journalisten mitteilen. Zu Beginn der Pressekonferenz erläuterte ich kurz, dass ich wegen einer offensichtlichen Erkältung, die bei mir im Anmarsch sei, kaum bei Stimme sei, weshalb ich nicht selbst über die Ergebnisse der Präsidiumssitzung berichten könne. Da ich offenbar ziemlich angegriffen aussah, blieben eine Reihe von Kameraobjektiven in geringem Abstand so penetrant auf mich gerichtet, dass mir klar wurde, hier hoffte man auf einen guten Schnappschuss von meinem Zusammenbrechen. Den Gefallen tat ich den Voyeuren nicht, obwohl ich mich im Laufe der Pressekonferenz immer elender fühlte.

Kurze Zeit nach Abschluss der Pressekonferenz musste ich mit dem Notarztwagen ins Krankenhaus eingeliefert werden. Da findige Journalisten den Berliner Polizeifunk abzuhören pflegen, gingen die entsprechenden Agenturmeldungen schon um die Welt, ehe ich auch nur im Bundeswehrkrankenhaus eingetroffen war. Meine Mitarbeiter und meine Familie wussten von nichts. Als Erste rief meine in Washington studierende Tochter, die die Meldung im Internet mitbekommen hatte, zu Hause an, was mit dem Papa los sei – nicht eben zur Beruhigung meiner bis dahin ahnungslosen Frau.

Die Ärzte und Pflegekräfte im Bundeswehrkrankenhaus leisteten hervorragende Arbeit, schirmten mich auch gegenüber der öffentlichen Neugierde gut ab, und nach zwölf Stunden war das Schlimmste überstanden. Immerhin fiel ich für die in dieser Woche anberaumte Haushaltsdebatte im Bundestag aus, und Volker Rühe musste in der so genannten Elefantenrunde bei der Generalaussprache über den Etat des Kanzleramts an meiner Stelle den Part des Oppositionsführers übernehmen. Ich sah darin für ihn im Vorfeld der schleswig-holsteinischen Landtagswahl auch eine zusätzliche Chance, weil die Rede des Oppositionssprechers in dieser klassischen Auseinandersetzung um den Haushalt eine das normale Maß von Bundestagsdebatten weit überschreitende Aufmerksamkeit erfährt. Rühe selbst war gar nicht so begeistert. Er empfand mehr die Belastung, weil er sich in den letzten Monaten verstärkt auf Schleswig-Holstein konzentriert und an Diskussionen in Berlin nicht mehr so intensiv teilgenommen hatte. Dennoch übernahm er den Part.

Während der anschließenden Rede des SPD-Fraktionsvorsitzenden Struck kam es im Bundestag zu einer erregten Szene. Struck warf der CDU vor, bei Spendengeldern eine besondere Art der Moral gezeigt zu haben, und forderte uns auf klar zu stellen, ob diese Spenden Einfluss auf unsere Politik gehabt hätten. Bebend vor Zorn wies der frühere Bundeskanzler in einer Zwischenfrage Verleumdungen zurück, seine Regierung habe sich Entscheidungen wie die für die Panzerlieferung an Saudi-Arabien abkaufen lassen. Er verlangte, noch vor Weihnachten Gelegenheit zur Aussage vor dem Untersuchungsausschuss zu bekommen. Diese Intervention überdeckte völlig die Sache, um die es im Bundestag eigentlich ging: nämlich um die Generalaussprache über die Politik der Regierung Schröder. Stattdessen richteten sich alle Scheinwerfer erneut auf unsere leidige Affäre, die in ihrer öffentlichen Wirkung prompt eskalierte. Der parlamentarische Geschäftsführer der CDU/CSU-Bundestagsfraktion, Hans-Peter Repnik, berichtete mir an diesem Mittwochabend ziemlich niedergeschlagen von dem Debattenverlauf.

Am selben Tag veröffentlichte der *Stern* ein Interview mit dem nach Kanada geflohenen Herrn Schreiber. Darin bestritt er, dass die von ihm übergebene Million irgendetwas mit einer Einzelentscheidung der alten Bundesregierung zu tun gehabt habe oder von der Firma Thyssen gekommen sei. Auf eine entsprechende Frage bestätigte er, dass er sich auch mit der Nachfolgerin von Kiep im Amt des CDU-Schatzmeisters, Brigitte Baumeister, getroffen habe, »zum Beispiel bei einem Essen mit Wolfgang Schäuble in Bonn«.

Am Tag nach der Bundestagsdebatte konnte ich das Bundeswehrkrankenhaus in Berlin bereits wieder verlassen. Die Ärzte empfahlen mir zwar noch dringend Schonung, doch ich hatte das ungute Gefühl, dass daraus nichts werden würde, zumal mein Terminkalender vor lauter Verpflichtungen aus allen Nähten platzte. Repniks deprimierende Lageschilderung vom Mittwochabend brachte mich zu der Überzeugung, dass die Entwicklung so nicht weitergehen konnte. Während bis dahin im Vordergrund meiner Überlegungen stand, unter keinen Umständen den Vorwurf zu riskieren, die staatsanwaltschaftlichen Ermittlungen zu behindern, sich also mit eigenen Nachforschungen zurückzuhalten, beschloss ich nun, von der Kanzlei Weyrauch & Kapp GmbH die Herausgabe aller

Unterlagen der Partei aus früherer Zeit zu verlangen. Da ich aber jeden Eindruck vermeiden wollte, die neue Parteiführung wolle gewissermaßen im Nachhinein die Amtsführung meines Vorgängers überprüfen, wollte ich die Unterlagen nur in ausdrücklichem Einvernehmen mit dem früheren Vorsitzenden anfordern.

Am Donnerstag gelang es nicht, Kohl, der sich in der Schweiz aufhielt, telefonisch zu erreichen. Schließlich rief er mich im Verlauf des Freitags zurück und erklärte sich einverstanden. Umgehend gab ich in einer Presseerklärung bekannt, dass wir einvernehmlich die Herausgabe der Akten von Weyrauch & Kapp forderten und alle von der Bundespartei geführten Konten von einem unabhängigen Wirtschaftsprüfer kontrollieren lassen würden.

Bereits am Freitagmorgen war meine Ruhe, die ich noch benötigt hätte, rüde gestört worden. In der *Süddeutschen Zeitung* – wieder einmal – erschien ein Artikel, in dem von »schwarzen Kassen« der CDU berichtet wurde. Demnach sollte mit Billigung Kohls der CDU-Finanzberater Weyrauch eine Reihe von Konten angelegt haben, auf die anonymisierte Firmenspenden flossen. Mit dem Geld seien unter anderem mit zum Teil sechsstelligen Summen Parteigliederungen gezielt gefördert worden. Zu meinem großen Ärger schienen auch diese Informationen auf Erkenntnissen der Augsburger Staatsanwaltschaft zu beruhen, die uns nach wie vor keine Akteneinsicht gewährte. Zu allem Überfluss gingen um die Mittagszeit auch noch Eilmeldungen über die Nachrichtenticker, dass unser ehemaliger Generalsekretär Heiner Geißler die Existenz solcher »schwarzer Kassen« bestätigt habe. Diese hätten unter ausschließlicher Verantwortung des Bundesvorsitzenden und der Schatzmeisterei gestanden. Er selbst habe als Generalsekretär allerdings weder Einblick in die Konten gehabt noch über sie verfügen können. Es seien ungefähr zehn Konten gewesen, wie die *Süddeutsche* bereits berichtet hatte.

Als erste Lieferung erhielt unser Bundesgeschäftsführer schon an diesem Freitagabend die Kopien der von der Staatsanwaltschaft beschlagnahmten Unterlagen. Willi Hausmann rief mich ziemlich erschüttert an und teilte mir mit, dass sich aus den Akten ergebe, dass von Weyrauch für die CDU Deutschland ein ganzes System von Treuhanderkonten unterhalten worden sei, das offensichtlich im Rechenwerk der Bundespartei nicht enthalten war. Mit einem Schlag wurde deutlich, dass die Affäre um die CDU-Finanzen eine neue Dimension gewonnen hatte. Wir beschlossen, das CDU-Präsidium zu einer Sondersitzung für Dienstag, den 30. November, nach Berlin einzuberufen, und ich verabredete mich für den 29. November zu einem Gespräch mit meinem Amtsvorgänger.

Über das Wochenende gingen die Wogen in der CDU das erste Mal seit Beginn der Affäre ziemlich hoch. Schwarze Kassen – das war neuer Stoff für Spekulationen. Kohl hatte bisher weder mir gegenüber noch sonst die Existenz solcher Konten bestätigt. Auch in unserem Telefonat, in dem wir vereinbarten, die Weyrauch-Unterlagen anzufordern, sagte er dazu nichts. Dafür meldeten sich andere in der Partei zu Wort. Der stellvertretende CDU-Vorsitzende Christian Wulff erklärte, es sei nicht länger hinnehmbar, dass alle damals Verantwortlichen sagten, sie wüssten von den Vorgängen nichts. Da sie verantwortlich gewesen seien, müssten sie diese Verantwortung auch übernehmen. Kurt Biedenkopf forderte Aufklärung »ohne Ansehen der Person«, was natürlich auf Helmut Kohl zielte. Geißler erzählte von einem Mitgliederrundbrief aus dem Jahr 1988, der Kosten in Höhe von 800 000 DM verursacht habe. Die seien aber nicht aus der Parteikasse beglichen worden. Das sei ihm komisch vorgekommen, und er habe darüber einen heftigen Streit mit Kohl gehabt. Seitdem habe er gewusst, dass es neben dem offiziellen Parteihaushalt noch andere Geldquellen geben musste, über die der CDU-Vorsitzende verfügen konnte.

Ich selbst ließ mich, obwohl ich noch nicht wieder ganz fit war, von meinem Pressesprecher überzeugen, am Sonntagabend in die ZDF-Sendung »Berlin direkt« zu gehen. Aus meinen allerdings noch rudimentären Kenntnissen über das Weyrauchsche Finanzsystem konnte ich auf die Fragen von Peter Hahne immerhin so viel Neues beisteuern, dass über die Anderkonten auch Gehaltszahlungen an leitende Mitarbeiter der CDU abgewickelt worden seien, was allerdings durchaus normal sei. Von »schwarzen Kassen« wisse ich selber nichts. Es sei aber bekannt, dass Kohl einen Führungsstil gepflegt habe, bei dem man davon ausging, es müsse nicht jeder alles wissen. Im Übrigen werde die CDU die Frage, ob im parteiinternen Kontensystem alles in Ordnung war, zielstrebig aufklären – in der Tat ohne Ansehen der Person.

Am nächsten Morgen, dem 29. November, traf ich mich mit Kohl in Berlin zu dem verabredeten Gespräch. Er leitete es mit der Bemerkung ein: »Du hast doch auch von diesem Schreiber Geld bekommen.« Ich erwiderte, dass ich mit ihm über die Tatsache dieser Spende bereits einmal gesprochen hätte, weil ich mich über deren nicht ordnungsgemäße Behandlung durch die damalige Schatzmeisterin beschweren wollte. Er wisse also, dass ich Schreibers Spende an die Partei weitergeleitet hätte und deshalb durch diese Geschichte von niemandem unter Druck gesetzt werden könne. In einem in der *Welt* am 3. Februar 2000 veröffentlichten Interview hat Kohl meine Erinnerung an dieses Gespräch mit ihm im Jahre 1997 zu Schreibers Spende und dem Verhalten von Frau Baumeister auch ausdrücklich bestätigt.

Wir sprachen dann darüber, dass in der für den 30. November anberaumten Sondersitzung des Präsidiums eine rückhaltlose Aufklärung etwaiger Unregelmäßigkeiten im Finanzgebaren der Partei beschlossen werden müsse. Außerdem drang ich darauf, dass Kohl in einer öffentlichen Erklärung die politische Verantwortung für etwaige Verstöße gegen das Parteiengesetz übernehmen solle. Ich bot ihm an, bei der Formulierung einer solchen Erklärung behilflich zu sein, und wir verabredeten, dass ich ihm bis zum Abend einen Entwurf zuleiten würde. Kohl war im Prinzip einverstanden. Generalsekretärin Merkel und ich verfassten daraufhin einen entsprechenden Text und übermittelten ihn dem Büro Kohl. Am nächsten Morgen rief mich Kohl früh in meinem Hotel an und sagte mir, dass er einige kleinere Änderungen an dem Entwurf vorgenommen habe und die Erklärung wie im Wesentlichen besprochen abgeben werde. Ich müsse aber unbedingt vor der für zehn Uhr angesetzten Präsidiumssitzung noch Hans Terlinden Gelegenheit zu einem Gespräch mit mir geben.

Der langjährige Verwaltungschef des Adenauer-Hauses, einer der ältesten und engsten Vertrauten von Helmut Kohl, kam gegen neun Uhr in mein Büro und teilte mir mit, dass gegen Ende 1998 von ihm aus nicht offiziellen Geldbeständen der Partei noch 100 000 DM an Ottfried Hennig übergeben worden seien und weitere 100 000 DM an den Kreisverband Ludwigshafen. Er habe mir das bisher verschwiegen. Terlinden fragte mich dann, ob er nun um seine Entlassung als Hauptabteilungsleiter bitten solle. Ich erkundigte mich zunächst, ob es weitere Dinge gebe, die er mir pflichtwidrig noch nicht eröffnet habe. Als er versicherte, das sei alles, sagte ich, dass es damit sein Bewenden haben solle. Ich hätte seine unbedingte Loyalität gegenüber Kohl immer geschätzt, für die Zukunft solle er allerdings nicht mehr übersehen, dass dieser kein Parteivorsitzender mehr sei und ich darauf bestehen müsse, dass die vom Parteitag gewählte neue Parteiführung nicht umgangen werden dürfe.

3. Kohl, Terlinden und das Weyrauch-System

In der Präsidiumssitzung gab Kohl nach einem Bericht des Bundesgeschäftsführers über die von Weyrauch & Kapp eingegangenen Unterlagen die vorbereitete Erklärung ab. Er gab darin zu, als CDU-Chef eigenmächtig Gelder über verdeckte Konten an Parteigremien vorbeigeleitet zu haben. »Eine von den üblichen Konten der Schatzmeisterei praktizierte getrennte Kontenführung erschien mir vertretbar.« Er räumte ein, dass die CDU damit gegen das Parteiengesetz verstoßen haben könnte. »Dies habe ich nicht gewollt, ich wollte meiner Partei dienen.« Das Präsidium nahm diese Erklärung zustimmend zur Kenntnis. Ich hatte das Gefühl, dass sich sogar so etwas wie Erleichterung breit machte. Anschließend setzte ich das Präsidium davon in Kenntnis, dass die beschlossene Trennung von der Kanzlei Weyrauch & Kapp zum Jahresende vollzogen werde und mit der Geschäftsleitung eine »einvernehmliche Beendigung« verabredet sei. Roland Koch machte darauf aufmerksam, dass Weyrauch & Kapp auch für die hessische Union tätig seien. Wir hatten keine Einwendungen, dass diese Zusammenarbeit fortgesetzt wurde.

Wir beschlossen nun auch förmlich, entsprechend den Regeln des Parteiengesetzes, unsere Wirtschaftsprüfer Ernst & Young mit einer zügigen Prüfung und etwaigen Ergänzung unserer Rechenschaftsberichte zu beauftragen, und wir forderten noch einmal alle, die relevante Informationen besitzen konnten, auf, diese umgehend und vollständig den Wirtschaftsprüfern zugänglich zu machen. Nach Abschluss der Überprüfungsarbeiten sollten sämtliche Informationen im Zusammenhang vollständig den zuständigen Stellen, also insbesondere dem Bundestagspräsidenten, zur Verfügung gestellt und die Öffentlichkeit unterrichtet werden. Zu diesem Zeitpunkt gingen wir noch relativ optimistisch davon aus, dass möglicherweise bereits auf dem für den 13. Dezember einberufenen so genannten »kleinen Parteitag«, der sich mit dem Thema Familie befassen sollte, ein erster Bericht abgegeben werden konnte. Jedenfalls schien es uns sicher zu sein, dass die Wirtschaftsprüfer ihre Arbeit noch vor Weihnachten beenden würden.

Im Nachhinein habe ich mich gefragt, ob ich nicht besser gleich die Schreiber-Spende an mich hätte publik machen sollen. Aber damals konnte ich nicht ahnen, dass dies im Ergebnis die einzige Erkenntnis über die Herkunft bisher unbekannter Geldbeträge bleiben sollte. Außerdem wäre im November 1999 nach dem Wirbel um den Haftbefehl gegen Kiep die Tatsache dieser Barspende unweigerlich in dasselbe Zwielicht wie die ominöse Million an den ehemaligen CDU-Schatzmeister geraten und damit über einen Kamm geschoren worden. Jeder Versuch, zu unterscheiden zwischen dem skandalträchtigen Vorgang im Einkaufszentrum bei Sankt Margrethen und einer normalen Spendeneinwerbung im Wahlkampf, die von der im Nachhinein als problematisch angesehenen Zahlungsweise »in bar« und der nicht korrekten Behandlung durch die Schatzmeisterin abgesehen, völlig problemlos war, wäre zum Scheitern verurteilt gewesen. Und da schließlich unklar beziehungsweise umstritten war, wie denn der Geldbetrag weiterverwendet worden war, nachdem er in den Verfügungsbereich der Schatzmeisterin gelangt war, hielt ich es denn doch für klüger, es bei der Information für die Wirtschaftsprüfer zu belassen und deren Aufklärungsarbeit abzuwarten.

Für die nach der Präsidiumssitzung am 30. November vorgesehene Pressekonferenz verabredeten wir, dass Kohl einleitend seine Erklärung abgeben, dann aber ohne Fragen zu beantworten die Pressekonferenz verlassen sollte, um mit Volker Rühe zu einem gemeinsamen Auftritt im schleswig-holsteinischen Landtagswahlkampf nach Lübeck abzureisen. Den Rest der Pressekonferenz würde ich dann gemeinsam mit der Generalsekretärin Merkel absolvieren.

Der Andrang der Medien war beträchtlich, und in den räumlich beengten Verhältnissen unserer provisorischen Außenstelle in der Mauerstraße in Berlin herrschte einigermaßen chaotisches Gedränge. Ich hatte schon in der Präsidiumssitzung die großzügige

Handhabung der Bestimmungen von Statut und Finanzordnung der Partei und der Prinzipien von demokratischer Willensbildung in den CDU-Gremien durch Kohl als »patriarchalisches Führungssystem« beschrieben. Damit ließen sich meines Erachtens die spezifischen Vorzüge, auch die Fürsorglichkeit Kohls, und etwaige problematische Kehrseiten in einer freundlichen, aber sachlich auch nicht unzutreffenden Weise charakterisieren. Kohl war mit dieser Erklärungsweise ersichtlich einverstanden, und ich machte diesen Begriff dann auch zum Schlüssel meiner Antworten auf die zahlreichen Fragen in der Pressekonferenz. Unmittelbar nach der Rückkehr in mein Büro rief Juliane Weber an, die seit Jahrzehnten als Kohls Vorzimmerdame agierte und zu seinen engsten Vertrauten gehört. Sie habe die Pressekonferenz im Fernsehen verfolgt und wolle mir danken für die freundschaftliche und faire Art, mit der ich diese schwierige Veranstaltung absolviert hätte.

Das Echo darauf war gleichwohl gemischt. Die meisten Kommentatoren fanden die Erklärung Kohls zwar honorig, aber nicht ausreichend. Immerhin hatte einer Verantwortung übernommen, wenn auch viele Fragen unbeantwortet blieben. Die SPD kritisierte naturgemäß, sprach davon, was Kohl gesagt habe, sei »dünn und dürftig«. SPD-Fraktionschef Struck meinte, das sei kein Befreiungsschlag für die CDU gewesen. Leider behielt er damit Recht.

Noch am selben Tag verfasste ich einen Brief an alle Landes-, Bezirks- und Kreisvorsitzenden der Partei, in dem ich ihnen die Kohl-Erklärung zur Kenntnis gab und unseren Wissensstand, so wie ich ihn auch in der Pressekonferenz dargestellt hatte, schilderte. Das war wenig angesichts der zunehmenden Verunsicherung in der Partei, aber mir kam es darauf an, deutlich zu machen, dass die CDU-Führung mit großem Nachdruck die Aufklärung der Affäre betrieb.

Einen Tag später fand die traditionelle Weihnachtsfeier der Fraktion statt. Die Stimmung war, anders als sonst, weder feierlich noch fröhlich. Was nach einem ungewöhnlich erfolgreichen Jahr der CDU eher eine gelöste Atmosphäre hätte erwarten lassen, war längst in eine gedrückte Gemütslage umgeschlagen. Gegen Ende des Abends, als Kohl das Hotel Schweizerhof bereits verlassen hatte, berichteten mir mehrere Kollegen empört, dass er im Laufe des Abends eine Reihe von Abgeordneten bedrängt hatte, sie mögen sich mit kritischen Äußerungen zurückhalten, schließlich hätten ihre Landesverbände ja auch nicht immer alle Bestimmungen eingehalten und gerne mal zwischendurch Geld von ihm angenommen. Darüber war ich nicht gerade begeistert, denn es deutete darauf hin, dass Kohl eher für Schweigen als für Aufklärung zu sein schien.

Am nächsten Morgen, dem 2. Dezember, stand in der Plenarsitzung des Bundestags die von den Koalitionsfraktionen beantragte Einsetzung eines Untersuchungsausschusses auf der Tagesordnung. Ich hatte beschlossen, selbst für die Fraktion zu sprechen. Zuvor war noch eine Debatte zum Tag der Behinderten angesetzt, die ich auf meinem Abgeordnetenplatz im Reichstag verfolgte. Während dieser Debatte kam Frau Merkel im Plenarsaal zu mir, und ich spürte schon an ihrem bewusst unauffälligen Gesichtsausdruck, dass etwas Unangenehmes passiert war. Sie berichtete mir von einem Telefonat unseres Bundesgeschäftsführers Willi Hausmann mit Herrn Weyrauch. Hausmann hatte ihn gefragt, wie Weyrauch sich bei seiner Vernehmung gegenüber der Staatsanwaltschaft Augsburg hinsichtlich seiner Verschwiegenheitspflicht beziehungsweise einem etwaigen Aussageverweigerungsrecht eingelassen hätte. Die Frage war deshalb von dringlichem Interesse für uns, weil die Koalitionsfraktionen im Bundestag auch einen Antrag eingebracht hatten, mit dem die CDU aufgefordert werden sollte, Weyrauch von einer etwaigen Verschwiegenheitspflicht für den Untersuchungsausschuss zu entbinden. Weyrauch, so berichtete mir Frau Merkel, hatte in dem Telefonat mit Hausmann diese Frage dahingehend beantwortet, dass er gar keiner Verschwiegenheitspflicht unterliege, weil er für die CDU ja nicht als Wirtschaftsprüfer, sondern als Finanzberater tätig gewesen sei. Er habe sich deshalb gegenüber der Staatsanwaltschaft auch nicht auf ein Aussageverweigerungsrecht berufen. Weyrauch habe sich dann aber erstaunt gezeigt, warum Hausmann dies nicht wisse, obwohl er doch eine Abschrift des Protokolls seiner Vernehmung der Bundesgeschäftsstelle zugeleitet habe. Da Hausmann ein solches Protokoll nicht kannte, fragte er Weyrauch, an wen genau er dieses Protokoll übersandt habe. Weyrauch nannte Terlinden als Adressat. Hausmann war zuerst erstaunt, dann einigermaßen ungehalten und fragte anschließend Terlinden nach diesem Protokoll. Der antwortete, er habe es nicht mehr. Und auf Hausmanns ärgerliche

Nachfrage, wo das wichtige Dokument denn bitte schön jetzt sei, sagte Terlinden etwas kleinlaut, er habe es dem Ehrenvorsitzenden übergeben.

Auch ich versuchte, angesichts der Beobachtung durch Kameras, Abgeordnete und Journalisten im Plenarsaal, bei dieser Nachricht eine gleichgültige Miene zur Schau zu stellen, obwohl mich die Geschichte nahezu umhaute. Dann bat ich Frau Merkel, Terlinden nunmehr umgehend vom Dienst zu suspendieren und das Protokoll im Büro unseres Ehrenvorsitzenden anfordern zu lassen.

Wenige Minuten, nachdem Frau Merkel den Plenarsaal wieder verlassen hatte, leuchtete am Tischtelefon meines Abgeordnetenplatzes das Anrufzeichen auf. Kohl war am anderen Ende der Leitung und berichtete mir, er habe vorgehabt, mir am Abend zuvor am Rande der Weihnachtsfeier ein Schriftstück zu übergeben. Dazu sei aber keine Gelegenheit gewesen, weil wir beide ständig in Gespräche mit Kollegen verwickelt gewesen seien – für eine Fraktionsfeier eigentlich nicht überraschend. Bei diesem Schriftstück handle es sich um das Protokoll einer Vernehmung von Weyrauch, das dieser Terlinden übersandt habe. Terlinden habe ihm davon erzählt und darauf habe er, Kohl, Terlinden aufgefordert ihm das Dokument zuzuleiten, damit er es an mich weitergeben könne.

Ich antwortete kurz und wenig freundlich, dass ich im Plenarsaal bei laufender Bundestagsdebatte nicht ausführlich sprechen könne, dass aber Kohl mich mit dieser Geschichte verschonen solle. Terlinden sei soeben vom Dienst suspendiert worden und habe offensichtlich daraufhin Kohl angerufen. Das habe ihn wohl erst zu diesem Telefonat veranlasst. Im Übrigen bedürfe ein Hauptabteilungsleiter des Konrad-Adenauer-Hauses nicht der Dienste des Ehrenvorsitzenden, um Posteingänge an die zuständigen Stellen der Parteiführung weiterzuleiten.

Allen Beteiligten war klar, dass die Suspendierung Terlindens bei Bekanntwerden wie eine Bombe einschlagen musste, weil sie als Zerwürfnis zwischen Kohl und seinem Nachfolger interpretiert werden würde. Aber ich sah keine Alternative. Vor allem ärgerte es mich, dass Terlinden noch zwei Tage zuvor auf meine ausdrückliche Frage, ob sonst noch irgendetwas sei, was ich wissen müsse, gesagt hatte, es gebe nichts. Zu diesem Zeitpunkt hatte er aber bereits das Vernehmungsprotokoll an Kohl weitergegeben. Dieser wiederum, auch das war bemerkenswert, hatte in der Präsidiumssitzung darüber nicht nur kein Wort verloren, sondern auch in Kenntnis der relativ detaillierten Aussagen Weyrauchs zur verdeckten Finanzpraxis der CDU seine Erklärung abgegeben, die nun im Nachhinein in der Tat unzureichend wirken musste. Meine Bemühungen, seit Beginn der Affäre – im Übrigen auch zuvor – jeden sichtbaren Anschein einer Differenz zu unserem Ehrenvorsitzenden zu vermeiden, hatten einen ersten schweren Schlag erlitten. Daran änderte sich auch nichts, als mir Kohl noch am selben Tag in einem Brief beteuerte, er bedaure das Missverständnis. Irgendjemand habe offenbar ein Interesse, uns beide auseinander zu bringen, aber ihm liege weiterhin an einem engen Verhältnis gegenseitigen Vertrauens.

Es dauerte annähernd 48 Stunden, bis die Suspendierung Terlindens bekannt wurde. Das sprach immerhin dafür, dass niemand der Beteiligten ein Interesse an einer Veröffentlichung hatte. Aber natürlich konnte auf Dauer nicht unbemerkt bleiben, dass Terlinden nicht mehr zum Dienst erschien.

In der Debatte über die Einsetzung des Untersuchungsausschusses erklärte ich für die CDU/CSU-Fraktion und auch in meiner Eigenschaft als Parteivorsitzender, dass wir der Einsetzung zustimmen würden, weil wir selbst das größte Interesse daran hätten, dass der Verdacht, Entscheidungen der früheren Bundesregierung seien durch Geldzahlungen beeinflusst worden, aufgeklärt werde. Ich fügte meine Überzeugung hinzu, dass ich solche Verdächtigungen für völlig unbegründet hielte und überzeugt sei, dass Entscheidungen einer Bundesregierung, insbesondere der Regierung Kohl, niemals käuflich gewesen seien. Was etwaige Unregelmäßigkeiten im Rechenwerk meiner Partei anbetreffe, so könnten diese nicht Gegenstand eines Untersuchungsausschusses sein, weil dafür die Vorschriften des Parteiengesetzes abschließend einschlägig seien. Wir würden das als Partei entsprechend den gesetzlichen Bestimmungen selbst so vollständig wie irgend möglich aufklären und Bundestag und Öffentlichkeit über das Ergebnis rückhaltlos unterrichten.

Am darauf folgenden Sonntag, dem 5. Dezember, berichtete zunächst die *Welt am Sonntag* über Details aus dem Vernehmungsprotokoll. Zwei Tage später legte die *Bild*-Zeitung nach und druckte das Dokument unter sensationsheischender Aufmachung auf zwei Seiten komplett ab. Das anschließende Rauschen im Blätterwald war beträchtlich. Wir hatten – wieder einmal – Platz eins in allen Fernseh- und Rundfunknachrichten. Die Materie war interessant genug, denn zum ersten Mal wurde öffentlich, wie das von Weyrauch organisierte verdeckte Kontensystem für die CDU funktionierte. Dass dabei wieder mehr Fragen auftauchten, als beantwortet wurden, passte ins Bild einer sich immer weiter drehenden Spirale, der diese Affäre fatal ähnelte.

Für den 8. Dezember hatten wir Präsidium und Bundesvorstand zu Sitzungen ins Konrad-Adenauer-Haus nach Bonn einberufen. Zur Präsidiumssitzung war auch der Wirtschaftsprüfer Hohlweg gebeten worden, der bei Ernst & Young für die Untersuchung unserer Finanzen federführend war. Hohlweg berichtete vom Stand seiner Arbeiten und von den Schwierigkeiten, die sich vor allem aus der Lückenhaftigkeit der von Weyrauch & Kapp überlassenen Unterlagen ergaben. Insbesondere aus den Jahren 1994 bis 1996 fehlten wichtige Papiere. Die Wirtschaftsprüfer hatten an alle Personen, die möglicherweise Informationen liefern konnten, schriftlich Fragen übersandt, und wir hatten seitens der Parteiführung um möglichst umgehende und vollständige Beantwortung gebeten. Die Hauptbeteiligten wurden darüber hinaus ersucht, den Wirtschaftsprüfern für Gespräche zur Verfügung zu stehen. Die Erwartung einiger Präsidiumsmitglieder, von Kohl etwas Neues zu erfahren, wurde enttäuscht. Er legte lediglich noch einmal seine schon bekannte Sicht der Dinge dar, bot jedoch dem Wirtschaftsprüfer an, ihm alsbald zu einem ausführlichen Gespräch zur Verfügung zu stehen. Gleichwohl machte Hohlweg uns nicht allzu viel Hoffnung, dass es gelingen könnte, die Untersuchung und die Ergänzung unserer Rechenschaftsberichte noch vor Weihnachten abzuschließen, woran wir ein dringendes politisches Interesse hatten.

In der anschließenden Sitzung des Bundesvorstands berichtete ich über den Stand der Dinge und erläuterte kurz die Aufgabe der Wirtschaftsprüfer. Die Stimmung war ohnehin schon gespannt, und dass wir im Präsidium fast eine halbe Stunde überzogen und die Vorstandsmitglieder hatten warten lassen, trug auch nicht zur Verbesserung der Laune bei. Der Bremer Landesvorsitzende Neumann merkte kritisch an, es gebe offenbar eine Zweiteilung in der Partei in diejenigen, die den radikalen Kurs der Aufklärung gehen wollten und diejenigen, die das große Erbe der Partei nicht verlieren wollten. Damit rührte er an einen empfindlichen Punkt. Denn der Aufklärungskurs wurde von vielen in der CDU offenbar als gewollte Demontage Helmut Kohls und seiner Leistungen verstanden. Andere kritisierten hingegen, die Parteiführung nehme zu viel Rücksicht auf den Ehrenvorsitzenden. Ich erklärte vor dem Bundesvorstand daraufhin, dass es eine solche Spaltung nicht geben dürfe und auch nicht geben werde, denn das große Erbe lasse sich nur bewahren, wenn die Affäre vollständig aufgeklärt und verlorenes Vertrauen wieder gewonnen werde. Jeder Versuch, etwas zu vertuschen, sei von vornherein zum Scheitern verurteilt. Deshalb sei es besser, wir selbst betrieben die Aufklärung, als das den Medien zu überlassen. Der Bundesvorstand erklärte sich denn auch mit dem Kurs der Parteiführung völlig einverstanden.

Dafür erntete Heiner Geißler wegen seiner öffentlichen Äußerungen über »schwarze Kassen« heftige Kritik. Während der Sitzung wurde mir eine Agenturmeldung vorgelegt, derzufolge Geißler soeben in einem Interview mit der *Zeit* gesagt habe, er habe die neue Parteiführung schon vor einem Jahr über die Existenz dieser »schwarzen Kassen« informiert. Jetzt war das Maß für mich voll. Ich verlangte von Geißler ultimativ, das sofort zu dementieren, weil er darüber weder mit mir noch mit Frau Merkel jemals gesprochen hatte. Geißler stimmte auch sofort zu, denn seine Äußerungen seien völlig sinnentstellend wiedergegeben worden. Er habe seinerzeit lediglich in allgemeiner Form darauf hingewiesen, es sei besser, wenn künftig die strikte Trennung zwischen Schatzmeisterei – zuständig für die Einnahmen – und Generalsekretär – verantwortlich für die Ausgaben – zu Gunsten einer umfassenden Zuständigkeit des Generalsekretärs aufgehoben werde. Das traf in der Tat zu, und das war auch eine der Maßnahmen, die wir auf dem nächsten Parteitag beschließen lassen wollten. Aber zunächst waren wieder ein paar Schlagzeilen mehr auf dem sensationshungrigen Markt: »Schäuble wusste doch von schwarzen Kassen« – ob Geißlers Dementi genauso viel Aufmerksamkeit fand, wage ich zu bezweifeln.

Am Freitagabend in dieser Woche bescherte uns das Politbarometer im ZDF die erste Quittung für die Affäre. Nach einer Zustimmung von 55 Prozent für die CDU im November stürzten wir nun auf 43 Prozent ab. Damit lagen wir zwar immer noch knapp vor der SPD, die sich um zehn Punkte auf 41 Prozent verbessert hatte. Aber da Affären und Skandale in der Demoskopie immer erst mit Verzögerung ihre Wirkung entfalten, mussten wir befürchten, dass das Schlimmste erst noch kommen würde. Umso mehr lag mir daran, möglichst rasch wieder einen Zustand zu erreichen, der es uns erlaubte, in die Arena der politischen Sachauseinandersetzungen zurückzukehren.

Am 13. Dezember fand in Berlin unser kleiner Parteitag zur Familienpolitik statt. Er hätte eine gute Gelegenheit sein können, durch den Wirtschaftsprüfungsbericht die Finanzaffäre einigermaßen zum Abschluß zu bringen, und wir hätten uns wieder der Politik gewidmet. Doch da die Wirtschaftsprüfer auf immer neue Mirakel stießen und damit erheblich länger brauchten, wurde daraus nichts. Gleichwohl war der Medienandrang riesig, aber das Interesse der Journalisten richtete sich offensichtlich kaum auf unsere familienpolitische Debatte, sondern nahezu ausschließlich auf die Finanzaffäre. Ich gab einleitend einen bewusst sachlichen und nüchternen Bericht über die Affäre und den Stand der von uns veranlassten Ermittlungen und sicherte vollständige Unterrichtung nach Abschluss zu. Ich nahm Helmut Kohl noch einmal ausdrücklich gegen den Vorwurf in Schutz, dass Entscheidungen seiner Regierung käuflich gewesen sein könnten. Der Ehrenvorsitzende selbst war nicht zu diesem kleinen Parteitag erschienen.

Zur Überraschung oder auch Enttäuschung der meisten Journalisten zeigten sich die Delegierten des kleinen Parteitags sehr diszipliniert und konzentrierten sich anschließend auf die Diskussion der familienpolitischen Anträge. Sie hielten sich offensichtlich auch in den Couloir-Gesprächen völlig zurück, sodass von dieser Versammlung kein weiterer Schaden in der Finanzaffäre ausging. Aber natürlich konzentrierte sich die Medienberichterstattung gleichwohl überwiegend auf dieses Thema, und das familienpolitische Programm ging in der öffentlichen Wahrnehmung weitgehend unter.

Nur zwei Tage später schreckte die Nachricht von einer weiteren Millionenspende an die CDU die Partei auf. Im September 1998 hatte das auf dem Immobiliensektor tätige Hamburger Kaufmannspaar Ehlerding 3,4 Millionen DM an die CDU gespendet und weitere 2,5 Millionen als zinsloses Darlehen gewährt. Im Unterschied zur ominösen Schreiber-Spende waren diese Beträge aber ordnungsgemäß verbucht und als Spende ausgewiesen worden. Doch da die Union bereits unter Generalverdacht stand, ging dieser Tatbestand zunächst einmal unter. Stattdessen wurde heftig spekuliert, ob diese ja in der Tat beachtliche Spende eventuell eine Gegenleistung dafür gewesen sein könnte, dass im Sommer 1998 die Bundesregierung einem Konsortium, an dem auch das Ehepaar Ehlerding beteiligt war, den Zuschlag für den Kauf von 31 000 Bundeswohnungen erteilt hatte. Obwohl die Umstände dieser Transaktion alle bekannt waren und es nicht den geringsten Hinweis auf irgendwelche Machenschaften gab, bot die Sache wieder reichlich Stoff für kritische Schlagzeilen.

Selbst Geringfügigkeiten entfachten ungeheuren Wirbel. Am selben Tag, an dem die Ehlerding-Spende publik wurde, hatte die *Bild*-Zeitung herausgefunden, dass der ehemalige CDU-Generalsekretär Hintze über Jahre hinweg keine Sozialabgaben entrichtet und den Dienstwagen zu niedrig versteuert habe. Das passte so richtig schön ins Skandalbild. Der Sachverhalt traf im Übrigen zu, wobei es damals um eine nicht geklärte Streitfrage der Bundesgeschäftsstelle mit den Sozialversicherungsträgern über die Abgabepflichtigkeit Hintzes ging, und bis zu deren Klärung wurden keine Zahlungen vorgenommen. Die Medien hatten neues Futter. Dass solche Dinge, die nun eine ausschließlich bilaterale Angelegenheit zwischen Arbeitgeber und Sozialversicherung betrafen, in die Presse gelangen konnten, war eigentlich auch ein Skandal, für den sich allerdings nicht einmal engagierte Datenschützer zu interessieren schienen.

4. Stochern im Nebel – Nach Kohls Fernsehgeständnis

Am Mittwochmorgen – ich hatte gerade erst Hintze und Ehlerding verdaut, teilte mir Kohl mit, dass er sich am nächsten Abend in der ZDF-Sendung »Was nun?« der öffentlichen Kritik stellen wolle. Ich äußerte meine Zweifel, ob das wirklich eine gute Idee sei angesichts der vielen offenen Fragen. Doch er ließ sich nicht beirren, weil er sich gegen die Verleumdungen und Verdächtigungen zur Wehr setzen müsse. So blieb mir nichts anderes übrig als ihn zu fragen, ob er denn wenigstens rechtlich gut beraten und gut vorbereitet sei. Er bejahte das. Ich sah mir am Abend die Sendung mit leicht gemischten Gefühlen an. Im ersten Teil war ich nicht überrascht, dass er den Vorwurf der Käuflichkeit seiner Regierung zurückwies und insbesondere in Bezug auf die Lieferung von »Fuchs«-Panzern an Saudi-Arabien die Rahmenbedingungen jener Entscheidung darlegte, die jeden Verdacht, die Zahlung von Schreiber an Kiep könne irgendeinen Einfluss auf seine und der Regierung Entscheidung gehabt haben, ausschloss. Das war überzeugend.

Als er dann aber erklärte, er habe in den Jahren 1993 bis 1998 unter Umgehung des Parteiengesetzes insgesamt bis zu zwei Millionen DM Spenden in bar gesammelt, die insbesondere für die Arbeit der Sozialausschüsse in den neuen Bundesländern zur Verfügung gestellt worden seien, schreckte ich hoch. Etwa 300 000 DM pro Jahr habe er so eingenommen. Das Geld sei nicht über die regulären CDU-Konten gelaufen. Die Spender, so Kohl, könne er nicht nennen, weil er ihnen sein Ehrenwort gegeben habe. Es seien aber allesamt ehrenwerte deutsche Staatsbürger.

Nun war ich ziemlich fassungslos. Gewiss ließ sich der Zahlungszweck gut mit der besonderen Schwierigkeit der parteipolitischen Arbeit in den neuen Bundesländern erklären und auch mit den erheblichen finanziellen Wettbewerbsnachteilen, die die CDU gegenüber der SPD dabei hatte. Denn die CDU hatte 1990 auf das Vermögen der früheren Ost-CDU vollständig verzichtet, während die SPD erhebliche Beträge erhalten hatte als Wiedergutmachung für ihre Vermögensverluste durch die Zwangsvereinigung mit der KPD zur SED in der zweiten Hälfte der Vierzigerjahre. Aber dennoch schien mir diese Aussage zu konstruiert in Bezug auf die angegebene Zielsetzung der Zahlungen wie auf den genannten Zeitraum, der exakt der im Parteiengesetz vorgesehenen Frist für die Aufbewahrung von Unterlagen entsprach. Vor allem aber fürchtete ich jetzt eine endlose Debatte über die Frage, ob ein Ehrenwort höhere Bindungswirkung als gesetzliche Bestimmungen haben könne, und ich fragte mich einigermaßen entsetzt, wer Kohl juristisch und politisch zu dieser Aussage geraten haben konnte.

Jürgen Rüttgers hatte mir einige Tage zuvor telefonisch mitgeteilt, Kohl habe sich der Dienste einer angesehenen Essener Anwaltskanzlei versichert, was ich begrüßte, und er wolle mich dies wissen lassen, weil in dieser Kanzlei auch der nordrhein-westfälische Bundestagskollege Pofalla tätig sei, der aber mit dem Kohl'schen Mandat nichts zu tun habe.

Die öffentliche Reaktion auf die Fernsehsendung entsprach meinen Befürchtungen. Vor allem hatte ich noch in böser Erinnerung ein anderes Ehrenwort, das 1987 der schleswig-holsteinische Ministerpräsident Barschel in der Abhöraffäre gegen seinen SPD-Konkurrenten Engholm abgegeben hatte. Die Geschichte endete mehr als tragisch, und seither war ich gegen Ehrenworte in der CDU einigermaßen allergisch. Natürlich blieb es nicht aus, dass auch diese Parallele in den Zeitungsspalten und Fernsehmagazinen hin und her gewälzt wurde. Vor allem aber hatten wir erneut alle Negativschlagzeilen für uns.

Da wir nach den Vorschriften des Parteiengesetzes den Rechenschaftsbericht für 1998 bis zum 31. Dezember 1999 ohne negative rechtliche Folge ergänzen konnten, andererseits die Wirtschaftsprüfer inzwischen sicher waren, bis zum Jahresende nicht die Arbeiten insgesamt beenden zu können, standen wir vor einem nicht geringen Dilemma. Die Wirtschaftsprüfer konnten nicht einmal Auskunft darüber geben, ob sie vor Weihnachten wenigstens einen einigermaßen hinreichenden Zwischenbericht liefern könnten. Jedenfalls waren für die letzte Woche vor Weihnachten noch einige Befragungen vorgesehen, so unter anderem die von Kohl und Kiep. In mir wuchs die Überzeugung, dass wir ohne eine gewisse Zäsur nicht in die Weihnachtspause gehen konnten. Deshalb verabredeten wir für den 22. Dezember eine weitere Präsidiumssitzung in Bonn, um uns trotz aller noch offenen Fragen von den Wirtschaftsprüfern wenigstens über den ersten Teil der ergänzenden Berichterstattung für den Rechenschaftsbericht unterrichten zu lassen und dann auch die Öffentlichkeit zu informieren. Denn nicht nur in der Partei war seit Kohls Fernsehinterview die Nervosität erheblich gestiegen. Auch die Medien ließen keine Ruhe, hatten sie doch schon auf dem kleinen Parteitag mit dem Bericht der Wirtschaftsprüfer gerechnet.

Ich telefonierte am Tag vor der Präsidiumssitzung mit Kohl, der mir mitteilte, dass er an dieser Sitzung nicht teilnehmen werde. Ich sagte ihm, dass wir meines Erachtens nicht darum herumkommen würden, ihn durch einen Beschluss des Präsidiums aufzufordern, die Namen der Spender zu nennen, dass ich mich aber dafür einsetzen würde, dass dies in zurückhaltender Formulierung geschehe, die ihm gegenüber Respekt wahre.

Als ich mich am Morgen des 22. Dezember auf der Fahrt von Gengenbach nach Bonn der Zeitungslektüre widmete, entdeckte ich zu meiner Überraschung in der *FAZ* einen Namensartikel von Angela Merkel. Darin forderte sie, als Konsequenz aus der Krise müsse sich die CDU nun von Kohl emanzipieren und in Zukunft »auch ohne ihr altes Schlachtross den politischen Kampf aufnehmen«. Noch während der Fahrt rief mich der thüringische Ministerpräsident Vogel im Auto an, um mir sein Befremden über den Artikel mitzuteilen. Ich sagte ihm, dass ich eben erst diesen Beitrag in der *FAZ* gesehen hätte und völlig ahnungslos gewesen sei, dass Frau Merkel einen derartigen Text habe veröffentlichen wollen.

Es war klar, dass mit diesem Artikel meine Bemühungen, die unvermeidliche und rückhaltlose Aufklärung der Finanzaffäre mit einer möglichst großen Schonung Kohls in der Balance zu halten, empfindlich beeinträchtigt war. Ich hatte für diese Bemühung die Formel »Aufklären und Bewahren« benutzt, und mich leitete neben der Rücksicht auf Kohl vor allem die Überzeugung – ganz ähnlich wie nach der Wahlniederlage 1998 –, dass ein Zerwürfnis mit Kohl – wer immer welche Ursache dafür gesetzt haben mochte – eine fürchterliche Zerreißprobe für die Partei bedeuten würde. Ich rief Frau Merkel an und gab ihr meine Überraschung über ihren Artikel und mein Befremden darüber zu verstehen, dass sie diesen Beitrag veröffentlicht hatte, ohne mich zu informieren. Im Übrigen könnten auch andere Präsidiumsmitglieder die Veröffentlichung ihres Beitrags nachher in unserer Sitzung als problematisch ansehen – was eine höfliche Umschreibung meiner Befürchtung war, dass es heftige Kritik hageln könnte. Sie antwortete, dass sie von der Richtigkeit des Inhalts und von der Notwendigkeit der Veröffentlichung überzeugt sei. Der Partei müsse klargemacht werden, dass eine stärkere Abnabelung vom früheren Bundeskanzler unvermeidlich sei. Sie habe mich bewusst nicht informiert, um mich nicht mit dem Inhalt zu belasten. Für diesen und die Veröffentlichung trage sie die alleinige Verantwortung, und im Übrigen wäre dieser Artikel ja wahrscheinlich nicht erschienen, wenn sie mich vorher informiert hätte. Denn das sei ihr schon klar gewesen, dass ich einem solchen Text widersprochen hätte. Dem stimmte ich zu. Aber er stand nun mal in der Zeitung, und damit war wieder ein neues Fass aufgemacht.

Angesichts der schwierigen Lage der CDU schien mir der öffentliche Eindruck eines Konflikts zwischen Parteivorsitzendem und Generalsekretärin das Letzte, was die Partei noch gebrauchen konnte. Deshalb vereinbarten wir beide, dass wir über diesen Vorfall keinen ernsthaften Streit austragen wollten und dass ich mich auf die öffentliche Mitteilung beschränken würde, den Aufsatz vor Erscheinen nicht gekannt zu haben. Als wir uns später gründlicher über diese Erfahrung aussprachen, beschlossen wir gemeinsam, dass ein solches Vorgehen der Generalsekretärin allenfalls einmal in zehn Jahren vorkommen dürfe. Unser Vertrauensverhältnis blieb denn auch unbeschädigt. Mir war jedoch klar, dass Kohl nicht glauben würde, ich sei völlig ahnungslos gewesen, als wir beide am Vortag miteinander telefoniert hatten. Es konnte also gut sein, dass er – vielleicht erstmals in der langen Zeit unserer Zusammenarbeit – von mir den Eindruck mangelnder Aufrichtigkeit hatte. Gleichwohl schien mir die Wahrung der Geschlossenheit zwischen Vorsitzendem und Generalsekretärin in dieser Lage wichtiger.

In der Präsidiumssitzung hielten sich die kritischen Töne gegenüber Merkels Artikel erstaunlicherweise sehr in Grenzen. Anmerkungen gab es zu dieser oder jener Formulierung, deren Gelungenheit man in Frage stellte. Die Tendenz des Textes hingegen fand keinen, zumindest keinen offenen Widerspruch. Vielmehr sprachen einige Präsidiumsmitglieder Angela Merkel sogar ein ausdrückliches Lob aus. Sie, die nervös in die Sitzung gegangen war, weil sie nicht wusste, was ihr eventuell bevorstand, war erleichtert.

Wirtschaftsprüfer Hohlweg berichtete uns anschließend, dass die wichtigsten Informanten – Kiep, Weyrauch, Lüthje, Terlinden, aber auch Kohl – über die aus den unvollständigen Unterlagen hervorgehenden Erkenntnisse hinaus wenig zur Erhellung der ungeklärten Fragen beigetragen hätten. Nach einer intensiven Debatte, insbesondere über die Haltung unseres Ehrenvorsitzenden, aber auch über die Notwendigkeit, beim Aufklären und Bewahren die Balance zu halten, was im Grundsatz einhellige Meinung war, entschieden wir uns zu einer öffentlichen Erklärung, in der Kohl zur Nennung der Spender aufgefordert wurde. Da ich selbst mit der Leitung der Sitzung und der Vorbereitung der unmittelbar anschließenden Pressekonferenz in Beschlag genommen war, bat ich

Rudolf Seiters, den Wortlaut dieser Erklärung Kohl vorab zu übermitteln, damit dieser das nicht über die Nachrichtenagenturen erfahren musste. Es gelang Seiters nicht, Kohl telefonisch zu erreichen.

In der Pressekonferenz verlas ich zunächst die soeben beschlossene Erklärung des Präsidiums. Dann stellten Generalsekretärin, Bundesgeschäftsführer und ich den Stand der Aufklärungsbemühungen dar. Wir fütterten die Journalisten mit den lückenhaften Zahlen und Fakten, die uns der Wirtschaftsprüfer auch im Präsidium vorgetragen hatte. Dabei machte ich deutlich, dass die Herkunft von bisher unbekannten Mitteln im Wesentlichen nur in Bezug auf einen Betrag geklärt werden konnte, der von der Fraktion Ende 1996 auf die Partei übertragen worden war. Dabei handelte es sich um insgesamt 1,146 Millionen DM. Zur Erläuterung der Herkunft dieser Mittel stützte ich mich auf einen Vermerk des dafür zuständigen parlamentarischen Geschäftsführers Joachim Hörster, der besagte, dass das Geld aus Rücklagen der Fraktion stammte. Diese seien aus lange zurückliegender Zeit aus Verrechnungskonten für gemeinsame Arbeiten von Partei und Fraktion entstanden und im Übrigen von Beiträgen der CDU-Mitglieder der Fraktion gespeist worden. Es handle sich also auf keinen Fall um öffentliche Mittel, also zum Beispiel aus den Fraktionszuschüssen, oder um Spenden. Ein Verstoß gegen irgendwelche gesetzliche Bestimmungen war deshalb nicht gegeben. Was die Sache pikant machte, waren die Umstände des Transfers. Denn der damalige Parteivorsitzende Kohl hatte Hörster angewiesen, nicht die Schatzmeisterei zu kontaktieren, sondern sich mit Terlinden in Verbindung zu setzen, um die Übertragung des Geldes abzuwickeln. Der allerdings war schwer erkrankt. Da wegen neuer Rechnungslegungsvorschriften das Konto mit den 1,146 Millionen aber bis zum Jahresende aufgelöst oder der Betrag in den offiziellen Fraktionshaushalt übertragen werden musste, deponierte Hörster das Geld in einem Banksafe und wartete Terlindens Genesung ab. Der bat dann darum, den Betrag in bar zu übergeben, was auch geschah. Anschließend, das hatten nun die Wirtschaftsprüfer herausgefunden, verfuhr Terlinden mit dem Geld nach bewährtem Muster: Er leitete es in Tranchen an Weyrauch weiter, der es danach über irgendeines der Treuhandkonten in den Parteihaushalt einspeiste.

Diese Mitteilung stieß zunächst auf eine nur geringe Aufmerksamkeit, wie auch der Zwischenbericht der Wirtschaftsprüfer insgesamt vergleichsweise wenige Fragen provozierten. Dafür wollten umso mehr Journalisten wissen, was denn hinter dem Artikel von Frau Merkel stecke und wie ich als Parteivorsitzender dazu stehe. Ich sagte mein verabredetes Sprüchlein, aber ich hatte nicht das Gefühl, dass ich die Journalisten mit meiner Ahnungslosigkeit überzeugen konnte. Frau Merkel bestätigte noch einmal, dass sie das auf eigene Kappe gemacht habe. Im Übrigen habe sie den Ehrenvorsitzenden ja nicht zu irgendetwas aufgefordert, schon gar nicht zum Rücktritt. Immer wieder kamen bohrende Nachfragen, und mir schwante bereits, dass unsere Absicht, mit dieser Pressekonferenz und dem Zwischenbericht der Wirtschaftsprüfer eine gewisse Beruhigung zu erreichen, wohl keinen Erfolg haben würde.

Den Abend verbrachte ich bei einer Aufführung von Johann Sebastian Bachs Weihnachtsoratorium in Baden-Baden. Zwei Tage vor Heiligabend breitete sich bei mir erstmals seit Wochen eine gewisse innere Ruhe aus, und ich hoffte auf eine entspannte Weihnachtspause. Doch das blieb ein frommer Wunsch.

Am Donnerstag, dem 23. Dezember, veröffentlichte die *Bild*-Zeitung eine TED-Umfrage, derzufolge 58,4 Prozent derer, die sich daran beteiligt hatten, Helmut Kohl zugestanden, dass er das von ihm gegebene Ehrenwort halten und die Anonymität der Spender wahren sollte. Die Fragwürdigkeit solcher TED-Umfragen ist ein Thema für sich, deshalb beeindruckten mich die Zahlen auch wenig. Was mich aber sehr verdross, war die Tatsache, dass trotz dieses offensichtlichen Mangels an Repräsentativität Kohl sich persönlich ausdrücklich gegenüber der *Bild*-Zeitung bedankte. »Ich freue mich über dieses Ergebnis. Es bestärkt mich in meiner Überzeugung, dass ich ein gegebenes Wort nicht brechen werde.« Wenn ich bis dahin noch Zweifel gehabt hätte, so war ich mir nun sicher, dass Kohl um keinen Preis die Spendernamen nennen würde. Der öffentliche Eindruck im Hinblick auf die erst einen Tag alte Präsidiumserklärung war entsprechend. »Kohl stellt sich offen gegen Schäuble«, titelte nicht nur die *Berliner Zeitung*. Und manche Kommentatoren verbreiteten sich über die Machtlosigkeit des CDU-Präsidiums gegenüber seinem Patriarchen. Gleichzeitig nahm in der Union das Stimmengewirr pro und kontra Kohl stark zu.

Um nur ja keine vorweihnachtliche Ruhe eintreten zu lassen, wurde außerdem das Telefon viel benutzt. So hatte ich mich beispielsweise mit Meldungen zu befassen, wonach die frühere parlamentarische Staatssekretärin Agnes Hürland-Büning von der Thyssen-AG beachtliche Beratungshonorare erhalten hatte, die sie teilweise an den Vermittler ihrer Beauftragung weitergeleitet hatte. Frau Hürland versicherte mir, dass sie ihre Tätigkeit erst nach dem Ausscheiden aus ihrem Regierungsamt aufgenommen habe, von Staatsanwaltschaft und Finanzbehörden im Übrigen alles unbeanstandet geprüft sei und weder mit Rüstungsaufträgen noch mit dem Komplex Elf Aquitaine/Leuna, noch mit irgendwelchen finanziellen Angelegenheiten der CDU Deutschlands zu tun habe – Auskünfte, die offensichtlich zutreffend waren, die aber gleichwohl die negative öffentliche Berichterstattung nicht verhindern konnte.

Zu allem Überfluss minderte auch noch ein Brief von Bundestagspräsident Thierse meine weihnachtliche Vorfreude, der mir als Parteivorsitzendem mitteilte, er wolle nicht nur die Rechenschaftsberichte der letzten sechs Jahre, für die Aufbewahrungspflicht für Belege besteht, sondern für die letzten zehn Jahre überprüfen. In einem *Spiegel*-Interview erhob er darüber hinaus schwere Vorwürfe gegen Kohl und bezeichnete es als »ungeheuerlichen Vorgang«, dass ein ehemaliger Bundeskanzler »jahrelang systematisch gegen das Parteiengesetz und das Grundgesetz« verstoßen habe. Freute mich schon der Brief wenig, weil ich erhebliche Zweifel an der Prüfungsbefugnis für einen Zehnjahreszeitraum hatte, so fand ich Thierses *Spiegel-Äußerungen* geradezu empörend. Er hatte damit bereits zum wiederholten Male eklatant gegen die ihm durch das Parteiengesetz auferlegte Neutralität als Empfänger und Prüfer der Rechenschaftsberichte der Parteien verstoßen. Ich hielt ihn deshalb für befangen und nahm mir vor, das bei nächster Gelegenheit öffentlich zu thematisieren.

Am ersten Weihnachtsfeiertag rief ich wie all die Jahre zuvor Kohl in Ludwigshafen an, um ihm meine Wünsche zu Weihnachten zu übermitteln. Seine Reaktion war ebenso frostig wie das Gespräch kurz. Wenige Tage später teilte dann die Bonner Staatsanwaltschaft mit, sie habe ein Ermittlungsverfahren gegen Kohl wegen des Verdachts der Untreue zu Lasten der CDU aufgenommen. Wieder hatten wir die dicken Überschriften für uns. Ich beschränkte mich auf eine kurze Erklärung, in der ich die Staatsanwaltschaft aufforderte, das Ermittlungsverfahren möglichst zügig zu Ende zu führen.

Kurz vor Silvester rief mich der Bundestagskollege Ronald Pofalla an. Er habe den Eindruck, man müsse mehr miteinander reden. Ich fragte, wen er mit »man« meine, und als er zögerte, schob ich nach, ob er Kohl und mich meine. Als er das bestätigte fragte ich ihn, in welcher Eigenschaft er anrufe, ob als Anwalt oder als Bundestagskollege. Als er »Anwalt« antwortete, wollte ich wissen, ob er Kohls Anwalt sei, was er mit dem Hinweis »nur im Innenverhältnis, nicht nach außen« bestätigte. Daraufhin fragte ich ihn, ob er Kohl vor dessen Fernsehauftritt beraten habe, was er bejahte, dann aber hinzufügte, Kohl habe sich jedoch nicht an seine diesbezüglichen Empfehlungen gehalten.

Darauf erklärte ich ihm, dass ich ihn als Anwalt für Kohl für ungeeignet hielte, nicht weil ich seine juristische Qualifikation bezweifeln würde, sondern weil er für Kohl weniger eine unabhängige Autorität sei als vielmehr ein junger, strebsamer Kollege, der aus der Sicht Kohls eher für die Meinungs- und Mehrheitsbildung in der Fraktion bedeutsam sei denn als juristischer Ratgeber. Kohl aber brauche in seiner schwierigen Lage dringend den Rat einer Persönlichkeit, die er als juristische Autorität akzeptiere. Im Übrigen würde ich als Anwalt ein Mandat niederlegen, wenn mein Mandant in einer so bedeutsamen Frage wie der Fernseheinlassung erkennbar meinen juristischen Rat nicht befolge.

Zu meiner Überraschung beschäftigte sich die Wochenendpresse zum Jahreswechsel und daraufhin auch alle Nachrichtensendungen in Rundfunk und Fernsehen mit einem Mal mit den 1,146 Millionen DM, welche die Fraktion Ende 1996 der Partei übertragen hatte. Ich hatte mich zwar gewundert, dass dieser Vorgang, nachdem er von mir in der Pressekonferenz am 22. Dezember mündlich und schriftlich erläutert worden war, bis auf wenige Berichte eine eher mäßige Resonanz gefunden hatte. Dass nun aber diese Geschichte nach einer Veröffentlichung in der *Welt am Sonntag* einen solchen Wirbel entfachen konnte, war nicht nur mit den an politischen Ereignissen ruhigen Tagen des Jahreswechsels zu erklären. Das sensationelle Aufsehen hatte vielmehr damit zu tun, dass zwei Aspekte in den Vordergrund gerückt wurden. Zum einen die nicht alltägliche Barabwicklung über Terlinden, der ja seit Kohls Fernsehgeständnis als derjenige bekannt war, der die anonymen Spenden von Kohl an Weyrauch ins verdeckte Kontensystem weiterleitete, und zum Zweiten die Tatsache, dass ich seinerzeit als Fraktionsvorsitzender die Übertragung an die Partei vorgeschlagen hatte und nun »Erklärungsnöte« attestiert bekam, ob ich nicht doch mehr vom Finanzgebaren gewusst hätte.

Zunächst gelang es nicht, den zuständigen parlamentarischen Geschäftsführer Hörster zu erreichen und zu einer klärenden Stellungnahme zu veranlassen, sodass sich munter eine Spekulation an die nächste reihte, was da wohl alles nicht in Ordnung gewesen sein mochte. Als Hörster sich schließlich meldete, vereinbarten wir, dass er Anfang der Woche eine Pressekonferenz in Berlin geben und den Vorgang in epischer Breite darstellen sollte, damit nicht der Verdacht aufkäme, die Fraktion hätte in der Sache etwas zu verbergen. Hörster unterbrach seinen Urlaub und entledigte sich der Aufgabe in einer – wieder einmal – überfüllten Pressekonferenz mit der ihm eigenen akribischen Korrektheit. Es gelang ihm zwar, den Vorwurf, bei dem Transfer habe es sich um eine besonders raffinierte Form verdeckter Parteienfinanzierung gehandelt, zu widerlegen, weil es mit Sicherheit keine öffentlichen Gelder gewesen waren. Doch die Frage, woher das Geld nun genau stammte, konnte er nur ungenau beantworten, weil unsere Erkenntnisse nicht so lange zurückreichten, wie das Konto offenbar schon bestand. Immerhin machte Hörster noch einmal klar, dass weder er noch ich irgendeine Kenntnis davon gehabt hätten, dass Terlinden das Geld nicht ordnungsgemäß verbucht hatte. Gleichwohl blieb der besonders für mich unangenehme Tatbestand, dass die Umstände dieses Bartransfers von den meisten Medien und vom politischen Gegner sowieso als weiterer Beweis für die unseriösen Finanzpraktiken der CDU galten. Ich veranlasste, dass Horsters Erklärung vor der Presse mit einem Begleitschreiben von mir den Fraktionskollegen zugesandt wurde, um zumindest bei ihnen aufkeimende Unruhe zu besänftigen.

5. Die Krise in der Krise – Schreibers 100 000-DM-Spende

Für den 7. und 8. Januar hatten wir unsere regelmäßige Klausurtagung des Bundesvorstands nach Norderstedt bei Hamburg einberufen. Wir hatten diesen Ort gewählt, um einen Beitrag zum Landtagswahlkampf in Schleswig-Holstein zu leisten. Dementsprechend war unsere feste Absicht, uns in Norderstedt nicht mit der schädlichen Finanzaffäre zu befassen, sondern mit Sachthemen. Dabei standen die Steuerpolitik und die Bildungspolitik im Vordergrund. Außerdem wollten wir eine Kampagne gegen die zum 1. Januar von der rot-grünen Regierung in Kraft gesetzte Ökosteuer starten, die das Benzin auf einen Schlag um mindestens sechs Pfennig verteuerte und den Preis nahe an die Schallgrenze von zwei Mark trieb. Eine Norderstedter Erklärung sollte die Ergebnisse unserer Tagung und unsere politische Botschaft zusammenfassen.

Es ließ sich auch zunächst gut an in Norderstedt, obwohl sich natürlich das Medieninteresse vorrangig auf unsere Finanzaffäre konzentrierte. Tags zuvor hatte ich in einem Interview mit der *Welt* mich noch einmal klar zum Kurs der Aufklärung der Affäre bekannt. Die Ära Kohl sei seit der Wahlniederlage vom 27. September 1998 zu Ende. Nun bestehe unsere Aufgabe darin, Aufklärung und Bewahrung der Lebensleistung Kohls zusammenzubringen. Das werde umso besser möglich sein, je schneller uns die Aufklärung der offenen Fragen gelinge. Dieser Linie wurde im Bundesvorstand nicht widersprochen. Dann kamen im Laufe des Freitags Gerüchte auf, die *Welt am Sonntag* werde berichten, Jürgen Rüttgers solle beim Parteitag in Essen für das Amt des Parteivorsitzenden gegen mich kandidieren. Das sei mit Kohl besprochen. Kohl werde mit dem Satz zitiert: »Meine Truppen stehen.« Im Präsidium war bereits eine gewisse Unruhe spürbar geworden, weil einige Präsidiumsmitglieder berichteten, ihnen sei zu Ohren gekommen, dass Kohl irgendetwas gegen die Parteiführung plane.

Am frühen Freitagabend platzte dann über den Nachrichtenticker die Meldung herein, die *Süddeutsche Zeitung* werde am nächsten Tag mit einem entsprechenden Bericht aufmachen. Rüttgers hatte die Sitzung in Norderstedt bereits verlassen, um verabredungsgemäß die Klausurtagung der CSU-Landesgruppe in Wildbad Kreuth zu besuchen. Dort eingetroffen, dementierte er die Meldung der *Süddeutschen Zeitung*. Er habe bisher von solchen Plänen nichts gehört. Am späten Freitagabend machte dann das nächste Gerücht die Runde, die *Welt am Sonntag* habe offenbar unter dem Eindruck des Berichts der *Süddeutschen Zeitung* ihre Geschichte wieder aus dem Blatt gekippt und werde stattdessen ein Stück mit Zitaten von Kohl bringen, in denen er mich als Parteivorsitzenden ausdrücklich unterstütze. Prompt machten Spekulationen die Runde, wer der *Süddeutschen Zeitung* die Information über das Vorhaben der *Welt am Sonntag* zugespielt haben könnte und wer etwa ein Interesse haben könnte, dieser ihre Story kaputtzumachen.

Da alle Genannten alles dementierten, blieb die Aufregung letztlich auf den Bereich der Verdächtigungen und Vermutungen angewiesen. Möglicherweise hatte eine öffentliche Auseinandersetzung zwischen Rühe und Rüttgers diese Spekulationen genährt. Rühe hatte auf einen Auftritt Kohls bei der Eröffnung des schleswig-holsteinischen Landtagswahlkampfs am 15. Januar inzwischen wieder verzichtet, nachdem die Affäre zu belastend geworden war. Diese Entscheidung hatte Rüttgers seinerseits dahingehend kommentiert, er werde Kohl ausdrücklich um Einsätze im Landtagswahlkampf von Nordrhein-Westfalen bitten.

Was immer also an der Geschichte der *Süddeutschen Zeitung* und dem angeblich verhinderten *WamS*-Artikel dran war oder auch nicht, es bewegte die Gemüter wieder einmal über die Maßen. Von einem »Machtkampf« zwischen Kohl und mir war die Rede. Ich nahm das gelassen. Allerdings wurde ich in diesen Tagen immer wieder auf Gerüchte angesprochen, es habe im Büro Kohls eine Besprechung mit engen Beratern und vertrauten Journalisten gegeben, bei der es um die Frage gegangen sei, wie man den Parteivorsitzenden erledigen könne. Als man schließlich zu einem Ergebnis gekommen sei, habe man darauf mit Champagner angestoßen.

Am Freitagabend unterrichtete ich auf unserer Klausurtagung den Bundesvorstand über Stand und Probleme unserer Aufklärungsarbeiten. Auf Fragen von Kollegen, was denn noch an Unangenehmem kommen könne, berichtete ich über mein Gespräch mit Agnes Hürland-Büning und darüber, dass ich von Schreiber 1994 eine Spende in Empfang genommen hätte, die – wie ich erst später

erfahren hätte – von der Schatzmeisterei nicht ordnungsgemäß behandelt worden sei. Den Betrag nannte ich nicht, und außer denjenigen Vorstandsmitgliedern, die den Sachverhalt schon kannten, fand niemand diese Mitteilung bemerkenswert.
Bereits in der Präsidiumssitzung am 30. November hatte ich mitgeteilt, dass auch ich 1994 von Schreiber eine Spende bekommen hatte, aber auch damals war diese Information offenbar für niemanden von besonderer Bedeutung. Mir selbst war seit dem Haftbefehl gegen Kiep klar, dass diese Geschichte unangenehme Wirkungen entfalten könnte.

Was hatte sich zugetragen? Am 21. September 1994 hatte ich auf Bitten der CDU-Schatzmeisterin an einem Sponsorenessen im Bonner Hotel Königshof teilgenommen, über die Politik der Union referiert und um finanzielle Unterstützung für unseren Wahlkampf geworben. Am Ende dieses Abends sagte mir ein bis dahin unbekannter Mann, ebendieser Herr Schreiber, er würde mich gerne am kommenden Morgen kurz in meinem Büro aufsuchen. Ich willigte ein. Tatsächlich erschien er vor 9.30 Uhr, dem Zeitpunkt, an dem mein erster Termin im Kalender festgehalten war. In einem kurzen Gespräch stellte er sich als Unternehmer vor, der insbesondere mit Autobahnmarkierungen geschäftlich erfolgreich gewesen sei. Er sei ein guter Freund des verstorbenen bayerischen Ministerpräsidenten Franz Josef Strauß gewesen, dessen Nachfolger Stoiber er weniger schätze. Kohl dagegen schätze er sehr, und auch ich würde ihm gut gefallen. Jedenfalls wolle er mir 100 000 DM zu meiner persönlichen Verwendung zur Verfügung stellen, wobei er mir einen Umschlag übergab. Ich bedankte mich und sagte, dass ich den Betrag unmittelbar an die CDU-Schatzmeisterin weiterleiten werde. Ich bat eine Mitarbeiterin, den Umschlag, ohne seinen Inhalt zu erläutern, Frau Baumeister umgehend zukommen zu lassen. Als ich kurze Zeit später Frau Baumeister persönlich traf, sagte ich ihr, sie möge die Spende ordnungsgemäß quittieren, damit jeder Zweifel ausgeräumt sei, dass ich das Geld nicht für mich persönlich, sondern für die CDU in Empfang genommen hatte.
Der Vorgang war für mich deshalb besonders bemerkenswert, weil Schreiber mir den Betrag zu meiner Verblüffung zur eigenen Verwendung geben wollte, was ich einigermaßen ungewöhnlich

fand, und deshalb hatte ich die Geschichte dem einen oder anderen Bekannten erzählt. Im Übrigen war es die einzige Barspende in einer vergleichbaren Größenordnung, die ich jemals in meinem Leben in Empfang genommen habe. Auch dadurch grub sich das Ganze in meinem Gedächtnis ein.

Jahre später, nach meiner Erinnerung im Herbst 1997, las ich Zeitungsberichte über ein staatsanwaltliches Ermittlungsverfahren gegen einen Karlheinz Schreiber, der sich den Behörden damals durch Aufenthalt in der Schweiz entzog. Ich fragte Frau Baumeister, ob sie diese Berichte auch gelesen habe und ob das nicht jener Schreiber mit der Barspende von 100 000 DM aus dem Herbst 1994 sei. Frau Baumeister wollte sich zunächst an den Mann und an die Spende nicht erinnern, was mich wunderte, sodass ich sie bat, die Angelegenheit zu überprüfen und sich insbesondere zu vergewissern, dass der Betrag damals auch korrekt verbucht worden war.

Die Zeit verging, und eine Rückmeldung blieb aus, sodass ich mehrmals Frau Baumeister an die Erledigung meiner Anfrage erinnern musste. Schließlich rückte sie mit der Mitteilung heraus, es sei damals keine Quittung ausgestellt worden. Schreiber habe keine gewollt. Als ich wissen wollte, ob die Spende ansonsten wenigstens korrekt behandelt worden sei, antwortete sie ausweichend, sodass ich sofort merkte, dass da etwas nicht stimmte. Ich war ziemlich verärgert und bat sie, mir jedenfalls jetzt nachträglich schriftlich zu bestätigen, dass sie damals diesen Betrag von mir erhalten habe, sonst komme eines Tages noch jemand daher und behaupte, ich hätte das Geld in die eigene Tasche gesteckt. Auch diese Bestätigung musste ich in der Folge mehrfach anmahnen, und als ich sie dann Wochen später endlich erhielt, achtete ich nicht auf Einzelheiten. Damals hatte für mich weder die Frage des Briefkopfes noch die der Datierung irgendeine Relevanz, Dinge, die erst im Zuge der zugespitzten Affäre Bedeutung erlangten. Für mich war Ende 1997 einzig und allein wichtig, dass die Schatzmeisterin den Empfang der 100 000 DM schriftlich bestätigte.

In dieser Zeit beklagte ich mich über dieses Verhalten der Schatzmeisterin und die Behandlung der Spende auch beim Parteivorsitzenden Kohl, weshalb ich nicht sonderlich überrascht war, als er mich am 29. November 1999 darauf ansprach.

Nach der Bundestagswahl 1998 sprach ich mit Kohl noch einmal über diesen Vorgang. Mir war klar, dass eine Schatzmeisterin, in deren Amtszeit es zumindest im Falle meiner 100 000 DM nicht korrekt zugegangen war, ein Risiko bedeutete. Aus diesem Grund war ich neben anderen in Übereinstimmung mit Kohl für einen Wechsel im Amt des Schatzmeisters. Die Geschichte mit der Spende, die für mich nichts Geheimnisvolles enthielt, hatte ich in der Folgezeit der Generalsekretärin Merkel, dem neuen Schatzmeister Matthias Wissmann, dem parlamentarischen Geschäftsführer Repnik und anderen berichtet. Nach der Beauftragung unserer Wirtschaftsprüfer, eine ergänzende Rechnungslegung durchzuführen, veranlasste ich den Bundesgeschäftsführer Hausmann, die Wirtschaftsprüfer über den Eingang dieser Spende im Herbst 1994 zu unterrichten, und beantwortete auch die an mich gerichteten schriftlichen Fragen entsprechend. Alle, die die Sache kannten, waren sich zunächst einig, dass der Vorgang im Zusammenhang mit dem abschließenden Bericht der Wirtschaftsprüfer öffentlich mitgeteilt werden sollte.

Im November und Dezember 1999 sprach ich auch mehrfach mit Frau Baumeister darüber und machte sie darauf aufmerksam, dass mit der Bekanntgabe dieser Spende unvermeidlich auch publik gemacht werden müsse, dass sie damals entgegen meiner Weisung die Spende nicht ordnungsgemäß behandelt hatte. Wir waren uns einig, dass wir auf eine wahrheitsgemäße Darstellung nicht verzichten durften.

Am 2. Dezember 1999 unterlief mir in der Bundestagsdebatte über die Einsetzung des Untersuchungsausschusses ein verhängnisvoller Fehler. Ich hatte in meiner Rede berichtet, dass auch ich diesen Herrn Schreiber einmal bei einem Sponsorenessen im Herbst 1994 getroffen hatte. Auf Zwischenrufe des Grünen-Abgeordneten Ströbele »Mit Koffer?« erwähnte ich die Spende nicht, sondern sagte nur: »Das war es.« Nach der Debatte machten mich Mitarbeiter auf diesen Fehler aufmerksam. Bei meiner Vernehmung vor dem Untersuchungsausschuss im April 2000 fragte mich der Abgeordnete Ströbele nach meinem Motiv, warum ich diese Spende in der Bundestagsdebatte verschwiegen hätte. Nachdem ich zunächst auf eine Beantwortung verzichten wollte, erläuterte Ströbele, ein Motiv sei eine »innere Tatsache«, die für die Beurteilung der Glaubwürdigkeit eines Zeugen von Bedeutung sein könne, sodass eine diesbezügliche Auskunft für den Ausschuss von Interesse sei.

Darauf antwortete ich, dass ich in der aufgewühlten Situation jener Debatte fest entschlossen gewesen sei, mich durch nichts und niemanden provozieren zu lassen und dass ich bei seinen scharfen Zwischenrufen die Gefahr gesehen hätte, darauf hinzuweisen, dass Ströbele wegen Unterstützung einer terroristischen Vereinigung rechtskräftig vorbestraft sei – was ersichtlich nicht zum unmittelbaren Debattengegenstand gehört hätte, in der Hitze des Gefechts bei Eingehen auf die provozierenden Zwischenrufe aber nahe gelegen hätte.

Ob wirklich alles anders oder zu mindest besser gelaufen wäre, wenn ich in der Bundestagsdebatte auch die Tatsache der Spende erwähnt hätte, ist eine Frage, die ich bis heute nicht wirklich zufriedenstellend beantworten kann. Das Gebräu Schreiber und Barspende war jedenfalls zu diesem Zeitpunkt giftig genug, um höchste Vorsicht mit einem Eingeständnis walten zu lassen, dass man selbst von diesem Mann etwas bekommen hatte. Die klügste Antwort auf Ströbeles penetrante Zwischenrufe wäre wahrscheinlich der Hinweis gewesen, ob es Geld gegeben habe oder nicht, würde ich den Wirtschaftsprüfern sagen, doch nicht dem Herrn Kollegen von den Grünen. Aber selbst damit hätte ich wahrscheinlich schon umgehendes journalistisches Interesse geweckt. In der unmittelbaren parlamentarischen Auseinandersetzung jedenfalls hatte ich über die Frage, wie ich mich verhalten sollte, natürlich überhaupt nicht nachgedacht. Erst hinterher wurde mir die Problematik der Situation bewusst. Was ich sicher unterschätzt habe war, dass aus der Geschichte für mich ein Glaubwürdigkeitsproblem bezüglich meiner Autorität als Aufklärer entstehen konnte.

In der Zeit nach der Bundestagsdebatte wurden verschiedene Äußerungen Schreibers publik, der sich in Kanada, wohin er vor den deutschen Strafverfolgungsbehörden geflohen war, ausgesprochen regen Medieninteresses erfreute. So tönte er einmal, man werde es schon noch erfahren, wer alles neben Herrn Kiep von ihm Spenden empfangen habe. Ein anderes Mal drohte er düster, es sei noch lange nicht alles ans Tageslicht gekommen, er werde in absehbarer Zeit »neues Material« vorlegen. Die meisten interpretierten das als Ouvertüre zu Enthüllungen über mögliche Verstrickungen der CSU in einen Spendenskandal. Dass Schreiber insbesondere den bayerischen Ministerpräsidenten Stoiber herzlich hasste, war bekannt. Tage nach der Bundestagsdebatte vom 2. Dezember bat mich Kohl in sein Büro, um mir ein Fax zu zeigen, das er aus Kanada von Schreiber erhalten hatte. Es handelte sich dabei um die Kopie eines umfänglichen Briefes aus dem Jahre 1997 an Stoiber, in dem sich Schreiber heftig über angebliche Verletzungen des Steuergeheimnisses durch die bayerischen Justiz- und Finanzbehörden beklagte. Auf den Gedanken, dass Kohl mir mit diesem Fax indirekt eine mich betreffende Mitteilung machen wollte, kam ich damals nicht. Dafür rief ich unmittelbar nach unserem Treffen Stoiber an, um ihm zu sagen, dass es Kopien dieses Schreibens an ihn aus dem Jahre 1997 in Berlin gebe, was den CSU-Vorsitzenden nicht sonderlich beunruhigte, weil solche Kopien seit längerem schon im Umlauf seien.

In Norderstedt sprach ich noch einmal mit Frau Baumeister über die Schreiber-Spende, nachdem ich den Vorgang – ohne Resonanz – dem Bundesvorstand mitgeteilt hatte. An unserer Beurteilung des Sachverhalts, so wie wir sie bereits im November und Dezember vorgenommen hatten, hatte sich nichts geändert.

An dem auf unsere Klausurtagung folgenden Sonntag, an dem die *Welt am Sonntag* Kohls Dementi einer Intrige gegen mich zitierte, wurde sein offizieller Rechtsanwalt Holthoff-Pförtner, also nicht der Bundestagskollege, in der *Bild am Sonntag* mit der Äußerung zitiert, die Öffentlichkeit werde demnächst erfahren, wer außer Herrn Kiep noch Spenden von Herrn Schreiber erhalten habe. Das alarmierte mich. Ich hatte zwar schon nach meiner Mitteilung im Bundesvorstand damit gerechnet, dass die Geschichte durchsickern oder durchgestochen würde. Bei der Größe dieses Gremiums entsprach so etwas der üblichen Erfahrung. Umso überraschter war ich, dass davon zunächst nichts zu spüren war und selbst die Montagszeitungen in ihren langen Features über den Ablauf der Klausur diesen Punkt nicht enthielten. Offensichtlich hatte also niemand die in meiner Mitteilung steckende Brisanz erkannt. Nach den Äußerungen des Anwalts aber war mir klar, dass weitere Zeit nicht mehr verloren werden durfte. Denn eine solche Andeutung aus dieser Ecke konnte nur bedeuten, dass etwas gegen mich im Gange war.

Für Montag, den 10. Januar, hatte ich einen Auftritt in der ARD-Sendung »Farbe bekennen« mit den Fernsehjournalisten Herres und Kenntemich verabredet, der in Köln aufgenommen werden sollte. Ich fuhr vormittags von Gengenbach nach Bonn und beriet mich im Konrad-Adenauer-Haus mit Generalsekretärin und Bundesgeschäftsführer, was zu tun sei. Beide bestärkten mich, in der Tat Farbe zu bekennen und in dieser Sendung den Vorgang öffentlich zu machen. Sie drängten auch deshalb darauf, weil ihnen Gerüchte zu Ohren gekommen waren, dass ein Fernsehmagazin sich mit einer Sensationsstory über die Schreiber-Spende befasse. Also beschloss ich, die Geschichte zu erzählen. Über die sich danach ergebende Diskussion machten wir uns wenig Illusionen. Die Sendung wurde am späten Nachmittag im Studio des WDR aufgezeichnet und abends ausgestrahlt. In dem Gespräch nutzte ich an einer Stelle die Gelegenheit, wie drei Tage zuvor im Bundesvorstand zu berichten, dass Schreiber auch mir im Herbst 1994 eine Spende in bar übergeben hatte, die durch die Schatzmeisterin nicht ordnungsgemäß behandelt worden war. Auf Nachfrage von MDR-Chefredakteur Kenntemich nannte ich den Betrag, und ohne weiteres Aufsehen nahm das Interview seinen Fortgang. In unserem kurzen Nachgespräch nach der Aufzeichnung der Sendung meinten beide Journalisten noch, viel Neues komme ja bei solchen Sendungen nicht mehr heraus, weil alles bekannt sei. Ich zuckte mit den Schultern und meinte nur, dass ich für die Öffentlichkeit ja wohl doch eine Neuigkeit mitgeteilt hätte.

Auf der Rückfahrt rief ich aus dem Auto sofort Frau Baumeister an und informierte sie darüber, dass ich die Schreiber-Sache im Fernsehen erzählt hätte und die Sendung am Abend ausgestrahlt werde. Sie reagierte nervös, und ich empfahl ihr, sich mit meinem Pressesprecher in Verbindung zu setzen, um abzusprechen, wie sie sich bei möglichen Medienanfragen verhalten solle. Kurze Zeit später liefen die ersten Agenturmeldungen über den Ticker, und die Erregung in den Fernsehnachrichten am Abend und in der Presse am nächsten Morgen war so groß, dass ich kurzfristig von Gengenbach nach Berlin flog, um in einer Pressekonferenz den Sachverhalt detailliert zu erläutern.

Bei der Vorbereitung dieser Pressekonferenz hatten Generalsekretärin, Bundesgeschäftsführer und ich das Problem, dass der weitere Verbleib dieser Spende im Rechenwerk der CDU noch immer nicht widerspruchsfrei geklärt war. Frau Baumeister und ihr damaliger Büroleiter Schornack versicherten, der Geldbetrag sei zunächst in den Tresor des Büros der Schatzmeisterin gewandert und dort verwahrt worden. Bei einem gelegentlichen Besuch ihres Vorgängers Kiep habe sie diesen um Rat gefragt, wie mit einer solchen Barspende verfahren werden solle. Kiep habe ihr daraufhin angeboten, den Betrag zu Weyrauch mitzunehmen, damit dieser ihn auf ein CDU-Konto einbezahle. Das sei gegen Ende 1995 dann auch geschehen. Kiep widersprach dieser Darstellung und sandte mir noch unmittelbar vor der Pressekonferenz ein entsprechendes Fernschreiben, in dem er sich auch rechtliche Schritte vorbehielt. Ich gab dann in der Pressekonferenz präzise beide Versionen ohne eigene Bewertung wieder.

Schreiber seinerseits wurde am Vorabend unmittelbar nach Ausstrahlung der Sendung »Farbe bekennen« im Fernsehmagazin »Report München« telefonisch befragt und bestätigte die von mir gegebene Darstellung, fügte allerdings etwas kryptische Andeutungen hinzu, ich würde sicherlich wissen, was wir noch alles miteinander besprochen hätten. Auf den Gedanken, dass er später in Abrede stellen würde, mir selbst den Betrag übergeben zu haben, kam ich allerdings nicht, zumal das überhaupt nicht zu seiner Fernsehaussage passte. Denn wenn er noch wusste, was er mit mir besprochen hatte, musste er ja wohl bei mir gewesen sein.

6. Erste Zuspitzung – Das Ende eines Ehrenvorsitzes

Dass sich die Lage der Union weiter verschlechtert hatte und jetzt meine als Parteivorsitzender auch, war unübersehbar. Nach wie vor befanden wir uns in der fatalen Lage, in wesentlichen Punkten selbst im Unklaren zu sein, ständig neue Enthüllungen oder Gerüchte befürchten zu müssen und letztlich nicht agieren zu können, sondern uns immer nur zum Reagieren gezwungen zu sehen. Ich war nach wie vor davon überzeugt, dass es richtig war, dass ich selbst die 100 000-DM-Spende publik gemacht hatte. Dennoch war das Medienecho äußerst kritisch. Erste Spekulationen über einen möglichen Rücktritt als Parteivorsitzender wurden laut. Zwar stellten sich die meisten Spitzenpolitiker der Union hinter mich, zumal ich mich bei der Behandlung der Spende völlig korrekt verhalten hatte und der Fehler der Schatzmeisterin unterlaufen war. Doch die Tatsache, dass ich im Bundestag am 2. Dezember gesagt hatte: »Das war es«, wurde mir jetzt umso gnadenloser angelastet.

Um der wachsenden Unruhe und Verunsicherung in der Partei entgegenzuwirken und erst gar keine breitere Führungsdiskussion aufkommen zu lassen, kündigte ich öffentlich an, auf dem Parteitag im April erneut für das Amt des CDU-Vorsitzenden kandidieren zu wollen.

Am 13. Januar traf ich mich in Frankfurt mit Kurt Biedenkopf. Wir hatten schon nach der Bundestagswahl 1998 über seine Auffassung gesprochen, dass eine Trennung von Fraktions- und Parteivorsitz sinnvoll sein könne. Jetzt erörterten wir offen die entstandene Lage und verabredeten, nach der Wahl in Schleswig-Holstein über den weiteren Weg zu sprechen. Wir waren uns einig, dass der Ausgang dieser Landtagswahl für die Frage, ob und wie die Krise der CDU bewältigt werden könne, von entscheidender Bedeutung sein werde. Bei einem Wahlerfolg wäre das Schlimmste wohl hinter uns, im gegenteiligen Fall müsste man zu neuen Überlegungen kommen.

Um endlich wieder einmal positive Nachrichten zu setzen und eigene Initiative zu zeigen, hatte ich mich mit dem Gedanken angefreundet, prominenten und renommierten Sachverstand von außen beizuziehen, der sich um mögliche Konsequenzen aus der Affäre für unser Finanz- und Verantwortungssystem bemühen sollte. Ich bat deshalb den ehemaligen Bundespräsidenten Roman Herzog, den früheren Verfassungsrichter Professor Kirchhof und den früheren Bundesbankpräsidenten und Staatssekretär Hans Tietmeyer, die Partei auf der Grundlage der Erkenntnisse unserer Wirtschaftsprüfer zu beraten, damit Wiederholungen für die Zukunft ausgeschlossen werden konnten. Die Telefonate mit diesen drei Persönlichkeiten gehörten zu den in diesen Tagen selten gewordenen positiven Erfahrungen. Ich hatte befürchtet, dass Persönlichkeiten von hoher öffentlicher Autorität in diesen aufgeregten Skandalzeiten zögern könnten, sich in eine Verbindung mit der CDU bringen zu lassen. Aber alle drei erklärten ohne Umschweife ihre Bereitschaft, die Aufgabe zu übernehmen und bis zum Parteitag im April ihre Empfehlungen abzugeben.

Am Freitag, dem 14. Januar 2000, gaben wir mittags die Berufung dieser hochrangigen Kommission mittels einer Pressemitteilung bekannt. Ich wollte aber noch mehr für die Medienwirksamkeit dieser Entscheidung tun und nahm deshalb gerne das Angebot der

ARD an, am Abend im »Bericht aus Berlin« die Sache weiter zu erläutern. Einigermaßen frohgemut fuhr ich am späten Nachmittag von Gengenbach ins SWR-Fernsehstudio nach Baden-Baden, um das Schaltgespräch mit Ulrich Deppendorf in Berlin aufzeichnen zu lassen. Endlich, so hoffte ich, eine positive Botschaft und ein positives Bild.

Während der Fahrt rief mich der hessische Ministerpräsident Roland Koch im Auto an und überbrachte eine neue Hiobsnachricht. Schon wenige Wochen zuvor waren Meldungen durch die Zeitung gegangen, dass die hessische CDU via Liechtenstein und Schweiz in verschiedenen Tranchen rund 13 Millionen DM erhalten habe. Der ehemalige Schatzmeister der Hessen-CDU bestätigte das und gab an, es habe sich dabei vermutlich um Vermächtnisse reicher ehemaliger Frankfurter Juden gehandelt, die damit der CDU hätten helfen wollen. Nun teilte Koch mir mit, intensive Nachforschungen und Befragungen der Verantwortlichen hätten ergeben, dass die Geschichte mit den Vermächtnissen für die hessische CDU nicht der Wahrheit entsprach. Der frühere Landesvorsitzende Kanther, Finanzberater Weyrauch und der ehemalige hessische Schatzmeister Sayn-Wittgenstein hätten jetzt erklärt, für die hessische Union seit den Achtzigerjahren Gelder in der Schweiz, auch unter Einschaltung einer in Liechtenstein residierenden Stiftung, angelegt und jeweils bei Bedarf in das Finanzsystem der hessischen CDU Teilbeträge eingeschleust zu haben, die zur Vermeidung öffentlicher Rechnungslegung und zur Verschleierung der Herkunft der Mittel als Vermächtnisse deklariert worden seien. Er, Koch, sei als hessischer Landesvorsitzender zwar in der erfreulichen Lage, etwa 17 Millionen DM in der Schweiz als zusätzliche Mittel zur Verfügung zu haben, aber über die politischen Folgen dieser neuen Erkenntnisse machten wir uns keine Illusionen. Ich kleidete das in die spöttische Bemerkung, mit seiner für 18 Uhr angekündigten Pressekonferenz werde er wohl den Nachrichtenwert meiner frohen Botschaft von der Einsetzung der Herzog-Kommission übertreffen. Auf der restlichen Fahrt nach Baden-Baden verdüsterte sich meine anfangs so gehobene Stimmung zusehends. Hier handelte es sich um eine Dimension, die die Affäre der Bundes-CDU bei weitem übertraf. Vor allem die dreiste Lüge mit den jüdischen Vermächtnissen würde uns schwer zu schaffen machen. Das Schlimmste daran war, dass hier wie dort die CDU betroffen war. Angesichts der üblichen Neigung, so ziemlich alles in der Finanzaffäre in einen Topf zu werfen, war es pure Illusion, darauf zu hoffen, der hessische Skandal werde sich nicht auf die CDU insgesamt auswirken.

Vor der Aufzeichnung des Schaltgesprächs für den »Bericht aus Berlin« wies ich den Interviewpartner Deppendorf vorsorglich darauf hin, dass zwischen der Aufnahme unseres Gesprächs und seiner Ausstrahlung wohl noch eine Meldung aus Hessen erfolgen werde, die unser Gespräch in seiner Aktualität etwas überholen könne. Präziser konnte ich, ehe Koch seine Pressekonferenz abhielt, nicht werden.

Ich war schon fast wieder zu Hause in Gengenbach, als mich gegen 19.00 Uhr ein Anruf meines Pressesprechers im Auto erreichte. Angesichts der Dramatik der hessischen Mitteilungen könne mein Schaltgespräch so nicht ausgestrahlt und müsse neu aufgezeichnet werden. Außerdem gebe es ziemliche Aufregung um einen vorab über die Nachrichtenticker laufenden Artikel, der am Samstag als Aufmacher in der *Welt* veröffentlicht werde. Darin werde die von mir selbst bekanntgegebene Tatsache, dass ich Frau Baumeister nachträglich um eine Empfangsbestätigung für die Schreiber-Spende gebeten hatte, mit düsteren Mutmaßungen vermengt und nun als große Enthüllung in die Nähe einer vermeintlichen Aktenmanipulation gerückt, die meine tiefe Verstrickung belege. Ich war ziemlich fassungslos. Erlaubte die Jagdzeit auf die CDU und auf mich wirklich alles? Zähneknirschend bat ich meinen Fahrer zu wenden und führte anschließend ein wenig erfreuliches Telefonat mit meiner Frau, der ich mitteilen musste, dass aus dem gemeinsamen Abend wohl doch wieder nichts werde. In Baden-Baden angelangt, hatte ich eine Vielzahl von zusätzlichen Interviews für alle möglichen TV-Sender zu absolvieren, die sich leider nicht ausschließlich um die Herzog-Kommission drehten.

Am nächsten Tag stand die offizielle Eröffnung des schleswig-holsteinischen Landtagswahlkampfs an. Nach dem Hin und Her um Kohls Einladung und Ausladung hatte sich die Landes-CDU zu zwei dezentralen Veranstaltungen entschlossen, eine nachmittags in Neumünster mit Volker Rühe und Angela Merkel, und eine zweite abends in Kiel mit Volker Rühe, Gerhard Stoltenberg und mir. Frau Merkel berichtete mir während meiner Anfahrt nach

Kiel, dass die Veranstaltung in Neumünster bei großem Publikumsandrang problemlos verlaufen sei.

In Kiel hatte die CDU eine Containerhalle gewählt, die durch Aufbauten in der Mitte eine lebensnahe Abwechslung vom üblichen Halleneinerlei bieten sollte. Damit verbunden war allerdings eine gewisse Unübersichtlichkeit. Mehrere tausend Besucher sorgten dafür, dass die Halle völlig überfüllt war. Allerdings war das Publikum vom Rednerpodium aus praktisch nicht zu sehen, und auch die Besucher konnten die Redner im Wesentlichen nur auf einer Leinwand verfolgen. Die vorderen, vom Podium sichtbaren Sitzreihen waren nahezu ausschließlich mit Journalisten besetzt. Fernsehkameras und Fotoapparate bildeten einen fast undurchdringlichen Wall.

Während Rühe und Stoltenberg eher kurz redeten, hielt ich eine knapp einstündige Wahlkampfrede, in der ich auch auf unsere Affäre einging, mich aber vor allem mit der rot-grünen Politik in Kiel und Berlin auseinander setzte. Es gab einige wenige Zwischenrufe, aber im Großen und Ganzen war die Stimmung der überwiegenden Mehrzahl der Besucher sehr positiv.

In einer anschließenden kurzen Besprechung mit den schleswig-holsteinischen Freunden waren wir alle mit der Veranstaltung sehr zufrieden, zumal wir ihr natürlich mit banger Skepsis entgegengesehen hatten. Auf dem Rückflug nach Straßburg begleitete mich der *Stern*-Redakteur Hans-Peter Schütz, weil er um ein Gespräch mit mir gebeten hatte. Schütz beglückwünschte mich zu meiner Rede und meinte, die Veranstaltung sei viel positiver verlaufen, als er erwartet habe.

Ich teilte diese Einschätzung. Umso mehr war ich erstaunt, als ich am nächsten Tag erfuhr, dass die Fernsehberichterstattung den Eindruck eines ziemlich misslungenen Wahlkampfauftakts vermittelt habe, bei der insbesondere der Hauptredner – also ich – durch Zwischenrufe ständig unterbrochen und ausgebuht worden sei, sein Publikum kaum erreicht, geschweige denn überzeugt habe. Auch im nächsten *Stern* war von dem Urteil des Redakteurs Schütz, das er auf dem Rückflug von Kiel abgegeben hatte, ein paar Tage später nichts mehr zu finden.

Wieder einmal erlebte ich, dass der Eindruck, den die Berichterstattung der Medien vermittelt, mit dem Eindruck, den die bei einer Veranstaltung Anwesenden mit nach Hause nehmen, in diametralem Widerspruch stand. Aber noch hoffte ich, dass die Presseberichte in den Montagszeitungen die tatsächliche Stimmung in Kiel wahrheitsgetreuer wiedergeben würden. Denn es war mir klar, dass ich im Wahlkampf in Schleswig-Holstein zu einer Belastung würde, wenn diese in der aktuellen Situation der Partei so eminent wichtige Auftaktveranstaltung in Kiel durch die Mediendarstellung meines Auftritts als ein Fehlschlag wahrgenommen worden wäre. Und ein Parteivorsitzender, der in einem schwierigen und wichtigen Landtagswahlkampf als Belastung empfunden würde, lag nicht im Interesse der Partei, schon gar nicht in einer so schweren Krise.

Am Montagvormittag begleitete mich meine Frau auf dem Flug nach Berlin, weil wir unsere endlich fertig gestellte Wohnung beziehen wollten. Die Lektüre der Zeitungen auf der Fahrt zum Flugplatz machte meine Hoffnungen auf ein besseres Bild von der Kieler Kundgebung zunichte. Über das, was nun weiter folgen würde, gab ich mich keinen Illusionen hin. Mein Entschluss, den ich auch schon in den Tagen zuvor als mögliche Konsequenz aus den Entwicklungen in Erwägung gezogen hatte, stand schnell fest. Ich sagte meiner Frau, dass es in einer solchen Lage nur einen Ausweg gebe: nämlich noch an diesem Tag vom Amt des Parteivorsitzenden zurückzutreten. Wenn in dieser Krise der CDU der Parteivorsitzende in der Medienberichterstattung über seine Wahlkampfauftritte keine positive Wirkung mehr erzielen könne, seien alle Bemühungen vergeblich. Meine Frau stimmte mir zu. Es war eine eigentümliche Situation, die wir beide empfanden, dass wir ausgerechnet am Tage meines beabsichtigten Rücktritts nach Berlin flogen, um unsere unter anderen Voraussetzungen angemietete und eingerichtete Wohnung zu beziehen.

Nach der Ankunft in Berlin fuhr ich sofort in mein Bundestagsbüro. Dort bat ich meine Mitarbeiterin, einen Termin mit Helmut Kohl zu vereinbaren. Das erbetene Gespräch war aber erst am folgenden Morgen möglich. Anschließend telefonierte ich mit Rühe und Koch, um sie über meinen Entschluss zu informieren. Rühe war Hauptbetroffener im Wahlkampf, und er stimmte meiner Entscheidung zu. Auch Koch informierte ich unmittelbar, weil er seit dem vergangenen Freitag ebenfalls in großen Turbulenzen war.

Anschließend sprach ich mit Mitarbeitern und mit Frau Merkel.

Die Generalsekretärin war aufs Äußerste betroffen und beschwor mich, meinen Entschluss rückgängig zu machen. Es könne nicht richtig sein, dass für diese Krise ein Parteivorsitzender geopfert werde, der zwar vielleicht Fehler gemacht habe, der aber letztlich für diese prekäre Situation keinerlei Verantwortung trage. Im Übrigen werde die Partei dadurch zu allen Problemen noch zusätzlich in eine fürchterliche Personaldebatte gestürzt, und alles werde noch viel schlimmer. Ich hielt dagegen, dass ich angesichts der dramatischen Entwicklung für mich keine Möglichkeit mehr sähe, die Partei aus dieser existenziellen Krise herauszuführen, und dass für mich den Ausschlag gegeben habe, dass ich mich im Wahlkampf in Schleswig-Holstein gegen die Meinungsmache der Medien nicht mehr durchsetzen könne. In einer solchen Lage sei der beste Dienst, den ein Vorsitzender seiner Partei leisten könne, zurückzutreten. Das wiederum nutzte Frau Merkel zu dem Argument, was das Beste für die Partei sei, darüber gebe es unterschiedliche Meinungen. Wenn ich persönlich die Last nicht mehr aushalten könne, müsse sie das letztlich, so schmerzhaft das auch sei, akzeptieren. Aber wenn es um die Frage gehe, was das Beste für die Partei sei, fordere sie eine Diskussion in Präsidium und Vorstand der Partei. Außerdem dürften die Mitglieder der Führungsgremien diese Entscheidung in dieser Lage ohnehin nicht über die Medien erfahren, sondern ich müsste das in einer Sitzung mitteilen. Sonst sei der Schaden noch größer.

Zumindest insoweit überzeugte sie mich, und wir beriefen für den folgenden Tag Sitzungen von Präsidium und Bundesvorstand ein. Zunächst rief ich Rühe und Koch wieder an, um sie von der neuen Lage zu unterrichten und zu bitten, von meiner Entscheidung noch keinen öffentlichen Gebrauch zu machen. Anschließend leitete ich die Sitzungen der Vorstandsgremien der Fraktion, die zum ersten Mal nach der Weihnachtspause wieder tagten. Die Stimmung war gedrückt, aber Kritik hielt sich in Grenzen. Auf die Frage der Kollegin Vera Lengsfeld, was denn noch an Enthüllungen zu erwarten sei, antwortete ich wahrheitsgemäß, dass das im Augenblick niemand wissen könne. Auch der Abschlussbericht der Wirtschaftsprüfer werde viele Fragen offen lassen. Daraufhin meldete sich der Kollege Hüppe, der, sichtlich unruhig auf seinem Stuhl hin und her rutschend, vortrug, sein Kreisverband habe ihn beauftragt, mich aufzufordern, beim Parteitag im April nicht wieder als Vorsitzender zu kandidieren. Der Vorsitzende der nordrhein-westfälischen Landesgruppe, Norbert Lammert, widersprach massiv jeder Kritik am Vorsitzenden. Es könne nicht sein, dass ein Nichtverantwortlicher die Konsequenzen tragen müsse, während Hauptverantwortliche sich ihrer Pflicht verweigern würden. Möglicherweise bräuchten Partei und Fraktion den Vorsitzenden sehr viel mehr als dieser seine Ämter. Der stellvertretende Fraktionsvorsitzende Merz stellte sich hinter mich und kritisierte den Ehrenvorsitzenden in so scharfen Worten, dass ich ihn anschließend in einem Gespräch unter vier Augen um Mäßigung bat. Ohne auch nur mit einem Wort zu erwähnen, dass ich bereits zum Rücktritt vom Parteivorsitz entschlossen war, beendete ich die Aussprache mit der eindringlichen Mahnung, in dieser schweren Krise gehe es nicht um Einzelne, sondern um die Existenz der CDU als Volkspartei der Mitte. Das bedinge Verpflichtung und Verantwortung für jeden in der Führung. Es sei nicht die Zeit für Spielchen – Namen nannte ich nicht. Ich jedenfalls wolle für meinen Teil alle Kraft einsetzen, die Partei aus diesem Elend zu bringen.

Der CSU-Vorsitzende Stoiber beschwor mich am Telefon, unter keinen Umständen aufzugeben, und Michael Glos versuchte mir Mut zuzusprechen, weiter durchzuhalten. Schließlich verabredete ich mich mit Biedenkopf für den nächsten Morgen noch vor der Präsidiumssitzung zu einem Gespräch. Die Stimmung in den abendlichen Sitzungen der Landesgruppen war allerdings geteilt. Teilweise wurde dort heftigere Kritik artikuliert, und viele Abgeordnete berichteten über starke Unruhe und Irritationen an der Parteibasis. Manche forderten einen Befreiungsschlag. Rücktrittsgerüchte machten die Runde.

Am Dienstagmorgen verabschiedete ich mich im Hotel von meiner Frau. Sie war sich nicht mehr sicher, ob ich bei meiner Entscheidung bleiben würde. Ich sagte ihr, ich würde jetzt versuchen, Kohl dafür zu gewinnen, mit einem öffentlich nachvollziehbaren Schritt der Partei einen Weg aus der Krise zu eröffnen, und wenn das nicht gelingen sollte, würde ich zurücktreten. Ich sah in diesem Gespräch die letzte Chance.

Das Gespräch mit Kohl um 8.30 Uhr in seinem Büro war kurz. Ich sagte ihm, dass die CDU nach diesen Wochen und jetzt noch zusätzlich angesichts der Katastrophe in Hessen in einer existenzbedrohenden Krise sei. Es könne so nicht weitergehen. Er solle jetzt endlich die Spender nennen und sein Wissen vollständig und wahrheitsgemäß offenbaren. Die Nennung der Spender lehnte er strikt ab und fragte mich, was ich mit der Aufforderung zur wahrheitsgemäßen Aussage meine. Ich erläuterte, dass mir seine im ZDF gemachte Erklärung konstruiert erschiene. Denn insbesondere für die Jahre 1997 und 1998 konnten keinerlei bisher nicht bekannte Spenden von ihm akquiriert worden sein. Selbst wenn man die jährlich an die Sozialausschüsse gezahlten 300 000 DM für diesen Zeitraum abzog, hatten wir durch den von der Fraktion auf die Partei übertragenen Betrag schon bei den bis dahin ungeklärten Einnahmen und Ausgaben einen Einnahmeüberschuss, der durch die Zahlungen von je 100 000 DM an Ottfried Hennig und den Kreisverband Ludwigshafen nachträglich erklärt werden musste.

Weil Kohl bei seiner Haltung blieb, forderte ich ihn auf, sein Bundestagsmandat niederzulegen. Er könne in dieser Lage nicht einfach erklären, die politische Verantwortung zu übernehmen, ohne dass dies irgendwelche persönlichen Konsequenzen habe. Kohl wies das zurück. Er sähe sich bei Aufgabe seines Mandats dem Verfahren im Untersuchungsausschuss schutzlos ausgeliefert. Darauf sagte ich ihm, dass ich dann zurücktreten würde, weil ich die Partei aus der Krise, die er mit der Zerstörung des Ansehens seiner Regierungszeit verursache, nicht herausführen könne. Denn schließlich sei ich in diesen 16 Jahren eine seiner wichtigsten Stützen gewesen sei. Kohl, der mich schon zuvor eher frohgemut mit der Frage »Trittst du zurück?« zum Gespräch empfangen hatte, schien von dieser Mitteilung nicht sonderlich betroffen zu sein. Stattdessen meinte er, die ganze Geschichte sei eigentlich nicht so schlimm. Für seine Handhabung der Spenden habe ein Großteil der Bevölkerung Verständnis, auch die Geschichte in Hessen sei nicht so tragisch, lediglich meine Spende von Schreiber habe diese Affäre zu einer so dramatischen Krise werden lassen. Mit dem Satz, dass ich wohl schon zu viel meiner knapp bemessenen Lebenszeit mit ihm verbracht hätte, beendete ich daraufhin das Gespräch.

Zurück in meinem Büro, meinte ich nur lakonisch: »Alea jacta est«, und fuhr, begleitet von Hans-Peter Repnik, zur Adenauer-Stiftung zu den Sitzungen der CDU-Führungsgremien. Während der kurzen Fahrt erreichte mich ein Anruf meines Bruders, des baden-württembergischen Innenministers, der mich unter Bezug auf umlaufende Gerüchte fragte, ob ich zurücktreten werde. Ich bejahte und erläuterte kurz meine Gründe.

Vor der Adenauer-Stiftung balgten sich wieder einmal die Kamerateams und Fotografen um die besten Plätze. Die Tatsache der Sondersitzung hatte sich schon am Vortag mit Windeseile verbreitet, und die Gerüchteküche hatte das Ihre dazu getan, um die Journalisten in die höchste Neugierstufe zu versetzen. Ich kam gerade noch ohne größere Behelligungen durch den drängelnden Pulk hindurch und begab mich sofort auf die Büroetage des Stiftungsgebäudes. Dort sprach ich kurz mit einer niedergeschlagenen Generalsekretärin und schilderte ihr den Ablauf des Gesprächs mit Kohl. Dann redete ich mit Kurt Biedenkopf. Auch er beschwor mich, vor einer endgültigen Entscheidung die Beratung im Präsidium abzuwarten.

In der Präsidiumssitzung beschrieb ich kurz die Lage und die Entwicklungsgeschichte, die zu dieser Sitzung geführt hatte. Ich legte dar, dass es nach meiner Überzeugung so nicht weitergehen könne. Ein Weg aus der Krise müsse jetzt gefunden werden, und ich hätte das Gefühl, dass ich dabei immer mehr zum Hindernis würde. Deshalb sähe ich keine andere Alternative als meinen Rücktritt vom Amt des Parteivorsitzenden.

In einer intensiven Debatte wurde meine Überzeugung zurückgewiesen. Dann müsse das ganze Präsidium zurücktreten. Es wäre falsch, wenn der Parteivorsitzende allein die Verantwortung für Entwicklungen übernehme, die außerhalb der Verantwortung der derzeitigen Parteiführung lägen. Alle Präsidiumsmitglieder äußerten sich in die gleiche Richtung. Schließlich sagte ich, das sei alles bewegend für mich, nur habe leider niemand einen Weg aufgezeigt, wie die Partei aus der Krise herausfinden solle. Danach bat ich, mich für ein paar Minuten zu entschuldigen, und stellte anheim, für diese Frage eine Lösung zu finden. Ich würde anschließend meine Entscheidung treffen

Nachdem ich in die Sitzung zurückgekehrt war, wurde mir mitgeteilt, man wolle den Bundesvorstand in einer Entschließung, die Biedenkopf als ältestes Mitglied des Präsidiums vortragen solle, um Unterstützung für den Aufklärungskurs und um Vertrauen für die Parteiführung bitten. Kohl solle um Preisgabe der Spender gebeten und zugleich aufgefordert werden, den Ehrenvorsitz ruhen zu lassen, solange er die notwendigen Aufklärungsbeiträge nicht leiste. Falls der Bundesvorstand dieser Entschließung nicht zustimme, werde das Präsidium insgesamt zurücktreten. Mir schien, dass sich so ein Weg aus der Krise ergeben könnte, und ich willigte ein.

Wegen der andauernden Präsidiumssitzung hatte sich schon der Beginn der Bundesvorstandssitzung um fast eine Stunde verzögert. Dort war die Spannung mit Händen zu greifen, als ich die Sitzung endlich eröffnete. Ich erläuterte einleitend kurz die Lage und überließ dann absprachegemäß Biedenkopf die Berichterstattung aus der Präsidiumssitzung. Es schloss sich eine außergewöhnlich eindringliche Debatte an. Alle Bundesvorstandsmitglieder meldeten sich zu Wort, und alle unterstützten grundsätzlich die Linie des Präsidiums. Lediglich in dem einen Punkt, der die Aufforderung an Kohl betraf, den Ehrenvorsitz ruhen zu lassen, gab es einige wenige abweichende Meinungsäußerungen. Die erschienen mir aber gerade deshalb besonders wichtig, weil in einer so schwierigen Zerreißprobe für die Partei Einstimmigkeit in allen Punkten und bei Anwesenheit nahezu des kompletten Bundesvorstands danach hätten aussehen können, als entspreche das nicht der wirklichen Meinung aller Mitglieder.

Die Debatte zog sich hin, obwohl sich von Anfang an abzeichnete, dass ein sehr einmütiges Votum zu Stande kommen würde. Aber jeder verspürte das Bedürfnis zu sprechen, und in dieser Lage war das auch gut. Die ursprünglich auf 14.00 Uhr anberaumte Pressekonferenz wurde wieder und wieder verschoben, und auch die auf 15.00 Uhr terminierte Fraktionssitzung musste erst um eine Stunde und dann nochmals auf 17.00 Uhr verlegt werden. Das eigentlich Überraschende aber war, dass offenbar keinerlei Informationen aus der Bundesvorstandssitzung nach draußen drangen. Im Gebäude der Adenauer-Stiftung harrten zahllose Journalisten auf Neuigkeiten, und im Reichstag verfolgten die Bundestagskollegen mangels anderer Informationsquellen die Fernsehberichterstattung. Sämtliche Fernsehsender hatten Übertragungswagen für Live-Schaltungen zur Stiftung geschickt, und die Berichterstatter mühten sich, vor den Kameras wissende Gesichter zu machen.

Gegen 14.00 Uhr gab es dann eine Tickermeldung mit Eilvermerk, laut Informationen des Berliner *Tagesspiegels* sei ich vom Amt des Parteivorsitzenden zurückgetreten. Die Aufregung unter den Journalisten wuchs, und alle bemühten sich hektisch, irgendeine Bestätigung für die Mitteilung zu bekommen. Normalerweise dringen aus Sitzungen von Gremien der Größenordnung unseres Bundesvorstands Informationen immer nach draußen; diesmal war alles anders, und das scheint mir auch im Nachhinein Ausdruck des besonderen Ernstes der Lage gewesen zu sein, den alle Beteiligten qualvoll verspürten. Am Ende der Sitzung erklärte ich meine Bereitschaft, das Amt des Parteivorsitzenden weiter auszuüben.

In der Pressekonferenz berichtete ich kurz über den Gang der Beratungen und trug die Erklärung vor. Auch in der Fraktionssitzung unterrichtete ich die Kolleginnen und Kollegen über den Vorstandsbeschluss und begründete meine Rücktrittsabsicht und das Akzeptieren des Präsidiumsvorschlags.

Die Diskussion in der Fraktion war kurz und ernst. Blüm erläuterte, warum er den Beschluss trotz seiner engen Bindungen zu Kohl für unausweichlich hielt. Später erzählte er mir, dass er nach der Fraktionssitzung versucht habe, mit Kohl zu sprechen. Das sei ihm aber damals und in den Wochen danach auch nicht mehr gelungen. Fritz Bohl, letzter Kanzleramtschef von Kohl, erklärte, dass nach seiner Meinung Kohl die Spender nennen müsse, dass er aber unsere Empfehlung bezüglich des Ehrenvorsitzes für zu weitgehend ansehe. Ich versuchte, in meiner Antwort deutlich zu machen, dass die Zerrissenheit, die er für sich empfinde, jeden von uns, insbesondere aber mich, genauso betreffe. Noch während der Fraktionssitzung wurde bekannt, dass Kohl als Reaktion auf unseren Beschluss den Ehrenvorsitz niedergelegt hatte.

7. Nervöse Partei: Die Krise frisst sich fest

Am nächsten Morgen erzählte mir mein Mitarbeiter, dass er am Abend zuvor in dem von vielen Politikern und Journalisten besuchten Restaurant »Borchardt« unbeabsichtigt Zeuge eines Gesprächs geworden war. Am Nebentisch habe der Chefredakteur der *Welt am Sonntag*, der seinerzeit Kohls Buch *»Ich wollte Deutschlands Einheit«* verfasst hatte, mit ein paar weiteren Leuten gesessen. Als der Chefredakteur des ZDF am Tisch vorbeigekommen sei, habe sein Zeitungskollege ihn mit den Worten begrüßt, er möge sich doch dazusetzen, man rede gerade darüber, wie man die Schreiber-Spende an Schäuble wieder in die Schlagzeilen bringen könne. Der ZDF-Chefredakteur soll an diesem Tag aufgrund eines Hinweises nach Berlin gekommen sein, dass er abends ein Interview mit dem künftigen neuen Parteivorsitzenden der CDU führen könne – offenbar waren also Spekulationen, was in den Sitzungen der CDU passieren würde, doch weiter gediehen.

Schreiber hatte seit dem 10. Januar in zahlreichen Interviews immer neue Versionen veröffentlicht, wann und wann nicht er mir die Spende übergeben haben wollte. Ein Sinn war darin nicht ohne weiteres zu erkennen, es sei denn, er hätte es darauf anlegen wollen, mich ins Zwielicht zu rücken, indem er dem Eindruck Vorschub leistete, ich hätte das Geld von ihm möglicherweise gar nicht an die Partei weitergeleitet. Dass er damit Erfolg haben könnte, war schon deshalb nicht ganz von der Hand zu weisen, weil die weitere Verwendung des Betrags in der Zuständigkeit der Schatzmeisterin nicht widerspruchsfrei aufzuklären war. Vielleicht aber genoss er auch nur die öffentliche Aufmerksamkeit in seinem kanadischen Exil, und für einen Angeschuldigten, der sich seit Jahren den Strafverfolgungsbehörden durch Flucht entzog, mochte es ja auch Genugtuung sein, wie viel Einfluss er auf das politische Geschehen in Deutschland auch über den Atlantik hinweg ausüben konnte. Möglicherweise konnte diese Demonstration seiner Möglichkeiten zur Einflussnahme auch den einen oder anderen seiner früheren Gesprächspartner einschüchtern.

Irgendwann behauptete er, beweisen zu können, am Tag nach dem Sponsorenessen, also am 22. September 1994, gar nicht mehr in Bonn gewesen zu sein. Später räumte er ein, sich am Morgen dieses 22. September sehr wohl in Bonn aufgehalten zu haben. Er habe aber das Hotel Königshof – fünf Autominuten vom Bundestag entfernt – nicht verlassen und könne dies anhand seiner Telefonrechnungen beweisen. Diese wiesen dann, als sie veröffentlicht wurden, zwischen 9.05 Uhr und 11.00 Uhr keinerlei Gespräche aus. In meinem Terminkalender war der Termin nicht vermerkt, was angesichts der Tatsache, dass er erst in der Nacht zuvor für den folgenden Morgen vereinbart worden war, selbstverständlich war. Die Mitarbeiterinnen in meinem Vorzimmer erinnerten sich nicht, Schreiber jemals gesehen zu haben – bei der Vielzahl meiner Besucher im Laufe der Jahre wiederum nicht ungewöhnlich. Der Hausordnungsdienst im Bundestag hatte die Passierscheinunterlagen, in denen Besucher ohne Hausausweis registriert werden, nach Angaben der Verwaltung im Zuge des Umzugs nach Berlin vernichtet. Beweise hatte ich also – außer den Zeugen vom Hörensagen, denen ich die Begebenheit seinerzeit erzählt hatte – nicht. Meiner Erinnerung war ich aber sicher. Denn bei allen gesunden Zweifeln auch an der Präzision von Erinnerungen konnte mein Gedächtnis den Besuch dieses Menschen, der mir 100 000 DM zur persönlichen Verwendung übergeben wollte, nicht erfunden haben.

Mit Frau Baumeister hatte ich im Laufe der Jahre und der letzten Wochen des Öfteren über das Ereignis gesprochen, und niemals hatte sie den geringsten Zweifel an meiner Erinnerung geäußert. Ganz im Gegenteil hatte sie mehrfach in Gremien und auch öffentlich meine Schilderung ausdrücklich bestätigt. Unser einziges Problem schien zu sein, was mit dem Geld geschehen war, nachdem man es zunächst im Safe der CDU-Schatzmeisterin deponiert hatte. Umso ratloser war ich, als mich Frau Baumeister am 16. Januar zu Hause anrief, um mich zu fragen, ob ich mir meiner Erinnerung sicher sei und ob es nicht vielmehr so gewesen sei, dass sie mir Schreibers Spende im Oktober als Botin überbracht hätte. Das fand ich nun einigermaßen abstrus, weil ich mir andererseits absolut sicher war, dass sie mir niemals eine Barspende übergeben hatte, zumal es wenig Sinn gemacht hätte, wenn die Schatzmeisterin mir einen Umschlag mit Geld überreicht, um ihn anschließend wieder in Empfang zu nehmen. Da sie aber darauf insistierte und dabei immer wieder in Tränen ausbrach, fragte ich sie schließlich, ob die Aufregungen der letzten Tage ihr vielleicht nervlich etwas zu sehr zugesetzt hätten, und riet ihr, sich in ärztliche Behandlung zu begeben. In den nächsten Tagen erfuhr ich jedoch immer wieder, dass sie gegenüber Kollegen und Journalisten ständig wechselnde Aussagen machte und sich in dunklen Andeutungen erging. Schließlich erschreckten uns Spekulationen über einen Selbstmordversuch, die sich glücklicherweise nicht bewahrheiteten.

Am Mittwoch besuchte ich nach dem Neujahrsempfang des Bundespräsidenten auch einen Empfang des Hauses Springer. Angesichts erkennbar kritischer Begleitung durch einige Erzeugnisse des Hauses löste mein Erscheinen gelinde Überraschung aus, die mir Freude bereitete. Noch mehr genoss ich es, in einer Gesprächsrunde den Vorfall vom Vorabend im Restaurant Borchardt ohne Nennung von Namen zu schildern, sodass außer dem anwesenden

Chefredakteur der *Welt am Sonntag* niemand etwas mit meiner Andeutung anzufangen wusste. In der weiteren Berichterstattung dieser Sonntagszeitung über unsere Finanzaffäre hat mir das allerdings nicht sehr geholfen. Nachmittags und abends hatte ich Wahlkampfeinsätze in Schleswig-Holstein, die gut verliefen, über die aber teilweise die Medienberichterstattung wiederum einen anderen Eindruck vermittelte. Immerhin war die Diskrepanz zwischen Dichtung und Wahrheit nicht mehr ganz so groß wie bei der Eröffnungsveranstaltung in Kiel. Zumindest schöpfte ich neuen Mut, dass ich den schleswig-holsteinischen Freunden doch noch helfen konnte.

Am Donnerstag, dem 20. Januar, stand im Plenum wieder eine Bundestagsdebatte über den Stand der Affäre an. In meiner Rede, die immer wieder durch Zwischenrufe vor allem von SPD-Abgeordneten unterbrochen wurde, entschuldigte ich mich für die CDU Deutschlands für Gesetzesverstöße, die in unserer Verantwortung begangen worden waren. Dabei wies ich darauf hin, dass eines unserer Probleme ja sei, dass wir von Woche zu Woche mit neuen Erfahrungen und Erkenntnissen konfrontiert würden, von denen wir selber mehr entsetzt und betroffen seien als irgendjemand sonst. Ich bedauerte ausdrücklich, dass wir das Vertrauen in die Integrität demokratischer Parteien und Institutionen beschädigt hätten. Die Gelegenheit dieser Rede nutze ich auch, mich dafür zu entschuldigen, dass ich am 2. Dezember im Bundestag die Schreiber-Spende auf die Zwischenrufe hin nicht genannt hatte. Ich erläuterte offen, dass ich am Montag zurücktreten wollte und aus welchen Gründen, um dann die Beschlüsse von Präsidium und Vorstand der CDU noch einmal darzulegen. Dabei appellierte ich, dass unabhängig von allen neuen Enthüllungen bei der Beurteilung politischen Handelns die Verhältnismäßigkeit gewahrt bleiben müsse. Die CDU Deutschlands und auch die Bundesrepublik seien in erheblichem Maße durch die Leistungen von Helmut Kohl geprägt. Bei allen Verstößen, die weiter aufgeklärt werden müssten, werde das nichts ändern an dem geschichtlichen Werk, das unter der Führung von Kohl für dieses Land erreicht worden sei.

Im Anschluss daran kritisierte ich, dass insbesondere die öffentlich-rechtlichen Rundfunk- und Fernsehanstalten Herrn Schreiber im Übermaß Gelegenheit bieten würden, nahezu täglich sich selbst widersprechende Versionen zu verbreiten, offensichtlich mit dem einzigen Zweck, bis dato unbescholtene Menschen in Deutschland in einem für die Öffentlichkeit immer weniger zu durchschauenden Schleier von Verdächtigungen zu halten. Diese Bemerkung trug mir in der Hauptnachrichtensendung des ZDF einen kritischen Kommentar von Chefredakteur Klaus Bresser ein, der zwar zunächst kurz meine Rede als honorig würdigte, sich dann aber in den restlichen drei Vierteln seines Kommentars als Betroffener heftig gegen meine Kritik verteidigte. Das empfand ich nun als einen recht bemerkenswerten Vorgang. In der Wahrnehmung der Zuschauer erschien Bresser als neutraler Kommentator, der seine Meinung äußerte und sein Urteil fällte. In Sachen Schreiber aber war er Betroffener und durfte deshalb nicht mehr Kommentator sein. Welch angenehme Wirkung müsste es in einem Sportwettkampf haben, wenn der eine der Wettbewerber zugleich die Rolle des Schiedsrichters ausüben könnte!

Wenige Minuten, nachdem ich von der Bundestagsdebatte in mein Büro zurückgekehrt war, kam mein Mitarbeiter mit der schockierenden Nachricht, der seit über 15 Jahren für die Finanzen der Fraktion zuständige Referent sei am Vormittag in seiner Wohnung erhängt aufgefunden worden. Die Minuten danach erscheinen mir auch heute noch als der tiefste und traurigste Moment in der ganzen Affäre.

Ich berief eine kurze Fraktionssondersitzung ein, um den Kollegen die schreckliche Nachricht mitzuteilen und warnte vor voreiligen Spekulationen, nicht zuletzt mit Rücksicht auf den Verstorbenen und seine Familie. Die zuständigen Behörden fanden zwei Abschiedsbriefe, einen an die Familie und einen an den parlamentarischen Geschäftsführer Hörster, dessen Mitarbeiter er gewesen war. Aus diesem ergab sich, dass der Verstorbene über viele Jahre auch mittels Urkundenfälschungen aus den von der Fraktion nicht sonderlich geprüften Rücklagenkonten Unterschlagungen vorgenommen hatte und angesichts der von uns wegen der Debatte um die auf die Partei übertragenen Mittel veranlassten Sonderprüfung und der damit bevorstehenden Entdeckung keinen Ausweg für sich mehr wusste. Das Ergebnis der Sonderprüfung bestätigte später diese Angaben. Die Prüfung ergab im Übrigen auch, dass die auf die Partei übertragenen Mittel vollständig von Beiträgen der

CDU-Mitglieder der Fraktion herrührten, gesetzliche Bestimmungen also in der Tat nicht verletzt worden waren.

Die Vorfälle waren gleichwohl Anlass, Kontrolle und Rechnungsprüfung auch der Beitrags- und Rücklagenkonten in der Fraktion deutlich zu verbessern. Dass die Affäre aber nun auch ein Todesopfer gekostet hatte, gab ihr trotz allem Verschulden des Verstorbenen eine neue, noch bedrückendere Dimension. Die Geschichte bescherte uns prompt neue Schlagzeilen mit den natürlich unvermeidlichen Spekulationen, ob der Freitod etwas mit unsauberen Finanzpraktiken der Fraktion zu tun haben könnte. Doch es blieb zum Glück bei einem nur kurzen Rauschen im Blätterwald, wobei die Boulevardpresse wieder einmal ihre besondere Feinfühligkeit im Umgang mit den Angehörigen des Verstorbenen bewies.

Am Freitag, dem 21. Januar, besprach ich morgens bei einem Frühstück die Lage mit dem CSU-Vorsitzenden Edmund Stoiber. Wir stimmten in unserer Beurteilung völlig überein, insbesondere auch darüber, dass die CSU von der ganzen Affäre mit betroffen war, keinerlei Gewinn, sondern nur Nachteile daraus ziehen konnte, und dass deshalb jeder Versuch, die dramatische Lage der CDU zu einer Spaltung des Unionslagers zu nutzen, von uns in beiderseitigem Interesse mit aller Macht unterbunden werden musste. Niemand von uns wusste, wie lange uns die Affäre noch schütteln würde. In der Demoskopie waren wir brutal abgestürzt. Die CDU-Basis schwankte zwischen Lähmung und Wut. Und die Bundesregierung konnte nahezu unbehelligt tun und lassen, was sie wollte – es nahm kaum jemand zur Kenntnis. Stoiber und ich waren uns völlig einig, dass die CDU so rasch wie irgend möglich die Krise überwinden müsse, um wieder als politischer Sparringspartner der Regierung wahrgenommen zu werden. Eine längerfristige Paralysierung der Union hätte unweigerlich fatale Auswirkungen auf ihre Integrationskraft.

Ich hatte schon einige Zeit darüber gegrübelt, wie es uns gelingen könnte, die Partei über die Affäre und ihre Hintergründe zu informieren und sie zugleich zu motivieren, den Zustand von Verbitterung und Lähmung zu durchbrechen. Dabei erinnerte ich mich an das Rezept der SPD, die im vorangegangenen Herbst auf dem Höhepunkt ihrer Krise in einer Reihe von Regionalkonferenzen der Basis ein Ventil eröffnet hatte, über das sie ihren Unmut ablassen konnte. Zugleich hatten Schröder und Müntefering die Konferenzen genutzt, um die Politik der rot-grünen Koalition in Berlin zu erklären, und damit immerhin erreicht, dass sich verbliebener Ärger nicht mehr gegen Schröder, sondern vorwiegend gegen den Koalitionspartner richtete. Ohne dass wir zuvor darüber gesprochen hätten, kam an einem Nachmittag nach unserer dramatischen Vorstandssitzung vom Dienstag Frau Merkel zu mir und machte mir den Vorschlag, mit den Landesverbänden Veranstaltungen durchzuführen, um der Basis das Gefühl zu geben, dass sie in dieser schweren Krise der CDU gehört werde. Wir brauchten keine zwei Minuten, um das zu verabreden, und ich bat Frau Merkel, bis zur nächsten Präsidiumssitzung den Vorschlag zur Entscheidungsreife zu bringen.

Am 21. Januar nachmittags nahm ich an einer Klausurtagung des Landesvorstands der niedersächsischen CDU teil. In der vorausgehenden Pressekonferenz wurde ich auf Äußerungen von Christian Wulff angesprochen, der zivilrechtliche Schritte der CDU gegen die Verantwortlichen angeregt hatte. Ich antwortete vorsichtig, dass zunächst Verstöße aufgeklärt, dann die Schäden ermittelt werden müssten, ehe über etwaige Ersatzansprüche befunden werden könne. Ich erläuterte allerdings auch die Rechtslage, dass ein Verzicht auf etwa gegebene Ersatzansprüche einer Legitimation durch einen Parteitag bedürfe, weil andernfalls Personen, die auf die Geltendmachung von Ansprüchen verzichteten, sich vereinsrechtlich dem Vorwurf der Untreue nach § 266 StGB aussetzen könnten.

Generalsekretärin Merkel hatte etwa zur gleichen Zeit bei anderer Gelegenheit ihre mit mir übereinstimmende Meinung geäußert, dass sie die Geltendmachung von Schadensersatzansprüchen der Partei gegen den früheren Ehrenvorsitzenden nicht für richtig halte. Da meine Einlassungen jedoch so interpretiert wurden, als spiele ich immerhin mit dem Gedanken an eine Zivilklage gegen Kohl, wurde aus ihren und meinen Worten sofort ein angeblicher Widerspruch zwischen Vorsitzendem und Generalsekretärin konstruiert.

Abends sprach ich auf einer als Neujahrsempfang deklarierten Wahlkampfveranstaltung der CDU Pinneberg. Ich traf dabei den bereits vom Tod gezeichneten Fraktionskollegen Willner, an dessen schwerer Erkrankung ich viel Anteil genommen hatte, zum letzten Mal, und ich ahnte dies schon. Die Veranstaltung war völlig überfüllt, und die Besucher begrüßten und verabschiedeten mich mit stehenden Ovationen. Zum gleichen Zeitpunkt sprach Kohl beim Neujahrsempfang der CDU in Bremen und wurde dort von mehreren tausend Besuchern begeistert gefeiert. Schon am Tag zuvor waren ihm bei einer Rede der Industrie- und Handelskammer in Hamburg Beifallsstürme zuteil geworden.

Für mich war das nicht überraschend, und ich vermutete, dass Kohl gegebenenfalls in Pinneberg genauso viel Beifall wie ich erhalten hätte, und ich umgekehrt an seiner Stelle in Bremen auch freundlich aufgenommen worden wäre – letztlich also Ausdruck der Zerrissenheit, der die Partei und viele Einzelne ausgesetzt waren. Allerdings hatte das Spektakel in Bremen Folgen. Ich hatte gleich vermutet, dass die Ovationen für Kohl bald als peinlich empfunden würden, und ich behielt damit Recht. Schon eine Woche später musste Kohl die angekündigte Rede beim Jubiläum des Deutschen Fußball-Bundes absagen, und die Auftritte in Hamburg und Bremen blieben für geraume Zeit seine letzten.

Am 22. Januar führten wir in Kiel einen seit langem geplanten Bildungskongress durch, der den Auftakt der parteiinternen Beratungen zur Vorbereitung unseres Bildungsparteitags im April in Essen sein, aber natürlich auch eine positive Ausstrahlung in den schleswig-holsteinischen Landtagswahlkampf haben sollte. Obwohl wir uns, wie Volker Rühe formulierte, den Luxus gönnten, einen Tag nicht über die Finanzaffäre, sondern ausschließlich über Bildungspolitik zu reden, gingen die sachlichen Inhalte in der Medienberichterstattung gegenüber der Affäre weitgehend unter. Ich hatte mehrere Interviews zugesagt in der Hoffnung, bei der Gelegenheit dieses Bildungskongresses wieder etwas Sachpolitik in die Öffentlichkeit vermitteln zu können. Doch ich wurde ausschließlich zu unserer Finanzaffäre und zu den vermeintlichen Widersprüchen zwischen mir und Frau Merkel bezüglich einer Zivilklage gegen Kohl befragt. Selbst die baden-württembergische Kultusministerin und stellvertretende CDU-Vorsitzende Annette Schavan, Inbegriff bildungspolitischer Kompetenz der Union, fand mit einem Interview am Rande der Veranstaltung, in dem sie Sanktionen gegen Kohl forderte, viel größere Beachtung als mit ihrer programmatischen Rede.

Am Sonntagabend trafen wir uns wieder in Berlin zu einer weiteren Präsidiumssitzung. Wir nahmen einen weiteren Bericht unserer Wirtschaftsprüfer entgegen und erörterten mit unserem Anwalt die rechtlichen Probleme und Risiken, die sich aus der Tatsache ergeben konnten, dass der Bundestagspräsident unseren rechtzeitig vor Ablauf des 31. Dezember 1999 ergänzten Rechenschaftsbericht für 1998 wegen der uns damals nicht bekannten und deshalb nicht aufgeführten hessischen Millionen in der Schweiz für unvollständig und deshalb für nicht ausreichend halten konnte. Vor allem aber quälte uns die Frage, wie wir eine Lage beenden konnten, in der jeden Tag neue Skandalmeldungen oder Spekulationen politische Auseinandersetzungen weitgehend unmöglich machten. Rente, Steuern, Energiepolitik, Europa – auf all diesen Feldern war dringend eine auch öffentlich wahrgenommene Diskussion erforderlich. Doch die Opposition schien nur noch mit ihrer Affäre und nicht mehr mit Politik beschäftigt.

Tags zuvor hatte mir unser Bundesgeschäftsführer berichtet, Weyrauch habe am Telefon auf die Bemerkung, die Union könne auch rechtliche Schritte gegen ihn einleiten, geantwortet: »Dann wackelt die Republik.« Das empörte mich, und ich war fest entschlossen, uns von einer solchen Drohung keine Angst einjagen zu lassen. Deshalb trug ich im Präsidium vor, wir sollten lieber eine Ende mit Schrecken als einen Schrecken ohne Ende suchen und gegen Weyrauch zivilrechtliche Schritte einleiten, also Auskunfts- und gegebenenfalls Ersatzansprüche geltend machen. Das Präsidium stimmte einmütig zu. Im Zusammenhang damit erörterten wir auch die entsprechende zivilrechtliche Problematik gegenüber Kohl. Die Meinungen waren durchaus geteilt, aber allen war klar, dass ein rechtliches Vorgehen gegen Kohl politisch außerordentlich problematisch wäre. Umgekehrt aber wurde auch auf die Schwierigkeit aufmerksam gemacht, gegenüber unseren Mitgliedern einen immensen finanziellen und politischen Schaden vertreten und Solidarität aller Ebenen zur Überwindung dieser Probleme einfordern zu müssen, gleichzeitig aber rechtliche Möglichkeiten gegen Hauptverantwortliche nicht auszuschöpfen.

Wir einigten uns, dass die Frage noch nicht entscheidungsreif sei und Debatten darüber bis zum Parteitag im April möglichst vermieden werden sollten. Dass dann eine Entscheidung notwendig werden konnte, war allen klar, weil der Verzicht auf zivilrechtliche Ansprüche vereinsrechtlich nur von dem Organ, das den Mitgliedern am nächsten ist, also dem Parteitag, beschlossen werden konnte.

Wir verabredeten ferner, nach der schleswig-holsteinischen Landtagswahl zur Vorbereitung des Essener Parteitags eine Serie von Regionalkonferenzen in allen Landesverbänden durchzuführen. Der Vorschlag, der Basis Gelegenheit zur Diskussion der entstandenen Lage zu geben, fand große Zustimmung. Unter den Stichworten »Verantwortung – Veränderung – Vertrauen« wollten wir Konsequenzen aus den festgestellten Verstößen nicht nur gegen das Finanzstatut, sondern auch gegen die Gebote von innerparteilicher Transparenz und Demokratie ziehen, um daraus eine neue Offenheit in der Diskussion auch der entscheidenden Zukunftsfragen unseres Landes zu gewinnen.

Der Bundesvorstand stimmte am nächsten Montag den Empfehlungen des Präsidiums einmütig zu. Für mich war am bemerkenswertesten, dass sechs Tage nach der dramatischen Sitzung vom 18. Januar, die zum Verzicht auf den Ehrenvorsitz durch Kohl geführt hatte, die Geschlossenheit im Bundesvorstand sich eher noch verfestigt hatte. Ich hatte zunächst erwartet, dass die Schockwelle der Ereignisse am und nach dem 18. Januar eher Irritationen ausgelöst hätten. Stattdessen wurden im Besonderen die Begleitumstände der Bremer Veranstaltung einhellig kritisiert. Die allgemeine Meinung war, man helfe Kohl in der schwierigen Lage, in die er sich verrannt habe, letztlich mit falschen Solidaritätsbekundungen nicht, sondern müsse ihn vor Illusionen bewahren.

Demgegenüber war die Stimmung in der Fraktion am nächsten Tag deutlich kritischer. Das wurde noch wesentlich verstärkt durch einen Bericht, den der parlamentarische Geschäftsführer Hörster zu der Übertragung von Beitragsmitteln der Fraktion auf die Partei und zu den näheren Umständen des Freitods des für Haushalt und Finanzen zuständigen Mitarbeiters gab. Während dieser Ausführungen wuchs die Unruhe unter den Fraktionskollegen, und ich konnte an den Gesichtern ablesen, dass Hörsters Vortrag offenbar als verunglückt empfunden wurde. Dadurch verschärfte sich die kritische Stimmung, die zwar keinen Ausdruck fand, aber deutlich spürbar war.

Michael Glos, der mir in den ganzen Wochen ein aufrichtiger und verlässlicher Ratgeber und Begleiter war, machte aus seinen Sorgen keinen Hehl. Niemand wusste, was uns noch bevorstand. Aber es lagen jetzt zwei sitzungsfreie Wochen vor uns, in denen die Abgeordneten überwiegend nicht in Berlin waren. Die nächste turnusmäßige Sitzung der Fraktion stand erst für den 15. Februar an, doch Glos mahnte eindringlich, eine Sitzung in einer solch – zwar unausgesprochenen, aber doch klar spürbaren – kritischen Stimmung auch gegen mich dürfe sich dann nicht wiederholen. Es brauchte zwischen uns nicht ausgesprochen zu werden, aber ich wusste auch so, dass seit dem Tag, an dem ich den Erhalt der Schreiber-Spende öffentlich zugegeben hatte, meine Autorität geschwächt war und ich seither mehr und mehr zum Ziel von Unzufriedenheit wurde, für die ich zwar nicht der Hauptverursacher, aber dennoch irgendwie mitverantwortlich war.

Die Abgeordneten standen in ihrer viel größeren Zahl als die Mitglieder des Bundesvorstands in ihren Wahlkreisen unmittelbarer unter dem Eindruck der Stimmung bei unseren Mitgliedern, insbesondere bei den aktiven Funktionsträgern in den Kreis- und Ortsverbänden, und natürlich auch in der Bevölkerung. In Schleswig-Holstein und Nordrhein-Westfalen kam noch die Sorge um schwindende Chancen bei den anstehenden Landtagswahlen hinzu. Zugleich waren die Abgeordneten, so weit sie nicht selbst den Führungsgremien der Partei angehörten, an den eigentlichen Diskussions- und Entscheidungsprozessen kaum beteiligt, was für das Selbstverständnis von Abgeordneten schwer erträglich ist. Sie bezogen ihre Informationen im Wesentlichen aus den Medien, und die waren während dieser Zeit durchweg der CDU im Allgemeinen und mir im Besonderen nicht unbedingt freundlich gesonnen. Dabei taten sich nicht einmal die eher linken, sondern im zunehmendem Maße die »befreundeten« Magazine und Zeitungen hervor, und auch das beeinflusste die Meinungsbildung. Zeit, die Lage untereinander zu erörtern, hatten die Fraktionskollegen durchaus, wobei sie zugleich in Berlin der von den zahllosen Journalisten ausgehenden Hektik und Nervosität und all den damit verbundenen Versuchungen und Verführungen zusätzlich ausgesetzt waren. In Zeiten, in denen jeder unbedacht hingeworfene Halbsatz tagelang die Medien beschäftigen konnte, war das ein fruchtbarer Nährboden für eine sich immer wieder aufs Neue dramatisierende Nachrichtenspirale.

Dass die Stimmung an der Parteibasis und in der Bevölkerung sich zunehmend verschlechterte, daran konnte niemand einen Zweifel haben. Ich spürte es, bei öffentlichen Veranstaltungen, beim Rollstuhlradfahren in meiner Heimat, im Flugzeug, wo auch immer. Es war nicht so, dass mich die Menschen kritisch oder unfreundlich ansprachen, sie sahen eher verlegen weg, und das war im Grunde viel aussagekräftiger. Niemand wusste mehr, was und wem man glauben sollte; man war es leid, jeden Tag immer neue Spekulationen und Verdächtigungen zu hören; niemand konnte und wollte noch durchblicken – kurzum: Man hatte genug von der Affäre.

VII. Ende und Neuanfang – Der See rast und bekommt sein Opfer

1. Keine Chance für Politik – Immer wieder Schreiber

Der Rest ist schnell erzählt, und angesichts der Zwangsläufigkeit der Entwicklung mögen die Einzelheiten nur insofern vielleicht interessieren, als beispielhaft gezeigt werden kann, wie solche Prozesse in der Banalität des Alltags sich vollziehen, wie aber auch ganz unterschiedliche Entwicklungslinien sich manchmal scheinbar zufällig verknüpfen.

In der Fraktionssitzung am 25. Januar verabschiedete sich der frühere Bundesinnenminister Kanther, der sich nach den hessischen Enthüllungen unter dem starken Druck in Partei und Öffentlichkeit zur Aufgabe seines Bundestagsmandats entschlossen hatte. Es war ein bewegender Augenblick, weil jeder die Tragik des Mannes spürte, der aus seinem Verständnis heraus sich für die Partei geopfert hatte und auch die ihn so belastende Offenbarung wie die sich daran für ihn knüpfenden Konsequenzen als Ausfluss von Loyalität verstand.

In meiner Erwiderung auf seine Abschiedsworte wollte ich ihm und uns dennoch nicht den Hinweis ersparen, dass er bei aller Unterschiedlichkeit von Maßstäben, die je nachdem an Fehlverhalten von Menschen und besonders Politikern angelegt werden, und der darin für den Einzelnen steckenden Ungerechtigkeiten eben doch erhebliche Fehler begangen hatte. Vor allem sei das Vertrauen vieler Menschen – inner- und außerhalb unserer Partei – gerade deshalb schwer enttäuscht worden, weil er bis dahin in Sachen Recht und Gesetz gerade als besonders vertrauenswürdig galt. Ich wünschte ihm aus dieser Einsicht die Kraft, in der Enttäuschung nicht bitter zu werden.

Am Donnerstagabend derselben Woche hatten wir eine Sitzung des geschäftsführenden Vorstands der Fraktion. Wir wollten uns mit Energie- und Steuerpolitik beschäftigen, aber ich stellte eingangs zunächst die Frage unserer Einlassung im Hinblick auf die von der Europäischen Union gegen Österreich wegen der ÖVP-FPÖ-Koalition ergriffenen Maßnahme zur Diskussion. Die CSU-Vertreter plädierten für massive Kritik. Als ich spürte, dass die CDU-Generalsekretärin widersprechen wollte, kam ich ihr zuvor und erklärte, dass nach meiner Überzeugung CDU und CSU klar und zweifelsfrei an der Seite der ÖVP bleiben müssten.

Das Haider-Phänomen war die Folge des Verschleißprozesses einer zu lange dauernden großen Koalition in Österreich und auch der Tatsache, dass in der Bevölkerung vorhandene Bedürfnisse, Sorgen, Ressentiments nicht ausreichend von zur Mitte hin integrierenden Parteien artikuliert worden waren. Eine Fortsetzung einer großen Koalition – zumindest ohne die von der ÖVP geforderten und von der SPÖ abgelehnten deutlichen Reformen – hätte eine Fortsetzung des Erosionsprozesses der gemäßigten Parteien und eine weitere Stärkung Haiders mit Sicherheit nach sich gezogen. Deshalb musste es darauf ankommen, die Verlässlichkeit österreichischer Politik anhand der Koalitionsvereinbarung und der in der Praxis zu verwirklichenden Regierungspolitik zu beurteilen und nicht aufgrund von Emotionen und Vorurteilen. Im Übrigen war bekannt, dass die SPÖ ebenfalls zu einer Zusammenarbeit mit der Haider-Partei bereit gewesen wäre – in der Vergangenheit gab es schon einen Präzedenzfall –, und in diesem Fall hätte das keinen internationalen Entrüstungssturm ausgelöst. Der parteipolitische Aspekt der Kampagne war also unübersehbar. Außerdem mussten wir auch klar sehen, dass Schröder und seine rot-grüne Koalition auch diese Angelegenheit in Deutschland parteipolitisch ausnutzen wollten, um das bürgerliche Lage zu spalten und die Integrationskraft der Union zu schwächen. Meine Linie wurde einmütig akzeptiert und in den folgenden Tagen auch von allen unseren Außen- und Europapolitikern unterstützt.

In den folgenden Tagen telefonierte ich mit einer Reihe von Politikern der EVP, um den Schaden aus den »*Querelles d'Austriche*« für die EVP zu begrenzen. Mit den Kollegen in der EVP-Fraktion im Europäischen Parlament war ich mir einig, ebenso mit Wilfried Martens, dem luxemburgischen Premierminister Juncker und dem niederländischen CDA-Vorsitzenden. Schwieriger wurde es mit François Bayrou, wie überhaupt ein Teil der französischen Öffentlichkeit auf die Entwicklung in Österreich besonders besorgt reagierte, wobei aus manchen Stimmen auch das Wiederaufleben antideutscher Ressentiments herauszuhören war.

Für den 3. und 4. Februar stand ein Treffen der EVP-Parteiführer in Madrid an, das vor allem zur Unterstützung von Ministerpräsident Aznar im laufenden spanischen Wahlkampf geplant war. Da ich wegen einer weiteren krisenbedingten Präsidiumssitzung der CDU meine Teilnahme kurzfristig absagen musste, besprach ich in einem langen Telefonat mit Aznar, dass das Österreich-Thema aus der Agenda dieses Treffens herausgehalten werden sollte, und ich verabredete mit dem ÖVP-Vorsitzenden und österreichischen Bundeskanzler Wolfgang Schüssel, dass er auf seine Teilnahme an dem Treffen verzichtete.

In den Vorstandsgremien der EVP wurde zwar ein Antrag auf Suspendierung der ÖVP-Mitgliedschaft in der EVP eingebracht. Die überwiegende Mehrheit jedoch lehnte ihn entschieden ab.

Wir vertraten unsere Position nicht nur in der EVP, sondern kritisierten die Sanktionsbeschlüsse der EU und die Beteiligung der Regierung Schröder daran auch massiv in Öffentlichkeit und Parlament. Ganz offensichtlich versuchte die europäische Linke unter maßgeblicher Beteiligung der deutschen Sozialdemokraten, das bürgerliche Lager auseinander zu dividieren oder zumindest der Komplizenschaft zu verdächtigen. Jedenfalls ging es in Deutschland auch erkennbar um das nicht eben neue Spiel, einen möglichst großen Teil der nicht linken Wählerschaft durch Stigmatisierung von der Teilnahme am normalen demokratischen Mehrheitsbildungsprozess auszuschließen. Damit ließ sich die Achse möglicher Mehrheitsbildungen wunderbar nach links verschieben, zumal unsere entschiedene Position, derzufolge demokratische Parteien weder mit rechts- noch mit linksradikalen Kräften Koalitionen bilden dürften, bei der SPD immer auf Ablehnung stieß, so weit es um linksradikale ging. Darüber hinaus sollte unserer Strategie, möglichst viele Wähler in der Mitte zu integrieren, durch gezielte Provokation bestimmter Bevölkerungsteile und deren Sorgen und Bedürfnisse als angeblich rechtsradikaler Elemente entgegengewirkt werden. Dieses Bestreben war ebenfalls nicht neu; wir hatten es über die Jahre in vielen Debatten etwa um Ausländer- oder Staatsangehörigkeitsfragen wie bei Vertriebenenangelegenheiten immer wieder kennen gelernt. Angesichts der veränderten Rahmenbedingungen für unsere Integrationsaufgabe in der Opposition mussten wir besonders vorsichtig darauf reagieren, wobei ich zusätzlich die Sorge hatte, dass die durch unsere Finanzprobleme ausgelöste Vertrauenskrise und die Enttäuschung vieler Menschen das Potenzial für eine resignierte Abwendung von den Unionsparteien noch vergrößern konnten.

Einige Wochen später war die Gefahr gebannt. Die Manöver der EU stießen weithin auf Kritik. Österreich selber widerlegte alle diffamierenden Verdächtigungen. Bei den mittelosteuropäischen Beitrittskandidaten wuchs die Sorge, wie viel Einmischung in innere Angelegenheiten von Mitgliedsländern sich die Majorität innerhalb der EU aus parteipolitischen Motiven anmaßte, und vor allem wurde zunehmend auch innerhalb der EU erkannt, dass hier im Falle eines relativ kleinen Mitgliedslandes Maßstäbe angelegt wurden, die jedenfalls Allgemeingültigkeit nicht beanspruchen konnten. Auch in der deutschen Öffentlichkeit fand die Politik der Bundesregierung und der EU wenig Unterstützung. Die an die Wand gemalte Gefahr einer faschistischen Entwicklung in Österreich wirkte eher lächerlich.

Aber die ganze Geschichte unterstrich noch einmal die Dringlichkeit der Aufgabe, die Integrationskraft der bürgerlichen Mitte stets neu zu wahren und gegebenenfalls zu verteidigen. Die Union befand sich in einer Phase, in der sie nicht sicher sein konnte, ob es ihr weiter gelingen würde.

Am Freitag, dem 28. Januar, berichteten mir am Morgen meine Mitarbeiter bleichen Gesichts, sie hätten bei Durchsicht der Terminkalender im Jahre 1995 noch einen Eintrag »Schreiber« gefunden. Niemand konnte sich erinnern, ich auch nicht, beim besten Willen nicht. Was tun? Ich ordnete an, auf keinen Fall Unterlagen beiseite zu schaffen. Ich wollte am Wochenende in meinem eigenen Kalender nachsehen. Auch da war ein solcher Eintrag zu finden.

Am Montag, dem 31. Januar, teilte mir mein Pressesprecher mit, das ARD-Magazin »Report« München habe angefragt, ob es außer der bereits bekannten noch weitere Begegnungen mit Schreiber gegeben habe. Ich wies an, die Frage wahrheitsgemäß zu beantworten, dass mein Terminkalender für den Juni 1995 eine entsprechende Eintragung ausweise, ich aber an die Begegnung keinerlei Erinnerung habe. Warnungen, dass daraus ein neuer Sturm in den Medien entstehen werde, konnten mich nicht umstimmen. Ich wollte aus der zu späten öffentlichen Bekanntgabe der Schreiber-Spende gelernt haben.

Die Warnungen vor der Medienreaktion erwiesen sich leider als zutreffend. Jetzt wurde meine Aufrichtigkeit nicht gelobt, sondern die Tatsache kritisiert, dass ich nicht früher meine Terminkalender hätte überprüfen lassen. Schreiber teilte aus dem fernen Kanada mit, es sei eine sehr flüchtige Begegnung nur gewesen. Eine Rekonstruktion des besagten Tages – es war ein Plenartag des Bundestages mit einigen Verschiebungen im Debattenablauf – durch meine Mitarbeiter ergab sogar, dass aufgrund der Zeitabläufe die Begegnung möglicherweise gar nicht hatte stattfinden können. Aber auf all das kam es nicht an. Man hatte genug.

Mag sein, dass das, wie in einigen Zeitungen kommentiert wurde, für mich der »Super-GAU« war. Jedenfalls stand ich nahezu wehrlos den Vorwürfen gegenüber, ich hätte zum zweiten Mal etwas verschwiegen oder gar die Unwahrheit gesagt, weil ich immer nur von der Begegnung im Zusammenhang mit dem Sponsorenessen und der Geldübergabe gesprochen hätte. Verstärkt wurde der Zweifel an meiner Wahrhaftigkeit noch dadurch, dass über das Wochenende vermehrt Meldungen verbreitet wurden, Frau Baumeister widerspreche meiner Darstellung der Spendenübergabe und bestätige Schreibers Version mit der Botin Baumeister. Und zu allem Überfluss wurden an diesem Wochenende auch noch zahlreiche Unionspolitiker mit kritischen Einlassungen zum Krisenmanagement der Partei zitiert. Ich spürte, dass sich immer mehr Speerspitzen auf mich richteten. Wieder einmal machte ich mich von Gengenbach auf nach Baden-Baden zum SWR-Fernsehstudio, um zu erklären, was kaum noch zu erklären war.

Nur zwei Tage später bekam ich die Wirkung der Sache zu spüren. Auf einer Wahlkampfveranstaltung in Neumünster, zu der allerdings ersichtlich nicht nur CDU-Anhänger gekommen waren, wurde ich mit wenig schmeichelhaften Zwischenrufen traktiert, von denen die höhnische Frage: »Gibt es noch mehr Geldkoffer?«, noch der harmloseste war. Die schleswig-holsteinischen Freunde hatten mir vorher die neuesten Umfragezahlen für die Landtagswahl mitgeteilt. Es sah düster aus für die CDU. Am Donnerstagmorgen entnahm ich einem Zeitungsartikel unter der Überschrift »In der CDU tobt die letzte Runde im Machtkampf«, dass am Dienstag dieser Woche die Ministerpräsidenten Vogel, Teufel und

Stoiber über »eine Stunde X« diskutiert und erwogen hätten, im Falle meines Ausscheidens als Parteivorsitzender den Thüringer Regierungschef an die Spitze zu schieben. Es habe sich lediglich um ein »passives Nachdenken« gehandelt, um nicht gänzlich unvorbereitet zu sein, wenn ich von mir aus mein Amt zur Verfügung stellen würde. Beunruhigt sei man darüber, dass sowohl die Parteibasis als auch die Funktionärsschicht das Vertrauen in mich verloren hätten.

2. Sensationelle Enthüllungen: Weyrauch und Lüthje packen aus

Die Ankündigung zivilrechtlicher Maßnahmen durch die CDU hatte inzwischen dazu geführt, dass Weyrauch sich bereit erklärte, mehr als bisher von seinem Wissen preiszugeben. Darauf hatte ich gehofft, als ich in der Präsidiumssitzung vom 22. Januar die Einleitung rechtlicher Schritte gegen ihn hatte absegnen lassen. Denn Weyrauch war die Spinne im Netz, ohne die das famose Kontensystem nicht funktioniert hätte. Deshalb musste man ihn »knacken«, um überhaupt weiterzukommen. Am Mittwoch, dem 2. Februar, erschien er gemeinsam mit Lüthje, begleitet von ihren Anwälten, im Konrad-Adenauer-Haus zu einem langen Gespräch mit unserem Bundesgeschäftsführer, unseren Wirtschaftsprüfern und Anwälten. Und jetzt begannen die beiden zu reden, nach dem Eindruck aller Anwesenden rückhaltlos. Konten in der Schweiz, eine Stiftung in Liechtenstein, Millionenspenden bar von Siemens – die Aussagen sind in den Berichten der Wirtschaftsprüfer der CDU vollständig veröffentlicht.

Willi Hausmann, der mich telefonisch auf dem Laufenden hielt, berichtete, beide hätten offenbar ihren inneren Frieden durch vollständige Offenbarung machen wollen. Das ging bis zu dem Punkt, dass beide zunächst ablehnten, mit dem Namen der Bank herauszurücken, bei der in der Schweiz das Konto geführt worden war. Erst nach hartnäckigem Insistieren und mehrmaliger Beratungspause mit ihren Anwälten nannten sie schließlich die Bank und verbanden das mit der Mitteilung, dass bei Auflösung des Kontos der Restbetrag von etwa 1,5 Millionen Schweizer Franken zwischen den Beteiligten Weyrauch, Lüthje und Kiep aufgeteilt worden sei.

Der damalige Parteivorsitzende sei im Grundsatz, aber nicht über Einzelheiten informiert gewesen. Auf Anweisung des Parteivorsitzenden seien schließlich die Unterlagen über diese Transaktionen vernichtet worden. Zur Aufbewahrung von Belegen und Dokumenten habe man eine Stiftung in Liechtenstein gegründet, die wiederum ein Bankschließfach in der Schweiz unterhalten habe. Nebenbei bestätigte Weyrauch auch den Eingang der 100 000 DM von Schreiber, die er über die Zwischenstation Kiep erhalten und als »sonstige Einnahme« in den CDU-Haushalt eingespeist habe.

Bundesgeschäftsführer Hausmann und Frau Merkel drängten darauf, mit diesen sensationellen Enthüllungen sofort an die Öffentlichkeit zu gehen. Ich war dagegen, weil ich in jeder Phase dieser unendlichen Geschichte formal völlig korrekt vorgehen wollte. Deshalb bestand ich darauf, dass zuerst das CDU-Präsidium in einer Sitzung, die wir auf Freitag, den 4. Februar, nach Bonn einberiefen, informiert werden und zuvor noch Terlinden, Kiep und Kohl Gelegenheit geboten werden müsse, zu den Aussagen Lüthjes und Weyrauchs Stellung zu nehmen und ihre bisherigen Angaben gegebenenfalls zu ergänzen.

Tatsächlich verfehlte der Hinweis, dass die beiden umfassend ausgepackt hätten, seine Wirkung nicht. Kohl, Kiep und Terlinden erklärten sofort ihre Bereitschaft, zu kommen, und wurden am 3. Februar intensiv befragt. Das Erstaunliche daran war, dass insbesondere der Termin von Kohl an diesem Donnerstag im Adenauer-Haus nahezu geheim blieb und sich sein Besuch praktisch jenseits jeder Öffentlichkeit vollzog. Lediglich ein einsames Kamerateam des ZDF, das rund um die Uhr Wache hielt, bekam mit, dass etwas im Gange war. Doch Kohl erwischten sie nicht, weil der durch die Tiefgarage ins Haus kam. Wieder einmal machte ich die Erfahrung, dass für die Medien interessante Informationen dann zurückgehalten werden können, wenn alle Beteiligten und Betroffenen an absoluter Diskretion ein eigenes Interesse haben.

Die Staatsanwaltschaft Bonn, die das Ermittlungsverfahren gegen Kohl betrieb, war an den Aussagen von Lüthje und Weyrauch verständlicherweise brennend interessiert. Willi Hausmann sicherte am Mittwoch bei einem Anruf der Staatsanwaltschaft zu, dass die Protokolle sofort nach Fertigstellung und Genehmigung durch die Beteiligten der Justizbehörde am Freitag zugeleitet würden. Das schien dem zuständigen Staatsanwalt viel zu lange zu dauern, denn er wollte schon am Donnerstag erste Informationen zu den Inhalten der Gespräche haben. Das lehnte Hausmann ab, weil unter anderem wegen der inzwischen mit Kohl, Kiep und Terlinden für den Donnerstag vereinbarten Termine das auch ihn in zeitliche Bedrängnis gebracht hätte. Schließlich wurde vereinbart, dass die Protokolle der Staatsanwaltschaft Bonn am Freitag bis 10.00 Uhr zugeleitet würden. Der Mitarbeiter der Bundesgeschäftsstelle, der die Schriftstücke an diesem Morgen dort ablieferte, berichtete später, der zuständige Oberstaatsanwalt sei ihm schon auf dem Flur »mit fliegenden Rockschößen« entgegengeeilt, habe ihm den Umschlag aus den Händen genommen, aufgerissen und noch auf dem Gang mit der Lektüre der Protokolle begonnen.

Am Freitag, dem 4. Februar, unterrichteten wir die Mitglieder des Präsidiums über die neuen Erkenntnisse. Was Weyrauch und Lüthje ausgepackt hatten, verschlug ihnen den Atem. Jemand äußerte sogar Zweifel daran, ob es sinnvoll sei, das jetzt der Öffentlichkeit zu offenbaren, weil er fürchtete, danach werde nur noch von der »kriminellen Vereinigung CDU« gesprochen. Andererseits hatten die Gespräche am Donnerstag nahezu keine neuen Sachverhalte zutage gefördert. Kohl, Terlinden und Kiep bestritten die Darstellungen von Weyrauch und Lüthje, so weit sie sich nicht darauf zurückzogen, keine Kenntnis zu haben.

Ich hatte noch am Mittwoch den Siemens-Vorstandsvorsitzenden von Pierer angerufen und ihn über die für Siemens nicht unproblematischen Angaben Weyrauchs und Lüthjes unterrichtet. Von Pierer sicherte mir zu, mit großer Dringlichkeit eigene Ermittlungen über die angegebenen Millionentransfers in der Schweiz anzustellen, die in der Folge dazu führten, dass Lüthje seine Erinnerungen bezüglich Zeiträumen und Kontaktpersonen korrigieren musste. Siemens war jedenfalls nicht in der Lage, die Aussagen aus eigenen Erkenntnissen zu bestätigen. Von Pierer wollte allerdings eine Beteiligung früherer für Siemens tätiger Persönlichkeiten auch nicht mit Sicherheit ausschließen.

Nach der Präsidiumssitzung informierte ich in einer Pressekonferenz wiederum vollständig über die neuen Erkenntnisse. Die Schlagzeilen waren uns damit wieder sicher. In den Medien, in denen Politik am liebsten unter dem Gesichtspunkt »Wer gegen wen?« dargestellt und kommentiert wird, sprach man von »Schäubles Gegenoffensive«. Das war ziemlicher Unsinn, weil die Unterrichtung der Öffentlichkeit nichts anderes bedeutete als die konsequente Verfolgung unseres Aufklärungskurses. Aber es charakterisierte die Situation. Unvermeidlicherweise wurde ich im Zusammenhang mit Weyrauchs Aussage auch wieder nach der Schreiber-Spende gefragt, nachdem das Präsidium zuvor ausdrücklich erklärt hatte, es sehe es als bewiesen an, dass ich das Geld von Schreiber erhalten und an Frau Baumeister weitergereicht hätte. Zu Beginn der Woche hatten zunächst der *Spiegel* und donnerstags der *Stern* massiv meine Version in Zweifel gezogen und mich, wenn auch noch mit Fragezeichen versehen, der Lüge bezichtigt. Nun kündigte ich in der Pressekonferenz an, dass ich meine Darstellung notfalls auch beeiden würde.

Vor der Präsidiumssitzung am Freitag hatte mich Roland Koch nach einer Unterredung der Parteivorsitzenden beider Unionsparteien mit den Ministerpräsidenten der unionsgeführten Bundesländer in einem Vieraugengespräch davon in Kenntnis gesetzt, dass er wohl in den nächsten Tagen werde einräumen müssen, bei früheren Unterrichtungen der Öffentlichkeit über die hessische Affäre in einem Punkt nicht frühzeitig genug sein vollständiges Wissen preisgegeben zu haben. Das führte in der Tat in den folgenden Wochen zu erheblichen zusätzlichen Turbulenzen in Hessen und brachte dort die Koalition um ein Haar an ihr vorzeitiges Ende.

Am Abend sah ich Helmut Kohl in einem ZDF-Interview. Er bestritt vehement, von den Auslandskonten gewusst zu haben. Er habe damit nichts zu tun und fühle sich geradezu hintergangen. Auch als die Konten aufgelöst worden seien, habe er davon nichts erfahren.

Für mich verliefen die verbleibenden Tage bis zur nächsten Sitzungswoche des Bundestags zunächst jedenfalls äußerlich normal. Am 5. Februar sprach ich bei der Münchener Wehrkundetagung, am 6. Februar bei der Geburtstagsfeier für Kurt Biedenkopf in der Dresdner Semper-Oper. Meinrad Miegel, langjähriger Wegbegleiter Biedenkopfs in Politik und Wissenschaft, hatte seine Laudatio zu einer Darlegung der unterschiedlichen Politikansätze von Kohl und Biedenkopf genutzt, und ich reagierte in meiner Rede darauf mit dem Satz, Miegel habe alles vorweggenommen, was ich zu sagen nicht beabsichtigt gehabt hätte.

Am 9. Februar nahm ich an der Feier zum 60. Geburtstag von Hubert Burda in Offenburg teil und am 10. Februar in Berlin an der Verleihung des Leo-Baeck-Preises an das Ehepaar Beitz. Am 11. Februar besuchte ich mit meiner Frau ein Konzert im Schauspielhaus, und am 12. Februar diskutierte ich mit dem Deutschlandrat der Jungen Union in Kiel. Alles war freundlich und scheinbar normal, und doch spürte ich, dass sich etwas geändert hatte. Immer war betretene Verlegenheit erkennbar, oft auch besondere menschliche Zuwendung – aber im Ergebnis war mein Eindruck immer der gleiche.

Am Sonntag, dem 13. Februar, stand mir noch ein besonderes Erlebnis in meinem Heimatort bevor. Die evangelische Kirchengemeinde Gegenbach hatte sich für das Jahr 2000 eine Predigtreihe zu den Zehn Geboten vorgenommen. Dabei sollten Gastprediger aus den verschiedenen Bereichen des öffentlichen Lebens auf die Kanzel steigen, und unser Gemeindepfarrer hatte mich um die Weihnachtstage 1999 gebeten, die Reihe mit einer Predigt über das Erste Gebot am 13. Februar zu eröffnen. Ich hatte zunächst zögerlich gebeten, mich zu verschonen, weil ich in meiner eigenen Kirchengemeinde nicht als Prominenter auftreten wollte. Aber unser Pfarrer überzeugte mich schließlich, dass es schwer verständlich wäre, wenn in einer solchen Predigtreihe das objektiv bekannteste Gemeindemitglied sich nicht beteilige. Also sagte ich zu.

Als dann der 13. Februar nahte und die Lage in CDU und Öffentlichkeit sich inzwischen gegenüber den Weihnachtstagen dramatisch verändert hatte, sprachen wir beide noch einmal darüber, weil ich Zweifel hatte, ob mein Auftreten noch sinnvoll sei. Doch letztendlich blieben wir bei der inzwischen auch längst öffentlich angekündigten Verabredung. Ich bat allerdings vorsorglich ausdrücklich darum, Bild- und Tonaufnahmen nicht zuzulassen, weil ich meiner heimatlichen Kirchengemeinde Medienrummel im Gottesdienst ersparen wollte.

Am Samstag fragte mich mein Pressesprecher, ob es zutreffe, dass ich am Sonntag in Gengenbach eine Predigt halten werde, es gebe entsprechende Agenturmeldungen. Ich ahnte also, dass die Kirchengemeinde nicht unter sich bleiben würde. Am Sonntag war dann die Kirche wie sonst kaum an Weihnachten gefüllt. Aber sicherlich zur Enttäuschung mancher, teilweise auch von weither angereisten Journalisten erläuterte ich meine politischen Erfahrungen hinsichtlich des Predigtthemas ausdrücklich nicht anhand aktueller, sondern lange zurückliegender Beispiele. Als mich Journalisten anschließend zu aktuellen Themen befragen und einen Bezug zum Gottesdienst finden wollten, lehnte ich das unter Hinweis auf das von mir Vorgetragene ab. Am meisten Freude bereitete mir ein Reporter, der seine Frage mit dem Hinweis einleitete, er sei seit vielen Jahren nicht mehr in einem Gottesdienst gewesen. Ich unterbrach ihn, ehe er die Frage stellen konnte, und sagte ihm fröhlich, dann sei mein Einsatz in der Kirche ja schon deshalb sinnvoll gewesen, weil er endlich wieder einmal einen Gottesdienst besucht habe.

3. Zweite Zuspitzung:
Der Autoritätsverlust ist nicht zu stoppen

Die Sitzungswoche des Bundestags begann am 14. Februar wieder mit einer Präsidiumssitzung. Die Führung der Partei, das wurde jetzt erneut deutlich, hielt zusammen. Auch die CSU blieb bei ihrer Unterstützung. Stoiber hatte mich noch einmal am Telefon beschworen, nur ja nicht aufzugeben, und Michael Glos war ebenso besorgt wie zu jeder Unterstützung entschlossen. Tage zuvor hatten Glos und Stoiber noch einen Versuch Horst Seehofers, der personelle Konsequenzen fordern wollte, abgewehrt, und der CSU-Generalsekretär Goppel, von dem gelegentlich nicht nur als freundlich zu verstehende Kommentare zu hören waren, wurde mehrfach in seinen öffentlichen Äußerungen korrigiert und zur Zurückhaltung ermahnt.

Aber in der Fraktion herrschte, das war aus allen Ritzen zu spüren, eine nicht mehr kontrollierbare Unruhe. Der Druck im Kessel war in den vergangenen zwei Wochen spürbar angestiegen. Nicht nur die neuen Erkenntnisse über die Auslandskonten der CDU und die fortdauernden Spekulationen, wie weit Kohl in die Sache eingeweiht war, nebst allen Äußerungen von führenden Unionspolitikern, dass nun endlich auch personelle Konsequenzen gezogen werden müssten, zerrten an den Nerven der Abgeordneten, die natürlich zwei Wochen lang unter dem Eindruck einer entsetzten Basis gestanden hatten.

Auch in meiner speziellen Schreiber-Geschichte verdüsterte sich der Horizont. Nachdem die ständig wechselnden dunklen Andeutungen Schreibers, die einen um den anderen Tag stets für neue Geschichten und Spekulationen in den Zeitungen und im Fernsehen gut waren, zu immer neuer Verunsicherung geführt hatten, spitzte sich die Situation nun innerhalb weniger Tage dramatisch zu. Bereits am 3. Februar hatte der *Stern* in einer länglichen Geschichte über den geflohenen Lobbyisten Andeutungen gemacht, dass bezüglich meiner Kontakte mit Schreiber noch was kommen werde. Der *Spiegel* thematisierte die Frage, ob ich in der Sache die Wahrheit sage, in der Ausgabe am 7. Februar. Dann langte der *Stern* am 10. Februar richtig zu, nachdem eine Abordnung der Redaktion bei Schreiber in Toronto gewesen war. Unter der reißerischen Überschrift »Stürzt Schäuble über diese Frau?« wurden massive Zweifel an meiner Darstellung der Spendenübergabe geäußert und den inzwischen übereinstimmenden Versionen von Schreiber und Baumeister der größere Wahrheitsgehalt attestiert. »Es ist ein Nebenkriegsschauplatz des CDU-Spendenskandals, auf dem hier gestritten wird. Wann genau die illegale Schreiber-Spende auf den Weg in Helmut Kohls schwarze Kassen gebracht wurde, ist eigentlich unerheblich«, schrieb das Magazin, und fuhr fort: »Weil Schäuble jedoch im Zusammenhang mit der Schreiber-Spende schon zweimal die Unwahrheit gesagt und damit seine Glaubwürdigkeit schwer beschädigt hat, geht es für ihn in dieser Frage um alles oder nichts.«

Das war die Lesart, die sich inzwischen in der Medienberichterstattung festgesetzt hatte. Da konnten dann auch Nichtigkeiten für weitere Aufregung sorgen. So entblödete sich die *Welt* am 10. Februar nicht, unter der Überschrift »Schäuble gerät wieder in Erklärungsnot« ein »weiteres Treffen« mit Schreiber zu enthüllen. Er habe mich angeblich am 16. Oktober 1994 im Bonner Adenauer-Haus am Rande der Bundestags-Wahlparty getroffen. Es waren rund tausend Menschen anwesend, ob Schreiber dabei war, weiß ich beim besten Willen nicht. Aber dieses Beispiel zeigte: Die Jagd war eröffnet. Der Fehler im Bundestag am 2. Dezember, die verspätete Bekanntgabe der Spende am 10. Januar, der vergessene Schreiber-Termin im Kalender – in der aufgeheizten und hypernervösen Atmosphäre dieser Wochen nützten alle Erklärungen nichts, der Stempel »Lüge« war aufgedrückt und durch nichts mehr zu entfernen, es sei denn durch eine lückenlose Beweisführung. Doch genau dazu war ich nicht in der Lage, weil ich für den Vorgang außer meiner sicheren Erinnerung nur mittelbare Zeugen hatte.

Der *Stern* zitierte eine eidesstattliche Versicherung, die Schreiber in Kanada abgegeben hatte des Inhalts, dass er mir die Spende gar nicht persönlich, sondern durch Frau Baumeister als Botin übergeben habe. Nachdem Frau Baumeister mehrfach mit der nebulösen Äußerung zitiert worden war, sie werde trotz aller Freundschaft zu mir im Untersuchungsausschuss nicht die Unwahrheit sagen, spekulierten die Medien, was geschehen würde, wenn im Untersuchungsausschuss Aussage gegen Aussage stehen sollte. Ich hörte im Geiste schon wieder die Korken von Champagnerflaschen knallen, und ich entschloss mich, den Spekulationen, die zunehmend wie ein Mühlstein um meinen Hals lagen, ein Ende zu machen. Wenn ich schon keine unmittelbaren Zeugen hatte, so wollte ich doch deutlich machen, dass ich unbeirrt zu meiner Erinnerung stand und dies auch unter dem Druck der Strafandrohung bei Falschaussagen vor einem Untersuchungsausschuss förmlich dokumentieren.

Deshalb gab ich am 11. Februar eine eidesstattliche Versicherung über den Geschehensablauf im Herbst 1994 ab. Frau Baumeister war ihrerseits zu einem Gespräch mit Bundesgeschäftsführer Hausmann und dem Anwalt der CDU gebeten worden, um den in Rede stehenden Sachverhalt zu erörtern. Sie berichtete dabei, von einer Rechtsanwältin begleitet, sie habe Schreiber im Oktober 1994 in München, Augsburg oder Kaufering – die Angaben wechselten gelegentlich – auf dessen Bitte hin aufgesucht. Schreiber habe ihr dabei einen an mich adressierten Umschlag mit der Bemerkung, es seien hässliche Männer darin, übergeben. Den Inhalt habe sie nicht gekannt, und sie habe vermutet, dass es sich um ein Buch handle. Einige Tage nach der Bundestagswahl habe sie mir den Umschlag übergeben und etwas später von mir einen anderen Umschlag zurückerhalten, in dem 100 000 DM enthalten gewesen seien. Die seien von Schreiber, hätte ich gesagt. Diese Angaben fasste sie ebenfalls in einer eidesstattlichen Versicherung zusammen.

Die Motive, die Frau Baumeister zu dieser Aussage veranlassten, die in einem klaren Widerspruch nicht nur zu meiner Erinnerung, sondern auch zu unseren zahlreichen Gesprächen im Laufe der Jahre stand, blieben mir verschlossen. Immerhin erschien mir nun die Bestätigung Baumeisters aus dem Frühjahr 1998, als sie mir den

Erhalt der 100 000 DM nach langem Zögern bestätigt hatte, in einem neuem Licht. Denn jetzt fiel mir auf, dass diese Bestätigung nicht auf einem Kopfbogen der Schatzmeisterin oder der Abgeordneten Baumeister, sondern auf normalem Papier geschrieben war und die Aussage enthielt, im Oktober 1994 einen Betrag von 100 000 DM empfangen zu haben, den ich kurz zuvor von Schreiber erhalten hätte. Ob sie schon bei der Abfassung der Bestätigung ahnte, dass das Datum Oktober – statt September – einmal eine Rolle spielen könnte?

Wir hatten mittlerweile von ihrem früheren Büroleiter Schornack aus den Unterlagen der Schatzmeisterei einen Vermerk bekommen, auf dem sie ihre Kontakte zu Schreiber aufgelistet hatte. Die Geschichte dieser Liste hatte mit meiner Beschwerde gegenüber Kohl im Jahre 1997 zu tun, dass die Schreiber-Spende nicht ordnungsgemäß behandelt worden sei. Offenbar hatte Kohl daraufhin Frau Baumeister zur Rede gestellt und sie aufgefordert, ihm eine Aufstellung über ihre Schreiber-Kontakte zu machen und insbesondere anzugeben, wer alles von Schreiber Geld bekommen habe. Der angefertigte Vermerk war in mehrfacher Hinsicht bemerkenswert. Erstens war auch er wiederum auf einfachem Papier ohne offiziellen Briefkopf gefertigt worden. Zweitens war er nicht unterschrieben. Drittens enthielt er zwar einen Hinweis, dass Frau Baumeister im Jahre 1995 ein Gespräch Schreibers mit mir vermittelt habe – offenbar das von mir nachträglich im Terminkalender übersehene. Aber das Sponsorenessen vom 21. September 1994 und die 100 000 DM kamen nicht vor. Frau Baumeister behauptete, sie habe diesen Vermerk nur zu ihrer eigenen Gedächtnisstütze verfasst. Ob er jemals in die Hände Kohls gelangte oder nicht, blieb ungeklärt.

Inzwischen hatte ich jedenfalls zur Kenntnis nehmen müssen, dass Frau Baumeisters Beziehungen zu Schreiber im Laufe der Jahre sehr viel intensiver gewesen waren, als sie jemals zugegeben hatte. Mit einem engen Freund von Schreiber, dem ehemaligen Thyssen-Manager Jürgen Massmann, der seinerseits inzwischen Beschuldigter in einem staatsanwaltlichen Ermittlungsverfahren war, war sie befreundet gewesen. Offenbar hatte sie auch gemeinsam mit Massmann Schreiber besucht – wie sich erst sehr spät herausstellte, auch im Oktober 1994. Dass sie das dann erst nach langem Zögern im Untersuchungsausschuss zugab, wurde merk-

würdigerweise nicht als Indiz für mögliche Glaubwürdigkeitsprobleme verstanden, sondern etwa vom *Spiegel* als Indiz gegen mich interpretiert – weil sie einen weiteren Zeugen habe.
Frau Baumeister duzte sich seit längerem mit Schreiber. Wie fleißige Rechercheure herausfanden, hatte sie sich in den Jahren, seit sie Schatzmeisterin war, offenbar ziemlich häufig mit ihm getroffen und auch privat zu ihm und seiner Frau ein recht freundschaftliches Verhältnis entwickelt. So hatte sie auch während der krisenreichen Wochen Anfang des Jahres 2000 mit ihm telefonisch Kontakt. Ob sie sich im Herbst 1994 mit Schreiber getroffen hatte und wo und zu welchem Zweck, darüber hatte ich keinerlei Kenntnis. Nur dass sie mir niemals einen Brief von Schreiber gebracht hatte, geschweige denn 100 000 DM, dessen war ich mir ebenso sicher wie der Tatsache, dass Schreiber im September 1994 selbst bei mir gewesen war und mir zur persönlichen Verwendung 100 000 DM übergeben hatte. Falls Frau Baumeister im Oktober von Schreiber, wie dieser behauptet, 100 000 DM entgegengenommen hatte, war der Verbleib weiterer 100 000 DM ungeklärt.
Wie auch immer – die Meldungen waren verwirrend, die Aussagen widersprüchlich, und dass Fraktionsvorsitzender und parlamentarische Geschäftsführerin einander nicht entsprechende eidesstattliche Versicherungen abgaben, mochte überhaupt niemand mehr verstehen. Manche Journalisten fragten, wieso ich denn überhaupt eine eidesstattliche Versicherung abgegeben hätte. Ihren eigenen Kommentar, wer wohl etwas zu verbergen habe und wer im Untersuchungsausschuss einknicken würde, hatten sie offenbar dabei schon vergessen.

Im Nachhinein und mit wachsendem zeitlichen Abstand erscheint alles immer weniger verständlich. Oft werde ich gefragt, warum denn die eigentlich belanglose Frage, ob Schreiber im September oder Oktober 1994, persönlich oder durch Boten, 100 000 DM als Spende übergeben habe, zu solcher Zuspitzung führen musste. Das ist in der Tat nur schwer zu erklären, und bei der Suche nach einer Antwort kommt man selbst ins Zweifeln. Aber in den entscheidenden Wochen ging es nicht um diese Frage – sie war ja für mich tatsächlich auch nachgeschoben –, sondern vielmehr um die Glaubwürdigkeit des Partei- und Fraktionsvorsitzenden.
In den eigentlichen Kernbereichen der Affäre blieb die Aufklä-

rung unbefriedigend, weil zu vieles mysteriös erschien und nach wie vor das Schweigen Hauptverantwortlicher weitere Antworten auf offene Fragen nicht möglich machten. Der Mann an der Spitze der Partei, so war die öffentliche Wahrnehmung, kommt nicht weiter. Will er überhaupt weiter? Ist er tatsächlich der richtige Aufklärer? Er macht doch Fehler – kann er dann diese schwere Aufgabe bewältigen? Hat er die nötige Autorität, um die schwer angeschlagene Partei durch das Tal der Tränen zu führen? Die Kommentare und Hintergrundberichte drehten sich immer stärker um diese Fragen. Es war deshalb fast zwangsläufig, dass sich die mediale Aufmerksamkeit irgendwann auf die Marginalie der Schreiber-Spende konzentrieren würde, weil sich darin das Problem von Glaubwürdigkeit und Autorität des Parteivorsitzenden bündelte. Wenn jemand tatsächlich ein Interesse daran hatte, mich zu Fall zu bringen, dann lag hier der Hebel. Im Übrigen gab es in den Medien für Versuche, von dem eigentlichen Gegenstand der Affäre auf Nebenkriegsschauplätze abzulenken, hinreichend Resonanz. So wenig die Abgabe einer eidesstattlichen Versicherung noch verständlich erscheinen mag, die Heillosigkeit einer öffentlichen Debatte, die über Wochen oder Monate hätte spekulieren können, was unter dem Druck der Wahrheitspflicht bei der Aussage vor dem Untersuchungsausschuss wohl noch herauskommen werde, schien mir eine Alternative nicht zuzulassen.

Erschwerend kam hinzu, dass die Umstände, wie das Geld weiterverwendet wurde, nachdem es unstreitig in die Verfügungsgewalt der Schatzmeisterei gelangt war, niemals widerspruchsfrei geklärt werden konnten. Und je mehr ich in jenen Wochen zu begreifen begann, dass mit dieser Geschichte ein intrigantes Spiel gegen mich im Gange war – von wem, aus welchen Motiven und zu welchem Zweck im Einzelnen auch immer –, desto mehr machte ich mir Sorgen, dass am Ende die Unterstellung geplant sein könnte, ich hätte das Geld von Schreiber zur persönlichen Verwendung behalten. Tatsächlich wurde mir einen Tag vor meiner Aussage vor dem Bundestags-Untersuchungsausschuss berichtet, dass Schreiber kurz zuvor einem Besucher aus Deutschland gesagt hätte, er habe 1994 zweimal 100 000 DM gezahlt. Wenn das zuträfe, dann wäre das der Stoff für neue Verdächtigungen, die im Zweifel wieder zu meinen Lasten gehen würden. Im Untersuchungsausschuss selbst berichtete dann der Vorsitzende Neumann, der mit

Schreiber telefoniert hatte, dass Schreiber auf Befragen ausdrücklich erklärt habe, nur einmal 100 000 DM bezahlt zu haben. Ich quittierte die Erklärung Neumanns dankend, fügte allerdings die Bemerkung an, dass Schreiber des Öfteren seine Aussagen von Tag zu Tag verändert habe, sodass ich dem Ewigkeitswert seiner Erklärung nicht zu sehr trauen würde.

Ende Juni berichtete mir ein Journalist, er sei in den entscheidenden Wochen tagelang bei Schreiber in Kanada gewesen. Schreiber, das sei ihm klar gewesen, habe ihn für sein Spiel benutzen wollen und ihm deshalb sehr viele Einblicke gewährt. So sei er bei Telefonaten anwesend gewesen, die mehrfach aus dem unmittelbaren Umfeld von Kohl mit Schreiber geführt worden seien. Die Kampagne zu meiner politischen Vernichtung sei dabei minutiös geplant worden.

Diese Information wurde mir später von einem anderen Journalisten bestätigt. Als ich im Februar in einem Gespräch für einen Beitrag des Senders Phoenix die Überzeugung äußerte, die Schreiber-Geschichte sei eine gegen mich geplante Intrige mit kriminellen Elementen gewesen, standen mir diese Informationen noch gar nicht zur Verfügung.

4. Entscheidung – Der Rückzug von Fraktions- und Parteivorsitz

Die Sitzungen der Vorstandsgremien der Fraktion verliefen am Montag, dem 14. Februar, noch fast routinemäßig. Aber das war nur eine Scheinwirklichkeit. Der *Spiegel* hatte, sozusagen in Fortsetzung des *Stern*-Beitrags vom vergangenen Donnerstag, mit Vorabmeldungen über das gesamte Wochenende in seiner neuesten Ausgabe weitere Details veröffentlicht, welche angeblich die Schreiber-Baumeister-Version der Geldübergabe stützten. Nahezu alle Zeitungen gingen auf das Thema ein, und wieder war der Tenor »Zweifel an Schäubles Version«. In den abendlichen Sitzungen der Landesgruppen kam dann die wirkliche Stimmung zum Ausdruck, besonders in der nordrhein-westfälischen Landesgruppe. Mir wurde noch am selben Abend signalisiert, es sei »Feuer unter dem Dach«.

Der Vormittag des 15. Februar brachte für mich ein weiteres Erlebnis der absurden Art. Ich hatte seit längerem SAT 1 zugesagt, an diesem Vormittag ein abends auszustrahlendes längeres Gespräch im Studio aufzuzeichnen, und konnte diese Vereinbarung schlecht aufkündigen. So sah ich mich der Notwendigkeit gegenüber, am Vormittag ein Gespräch über die aktuelle Situation führen zu müssen, das zu einem Zeitpunkt gesendet werden würde, an dem sich meine Lage vorhersehbar dramatisch verändert haben konnte. Doch das konnte ich an diesem Morgen noch nicht andeuten, und dennoch durfte das Interview zum Zeitpunkt der Sendung auch nicht lächerlich wirken. Als ich mir die Sendung später als Videoaufzeichnung ansah, empfand ich es als tröstlich, dass mir das unmöglich Scheinende ganz gut gelungen war.

An manchen Tagen kommt dann alles zusammen. Für den 15. Februar stand nicht nur die Sitzung der Bundestagsfraktion an, sondern der Bundestagspräsident hatte auch seine Entscheidung über Sanktionen gegen die CDU Deutschlands angekündigt. Dabei ging es nicht um die Frage etwaiger Verstöße gegen Veröffentlichungspflichten des Parteiengesetzes – darüber ist bisher noch gar nicht entschieden, und der Bundestagspräsident hat ersichtlich auch keine Eile, darüber zu befinden.

Am 15. Februar ging es um den Tatbestand, dass das Vermögen der hessischen CDU in dem von uns vor dem 31. Dezember 1999 eingereichten und ergänzten Rechenschaftsbericht für das Jahr 1998 nicht enthalten war. Daraus zog der Bundestagspräsident die Schlussfolgerung, dass damit unser Rechenschaftsbericht für 1998 im Sinne von § 19 Parteiengesetz als nicht abgegeben zu werten sei. Die dafür vorgesehene Sanktion heißt: keine staatlichen Zuschüsse. Dementsprechend verkündete Thierse am 15. Februar seine Entscheidung, die Festsetzung staatlicher Mittel für 1999 für die CDU würden um 41 Millionen DM gekürzt.

Wir hatten schon vorab in der CDU-Führung beschlossen, eine derartige Entscheidung des Bundestagspräsidenten gerichtlich anzufechten, und eine entsprechende Klage bereits durch unsere Anwälte vorbereiten lassen. Der Bundestagspräsident verkündete seinen Beschluss am 15. Februar vor der Bundespressekonferenz, und im Anschluss daran erläuterten die Generalsekretärin Merkel, der Bundesschatzmeister Wissmann und unsere Anwälte, dass und mit welchen Argumenten wir diese Entscheidung anfechten würden.

Das trug uns vereinzelte Kommentare ein, die CDU habe die moralische Legitimation zu einer Klage gegen Thierses Entscheidung gewissermaßen verwirkt, und die Tatsache, dass wir die Sanktion nicht reu- und demütig akzeptierten, beweise nur unsere Unbelehrbarkeit. Das war für mich freilich eher ein Beleg für die Verirrungen einiger Kommentatoren, wenngleich nicht bestritten werden konnte, dass die Art und Weise, in der unsere rechtliche Argumentation präsentiert wurde, für manche Anwesenden in der Pressekonferenz offenbar nur schwer verständlich war. Abgesehen davon, dass die Entscheidung des Bundestagspräsidenten jedenfalls rechtlich zweifelhaft war, zum Teil auch juristisches Neuland betreten musste und deshalb eine gerichtliche Klärung geradezu zwingend im Interesse aller lag, gehört es auch zu den grundlegenden Errungenschaften des Rechtsstaats, dass bei aller Bereitschaft zur Einsicht und Besserung jedermann, auch eine Partei, das Recht zur Ausschöpfung des Rechtswegs haben muss. Im Kern ist das auch in Artikel 19 Absatz 4 GG verfassungsrechtlich verbürgt.

Thierses Entscheidung bekam noch eine zusätzliche Dramatik dadurch, dass nach der Automatik des Gesetzes mit der nachträglichen Verkürzung unseres Erstattungsbetrags um 41 Millionen DM für das Jahr 1999 – für deren Rückzahlung der Bundestagspräsident immerhin Stundung und Ratenzahlung gewährte – zugleich auch bei den laufenden Abschlagszahlungen für das Jahr 2000 um den gleichen Betrag von 41 Millionen DM gekürzt werden musste. Die uns zustehenden vierteljährlichen Abschlagszahlungen minderten sich dadurch um jeweils rund zehn Millionen DM, und das stellte uns vor dramatische Liquiditätsprobleme, die in mühsamen Gesprächen mit den Banken gelöst werden mussten. Jedenfalls waren diese Entscheidung, unsere Reaktion darauf und die sich notwendig daraus ergebenden Debatten vor allem hinsichtlich der Konsequenzen für den Parteihaushalt eine zusätzliche Belastung an diesem ohnedies nicht gerade ereignisarmen Tag.

Angesichts der Tatsache, dass ein offener Konflikt zwischen Fraktionsvorsitzendem und einer parlamentarischen Geschäftsführerin weder erträglich noch für irgendjemanden nachvollziehbar schien und dass Versuche von Michael Glos, Frau Baumeister zum Verzicht auf ihr Amt zu bewegen und das Problem dadurch vorerst zu lösen, scheiterten, bat ich den Ehrenrat der Fraktion, bestehend aus den Abgeordneten Rita Süssmuth, Heinz Riesenhuber und Carl-Dieter Spranger, sich mit der Lage zu befassen. Nun konnte es deren Aufgabe natürlich nicht sein, den Wahrheitsgehalt von sich widersprechenden Aussagen zu überprüfen und zu werten. Ich war allerdings der Meinung, dass der Ehrenrat versuchen konnte, aus der unbestrittenen Tatsache, dass Frau Baumeister 1994 die Spende gesetzwidrig behandelt und zu ihren Erinnerungen bezüglich der Spendenübergabe einander widersprechende Angaben gemacht hatte, eine befriedende Entscheidung abzuleiten. Das lehnte der Ehrenrat ab und schlug stattdessen vor, die Auseinandersetzung durch eine Annäherung der beiderseitigen Aussagen zu beenden. Das erschien mir allerdings kein gangbarer Weg zu sein. Denn ich wollte und musste mit dem Blick auf den Untersuchungsausschuss alles vermeiden, was mich und andere in den Verdacht der Manipulation von Zeugenaussagen hätte bringen können. Damit waren die Bemühungen, mit dem Ehrenrat zu einer Lösung zu kommen, an ihrem Ende angelangt.

Michael Glos vertrat in den kurzfristig anberaumten Sitzungen von geschäftsführendem Vorstand und Fraktionsvorstand die Auffassung, dass angesichts der nicht möglichen gütlichen Einigung eine Entscheidung dadurch herbeigeführt werden müsse, dass Frau Baumeister durch Beschluss aufgefordert werde, ihr Amt als parlamentarische Geschäftsführerin aufzugeben oder ruhen zu lassen. Ich war skeptisch, weil eine solche Entscheidung als Lösung des Konflikts nach der Hierarchie der Ämter verstanden werden konnte. Schließlich hörte der Fraktionsvorstand Frau Baumeister und mich an.

Während der Sitzung war auch der nordrhein-westfälische CDU-Chef und stellvertretende Fraktionsvorsitzende Jürgen Rüttgers anwesend, der sich nach meiner Erinnerung für diesen Tag entschuldigt hatte, weil er an einer Sitzung der Landtagsfraktion in Düsseldorf teilnehmen wollte. Nun war er überraschend nach Berlin zurückgekommen und berichtete von ausgesprochen schlechter Stimmung in Düsseldorf und an der nordrhein-westfälischen CDU-Basis. Ich verließ kurz die Sitzung des Fraktionsvorstands. Dabei suchte mich Norbert Lammert, der Vorsitzende der nordrhein-westfälischen Landesgruppe, auf und teilte mir mit, dass parallel zum Fraktionsvorstand die nordrhein-westfälische Landesgruppe getagt habe. In dieser Sitzung sei die Stimmung angesichts der Ereignisse der letzten Tage und Wochen inzwischen auch bei den Kollegen negativ gewesen, die noch wenige Woche zuvor zuverlässig auf Seiten der Fraktionsführung gestanden hätten. Ich sagte, dass dies nach meinem Eindruck auch in anderen Landesgruppen der Fall sei und dass ich in der anschließenden Fraktionssitzung vorschlagen wolle, die für Ende Mai vorgesehene Neuwahl des Fraktionsvorstands auf einen Zeitpunkt unmittelbar nach der schleswig-holsteinischen Landtagswahl am 27. Februar vorzuziehen. Lammert, der mich nicht zum Rücktritt drängte, meinte, das käme der Diskussionslage in der nordrhein-westfälischen Landesgruppe entgegen.

Unmittelbar vor der Fraktionssitzung informierte ich Michael Glos, Angela Merkel und Hans-Peter Repnik über meine Absicht. Merkel stellte etwas resigniert fest, es habe wohl keinen Sinn, mir zu widersprechen. Ich brauchte nicht einmal zu nicken. Glos teilte mit, der Fraktionsvorstand habe soeben einstimmig beschlossen, Frau Baumeister aufzufordern, ihr Amt als parlamentarische Geschäftsführerin bis zur Neuwahl des Fraktionsvorstands ruhen zu lassen. Ich antwortete ihm, dass das nun auch nichts mehr ändere. Mit gemischten Gefühlen machten wir uns auf den Weg zur Fraktion. Da ich Betroffener war und nicht in eigener Sache als Vorsitzender amtieren konnte, leitete Glos die Sitzung. Er eröffnete sie mit der Mitteilung über den Beschluss des Fraktionsvorstands. Frau Baumeister erwiderte, sie sei dazu nicht ohne weiteres bereit und wolle erst eine Erklärung abgeben, die sie offenbar bereits schriftlich vorbereitet und Kollegen noch vor der Sitzung zum Gegenlesen gezeigt hatte. Die Unruhe im Fraktionssaal wurde immer größer.

Da ich spürte, dass die Situation außer Kontrolle zu geraten drohte, ergriff ich das Mikrofon und sagte, dass wir so nicht weitermachen könnten. Dann machte ich meinen Vorschlag, unmittelbar nach der schleswig-holsteinischen Landtagswahl Neuwahlen des gesamten Vorstands durchzuführen. Der Sprecher der schleswig-holsteinischen Landesgruppe, Austermann, und der Landesvorsitzende der CDU Schleswig-Holstein, Würzbach, meldeten sich zu Wort und forderten, diese Neuwahl nicht erst nach, sondern schon in der Woche vor der schleswig-holsteinischen Landtagswahl abzuhalten. Das fand insbesondere bei den nordrhein-westfälischen Kollegen Zustimmung, und die Sache war entschieden.

Allerdings war damit ein nicht ganz unerhebliches neues Problem entstanden. Denn mit einer Neuwahl des gesamten Fraktionsvorstands vor der Landtagswahl in Schleswig-Holstein ergab sich für den dortigen Spitzenkandidaten Volker Rühe die unangenehme Situation, dass er damit von einer neuen Kandidatur für sein bisheriges Amt als stellvertretender Fraktionsvorsitzender ausgeschlossen wurde. Denn er konnte sich ja nicht fünf Tage vor einer Landestagswahl, bei der er in Kiel Ministerpräsident werden wollte, in Berlin wieder zum stellvertretenden Fraktionsvorsitzenden wählen lassen. Ich machte Glos darauf aufmerksam, aber der hatte das natürlich auch schon begriffen und sagte mir, er werde dazu beitragen, dieses unfaire Manöver zu verhindern.

Für den Abend hatten wir seit geraumer Zeit eine Sitzung des geschäftsführenden Vorstands verabredet. Obwohl es nichts zu beraten gab, hielten wir an dem Termin fest. Während die Medien spekulierten, in dieser Sitzung in der Landesvertretung Thüringen sei bis tief in die Nacht um Entscheidungen gerungen worden, war längst alles entschieden. Ich hatte meine Absicht kundgetan, nicht mehr zu kandidieren, und ebenso klar war, dass Friedrich Merz die Nachfolge im Fraktionsvorsitz antreten würde.

Wir verbrachten in eher melancholischer Stimmung einen freundschaftlichen Abend, der für alle Anwesenden – ganz vollzählig waren die Mitglieder nicht erschienen – menschlich sehr bewegend blieb. Ich hatte zuvor schon Stoiber telefonisch von meiner Absicht unterrichtet, nicht mehr als Fraktionsvorsitzender und beim Parteitag demgemäß auch nicht mehr als Parteivorsitzender zu kandidieren. Obwohl er die Entwicklung bedauerte, akzeptierte er meine Entscheidung. Gleichzeitig berief ich eine Sitzung des CDU-Präsidiums für Donnerstagabend ein.

Am Mittwochmorgen machte mir zunächst der neue Bevollmächtigte der Evangelischen Kirche in Deutschland seinen Antrittsbesuch. Ich kannte Stefan Reimers schon aus der Zeit, als er Bundestagsabgeordneter in der gemeinsamen CDU-/CSU-Fraktion gewesen war, und schätzte ihn auch wegen seiner Arbeit in der Hamburger Diakonie. Sein Antrittsbesuch an diesem Tag bekam eine ganz eigene Bedeutung.

Glos sagte mir, dass er die Ränkespiele, insbesondere nordrheinwestfälischer und schleswig-holsteinischer Kollegen, nicht akzeptieren wolle. Er habe für den Abend eine Sondersitzung der CSU-

Landesgruppe einberufen, zu der auch der Parteivorsitzende Edmund Stoiber kommen werde. Er wolle von der Landesgruppe beschließen lassen, dass sich die CSU einer Neuwahl des Fraktionsvorstands noch vor der schleswig-holsteinischen Landtagswahl widersetzen werde. Wenn Kollegen der CDU, aus welchen Gründen auch immer, Gefahr liefen, ein Chaos zu verursachen, sei es umso wichtiger, dass die CSU Ruhe bewahre und sich als stabilisierende Kraft in der gemeinsamen Fraktion bewähre.

Die Vorsitzenden aller Landesgruppen der CDU hatten sich für 11.30 Uhr verabredet. Ich bat ihren Sprecher, den schleswig-holsteinischen Landesgruppenchef Austermann, vorher zu mir und teilte ihm offiziell meine Absicht mit, nicht mehr für eine Neuwahl zur Verfügung zu stehen. Zugleich machte ich ihm ernste Vorhaltungen wegen der gegen Rühe gerichteten Manöver und appellierte eindringlich an ihn, in dieser schwierigen und kritischen Lage unter allen Umständen das Einvernehmen mit der CSU zu wahren.

Nachdem mir die Landesgruppenvorsitzenden zu verstehen gegeben hatten, dass eine Kandidatur von Friedrich Merz breite Unterstützung finden würde, sprach ich mit Stoiber, und wir verabredeten, dass wir – entsprechend der Vereinbarung über die Bildung einer Fraktionsgemeinschaft zwischen CDU und CSU – als Parteivorsitzende gemeinsam Merz für die Wahl zum Fraktionsvorsitzenden vorschlagen würden – natürlich vorbehaltlich der Zustimmung unserer Gremien, an der aber nicht zu zweifeln war.

Um 14.30 Uhr gab ich im CDU/CSU-Fraktionssaal vor der versammelten Presse eine Erklärung ab, in der ich offiziell ankündigte, nicht mehr als Fraktionsvorsitzender und Parteivorsitzender zu kandidieren. In der schwierigen Lage der Union, die nicht zu einer Krise unserer Demokratie werden dürfe, sei ein personeller Neuanfang unausweichlich. Es war eine bewusst kurze Erklärung, die nicht so sehr die Vergangenheit beleuchten, sondern den Blick nach vorne richten sollte. Mir lag daran, deutlich zu machen, dass es in dieser Situation nicht um die Ambitionen oder Befindlichkeiten Einzelner gehen konnte, sondern dass es um den Erhalt der CDU als großer integrierender Kraft der politischen Mitte ging. Dem hatte sich alles andere unterzuordnen. Im Bewusstsein dieser auch historischen Notwendigkeit gelang es mir, trotz der nicht zu leugnenden Wehmut des Augenblicks ein freundlich-optimistisches Gesicht zu machen und meine Erklärung so zu präsentieren, dass sie tatsächlich von den Kommentatoren als würdig und angemessen empfunden wurde.

Ohne Fragen zu beantworten verließ ich die Pressekonferenz und begab mich direkt in den Plenarsaal, wo eine Debatte über die EU-Maßnahmen gegen Österreich stattfand. Die amtierende Sitzungspräsidentin Antje Vollmer würdigte meine Erklärung und mein bisheriges politisches Wirken in für mich bewegenden Worten, und Kollegen der FDP sprachen mir ihre Sympathie aus. Als Außenminister Fischer ein Interview von mir in einer französischen Zeitung zu der Österreich-Frage in einer sinnentstellenden Weise zitierte, rückte ich das in einer Zwischenfrage zurecht, ohne dass Fischer sich zu einer weiteren Reaktion veranlasst sah.

Der Bundeskanzler kam zu mir, gab mir die Hand und teilte mir dabei mit, er müsse wegen eines ausländischen Regierungsgastes nunmehr die Bundestagssitzung verlassen. Das Bild von diesem Händedruck fand sich tags darauf in allen Zeitungen und wurde natürlich anders interpretiert. Mir war das sofort klar gewesen, und ich dachte eine Zeit lang darüber nach, ob ich die Kaltschnäuzigkeit Schröders bewundern sollte – schließlich hätte er an das gewünschte Bild auch mit einer menschlich inhaltsreicheren Bemerkung gelangen können.

Manchmal bin ich gefragt worden, ob ich nicht besser bei meiner Rücktrittsabsicht vom 17. Januar geblieben wäre, statt mir noch einmal zusätzliche vier Wochen zuzumuten. Ich weiß es nicht. Aber vielleicht haben die vier Wochen nicht nur bei mir selbst die Einsicht verstärkt, dass die Entscheidung letzten Endes doch unausweichlich war. Und vielleicht war der eine Monat, der seit den dramatischen Sitzungen vom 18. Januar vergangen war, genau der erforderliche zusätzliche Zeitraum, um in der Breite der Partei die Einsicht reifen zu lassen, dass die Chance zum Neuanfang nur dann wirklich gegeben war, wenn mehr passierte als nur das Auswechseln einer Person. In allen alltäglichen Irrungen, die im Laufe der Krise uns alle heimgesucht und geschüttelt hatten, war jedenfalls die Einsicht unumstößlich geworden, dass der Schnitt zu den 16 Jahren unserer Regierungszeit unvermeidlich war und dass er in aller Konsequenz und Klarheit vollzogen werden musste.

Historische Prozesse vollziehen sich im Alltag immer scheinbar zufällig, vielleicht auch banal. Aber das darf nicht dazu führen, die zugrunde liegenden Ursachen und die Zwangsläufigkeit von Entwicklungen zu unterschätzen. Die Mauer ist nicht wegen einer verunglückten Pressekonferenz von Schabowski gefallen – das war nur der letzte Anlass. Ich bin als Partei- und Fraktionsvorsitzender nicht wegen der Intrigen eines Herrn Schreiber oder des Verhaltens von Frau Baumeister aus meinen Ämtern geschieden. Und letztlich war ich nicht einmal das Opfer eines Machtkampfes mit Kohl, so sehr manche Dinge, die sich in diesen Krisenmonaten ereigneten, nicht allein dem Regisseur Zufall zugeschrieben werden können. Der entscheidende Punkt, der den Keim meines Scheiterns in sich trug, war, dass ich in einer schweren Krise der Union, die mit der vorübergehenden Selbstzerstörung des Ansehens unserer 16 Jahre Regierungsverantwortung einherging, ungeeignet erschien, die Partei aus dieser Krise zu führen, weil ich viel zu eng mit diesen 16 Jahren verbunden war. Wäre eine vergleichbar dramatische Zuspitzung 1998 im Zusammenhang mit der verlorenen Bundestagswahl eingetreten, wäre ich auch mit Sicherheit nicht als Parteivorsitzender infrage gekommen.

Die Geschichte dieser Krise ist auch nicht die der Zerstörung einer menschlichen Beziehung. Kohl hat seinem Verständnis von politischen Notwendigkeiten, den Erhalt eigener Macht eingeschlossen, immer den absoluten Vorrang eingeräumt – alles andere wäre im Prinzip auch mit politischer Führung und Verantwortung schwer vereinbar. Und ich habe der in diesem Verständnis unbedingt notwendigen Personalisierung von politischen Strukturen immer eher skeptisch gegenübergestanden. Also werden wir beide mit den menschlichen Aspekten der Geschichte leben können, jeder für sich.

Interessanter sind die konkreten Erfahrungen in einem Prozess, den man aus einer gewissen Distanz als fast zwangsläufig ansehen kann, und natürlich die Frage, ob es Alternativen gegeben hätte. Immer wieder war aus der Partei heraus, aber auch in den Medien die Frage nach dem Krisenmanagement gestellt worden. Ich habe oft darüber sinniert, worin das hätte bestehen können. Über Wochen hinweg waren wir nicht Herr des Verfahrens, weil immer wieder neue Enthüllungen an die Öffentlichkeit drangen, deren Ursprung wir nicht kannten und deren Bekanntwerden wir nicht steuern konnten. Die naive Vorstellung, mit der Ausgabe von Sprachregelungen lasse sich eine derart eskalierende Affäre zu einem guten Ende steuern, war zu jedem Zeitpunkt eine Rechnung ohne den Faktor Mensch. Solche Krisen haben es nun einmal an sich, dass selbst der unbedeutendste Parteifunktionär in die Schlagzeilen gerät, wenn er von der vorgegebenen Linie abweicht.

Eine Alternative hätte das hessische Modell sein können: äußere Geschlossenheit auch in schwierigster Zeit und bedingungslose Unterstützung für denjenigen, der die oberste Führungsverantwortung trägt. Weil mir die Personalisierung politischer Strukturen und Prozesse nicht so lag, war ich dazu vielleicht nicht fähig. Allerdings hatte ich auch nicht den Vorzug von Roland Koch, einen Vorgänger zu haben, der in einer für ihn selbst so belastenden Krise der Loyalität gegenüber der Partei und gegenüber seinem Nachfolger den Vorrang gegenüber eigener Betroffenheit gab. Vermutlich aber lag es noch mehr daran, dass in der Anfangszeit einer Opposition nach langen Jahren erfolgreicher Regierungsverantwortung solche Geschlossenheit objektiv so schnell gar nicht herzustellen gewesen wäre. Nach einer relativ kurz zurückliegenden überraschenden und effizienten Regierungsübernahme durch den Wahlsieg in Hessen waren dort die Voraussetzungen für anhaltende Geschlossenheit auch unter schwerem Druck gewiss objektiv besser.

Und im Übrigen mag wohl auch sein, dass die öffentliche Erregung ohne ein Opfer nicht abgeklungen wäre – nach dem Opfer dann aber auch in wundersamer Weise schnell zu Ende war. »Der See rast und will ein Opfer«, heißt es in Schillers »*Wilhelm Tell*«. Und nach dem alten Kartenspielerlehrsatz »Ober sticht Unter« spricht viel für die Annahme, dass der Rückzug des Bundesvorsitzenden die hessische Union und ihren Vorsitzenden eher entlasten konnte, als es umgekehrt möglich gewesen wäre.

Eine frühere deutliche Trennung von Kohl schon im Dezember 1999 hätte das Problem eher verschärft. »Brutalst mögliche« Aufklärung wie in Hessen setzt die Bereitschaft der Verantwortlichen voraus, die Konsequenzen mehr oder minder klaglos zu ertragen, oder zumindest die geschlossene Unterstützung der Partei für einen solchen Kurs. Wer bezweifelt, dass Kohl dazu nicht bereit war, betrachte die Entwicklung noch nach der Aufgabe des Ehrenvorsitzes. Und wer die geschlossene Unterstützung der Partei zu einem früheren Zeitpunkt für denkbar hält, der sei statt allem anderen an den Streit zwischen Rühe und Rüttgers noch Mitte Januar um die Frage Kohlscher Auftritte in den Landtagswahlkämpfen erinnert. Wenn Frau Merkel bei der Veröffentlichung ihres Aufsatzes in der *FAZ* am 22. Dezember 1999 Parteivorsitzende und nicht Generalsekretärin gewesen wäre, die durch einen immer noch um Integration bemühten Parteivorsitzenden geschützt wurde, hätte sie eine schwere Zerreißprobe der CDU mit auch für sie persönlich unabsehbaren Risiken ausgelöst. Das ist der Unterschied zwischen der Nummer eins in der Politik und jeder anderen Position, und Frau Merkel hat auch in dieser Frage ihre Lernfähigkeit längst bewiesen.

Zu den bemerkenswerten Erfahrungen der weiteren Entwicklung nach dem 18. Januar und insbesondere in den Regionalkonferenzen bis zum 30. März gehört, dass der Beschluss des Bundesvorstands, der zur Aufgabe des Ehrenvorsitzes führte, praktisch von niemandem kritisiert worden ist. Ich glaube nicht, dass irgendjemand das für möglich gehalten hätte, wenn der Vorstandsbeschluss – so weit er dann überhaupt zu Stande gekommen wäre – nur wenige Wochen früher gefasst worden und die unmittelbare Reaktion darauf die gleiche gewesen wäre.

Alles in allem scheint mir deshalb in der Rückschau, dass diese vier Wochen ihren Sinn machten, womit ich nicht behaupte, dass irgendetwas davon vorhergesehen oder gar geplant war. Aber was an den alltäglichen Aufregungen einer solchen Krise ist schon geplant?

5. Weichenstellungen I – Neuanfang in der Fraktion

In der Präsidiumssitzung der CDU am Abend des 17. Februar herrschte zunächst allgemeines Einverständnis darüber, Friedrich Merz als neuen Fraktionsvorsitzenden vorzuschlagen. Da sich inzwischen bei den Landesgruppen der CDU die Einsicht durchgesetzt hatte, einen Konflikt mit der CSU wegen des Neuwahltermins zu vermeiden, war auch insoweit Entspannung eingetreten. Die Wahl des engeren Fraktionsvorstands wurde also auf einen Termin unmittelbar nach dem 27. Februar, dem Tag der schleswig-holsteinischen Landtagswahl, anberaumt.

Nach einer Erörterung der für die Partei entstandenen Lage kamen wir im Präsidium überein, zunächst keine Empfehlung für die

Zusammensetzung der künftigen Parteiführung abzugeben, meine Nachfolge also auf keinen Fall durch einen Vorschlag von oben zu präjudizieren. Stattdessen beschlossen wir, eine breite Diskussion in allen Gliederungen der Partei sich entwickeln zu lassen und dazu auch die aus anderen Gründen verabredeten Regionalkonferenzen zu nutzen, deren letzte für den 18. März in Baden-Württemberg angesetzt war. In Sitzungen von Präsidium und Bundesvorstand wollten wir am 20. März dann die Ergebnisse dieser breiten Debatte zur Kenntnis nehmen, bewerten und allen Beteiligten Gelegenheit bieten, daraus ihre Schlussfolgerungen zu ziehen.

Für ein solches Verfahren sprach vor allem, dass wir in dieser besonderen Lage das Missverständnis vermeiden wollten, die Partei solle durch die noch amtierende Führung schon wieder vor vollendete Tatsachen gestellt werden. Wir wollten stattdessen das Experiment einer neuen Diskussionskultur wagen. Außerdem musste bei diesem Verfahren keine der möglicherweise für den Parteivorsitz in Frage kommenden oder interessierten Personen sich vorzeitig zu einer eigenen Kandidatur äußern, sodass auf dem Weg zur Bundesvorstandssitzung vom 20. März Beschädigungen vermieden werden konnten. Denn das war klar: Jeder, der vorzeitig seinen Hut in den Ring werfen würde, wäre einer gnadenlosen inquisitorischen Beobachtung anheim gefallen. Und es wäre nicht das erste Mal gewesen, dass ein Kandidat oder eine Kandidatin innerhalb weniger Wochen durch kontroverse Diskussionen über die Frage der Eignung verschlissen worden wäre.

In einer Fraktionssitzung am Morgen des 18. Februar kündigte ich an, dass die beiden Parteivorsitzenden von CDU und CSU Friedrich Merz als Fraktionsvorsitzenden empfehlen würden, und machte in Übereinstimmung mit den Landesgruppenvorsitzenden den Vorschlag, die fällige Neuwahl nicht in der folgenden Woche, sondern am 29. Februar vorzunehmen. Das fand einmütige Zustimmung, und die Fraktion war ebenfalls damit einverstanden, an diesem Tag den gesamten geschäftsführenden Fraktionsvorstand, also auch die stellvertretenden Fraktionsvorsitzenden und die parlamentarischen Geschäftsführer, zu wählen und die übrigen Vorstandsmitglieder zu einem späteren Zeitpunkt im März.

Am Abend des 18. Februar fand die erste der Regionalkonferenzen in Wolfenbüttel für die Landesverbände Niedersachsen und

Sachsen-Anhalt statt. Eigentlich war geplant gewesen, dass diese Veranstaltungen jeweils vom Parteivorsitzenden, der Generalsekretärin und dem oder den jeweiligen Landesvorsitzenden bestritten werden sollten. Aber für diesen Abend bat ich um Dispens. Nach einem öffentlichen Auftritt in einer Regionalkonferenz war mir am Ende dieser Woche nicht zumute, zumal – zutreffende – Pressemeldungen in einigen Boulevardzeitungen über eine schwere Erkrankung meiner Mutter ungebührliches Aufsehen erregt hatten. Das traf mich sehr, weil ich so viel Rücksichtslosigkeit nicht für möglich gehalten hatte. Es war sonst nicht meine Art, auf derlei öffentlich zu reagieren, doch diesmal tat ich es. Ich ließ eine Erklärung verbreiten, in der ich darum bat, wenigstens meine hochbetagten Eltern von öffentlicher Neugierde zu verschonen. Im Übrigen zog ich es vor, gemeinsam mit meinem Bruder, eine Konferenz der Kreisvorsitzenden in meinem heimatlichen Landesverband Baden-Württemberg zu besuchen. Der hatte am Tag zuvor in einer Pressekonferenz viel Aufsehen mit dem Satz erregt, er verabscheue Herrn Kohl.

Am 22. Februar leitete ich zum letzten Mal eine Sitzung der CDU-/CSU-Bundestagsfraktion. Ich erläuterte in kurzen Worten, warum die Fraktion für mich nicht nur eine besonders schöne politische Führungsaufgabe war, sondern auch das schwierigste aller Gremien, das ich jemals zu leiten gehabt hatte. Die Bundestagskollegen seien existenzieller als die Mitglieder vieler anderer Gremien an Erfolg und Misserfolg der gemeinsamen Arbeit interessiert, weil sie in ihren Wahlkreisen dafür geradestehen müssten. Die persönlichen Interessen seien deshalb notwendigerweise vielfältig. Hinzu komme die Größe der Fraktion, die menschliche Bindungen im Zweifel nur in Untergruppierungen entstehen lasse. Aber menschliche Bindungen seien wichtig, denn sie könnten die manchmal notwendigerweise harte Konkurrenz und den schwierigen Kompromiss bei differierenden Ambitionen erträglich machen. Die föderale Grundstruktur von Partei und Fraktion begünstige Untergliederungen, stärke aber auch tendenziell Zentrifugalkräfte, nämlich dann, wenn Partikularinteressen höher rangierten als die Notwendigkeit, zu gemeinsamen Beschlüssen zu kommen, an die sich dann auch jeder halte. Und schließlich seien wir Abgeordneten in einer besonderen Weise den Wechselbädern zwischen Basis und Hauptstadt ausgesetzt, womit gemeint war, dass die Bedeutung eines Abgeordneten im Wahlkreis nicht unbedingt mit der in Berlin gleichzusetzen war, dass dadurch aber die Versuchungen der Hauptstadt mit ihren vielfältigen Einflüssen insbesondere einer Presselandschaft, die nicht notwendigerweise Loyalität und Diskretion prämiert, umso größer würden. Aus all diesen Gründen benötige die Fraktion in unser aller Interesse eine starke Führung, um die ich mich fast achteinhalb Jahre bemüht hätte und die Friedrich Merz zu ermöglichen ich herzlich bat. Ich schloss mit einem Zitat aus Goethes »*Torquato Tasso*«, das ich mir während der Weihnachtstage vorsorglich zurückgelegt hatte und das für diesen Anlass wie gemacht erschien. Dort heißt es:

»So selten ist es, dass die Menschen finden,
Was ihnen doch bestimmt gewesen schien,
So selten, dass sie das erhalten, was
Auch einmal die beglückte Hand ergriff!
Es reißt sich los, was erst sich uns ergab,
Wir lassen los, was wir begierig fassten.
Es gibt ein Glück, allein wir kennen's nicht.
Wir kennen's wohl, und wissen's nicht zu schätzen.«

6. Weichenstellungen II – Der Weg zum Essener Parteitag

Die Landtagswahl in Schleswig-Holstein am 27. Februar erbrachte nicht den erhofften Regierungswechsel, der wenige Monate zuvor noch fast sicher schien. Die fürchterliche Krise der Union hatte ihn unmöglich gemacht. Aber das Ergebnis (35,2 Prozent), das die CDU dabei erzielte, lag nur um zwei Prozentpunkte unter dem letzten Landtagswahlresultat und war deshalb durchaus respektabel. Nach allem, was uns vorher prophezeit worden war, wie tief der Absturz sein würde, konnten wir geradezu aufatmen. Die CDU hatte mit diesem Ergebnis und mit der allgemeinen Beruhigung, die nach meiner Entscheidung offensichtlich in der Medienberichterstattung eingetreten war, jedenfalls in der öffentlichen Meinung die Talsohle erreicht, und wir konnten uns darauf konzentrieren, dass es nun wieder allmählich aufwärts gehen würde.

Natürlich waren die Debatten und Spekulationen um die Nachfolge im Parteivorsitz nach meiner Verzichtsankündigung sofort in vollem Gang. Das ließ sich auch durch das vom Präsidium gutgeheißene Verfahren nicht verhindern. Zahlreiche Stimmen sprachen sich sogleich für Angela Merkel aus, und auf der Regionalkonferenz in Wolfenbüttel war sie stürmisch gefeiert worden. Andererseits gab es auch Überlegungen, einen der Ministerpräsidenten der Union zum Parteivorsitzenden zu wählen, weil zum einen der Bundesrat für eine wirkungsvolle Oppositionsstrategie von besonderer Bedeutung ist und in unserem Fall durch die Mehrheitsverhältnisse dort eine echte Mitwirkungschance bestand. Zum zweiten aber auch, weil einer der erfahrenen Ministerpräsidenten im Team mit dem neuen Fraktionsvorsitzenden und der bewährten Generalsekretärin die Bandbreite der Union besser vertreten könnte.

Solche Überlegungen wurden auch aus der CSU laut, was aber für die Diskussion innerhalb der CDU eher als unziemliche Einmischung verstanden werden musste. Da die Äußerungen aus Bayern zum Teil auch noch in einer Art und Weise gemacht wurden, dass die Medien in ihnen einen Verhinderungsfeldzug gegen Angela Merkel sahen, erreichten sie genau das Gegenteil dessen, was womöglich tatsächlich beabsichtigt war. Zwar sprach durchaus manches dafür, in dieser schweren Krise der CDU den Generationswechsel in der Parteiführung nicht abrupt zu vollziehen, aber der Begriff »Übergangslösung« war für jeden infrage kommenden Kandidaten diskriminierend – und die Partei, das zeigte sich ganz schnell, wollte einen Neuanfang und keine Übergangslösung.

Offensichtlich hatten Stoiber, Biedenkopf, Rühe und Merz am Rande der Wahlkampfschlussveranstaltung in Kiel am 25. Februar über solche Überlegungen gesprochen. Schon wenige Tage später stand das Ganze lang und breit in der Zeitung. Und wieder mutmaßten die Kommentatoren, da hätten sich einige Granden zusammengetan, um Frau Merkel zu verhindern. Da das Treffen dann auch noch so dargestellt wurde, als würden wie in vergangenen Zeiten die wichtigsten Fragen in Hinterzimmern entschieden, stieß die Sache an der Parteibasis auf zunehmenden Unwillen. Spätestens zu diesem Zeitpunkt war die Übergangslösung tot. Rühe, dem eigenes Interesse auf den Parteivorsitz unterstellt wurde, erklärte alsbald, nicht zur Verfügung zu stehen. Ein mäßiges Ergebnis bei der Wahl als stellvertretender Vorsitzender in der Fraktion und hässliche Auseinandersetzungen mit dem schleswig-holsteinischen Landesvorsitzenden Würzbach unmittelbar nach der Landtagswahl hatten seine Position nicht gestärkt. Immerhin zog Würzbach kurz danach aus dem unappetitlichen Streit die Konsequenzen und kündigte an, beim nächsten Landesparteitag nicht mehr als Landesvorsitzender zu kandidieren und diesen Parteitag auch auf den Sommer vorzuziehen.

Der nordrhein-westfälische Landesvorsitzende Rüttgers äußerte sich nicht zu eigenen Ambitionen, die ihm jedoch in der Presse massiv unterstellt wurden. Entsprechende Spekulationen, die teilweise auch von seinen nordrhein-westfälischen Parteifreunden aufgegriffen wurden, kommentierte er eher undeutlich, sodass man nicht so recht wusste, ob ernsthaft mit ihm zu rechnen war. Ich sprach mit Angela Merkel und sagte ihr, dass ich sie unterstützen würde, wenn sie als Parteivorsitzende antreten wolle. Zugleich riet ich ihr aber, mit einer Entscheidung noch zuzuwarten.

In der Präsidiumssitzung am 28. Februar bestätigten wir noch einmal, dass es bei dem beschlossenen Verfahren bleiben solle und deshalb niemand vor dem 20. März gezwungen sei, sich zur Frage einer Kandidatur positiv oder negativ zu äußern. Zugleich sicherte ich im Bundesvorstand zu, dass auch eine Mitgliederbefragung durchgeführt werden könne, wenn wir am 20. März mehrere Kandidaten hätten und der Bundesvorstand entsprechend dem Statut eine Mitgliederbefragung beschließen sollte.

Schließlich verabredete ich mit der Generalsekretärin, dass ich – wie ursprünglich geplant – doch bei allen weiteren Regionalkonferenzen selbst auftreten und als Hauptredner sprechen würde, um nicht dem Verdacht Vorschub zu leisten, die Regionalkonferenzen würden als parteiinterner Wahlkampf für die Generalsekretärin missbraucht. Die Chancengleichheit für etwaige andere Interessenten musste gewahrt bleiben. Dass Angela Merkel natürlich die Gelegenheiten ihres öffentlichen Auftretens zugute kamen, war nicht zu bestreiten.

Die nächste Regionalkonferenz stand bereits an diesem Montagabend in Recklinghausen für den Landesverband Nordhein-Westfalen an. In einer überfüllten Halle wurde ich freundlich aufgenommen. Aber als dann der Landesvorsitzende Jürgen Rüttgers Angela Merkel begrüßte, brach ein tosender Beifallssturm los. Und das in Rüttgers' eigenem Landesverband! Für mich war die Kandidatenfrage in diesem Moment entschieden.

Auch die weiteren Regionalkonferenzen bestätigten in der Folgezeit den Eindruck von Recklinghausen. Überall diskutierten die Mitglieder der Orts- und Kreisverbände mit großer Offenheit und Intensität, und allerorten wurde der Wunsch nach einem Neuanfang sichtbar. Der Blick zurück spielte in den Diskussionen kaum noch eine Rolle; und das war für mich der deutliche Beweis, dass meine Entscheidung vom 15. Februar die gewünschte Wirkung erzielt hatte. Zugleich bestätigten die Regionalkonferenzen, dass die Ära Kohl in der CDU wirklich zu Ende war. Kaum jemals war Kritik zu hören an der Entscheidung von Bundesvorstand und Präsidium, die zur Aufgabe des Ehrenvorsitzes geführt hatten, und wenn sich Diskussionsbeiträge überhaupt mit Kohl befassten, waren sie ganz überwiegend kritisch. Das galt, zu meiner Überraschung, in besonderer Weise für die Regionalkonferenz in Kaiserslautern, bei der die Mitglieder aus Rheinland-Pfalz und dem Saarland geladen waren.

Insgesamt war der Zuspruch zu den Regionalkonferenzen riesig, und sie erfüllten ihre Zielsetzung hervorragend, die Krise in der Partei durch die offene Diskussion an der Basis aufzuarbeiten. In der letzten dieser Veranstaltungen am 18. März in Stuttgart wurde der Vorschlag geäußert, solche Konferenzen nicht nur häufiger durchzuführen – das wurde oft gefordert –, sondern dann auch die Gelegenheit zu eröffnen, je nach Diskussionsgegenstand Abstimmungen abzuhalten. Davon nun wiederum hielt ich nichts und widersprach deshalb auch unmittelbar. Mein Argument war, dass bei Abstimmungen notwendigerweise wieder eine Art Delegiertensystem eingeführt werden müsse, wenn die Willensbildung für andere bindend sein solle. Da nicht alle Mitglieder an solchen Regionalkonferenzen teilnehmen könnten, dürfe auf das Prinzip der Repräsentation nicht verzichtet werden, ohne das verbindliche Entscheidungen nicht getroffen werden könnten. Bei den Regionalkonferenzen aber gehe es nicht darum, irgendwelche Parteitage zu ersetzen, sondern jedem Mitglied, das sich äußern wolle, Gelegenheit dazu und zur Diskussion zu geben. Wenn im Übrigen alle Beteiligten aufmerksam zuhören würden, dann könnten die zur Entscheidung legitimierten Gremien und Organe aus diesen Konferenzen sehr wohl die Stimmung der Basis erfahren, und niemand würde sich leichtfertig darüber hinwegsetzen.

Obwohl die Regionalkonferenzen nicht dazu gedacht waren,

hat sich das Verfahren mit einer aus der Situation heraus sich entwickelnden Dynamik bei der Auswahl der neuen Parteivorsitzenden ungewöhnlich gut bewährt. Am 20. März berichtete ich in Präsidium und Bundesvorstand, dass nach meinem Eindruck unsere Basis Angela Merkel als Parteivorsitzende wünsche, und dieser Einschätzung wurde von niemandem widersprochen. Angela Merkel erklärte ihre Bereitschaft zur Kandidatur, der Bundesvorstand begrüßte dies einstimmig, und erwartungsgemäß wählte der Parteitag am 10. April in Essen sie mit großer Mehrheit zur CDU-Vorsitzenden.

7. Die CDU am Rande des Ruins – Konsequenzen aus der Finanzaffäre

Nicht nur personell mussten wir einen Neuanfang für unseren Parteitag in Essen vorbereiten. Mit einer »Essener Erklärung« wollten wir zudem die Grundlage unserer politischen Positionen beschreiben und inhaltlich unterfüttern. Die angestrebte Reform der innerparteilichen Willensbildungsprozesse als einer der Konsequenzen aus den Erfahrungen der Krise sollte nach unserer Vorstellung zunächst in einer breiten Debatte an der Basis – ähnlich wie bei den Regionalkonferenzen – erörtert werden, um Anregungen und Kritik anschließend in einer Kommission zu bündeln. Deren Aufgabe sollte es dann sein, für den Parteitag 2001 konkrete Vorschläge zu erarbeiten. Die Delegierten in Essen waren mit dem Verfahren einverstanden.

Vor allem aber mussten wir uns in Essen mit der Finanzlage der Partei befassen. Sie war schon vor der Krise ungewöhnlich schwierig. Im Bundestagswahlkampf 1998 waren Ausgabe- und Kreditaufnahmeansätze deutlich überzogen worden. Nach dem miserablen Wahlergebnis und der sich daraus ergebenden viel geringeren staatlichen Wahlkampfkostenerstattung fand die neue Parteiführung deshalb bei ihrem Amtsantritt eine erhebliche Überschuldung vor, die in der mittelfristigen Perspektive, also für die Legislaturperiode bis zur nächsten Bundestagswahl 2002, den finanziellen Handlungsspielraum der CDU dramatisch beschränkte. Matthias Wissmann hatte von unseren Wirtschaftsprüfern einen Finanzstatus anfertigen lassen, der in dem »tröstlichen« Satz gipfelte, mit Rücksicht auf die Rechtsform der Partei stelle sich trotz Überschuldung die Frage eines Konkursantrags nicht. Hinzu kam noch, dass der Neubau der Bundesgeschäftsstelle in Berlin schon vor Jahren nicht nur architektonisch, sondern auch finanziell recht großzügig konzipiert worden war. Für die Finanzierung des Baus allerdings waren außer den abgeschlossenen Kreditverträgen keinerlei Mittel vorhanden. Der Verkaufserlös des Konrad-Adenauer-Hauses in Bonn wurde vollständig durch die Kosten für Umzug und Sozialplan aufgezehrt, und der Grundstücksmarkt in Berlin ließ eine Abdeckung der Kredite für das Haus selbst bei vollständiger Vermietung oder gar einem Verkauf kaum realisierbar erscheinen. Die Lage war also auch ohne die Sanktionen, die uns aus der Finanzaffäre drohten, ziemlich dramatisch.

Wir hatten deshalb im Jahre 1999 schon sehr sparsam gewirtschaftet, Personal abgebaut und den Europawahlkampf mit geringeren Ausgaben als 1994 bestritten. Ich hatte auf die von der Partei zu bezahlenden teuren Hubschraubereinsätze bei Wahlkampfauftritten des Parteivorsitzenden verzichtet, obwohl zu viele und zu lange Autofahrten im Hinblick auf meine Behinderung nicht unproblematisch sind. Im Herbst hatten wir eine breit angelegte Aktion zur Einwerbung von Spenden gestartet, für die wir nach den großen Wahlerfolgen durchaus neue Chancen sahen, nachdem in der Anfangsphase unserer Oppositionszeit die Bereitschaft aus der Wirtschaft, für die CDU zu spenden, zunächst gering war. Alle diese Bemühungen wurden dann durch die Krise zunächst einmal obsolet.

Dafür verschärfte die Affäre unser Finanzproblem ganz dramatisch. Wie bereits geschildert, entschied der Bundestagspräsident, dass wir im Sinne von § 19 Parteiengesetz keinen ordnungsgemäßen Rechenschaftsbericht zum 31. Dezember 1999 abgegeben hätten, weil das hessische Vermögen nicht angegeben war. Die für 1998 gewährten 41 Millionen DM staatliche Zuschüsse forderte er zurück, was zugleich und zusätzlich zur Folge hatte, dass die laufenden Abschlagszahlungen der staatlichen Kostenerstattung im Jahre 2000 bis zum Jahresende um weitere 41 Millionen DM gekürzt wurden, weil die entsprechende Bestimmung des Parteiengesetzes vorschreibt, dass die vierteljährlichen Abschlagszahlungen nur 25 Prozent der zuletzt festgesetzten Summe betragen dürfen.

Und nicht zuletzt hatten wir weitere Einbußen zu erwarten für nicht ordnungsgemäß veröffentlichte Spendeneinnahmen. Hier schreibt das Parteiengesetz vor, dass in einem solchen Fall nicht nur die nicht veröffentlichte Spende abzuliefern ist, sondern als Strafe darüber hinaus noch einmal der doppelte Betrag gezahlt werden muss. Das konnte sich also leicht auf hohe zweistellige Millionenbeträge addieren.

Alle diese Tatsachen, über die in den Medien natürlich auch breit berichtet wurde, konnten unsere Banken schlechterdings nicht übersehen. Es war aber unsere einzige Chance, die Pleite abzuwenden, wenn wenigstens die vereinbarten Kreditlinien weiter eingeräumt blieben. Würden die Banken das verweigern, wäre die CDU zahlungsunfähig. Wir hatten also äußerst schwierige Gespräche mit den Kreditinstituten zu führen. Um weiter von ihnen unterstützt zu werden, mussten wir schmerzhafte Entscheidungen treffen. Dabei war zunächst der Nachweis zu führen, dass die Bundesgeschäftsstelle alle ihr möglichen Einsparpotenziale restlos ausschöpfte. Zweitens galt es einen Weg zu finden, die CDU-Gliederungen, insbesondere die Kreisverbände, wo zum Teil beachtliches Vermögen vorhanden war, an der Überwindung der Finanzkrise zu beteiligen. Das war ein politisch heikles Unterfangen, weil immer dann, wenn es ums Geld geht, bei Parteitagsdelegierten jeder Spaß aufhört. Freiwillig gibt man nichts. Ob der Schock über die Affäre und der Druck der Krise groß genug waren, um eine Veränderung der Beitragsordnung durchsetzen zu können, war eine der spannendsten Fragen im Vorfeld von Essen.

Kohl hatte unterdessen eine private Spendenaktion initiiert, um den durch seine von 1993 bis 1998 zugegebenen Verstöße verursachten finanziellen Schaden abzutragen. Was immer seine Motive im Einzelnen gewesen sein mögen und wie immer diese Aktion bewertet werden konnte –, immerhin kamen dadurch für die Partei bis zum Parteitag in Essen etwa sieben Millionen DM zusammen. Überwiesen wurden am Ende sogar acht Millionen DM, zu denen Kohl selbst 700 000 DM beigesteuert hatte. Das war ein erster Schritt, aber angesichts der gesamten Dimension unseres Finanzproblems auch nicht mehr. Den hessischen Landesverband überzeugten wir, dass die Mittel, die ihm aus den Schweizer Konten so überraschend zugefallen waren, der Bundespartei zur Verfügung gestellt werden mussten. Der durch die Nichtveröffentlichung dieser Mittel verursachte Schaden für die Bundespartei betrug ja ein Mehrfaches dieser Summe, jedenfalls so lange, wie die von uns in die Wege geleitete gerichtliche Überprüfung der Entscheidung des Bundestagspräsidenten nicht etwas anderes und hoffentlich für uns Günstigeres erbrachte. Und das konnte trotz angemeldeter Eilbedürftigkeit dauern. So brauchten wir das Hessen-Geld, um den riesigen Strafbetrag wenigstens einigermaßen abzudecken. Der hessische Landesverband war dazu bereit, so schwer es ihm auch fiel. Natürlich mussten auch Wege gesucht werden, die Spendeneinnahmen der Partei zu verbessern. Die Bereitschaft, der Partei zu helfen, schien durchaus vorhanden zu sein. Weite Kreise der Bevölkerung hatten inzwischen offenbar verstanden, dass eine handlungsfähige Union als Alternative zur rot-grünen Koalition und zum Funktionieren unseres demokratischen Wettbewerbs gerade auch nach unserer Krise dringend gebraucht wurde.

Die Vorschläge der Herzog-Kommission, die für die Zukunft Verstöße der vergangenen Zeit im Rechnungswesen der CDU ausschließen sollten, setzten wir in Anträgen zur Änderung des Parteistatuts sowie der Finanz- und Beitragsordnung um, die vom Parteitag in Essen auch ohne Probleme mit den notwendigen Mehrheiten beschlossen wurden.

Aber alle diese Maßnahmen reichten nicht aus, um mittelfristig einen Sanierungsplan zustande zu bringen, der die finanzielle Handlungsfähigkeit der Partei aufrechterhielt und die Banken überzeugen konnte, uns die vereinbarten Kredite weiter zu gewähren. Es blieb ein strukturelles jährliches Defizit von ungefähr 16,5 Millionen DM übrig. In intensiven und kontroversen Beratungen mit allen Landesverbänden, in der Finanzkommission, im Präsidium und im Bundesvorstand einigten wir uns schließlich darauf, rund 9,5 Millionen DM jährlich durch Einsparungen zu erwirtschaften und für sieben Millionen DM jährlich die Beitragsabführung der Kreisverbände an die Bundespartei zu erhöhen. Als eine der Konsequenzen aus den beschlossenen Einsparungen ergab sich beispielsweise eine Reduzierung der Mitarbeiterzahl der Bundesgeschäftsstelle von etwa 150 im Jahre 1999 auf unter 100. Wenige Jahre zuvor waren noch über 200 Mitarbeiter im Konrad-Adenauer-Haus beschäftigt gewesen.

Die monatliche Beitragsabführung der Kreisverbände, die seit 1984 unverändert 1,40 DM pro Mitglied betrug, sollte nun um eine

Mark pro Mitglied und Monat erhöht werden. Was ist schon eine Mark, werden Außenstehende achselzuckend sagen. Leider machen sich die wenigsten eine auch nur halbwegs realistische Vorstellung davon, welche Revolution mit diesem Ansinnen verbunden war. Denn nichts wird so sehr mit Zähnen und Klauen verteidigt wie der Status quo in der Beitragsordnung. Mir war aber wichtig, dass der Neuanfang auch insoweit gelingen konnte, und ich setzte mich deshalb in der Vorbereitung des Parteitags mit aller mir verbliebenen Autorität für das Zustandekommen einer tragfähigen Lösung ein, zumal ich Angela Merkel ersparen wollte, ihre erst noch bevorstehende Wahl als Parteivorsitzende mit dieser schwierigen Auseinandersetzung zu belasten. Selbst auf dem Parteitag ergriff ich nach meinem Rechenschaftsbericht in der Debatte um die Finanzierungsfragen als Parteivorsitzender ein letztes Mal das Wort, um die drohende Annahme eines Antrags zu verhindern, mit dem widerstrebende Delegierte die Lösung dieses Problems auf das nächste Jahr vertagen wollten. Am Ende nahm der Parteitag die Anträge mit den erforderlichen Mehrheiten an. Und die Bereitschaft des früheren Vorstandsmitglieds der Deutschen Bank, Ulrich Cartellieri, das schwierige und in der neuen Lage noch schwierigere Amt des Schatzmeisters zu übernehmen, war ein zusätzliches Signal, dass die Partei alle Kraft darein investieren würde, auch ihre finanzielle Krise zu überwinden.

8. Abschied – Die letzte Rede als Parteivorsitzender

In meinem letzten Rechenschaftsbericht auf dem Parteitag wollte ich weder einen Blick zurück im Zorn werfen noch den Eindruck erwecken, mit programmatischen Visionen der Partei ihren künftigen Weg weisen zu wollen. Die Aufmerksamkeit des Parteitags gebührte der neuen Vorsitzenden und nicht dem scheidenden. Deshalb beschränkte ich mich darauf, die wesentlichen Ereignisse meiner Amtszeit kurz zusammenzufassen und unsere inhaltlichen Arbeiten in dieser Periode noch einmal Revue passieren zu lassen. Ich stütze mich dabei teilweise auf Aussagen, die ich in meiner so genannten »Brückenrede« am 7. November 1999 gemacht hatte. Damals hatte ich im Rahmen einer Veranstaltungsreihe der Bundespartei aus Anlass des zehnten Jahrestags des Mauerfalls an der

Glienicker Brücke in Berlin versucht, aus den Erfahrungen des zu Ende gehenden Jahrhunderts Schlussfolgerungen für das neue Millennium zu ziehen. Mir war es wichtig, einige dieser inhaltlichen Pflöcke erneut einzuschlagen, weil sich nach meiner Überzeugung auf dem von ihnen markierten Feld die zukünftige programmatische Entwicklung der CDU abspielen musste. Damit die Union auch in Zukunft ihre Aufgabe als große integrierende Kraft der Mitte erfüllen kann, muss sie ihre bewährten Markenzeichen dahingehend überprüfen, ob sie angesichts der neuen Fragen von der sozialen Wirklichkeit bis zu europäischen und sicherheitspolitischen Entwicklungen dafür gerüstet ist, die richtigen zukunftsfähigen Antworten zu geben. Dass dieser gesamtpolitische Ansatz über lauter Krisenbewältigung nicht in Vergessenheit geriet, daran lag mir, und darauf zielte auch meine Rede.

Seit meiner Erklärung, nicht mehr für meine Ämter als Parteivorsitzender und Fraktionsvorsitzender zu kandidieren, hatte ich mich bemüht, nicht den Eindruck zu erwecken, dass ich mich nun verbittert zurückziehen würde. Deshalb ließ ich mich auch von Angela Merkel, Kurt Biedenkopf, Erwin Teufel und anderen, zunächst widerstrebend, überreden, im Präsidium der CDU weiter mitzuarbeiten. Da ich irgendwelche Lösungen ablehnte, die außerhalb der satzungsmäßigen Normalität lagen und einen Sonderstatus für meine Person ohne Legitimation durch den Parteitag geschaffen hätten, stellte ich mich auf dem Parteitag ganz normal als Beisitzer im Präsidium zur Wahl.

Weil ich von der Notwendigkeit eines Neuanfangs und davon überzeugt war, dass ich diesen am besten durch einen Rücktritt aus der obersten Führungsverantwortung ermöglichen konnte, wollte ich den mir möglichen Beitrag zum Gelingen dieser nicht ganz einfachen Operation leisten. Allerdings durfte der Neuanfang, sollte er auf Dauer erfolgreich sein, auch nicht darin bestehen, über die Fehler der Vergangenheit einfach den Mantel des Vergessens und Verschweigens zu breiten. So weitermachen, als sei nichts gewesen, das ging auf keinen Fall. Die Gefahr der Wiederholung schien mir sonst zu groß, zumal Bemühungen um Einfluss auf die Partei und ihren Kurs auch ohne die Legitimation von Wahlen und Ämtern immer noch zu beobachten waren.

Kurz vor dem Parteitag kam es noch einmal zu einigen Aufregungen, weil einer dieser medialen Prozesse ablief, gegen die man letztlich machtlos ist. Schon im Herbst 1999, als von der Affäre noch gar nicht die Rede war, hatte ich der Bitte eines Filmteams zugestimmt, das für den Ereigniskanal Phoenix von ARD und ZDF einen längeren Porträtfilm über meine Rolle als Parteivorsitzender drehen sollte. Der Beitrag, so wurde verabredet, sollte unmittelbar vor dem Parteitag, gesendet werden, damals noch in der Annahme, er zeige und beschreibe den zur Wiederwahl anstehenden CDU-Chef. Durch die dramatischen Entwicklungen nach dem Beginn der Finanzaffäre bekam der Film jedoch einen völlig anderen Charakter, indem er im Wesentlichen zu einer Chronik der Ereignisse mit mir in der Rolle des Hauptbetroffenen wurde. Über die Monate hinweg waren verschiedene Gespräche aufgezeichnet worden, die jeweils eine zeitliche und sachliche Momentaufnahme darstellten, gleichwohl in der Dramaturgie der Krise ihren unverzichtbaren Platz hatten. Dabei hatte ich in einem der Gespräche auf eine entsprechende Frage die Vermutung geäußert, dass die letztlich unverständliche Zuspitzung um die 100 000-DM-Spende von Schreiber und das Verhalten von Frau Baumeister mit all den Verdrehungen und Verdächtigungen eine bewusst gesteuerte Intrige gegen mich gewesen sein könnte, um vom Kern der Affäre abzulenken, nämlich dem – unbelegten – Vorwurf der Käuflichkeit von Regierungsentscheidungen und der unbestrittenen Tatsache, dass für die CDU schwarze Kassen geführt worden waren unter Umgehung von Rechnungslegungsvorschriften und ohne jede Kenntnis von oder Legitimation durch zuständige Gremien. Eine Endabnahme oder Autorisierung des Films war nicht vereinbart. Wie ich nachträglich erfuhr, hatte Phoenix – wie in solchen Fällen offenbar üblich – rund zehn Tage vor dem vorgesehenen Sendetermin Kassetten mit Kopien des Films an eine Reihe von Journalisten geschickt und diese gebeten, rechtzeitig eine Vorabrezension vorzunehmen.

Einer der angeschriebenen Rezensenten bastelte jedoch aus einigen wenigen, aus dem Zusammenhang gerissenen Zitaten einen Zeitungsaufmacher unter dem marktschreierischen Titel »Schäuble rechnet ab«, und sein Blatt platzierte den Artikel ausgerechnet am Tag des 70. Geburtstags von Kohl. Zu allem Übel fehlte auch noch ein Hinweis darauf, dass das letzte der im Film gezeigten Gespräche schon mehrere Wochen zurücklag. Sämtliche Nachrichtenagenturen sprangen auf die Geschichte an, andere Zeitungen zogen nach.

Vor allem aber wurden die zitierten Sequenzen in den Fernsehnachrichten ebenfalls ohne Hinweis auf das Aufnahmedatum gesendet, sodass der Eindruck entstand, der scheidende Parteivorsitzende starte mit einem aktuellen Interview just an Kohls 70. Geburtstag einen Rachefeldzug gegen seinen Vorgänger. Nichts lag mir ferner, doch das entstandene Bild war kaum zu korrigieren. Wer dann den ganzen Film sah, konnte sich eines Besseren belehren lassen.

Jedenfalls schuf das noch einmal Beunruhigung, und genau die war das Letzte, was ich der CDU in der hoffnungsvollen Situation des Neuanfangs zumuten wollte. Zwei Tage nach dem Parteitag musste ich vor dem Untersuchungsausschuss aussagen, enthielt mich aber jeder weiteren öffentlichen Äußerung, um die Chance des Neuanfangs nicht zu belasten.

9. Zwangsläufigkeiten –
Das Problem der politischen Führung

Am Ende der Krise, auf und nach dem Essener Parteitag, war es dann wie am Anfang meiner Amtszeit. Wir standen vor dem gleichen Kardinalproblem. Die Union durfte weder nach der Wahlniederlage 1998 mit dem Wechsel in die Opposition noch durch die schwere Krise über den Jahreswechsel 1999/2000 ihre Integrationskraft und Mehrheitsfähigkeit dauerhaft verspielen. Natürlich war enttäuschend, dass die Erfolge des Jahres 1999 so schnell wieder zerronnen waren. Aber vielleicht war gar nicht alles umsonst.

Die Erfahrung, dass die Union gebraucht wird und dass sie auch schwere Rückschläge überwinden kann, bleibt, weshalb nach dem Parteitag in Essen die Gefahr von schleichender Mutlosigkeit auch geringer zu sein schien als im Herbst 1998, was sich in dem überraschend schnellen Erholungsprozess in den Meinungsumfragen widerspiegelte. Die verbesserte Position im Bundesrat und in vielen Ländern und Kommunen ist ebenfalls ein Faktum, das bestehen bleibt und zumindest bis zum Ende dieser Legislaturperiode nicht mehr verändert werden kann. Die Trennung von der Ära Kohl ist vollzogen, und die Einheit von CDU und CSU ist durch die gemeinsame Erfahrung dieser Krise und durch deren gemeinsame Bewältigung gestärkt worden. Dazwischen liegen Erfahrungen, die festzuhalten auch ein Sinn dieses Buches ist.

Nach 16 Jahren erfolgreicher Regierungszeit musste im Endeffekt der Verlust der Mehrheit gleichbedeutend mit der Ablösung von dieser Ära sein, und sie konnte nicht ohne Schmerzen sich vollziehen. Vielleicht war es – im Nachhinein gesehen – 1998/1999 zu leicht, zu einfach gegangen, zu sehr begünstigt durch ein Übermaß an Fehlern der rot-grünen Koalition am Anfang ihrer Regierungszeit. Und vielleicht haben unsere überraschend schnellen und zum Teil sensationellen Wahlerfolge bei zu vielen in der Partei das Gefühl dominierend werden lassen, am 27. September 1998 sei eigentlich gar nichts Gravierendes passiert, die Union nehme sozusagen nur eine kurze Auszeit vom Regieren und könne dann nahtlos weitermachen. Die Verschleiß- und Auszehrungsprozesse, die zunehmende Unfähigkeit zu größeren politischen Kraftanstrengungen, die »16-Jahre-sind-genug«-Stimmung, die tiefer in die Köpfen der Menschen eingedrungen war, als wir wahrhaben wollten –, das alles schien schon im Sommer 1999 vergessen.

In der Geschichte sind nach langen Phasen stabiler Verhältnisse Übergänge meistens von Turbulenzen begleitet, und 16 Jahre sind im Alltag unserer westlichen Demokratien eine vergleichsweise lange Zeit. Die Kehrseite der Stabilität und der Erfolge eines solchen Abschnitts ist notwendigerweise ein anwachsendes, sich aufstauendes Bedürfnis nach Veränderung. Deshalb habe ich auch schon nach der Bundestagswahl alle Analysen für falsch gehalten, die davon ausgingen, eine Fortsetzung unserer Regierungszeit wäre möglich gewesen, wenn man nur Fehler vermieden, ja am besten sogar auf Reformansätze verzichtet hätte. In einer Welt, die sich im Zeitalter von Globalisierung und Internet so rasend schnell weiterentwickelt, war der objektive Druck auf Veränderungen jedenfalls groß genug, um selbst bei vorherrschender Neigung zur Wahrung aller Besitzstände bei den meisten Menschen das Gefühl von Stillstand zu produzieren. Außerdem war nach dem Ende von Teilung und Kaltem Krieg das Bedürfnis nach politischer Stabilität im Zeichen von – zumindest scheinbarer – außenpolitischer Sicherheit und Prosperität nicht so dominant, dass es das innovatorische Bedürfnis auf Dauer unterdrücken konnte.

Wer die Wahlergebnisse der Union insbesondere bei Bundestagswahlen über einen längeren Zeitraum betrachtet, wird eine Menge Indizien für die These finden, dass die Zustimmung zu ein und derselben politischen Konstellation nach ihrer »Inthronisierung« kontinuierlich abnimmt. Seit 1983 verlor die CDU stetig, und selbst das Wahlergebnis 1990 ist eher Bestätigung als Widerlegung, denn wenige Wochen nach einem Jahrhundertereignis wie der Wiedervereinigung war der Erfolg der Union daran gemessen eher bescheiden. Diese Erkenntnisse belegen im Übrigen auch, dass eine gesetzliche Begrenzung der Amtszeiten insbesondere des Bundeskanzlers nicht das dringlichste unserer Anliegen ist. Der demokratische Wechsel funktioniert auch ohne gesetzliche Regelung, und das hat sich in der Bundesrepublik Deutschland jedenfalls seit 1969 bestätigt. Vermutlich wäre bereits 1980 die Mehrheit der Regierung Schmidt zu Ende gegangen, wenn sich die Union nicht die Auseinandersetzungen nach 1976, die mit dem schönen Ort Kreuth verbunden sind, geleistet und mit Franz Josef Strauß einen Kanzlerkandidaten nominiert hätte, der in den eigenen Reihen keine geschlossene Unterstützung fand.

Das Bedürfnis nach Wechsel gilt gewiss auch für Führungs- und Regierungsstile. Mir geht es nicht um eine Bewertung der Regierungszeit Kohl. Dafür gibt es objektivere Betrachter. Meiner Überzeugung nach erfordert ein parlamentarisches Regierungssystem, in dem Regierung abstrakt gesehen die möglichst dauerhaft geformte Mehrheit im Parlament ist, dass die aufgrund der Mehrheitsverhältnisse zustande gekommene Regierung durch die diese Mehrheit bildenden Fraktionen auch geschlossen unterstützt wird. Das Gleiche gilt außerhalb der unmittelbaren parlamentarischen Prozesse für die Unterstützung durch die die Parlamentsmehrheit tragenden Parteien. Ein Regierungschef ohne die Unterstützung seiner eigenen Partei wird im parlamentarischen Regierungssystem im Regelfall nicht lange erfolgreich wirken können. Das ist einer der Gründe, weshalb ich im Zweifel auch gegen die Trennung von Regierungs- und Parteiamt bin.

Die Stabilisierung politischer Führung durch personale Strukturen ist ein ebenso notwendiges wie legitimes Instrument, aber gewiss liegt darin auch die Gefahr einer Erstarrung eingeschlossen. Jedenfalls hatte dieses System in der Regierungszeit von Kohl zur Folge, dass eine Erneuerung gegen Kohl innerhalb der Union nicht ohne verheerende Zerstörungsprozesse zu erreichen gewesen wäre. Ich habe jeden Versuch dazu immer abgelehnt, und durch die Erfahrungen meiner Amtszeit als Parteivorsitzender, gerade auch in ihren letzten Monaten, wurde ich darin noch bestätigt. Wenn schon die Ablösung von diesen 16 Jahren nach dem Ende der Amtszeit von Kohl zu so schweren Turbulenzen führte, was wäre wohl die Folge eines solchen Versuchs während seiner Amtszeit gewesen?

Dass Kohl nicht loslassen konnte oder wollte, darüber mag urteilen, wer will. Biedenkopf hat dafür das Bild vom Hofbauern auf dem Altenteil geprägt und damit auf allgemeine menschliche Erfahrungen hingewiesen. Für mich ist die spannendere Frage, wie sich nach einer so langen Periode personaler Kontinuität und der notwendigen Ablösung davon eine neue Führungsstruktur bilden kann. Wieder überwiegend über die Bildung fest geknüpfter »Seilschaften« oder stärker über inhaltliche Diskussionen und Entscheidungen? Zunächst wohl notwendigerweise mehr über inhaltliche Elemente und Identifikation durch Erfolge, um deren Zuordnung naturgemäß immer Wettbewerb herrscht.

Vermutlich war das auch der einzige für mich persönlich mögliche Führungsstil. Die Bildung von Seilschaften war meine starke Seite nie, weder in Partei und Fraktion noch bei Medienvertretern. Ob der Versuch, über inhaltliche Debatten und Entscheidungen eine stabile Führung dauerhaft aufzubauen, gelungen wäre, das zu beurteilen blieb nicht die Zeit. Am Anfang jedenfalls war viel Skepsis spürbar und das bei einem Neuanfang selbstverständliche Abwarten, bevor die Loyalität zum neuen Vorsitzenden sich wirklich herausbilden konnte. Mit den Erfolgen des Jahres 1999 wäre im Herbst vielleicht eine Grundlage geschaffen gewesen, um für die nächsten Jahre eine festgefügte Führungsstruktur zu verankern – aber die Schatten der Vergangenheit, die uns dann genau in diesem Zeitpunkt einholten, haben die Beantwortung dieser Frage zur Spekulation gemacht.

Weil es ohne Führungsstrukturen nicht geht, ist jedenfalls Loyalität unverzichtbar. Ich habe immer versucht, Loyalität nicht als eine primär personale Beziehung zu verstehen, sondern als eine Verpflichtung aus demokratischem Respekt, also aus Vertrauen zur Person und wegen der Legitimation im Amt. In dieser Definition ist Loyalität in der Tat unverzichtbar, weil die Alternative zwangsläufig persönliche Abhängigkeiten, Seilschaften, Druck oder auch Korruption sein müsste. Offener Diskurs und demokratische Willensbildung auch im innerparteilichen Entscheidungsprozess setzen Loyalität notwendig voraus: Loyalität gegenüber den in Führungsverantwortung Gewählten, aber natürlich auch umgekehrt der Gewählten gegenüber denjenigen, die sie in ihre Ämter berufen haben. Darüber war ich Ende der Achtzigerjahre mit Heiner Geißler aneinander geraten, weil ich im Gegensatz zu ihm die Auffassung vertrat, dass ein Generalsekretär der Partei, der nur auf Vorschlag des Parteivorsitzenden vom Parteitag gewählt werden kann, nicht aus diesem Amt heraus gegen den Vorsitzenden operieren darf. Wenn er zu der Überzeugung kommt, die Politik des Vorsitzenden nicht mehr unterstützen zu können, muss er sein Amt zur Verfügung stellen, um dann für seine Überzeugung notfalls zu kämpfen.

Für Minister gilt im Prinzip das Gleiche. Natürlich ist die Position eines Ministers, der vom Koalitionspartner gestellt wird, gegenüber dem Kanzler in der Verfassungswirklichkeit eine etwas unabhängigere, obgleich auch er nur auf dessen Vorschlag ernannt werden kann. Aber de facto hat ein Bundeskanzler keine Verfügungsgewalt über ihn in dem Sinne, dass er ihn ohne weiteres durch einen anderen ersetzen kann – so wie es ihm mit Ministern seiner eigenen Partei durchaus möglich ist. Gelegentlich wird diese Unabhängigkeit allerdings auch übertrieben – und das war nicht nur zu unserer Regierungszeit der Fall. Auch der Fraktionsvorsitzende einer Regierungspartei wird nach meiner Überzeugung in erster Linie gewählt, um die Unterstützung der eigenen Regierung zu organisieren und sie zu garantieren. Jedenfalls habe ich mich in 16 Jahren unserer Regierungsverantwortung in diesem Sinne bemüht und das auch im Nachhinein zu keiner Sekunde bereut. Allerdings hätte ich mir in meiner eigenen Zeit als Parteivorsitzender gelegentlich mehr davon auch für mich gewünscht.

10. Mediale Prozesse –
Kritische Anmerkungen aus gegebenem Anlass

Komplizierter wird die Bildung von funktionsfähigen Führungsstrukturen durch die Verschränkung mit medialen Prozessen. Politische Führung vermittelt sich über die Medien – das ist nicht neu. Doch auch die Medien verändern sich, sind Einflüssen ausgesetzt und wechseln manchmal auch ihr Selbstverständnis. Beispiele lassen sich jedenfalls zuhauf finden, in denen Medienvertreter nicht nur Mittler von Kommunikation und Transporteure von Information sind, sondern sich auch zum Teil als Handelnde begreifen. Das operative Feld für die Bildung und Nutzung von Seilschaften wird damit größer und reichhaltiger – die Missbrauchsmöglichkeiten und die Eigengesetzlichkeiten auch.

Ansätze einer selbstkritischen Debatte innerhalb der Medien hat es während der Affäre einige wenige gegeben. Ausreichend sind sie bisher nicht. Über die Exzesse der Kameras ist diskutiert worden, nachdem ich meine Gefühle während einer Pressekonferenz, in der es mir eingestandenermaßen schlecht genug ging, um alsbald den Notarzt in Anspruch nehmen zu müssen, öffentlich gemacht hatte. Was dabei auch immer der Enge von Räumlichkeiten oder der unzureichenden Organisation angelastet werden mag, der Kern dieses Problems ist weniger die angewachsene Quantität von Kameraobjektiven, die auf einen Menschen gerichtet werden, als vielmehr das Unterpflügen von Anstand und guten Sitten durch das Diktat des besten Schnittbildes. Das Voyeurhafte dieser Entwicklung hat durchaus seine Entsprechung auf der Zuschauerseite, was in Quotenerfolgen wie »Big Brother« seinen beredten Ausdruck gefunden hat.

Was aber nur wenig thematisiert worden ist und meines Erachtens viel tiefer greifende Folgen haben kann, ist die exzessive Nutzung der Privilegien, welche die Pressefreiheit verleiht. Denn wenn einzelne Journalisten, Medien oder gar ganze Verlagskonzerne sich mit Berichterstattung und Kommentierung nicht mehr zufrieden geben, sondern selbst bestimmte Ergebnisse erzielen, also handeln wollen, dann überschreiten sie den für ihre Arbeit bewusst weit gezogenen Freiheitsrahmen. Denn sie nehmen ihn für etwas in Anspruch, wofür er nicht gedacht ist. Das Problem ist nicht neu, und es ist keineswegs ein auf die politische Berichterstattung begrenztes Phänomen. Schließlich hat es schon den Fall gegeben, wo nicht der dafür zuständige Trainer, sondern eine Boulevardzeitung die Fußballnationalmannschaft aufgestellt hat. In der Politik freilich hat diese Neigung zum »Mitwirken« nach meiner Beobachtung deutlich zugenommen. Manche meiner Erfahrungen in den Monaten von November 1999 bis März 2000 belegen das.

Weist man auf das Problem hin, so ist die Antwort meist der Hinweis auf den Wettbewerb um Auflagenhöhe und Einschaltquoten, der das Verhalten jedes Einzelnen relativiere. Aber ob das Wettbewerbsargument dem hohen konstitutiven Wert der Presse-, Meinungs- und Informationsfreiheit schon gerecht wird? Prämiert wird doch eher die Skandalisierung als das sachbezogene Urteil. Qualitätskontrolle im Sinne von Selbstkritik jedenfalls sichert dieser Wettbewerb nur unzureichend, solange – insbesondere unter politischen Journalisten – noch immer ein ausgeprägter Korpsgeist herrscht beziehungsweise die Devise gilt: »Eine Krähe hackt der anderen kein Auge aus.«

Was zu Zeiten, als die Selbstkontrolle etwa des alten Bonner Pressekorps noch funktionierte, weil Kollegen, die sich nicht an die Regeln hielten, ziemlich rasch von den wichtigen Informationskanälen abgeschnitten waren, durchaus positive Wirkungen entfaltete, ist unter den Bedingungen einer radikal anderen Medienwirklichkeit heute einfach nicht mehr zeitgemäß. An der Notwendigkeit fundierter Urteilsbildung hat sich auch im Zeichen totaler Information nichts geändert. Tatsächlich hat jedoch die Allverfügbarkeit von Information nicht dazu geführt, dass vermehrt unter Kriterien von Objektivität und Wahrheitsgehalt selektiert wird. Vielmehr ist der Preis des Wettbewerbs, der vor allem Exklusivität und Schnelligkeit belohnt, dass sich kaum noch jemand leisten kann, den Wahrheitsgehalt einer Information oder Meldung gründlich zu überprüfen. Was früher durchaus umständlich recherchiert wurde, ist heute oft eine unkritische Weitergabe des letzten Gerüchts. Die Folge davon ist, dass selbst objektiv falsche Meldungen, aber vor allem verdrehte oder verkürzte und damit sinnentstellende Sachverhalte über Stunden hinweg via Nachrichtenagenturen und Rundfunk- oder Fernsehmeldungen die Nation überschwemmen, bevor sich ein Dementi überhaupt beim Endverbraucher der Information bemerkbar machen kann. Dann aber ist es meistens schon zu spät, nach dem Motto: »Es wird schon was dran sein.«

Diese Mechanismen, die sich bei krisenhaften Zuspitzungen noch viel stärker auswirken, eröffnen möglichen Manipulationen Tür und Tor. Wegen der konstitutiven Bedeutung der Presse-, Informations- und Meinungsfreiheit für unsere Freiheitsordnung ist eine stärkere inhaltliche Kritik zwischen den Journalisten und den Medien untereinander deshalb unerlässlich. Andernfalls könnte man Pressefreiheit auch nur als Unterfall allgemeiner Wirtschaftsfreiheit verstehen. Und dann allerdings hätte man von der Geschichte der neuzeitlichen Demokratie so wenig verstanden wie vom Artikel 5 unseres Grundgesetzes. Dass grundlegende Werte unserer freiheitlichen Verfassungsordnung nicht ausschließlich dem Regelprinzip des Marktes überlassen werden können, ist bei Kunst und Wissenschaft, auch bei der Religion, weithin unbestritten. Das muss meines Erachtens auch für die Pressefreiheit gelten. Im Übrigen werden ähnliche Überlegungen in der Regel zur Begründung eines öffentlich-rechtlichen Sendeauftrags für Rundfunk und Fernsehen herangezogen – vielleicht wird bei den Verantwortlichen für öffentlich-rechtlichen Rundfunk und Fernsehen auch verstärkt über diese Konsequenz eigenverantwortlichen Verhaltens in den Anstalten nachgedacht.

Angesichts der umfassenden Verfügbarkeit aller Informationen rund um die Uhr einerseits und der begrenzten Wahrnehmungs- und Aufnahmemöglichkeit der Menschen andererseits gewinnt die Frage der Auswahl, welche Information wichtig ist, welches Ereignis zur Nachricht wird, entscheidende Bedeutung. Die Tatsache, dass die Bundestagsfraktion Ende 1996 1,146 Millionen DM auf die Partei übertragen hatte, bietet dafür guten Anschauungsunterricht. Am 22. Dezember 1999, als wir unter anderem diese Information in allen Details schriftlich und mündlich in einer gut besuchten Pressekonferenz bekanntgaben, erregte sie wenig Aufsehen. Eine Woche später wurde aus exakt derselben Information im Zuge der Vorabmeldung einer Sonntagszeitung, die von den Nachrichtenagenturen begierig aufgegriffen wurde, plötzlich eine skandalträchtige Sensation, die dann fast die wichtigste Nachricht über das Wochenende des Millenniumwechsels war.

Jeder Versuch, während der Wochen der Erregung über die Finanzaffäre der CDU andere Sachverhalte zu kommunizieren, erwies sich im Ergebnis als vergeblich. Ob programmatische Aussagen zur Familien- oder Bildungspolitik, ob kritische Opposition zur Steuer- oder Gesundheitspolitik der rot-grünen Regierung oder zu so weit reichenden und problembeladenen Entwicklungen wie den Beschlüssen des Helsinki-Gipfels – die Berichterstattung in elektronischen und Printmedien konzentrierte sich auf die Affäre. Die Union hatte nicht nur quasi das Recht verwirkt, sich sachpolitisch bemerkbar machen zu dürfen. Die öffentliche Aufmerksamkeit nahm Politik überhaupt nicht mehr wahr. Der Landtagswahlkampf in Schleswig-Holstein schien sich deshalb auch nicht mehr um die künftige Landespolitik in Kiel zu drehen – und wenn Schröder das Zigarrenrauchen aufgehört hätte, wäre das womöglich unbemerkt geblieben.

Medien lassen sich nicht gerne kritisieren, von Politikern schon gar nicht, weil es unziemlich erscheint, dass die zu Kontrollierenden auch einmal die Kontrolleure unter die Lupe nehmen. Meistens wird bei zutage tretenden Fehlleistungen dann entschuldigend auf die Informationspflicht hingewiesen, der man habe nachkommen müssen. Ich melde Zweifel an. Jedenfalls habe ich nicht ganz nachvollziehen können, warum es ein Gebot der Informationspflicht gewesen sein soll, auch die unerheblichste Äußerung eines Herrn Schreiber unter der Überschrift »Schäuble wieder in Erklärungsnot« oder »Neue Vorwürfe gegen Schäuble« als wichtigste Meldung des Tages zu präsentieren. Dies nur als selbst erlebtes Beispiel, andere Politiker auch anderer Parteien könnten viele eigene Erfahrungen beisteuern.

Für die Frage, wie und wann ein solcher Prozess öffentlicher Erregung sein Ende finden kann, gibt es wohl grundsätzlich drei mögliche Antworten

Die eine ist, dass mangels neuer Erkenntnisse irgendwann ein Ermüdungsprozess eintritt. Diese Chance hatten wir nicht. Solange nicht alles aufgeklärt war, solange blieb durch offene Fragen den Spekulationen Tür und Tor geöffnet. Das Problem konzentrierte sich in der Weigerung Kohls, die notwendigen Angaben zu Spenden zu machen, deren Empfang er öffentlich behauptet hatte. Es verstärkte sich noch durch die mangelnde Aussage- und Aufklärungsbereitschaft der Verantwortlichen zu Konten in der Schweiz und zu Stiftungen in Liechtenstein. Denn immer provozierte die Geheimniskrämerei neue Spekulationen, ob nicht doch Regierungsentscheidungen käuflich gewesen sein könnten – sei es Elf Aquitaine, Panzerlieferungen oder was auch immer.

Die zweite Lösungsmöglichkeit ist eine bevorstehende offene Entscheidung, auf deren Ausgang sich das öffentliche Interesse spannungsvoll konzentriert. Das war die Chance der hessischen Union. Ihre Krise spitzte sich auf die Frage »Bleibt Koch?« beziehungsweise »Hält die Koalition?« zu, und schon der hessische CDU-Parteitag, bei dem die Wiederwahl Kochs anstand, was mit überwältigender Mehrheit geschah, brachte eine erste Entlastung.

Die entscheidende Zuspitzung und Wende war aber der Sonderparteitag der hessischen FDP. Die ganze Dramatik und Spannung konzentrierte und entwickelte sich auf dieses Ereignis hin, und als dann entschieden war, sackte das Medieninteresse alsbald in sich zusammen.

In Berlin hatten wir es insofern schwerer. Ein Ereignis mit vergleichbarem dezisivem Charakter stand kurzfristig nicht an. Der Bundesparteitag war in relativ weiter Ferne, und zudem war die Affäre ja nicht primär eine Frage des Parteivorsitzenden, jedenfalls nicht von vornherein. Auch die schleswig-holsteinische Landtagswahl hatte nicht die Dramaturgie des hessischen FDP-Parteitags, lag im Übrigen mit dem 27. Februar für diesen Zweck auch schon reichlich spät, und außerdem sorgte natürlich gerade die sich abzeichnende CDU-Niederlage bei der Landtagswahl für zusätzliche Spekulationen und neue Belastung.

Also blieb die dritte, radikalste Lösungsmöglichkeit, die Schiller – wie zuvor schon einmal erwähnt – in seinem Drama »*Wilhelm Tell*« beschrieb: »Es rast der See und will ein Opfer.« Aber mit einem Opfer ist der See dann auch zufrieden gestellt, und auch in diesem Fall beruhigte sich die Medienerregung ebenso rasch wie der Vierwaldstätter See bei Wilhelm Tell.

Wenn für die Affäre insgesamt in jedem Fall ein Opfer erbracht werden musste, dann wohl nicht vom hessischen Landesverband. Bei der Dimension der Krise musste es schon auf der Ebene der Bundespartei erbracht werden, und angesichts dieser Dimension konzentrierte sich die Opfererwartung am Ende wohl objektiv zu Recht auf die aktuelle Nummer eins der Partei.

Ich glaube nicht, dass am Ende die mir im Letzten unerklärlich gebliebene Geschichte mit der Schreiber-Spende und den Wandlungen der früheren Schatzmeisterin ausschlaggebend war, so belastend sich das für mich auch auswirkte. Zwar hatte diese Sondergeschichte es den Verteidigern Kohls in den Medien immer wieder ermöglicht, vom Kern der Affäre auf einen eigentlich belanglosen Nebenkriegsschauplatz abzulenken. So wie die Debatte um den Rang eines Ehrenwortes im Verhältnis zu gesetzlichen Normen und später auch die Diskussion um die Verwertbarkeit von Stasi-Protokollen jedenfalls weniger belastend waren als die Frage, wieso in einer Größenordnung von gut zehn Millionen DM die von uns beauftragten Wirtschaftsprüfer auch nach wochenlangen Recherchen letztlich nicht klären konnten, woher Geld kam und wie es von wem für welche Zwecke verwendet worden war, ganz zu schweigen von der Frage, wer von Konten in der Schweiz und einer Stiftung in Liechtenstein wusste und was sich dort wirklich abgespielt hatte.

Doch Vordergründigkeiten und marginale Ereignisse sind oft viel folgenreicher für den positiven oder negativen Fortgang einer Affäre als die Hauptsache. Weil das Entscheidende im Unklaren blieb und die Hoffnung auf baldige und vollständige Aufklärung immer geringer wurde, suchte sich der Prozess öffentlicher Erregung eine andere Lösung. Und natürlich wurden in einer mit solcher Dynamik sich zuspitzenden Entwicklung dem für die Bewältigung der Krise verantwortlichen Parteivorsitzenden Fehler nicht verziehen, die bei jedem anderen unter anderen Umständen kaum einer Erwähnung wert gewesen wären. Aber die Angreifbarkeit und auch die Verletzlichkeit, der man in der obersten Führungsposition ausgesetzt ist, die hat man zu kennen, ehe man die Position anstrebt – mit diesem Argument hatte mir Rainer Barzel nach der verlorenen Bundestagswahl vom Parteivorsitz abgeraten. Man muss diese Gesetzmäßigkeit akzeptieren. Und ich hatte sie in einem doppelten Sinne akzeptiert: zunächst im Wissen darum, ins Zentrum der Zielscheibe zu rücken und dennoch die Verantwortung des Parteivorsitzes zu übernehmen. Schließlich aber auch in der am Ende schmerzhaften Erkenntnis, zu sehr ein wesentlicher Bestandteil der 16 Jahre gewesen zu sein, um in der existenziellen Krise der Partei die nötigen chirurgischen Schnitte anbringen zu können, ohne mich dabei selbst mit zu verletzen.

Die Partei verlangte nach dem Neuanfang. Sie wollte ihn auch an der Spitze repräsentiert sehen. Dass Frau Merkel dennoch zögerte, ehe sie ihre Bereitschaft zur Kandidatur erklärte, hatte unmittelbar mit meinen Erfahrungen in den kritischen Monaten zu tun. Ich habe sie in dieser abwartenden Haltung bestärkt, weil ich in dem – erhofften – Ergebnis unserer parteiöffentlichen Debatte bis zum 20. März eine verbesserte Chance sah, dass sie nicht auch noch von den Schatten der Vergangenheit eingeholt werden konnte.

VIII. Die Tagesordnung der Zukunft – Warum die Union gebraucht wird

1. Neue Fragen – welche Antworten?

Der Wechsel ist auf dem Essener Parteitag vollzogen worden, der Neuanfang zumindest personell gelungen. Die 16 Jahre Regierungsverantwortung sind ein abgeschlossenes, ruhmreiches Kapitel der Geschichte der CDU. In Essen wurde ein neues aufgeschlagen. Wessen Handschrift wird es am Ende tragen? Und was wird darin stehen? Die tiefe Zäsur hat die CDU zunächst einmal frei gemacht, nicht nur auf den nächsten Wahltermin zu starren, sondern den Blick wieder auf die Tagesordnung der Zukunft zu richten. Die Probleme und Herausforderungen bleiben für unser Land, und für ihre Bewältigung wird die Union gebraucht.

Die parallel zu unserer Krise laufende Debatte um die österreichische Koalition und die eher abstruse Reaktion in Teilen der Europäischen Union darauf zeigte fast wie eine Menetekel die Verletzlichkeit unseres parlamentarischen Regierungssystems ohne den konstitutiven Beitrag einer großen zur Mitte hin integrierenden Volkspartei. Der Streit um die Definition von Mitte, ob sie nun neu, alt, links oder rechts genannt wird, ist ziemlich müßig, weil Mitte im politischen Sinne sich immer wieder neu dadurch konstituiert, dass der Ausgleich der Interessen gelingt, also Integration stattfindet. Die spannende Frage ist dann, wer das besser kann. Meine Überzeugung ist nach wie vor, dass eine Partei wie die CDU, die auf einem festen Wertefundament gründet, dafür die günstigeren Voraussetzungen mitbringt, weil sie weniger anfällig ist für Beliebigkeiten und Opportunismen. Um Vertrauen zu binden, muss sie aber darüber hinaus Ziele haben, die ihren politischen Gestaltungsanspruch konkretisieren. Deshalb ist es eine immerwährende Aufgabe für die CDU, auf neue Fragen auch neue Antworten zu suchen, die dennoch kompatibel bleiben zu ihrem grundsätzlichen Koordinatensystem. Das wird im Zweifel bedeuten, dass die Union den Tendenzen zu immer mehr staatlicher Regulierung entgegenwirken muss. Darin unterscheidet sie sich von der SPD. Und es wird im Zweifel auch bedeuten, dass im Angesicht von Gefahren oder bedrohlichen Perspektiven die Antwort nicht darin liegen kann, sie zu ignorieren, um nur ja nicht die Wähler zu beunruhigen. Orientierung zu bieten in den unübersichtlichen Landschaften der Moderne ist eine anspruchsvolle Aufgabe, die aber für die Zukunftsfähigkeit einer freiheitlich-demokratischen Gesellschaft unverzichtbar bleibt.

Die moderne Wirklichkeit mit ihren rasanten Veränderungen ist ein Nährboden für Verunsicherung. Zugleich ist als Folge eines halben Jahrhunderts wachsenden Wohlstands und der relativen Abwesenheit von als existenziell empfundenen äußeren Krisen die Bereitschaft und Fähigkeit der Menschen, belastende Zumutungen der Gemeinschaft zu ertragen, geringer geworden. Was das für die Durchsetzung notwendiger Reformen bedeutet, habe ich bereits in früheren Kapiteln behandelt. Über den Fingerhakeleien des politischen Tagesgeschäfts geht leider nur zu oft der Blick für den größeren Zusammenhang verloren. Dabei ist für unsere Zukunft nicht der Punktsieg im Detail entscheidend, sondern die Weichenstellung im Grundsätzlichen. Frei von den Zwängen des Regierungsgeschäfts muss die CDU die Phase der Opposition nutzen, in diesem Sinne die Fragen zu stellen und zu diskutieren, die nicht mehr verdrängt werden dürfen, wenn wir nicht riskieren wollen, in absehbarer Zeit von unlösbar gewordenen Problemen erstickt zu werden.

Ich will nur ein paar Beispiele nennen:

Was bedeutet der Alterungsprozess in unserer Gesellschaft für die Renten, aber auch für das Gesundheitssystem, das zusätzlich noch mit den Folgen der revolutionären Fortschritte von Medizin und Biologie konfrontiert wird?

Warum hat unsere Gesellschaft offenbar größere Probleme, Kinder und Jugendliche nicht nur auszubilden, sondern ihnen auch gemeinschaftsstiftende Werte zu vermitteln, sie also zu erziehen?

Wie werden die Menschen die Solidaritätsanforderungen eines größeren Europa akzeptieren, und was sind Inhalt, Ziele und Grenzen eines politisch zu einigenden Europa?

Welche Anstrengungen und Belastungen muss die Gesellschaft

sich und jedem Einzelnen zur Wahrung innerer und äußerer Sicherheit zumuten in einer Zeit, in der zwar die Bedrohung eines halben Jahrhunderts Kalter Krieg geschwunden ist, sich dafür aber ganz neue, vielfältige und schwerer voraussehbare Sicherheitsrisiken auftun und die Grenzen zwischen innerer und äußerer Sicherheit immer mehr zerfließen?

Ist der Mensch der wachsenden Beschleunigung in der Veränderung aller Lebensverhältnisse – wenn man nur an die Auswirkungen der rasanten Entwicklung der Kommunikationstechnologie denkt – evolutionär gewachsen? In den umweltpolitischen Debatten haben wir die Wirkungsweise von Exponentialkurven diskutiert und inzwischen offensichtlich schon wieder verdrängt – bei der wissenschaftlich-technischen Entwicklung wird die Frage vorsichtshalber schon gar nicht mehr gestellt.

Wird die Menschheit der Versuchung widerstehen, Leben und Erbgut zu manipulieren? Darf der Mensch alles, was er zu können glaubt?

Was bedeuten die Veränderungen von Arbeitsmarkt und Erwerbsbiografien für das Bedürfnis der Menschen nach sozialer Sicherheit und Berechenbarkeit?

Wie wird in einer Welt scheinbar totaler Information der Anfälligkeit für Manipulation entgegengewirkt, und wie wird Raum für Menschlichkeit, also sowohl Nähe als auch Diskretion, gesichert?

Lässt sich das Prinzip der Repräsentation bei politischer Führung unter den Bedingungen scheinbar umfassender Information erhalten, oder soll es im Sinne von Mäßigung und Stabilität der sozialen und politischen Prozesse möglicherweise ersetzt werden, und wenn ja, wie?

Fragen ohne Ende – zum Glück, denn darin liegen die Offenheit und die Begrenztheit menschlicher Existenz zugleich begründet. Es gibt keine Patentantworten mit Ewigkeitswert. In einem früheren Buch habe ich die Notwendigkeit, immerfort Antworten auf die Grundfragen menschlicher Existenz und freiheitlicher Gesellschaft suchen zu dürfen, als die Chance beschrieben, ein glücklicher Sisyphos zu sein, in der Beschränkung menschlichen Strebens und in seiner Offenheit zugleich. Ohne Grenzen hält der Mensch es nicht aus. Und deshalb braucht er Werte als Grundlage freiheitlicher Selbstbeschränkung, braucht er einen Ordnungsrahmen, ohne den Freiheit und Wettbewerb weder politisch noch ökonomisch dauerhaft erhalten werden können, braucht er eine Rechtsordnung, die Freiheit, Menschenwürde und Toleranz dauerhaft eine Chance sichert.

Auf einer auf solchen Werten gegründeten Basis kann eine große, zur Mitte hin integrierende Volkspartei in einem dauerhaften, offenen Diskussionsprozess Lösungen suchen und zur Zukunftsfähigkeit unseres Gemeinwesens beitragen. Aus der durch die Finanzaffäre ausgelösten Krise der CDU haben wir die Konsequenz gezogen, dass eine größere Offenheit der Debatte künftig Verstöße gegen die Grundsätze innerparteilicher Transparenz verhindern soll. Wenn dies auch entsprechende Auswirkungen auf die Behandlung von Sachfragen hat, hilft es uns bei der Suche nach Antworten auf die drängenden Fragen unserer Zeit.

Ich will in diesem Schlusskapitel auf einige wenige dieser zentralen Fragen etwas intensiver eingehen: auf die europäische Entwicklung, der möglicherweise eine krisenhafte Zuspitzung bevorsteht, wenn sie nicht in die richtigen Bahnen gelenkt wird; auf den unbefriedigenden Zustand unseres Föderalismus, der allen Systemvorteilen zum Trotz mittlerweile zu einem Musterbeispiel für strukturelle Erstarrung geworden ist; und schließlich auf die Generationenfrage, in der sich von Familie über Bildung bis hin zur Rente immer mehr sozialer Sprengstoff ansammelt.

2. Schicksal Europa:
Wir brauchen die öffentliche Debatte

Europapolitische Fragestellungen standen, wie berichtet, am Anfang meiner Zeit als Parteivorsitzender. Sie sind inzwischen noch sehr viel drängender geworden. Mir scheint, Europa treibt auf eine krisenhafte Entwicklung zu. Die Schwäche des Euro, gewiss vielfältig zu erklären, könnte ein Symptom dafür sein. Die fundamentalen wirtschaftlichen Daten begründen allenfalls unzureichend den anhaltenden Druck auf die gemeinschaftliche Währung. Und unsere Diskussionen um die Auswirkungen der Schwäche auf die Exporte und die drohende Gefahr eines Inflationsimports kratzen nur an der Oberfläche des Problems, das sich tatsächlich dahinter verbirgt. Sie könnte vielmehr Ausdruck eines geringen Vertrauens in die Beständigkeit der politischen und wirtschaftlichen Entwicklung in Europa sein, das von den Märkten immer härter bestraft wird als kleine Abweichungen vom Pfad der Tugend. Wenn andere in der Welt dem europäischen Einigungsprozess nicht trauen, kann das aber auch das Selbstvertrauen der Europäer beeinträchtigen. Und ohne Selbstvertrauen werden die Europäer den vor ihnen liegenden Weg gewiss nicht schaffen.

Die Krise um die österreichische Koalitionsbildung und die wenig durchdachte Reaktion der europäischen Partner wird die Bereitschaft zu weiteren Integrationsschritten weder bei den Mitgliedern noch bei den Beitrittskandidaten fördern.

Der Elan der neu gebildeten Kommission Prodi ist rasch geschwunden, und dass das Europäische Parlament aus den Auseinandersetzungen, die zum Rücktritt der Santer-Kommission führten, die Kraft schöpft, den europäischen Einigungsprozess stärker zu bestimmen, scheint derzeit eher zweifelhaft. Die Beitrittsverhandlungen mit den Kandidaten aus der Nachbarschaft im Osten ziehen sich in die Länge, wobei die Verantwortung dafür gewiss nicht nur bei einer Seite liegt. Bei der Stabilisierung der Lage auf dem Balkan wirkt die Europäische Union insbesondere im bürokratischen Alltag eher schwerfällig. Von der Umsetzung des Helsinki-Beschlusses zum Aufbau einer eigenen europäischen Sicherheitskomponente innerhalb der NATO ist in der nationalen Politik nicht viel zu bemerken, am wenigsten in der Haushaltspolitik der deutschen Bundesregierung. Und die Reaktion der Europäer auf amerikanische Überlegungen zum Aufbau eines Raketenabwehrsystems lässt wenig durchdachte Argumente und noch weniger von einer gemeinsamen europäischen Außen- und Sicherheitspolitik erkennen.

Der Beschluss des europäischen Gipfels von Helsinki, den Kreis der Beitrittskandidaten auf elf zu erweitern, könnte zwar die Vision eines wirklich großen Europa nähren. In Wahrheit jedoch wirkt er eher wie ein Kneifen vor einer tatsächlich substanziellen Entscheidung, weil man eine Festlegung, was Europa sein und werden will und in welchen Schrittfolgen der Prozess der Einheit zu bewältigen ist, aus Angst vor unbequemen Antworten offenbar vermeiden wollte. Und dazu passt, dass der Prozess der strukturellen Reform der Europäischen Union nicht wirklich vorankommt, sondern zum Rangierbahnhof für wohlfeile Lippenbekenntnisse degeneriert ist. Das Mandat für die Regierungskonferenz greift genauso zu kurz wie die Beschlüsse des Berliner Gipfels zur Agenda 2000. Dort hatte man die in der Agenda angelegte Reform der Finanz- und Beitragsordnung der EU bei einem Zuschnitt belassen, der für die nächsten Jahre zur Not allenfalls für die 15 Mitglieder ausreichen konnte, aber mit Sicherheit nicht für eine erweiterte Europäische Union mit 18, 21 oder gar 26 Mitgliedsstaaten. Dass man zu weitergehenden Beschlüssen in Berlin nicht in der Lage war, lag vor allem daran, dass schon eine Verständigung über eine veränderte Agrar- und Regionalpolitik schier unmöglich erschien.

Das alles ist unerfreulich und gemessen an den europäischen Chancen ein Verschleudern von Zukunftskapital durch Untätigkeit. Das Gefährlichste daran aber ist, dass alle diese Entwicklungen niemand wirklich aufzuregen scheinen. Natürlich kennt man die Gründe, warum eine substanzielle Reform der Agrarpolitik zur Zeit nicht durchsetzbar ist oder auch nur ein Schritt in die richtige Richtung wie die Kofinanzierung, die am hartnäckigen französischen Widerstand scheitert. Oder man weiß, dass mit Spanien eine echte Reform der Regionalpolitik nicht durchsetzbar war, sodass schon aus diesen beiden Gründen eine Reform der Finanzpolitik ausgeschlossen blieb. Und es lag auf der Hand, dass Frankreich eine dringend notwendige Erweiterung des Verhandlungsmandats für die Regierungskonferenz nicht akzeptieren würde, weil es in seiner Präsidentschaft die Konferenz zum Abschluss bringen will – danach stehen nämlich die nächste Präsidentschaftswahlen in Frankreich an –, und eine Erweiterung des Mandats hätte massiv den Zeitplan gefährden können.

Aber Gründe, warum etwas nicht geht, gibt es in der Politik immer zuhauf. Das Ergebnis nennt man in neuer Zeit »Reformstau«.

Der europäische Einigungsprozess droht durch einen solchen Reformstau nicht nur Zeit zu verlieren, sondern er droht auch zu scheitern, weil die europäische Entwicklung nur durch Bewegung und Dynamik ihre Stabilität behalten kann. Im Stillstand werden die latenten Widerstandskräfte nicht mehr beherrschbar sein. Umso mehr ist der europäische Alltag, so weit er sich außerhalb des Interesses der Bevölkerung vollzieht, ein stetig wachsendes Ärgernis mit schwer wiegenden Folgen. Technokraten, die nicht nur in der Brüsseler Bürokratie, sondern auch unter den Fachleuten der Europapolitik im Europäischen Parlament wie in den nationalen Hauptstädten zu finden sind, geben sich offenbar mit dem geringen Interesse der Menschen zufrieden, ja, es scheint ihnen sogar entgegenzukommen, jedenfalls solange Widerstände in der Bevölkerung für ihre engagierte Alltagsarbeit nicht hinderlich werden. Aber genau darin liegt die größte Gefahr. Niemand weiß, wann dieses Desinteresse in Ablehnung und Widerstand umschlägt – aber dass dies irgendwann der Fall sein wird, scheint sicher, und wir sollten alles daransetzen, die Erfahrung gar nicht erst zu machen, weil die Risiken für das europäische Einigungswerk unkalkulierbar wären. Ganz sicher jedenfalls wird ein wirklich großes und starkes, politisch handlungsfähiges Europa nicht entstehen, ohne dass die Bevölkerung dies bemerkt und dass sie es auch will.

Deshalb brauchen wir dringend eine breite öffentliche Debatte über Inhalt, Ziele und Grenzen der europäischen Einigung. Diese Debatte muss die Menschen erreichen, darf also nicht im akademischen Seminar verbleiben. Sie muss die Menschen beteiligen, indem sie Einfluss nehmen können. Und sie muss jetzt geführt werden. Wenn das, was offenbar einige befürchten, zu einer Krise in Europa führen sollte, dann ist es allemal besser, diese Krise kommt in einem Stadium, in dem sie noch beherrschbar bleibt. Andernfalls wird sie von den Gegnern des europäischen Projekts irgendwann erzwungen werden, und niemand vermag zu sagen, ob dann zerstörende Wirkungen noch verhindert werden können. Die Demagogen warten nur auf ihre Stunde.

Ohne die Menschen oder gewissermaßen über sie hinweg jedenfalls ist Europa nicht zu bauen. Natürlich ist der Elan der Nachkriegszeit geschwunden. Mit der wirtschaftlichen Einigung ist man im Ganzen gut gefahren; selbst den Euro scheint die Bevölkerung – trotz vieler vorheriger Bedenken – zu akzeptieren, obwohl man die Gefahr eines nachhaltigen Vertrauensverlustes, die in der laufenden äußeren Abwertung steckt, vor dem Übergang in die wirkliche Euro-Erfahrung auch nicht gering schätzen sollte. Aber den Rest europäischen Alltags empfindet man – nachdem die Grenzkontrollen beseitigt sind – eher als störend, so weit man ihn wahrnimmt. Warum weitere Fortschritte im Einigungswerk notwendig sein sollen, wird kaum erklärt. Schließlich ist der Kalte Krieg ja zu Ende, der Friede scheint nicht bedroht, und natürlich war der europäische Einigungselan der Nachkriegszeit zuerst und vor allem auf Sehnsucht nach Frieden gegründet. Jetzt aber, so scheint es, braucht es Europa dazu nicht mehr, oder jedenfalls nicht noch mehr Europa.

Die Schaffung eines großen Wirtschaftsraums war immer eine der wichtigen Begründungen für den europäischen Einigungsprozess. Zur Entwicklung und Akzeptanz von Solidarität jedoch, die notwendig ist, um innerhalb eines einheitlichen Wirtschaftsgefüges ohne Binnengrenzen das Gefälle zwischen mehr und weniger prosperierenden Teilen nicht destabilisierend werden zu lassen, reicht der Hinweis auf größere Märkte nicht mehr aus. In der globalisierten Wirtschaft wird vielmehr ein solcher einheitlicher Raum mit seinen Ausgleichserfordernissen eher als Regulierungsmonster denn als Öffnungschance wahrgenommen. Dieses Problem wird sich ohne rechtzeitige Vorsorge durch die Erweiterung noch verschärfen. Denn wer nur die Erwartungen von Beitrittskandidaten und die Besorgnisse der heutigen Mitglieder in Bezug auf die EU-Erweiterung einander gegenüberstellt und sich mit den zu Tage tretenden Diskrepanzen beschäftigt, wird ganz rasch erkennen, wie dringend notwendig eine zusätzliche Begründung für europäische Solidarität ist.

Mir scheint, dass wir die eigentliche und ursprüngliche Begründung wieder klarmachen müssen: Sehnsucht nach Frieden. Zu Beginn des 21. Jahrhunderts ist das leicht zu übersetzen in Perspektiven für Sicherheit in Freiheit und Menschenwürde bei erträglichen wirtschaftlichen, sozialen und ökologischen Rahmenbedingungen in einer Welt, in der nicht nur das Schlagwort »Globalisierung« für Entgrenzung steht.

Der frühere polnische Botschafter Reiter wies bei einem europapolitischen Symposion Anfang Mai 2000 darauf hin, dass die mittelosteuropäischen Länder sich 1990 in dem Selbstbewusstsein auf den Weg nach Europa gemacht hätten, die Erfahrung von Sehnsucht nach Freiheit und Demokratie einbringen zu können, die sie in ihrer langen Unterdrückung durch das sowjet-kommunistische System gemacht hätten und die durch die Befreiung davon in den Achtzigerjahren so glückhaft sich erfüllt hätte. Zehn Jahre später hätten sie den Eindruck, diese Erfahrungen würden im Westen nicht mehr für wichtig gehalten.

Seit der Neuzeit begreifen wir Geschichte vor allem als europäische Geschichte, und gelernt haben wir sie vor allem als Geschichte europäischer Kriege. Das ist im 20. Jahrhundert zu Ende gegangen, und dennoch bleiben europäische Vorstellung und Erfahrung von menschlichem Leben und menschlicher Gesellschaft auch für das neue Jahrhundert wichtig. Nur werden wir sie in der globalisierten Welt nicht mehr so selbstverständlich verwirklichen können. In der vorhersehbaren Entwicklung im 21. Jahrhundert werden die Europäer ihre Interessen nur wahren und ihrer Verantwortung nur gerecht werden können, wenn sie ihre Kräfte bündeln. Wir stellen ein zehntel der Weltbevölkerung mit abnehmender Tendenz, die im Gegensatz zu großen Teilen der Welt, in denen der Anteil jüngerer Menschen dramatisch höher ist, auch immer älter wird. Dabei sind wir zusammen mit Nordamerika nicht nur relativ wohlhabend und sozial stabil, sondern auch Verbraucher eines unverhältnismäßig hohen Anteils von Ressourcen und Verursacher entsprechend hoher Umweltbelastungen. Daher werden die Europäer für ihre Vorstellungen von menschlichem Leben und freiheitlicher Gesellschaft und von der Entwicklung auf unserer Erde eher wirken können, wenn sie es gemeinsam tun. Indem sie es gemeinsam schaffen, werden sie überdies für andere in der Welt Hoffnung begründen, dass die globalen Probleme und Entwicklungen im 21. Jahrhundert die Menschheit nicht vor unlösbare Herausforderungen stellen. Deshalb ist das Interesse, unsere Vorstellungen von Freiheit, Menschenrechten, Menschenwürde auch in Zukunft leben zu können, der eigentliche Grund für das europäische Einigungsprojekt – nicht neu, sondern ganz aus der Tradition abendländischer Kultur und Erfahrung für die Zukunft begründet.

Aus diesem Grund ist auch die Erweiterung der Europäischen Union nicht eine Beiläufigkeit, sondern zentrale Aufgabe europäischer Politik heute, wenn diese nach dem Ende der europäischen Teilung der Nachkriegszeit nicht ihre eigentliche Begründung verlieren soll. Im Kalten Krieg schuf die Bipolarität Stabilität; in einem Europa ohne Mauer und Stacheldraht ist Stabilität nicht mehr teilbar. Wir sollten das auf dem Balkan gelernt haben. Wie lange Kraft und Geduld in Mittelosteuropa reichen, die Hinterlassenschaft von Teilung und Diktatur friedlich, demokratisch und evolutionär zu überwinden, ohne die Einbindung in europäische Solidarität und Zugehörigkeit – wir sollten angesichts der Versuchungen des in

Jahrhunderten aufgestauten Konfliktpotenzials der Geschichte nicht nur auf dem Balkan auf die Probe aufs Exempel verzichten, schon aus eigenem Interesse. Die Chance, ganz Europa zu einen, solange das »Fenster der Gelegenheit« geöffnet ist, muss genutzt werden, und deshalb ist die Erweiterung dringlich. Weil Friede, Freiheit, Wohlstand, soziale Gerechtigkeit und ökologische Nachhaltigkeit, also Stabilität im umfassenden Sinne, unteilbar ist, sind die Europäer aufeinander angewiesen, in Europa und darüber hinaus.

Aufeinander angewiesen zu sein und gemeinsame Verantwortung aus der Geschichte für die Zukunft – das nenne ich »Schicksalsgemeinschaft«. Und wem das zu pathetisch klingt, der möge bedenken, dass Emotion und Begeisterung nötig sind, um Kräfte für große Anstrengungen freizusetzen. Das ist kein Gegensatz zu Nüchternheit – auch die wird gebraucht.

Friede, Stabilität und Sicherheit bleiben bedroht, und die »*beati possidentes*« haben mehr zu fürchten als die Habenichtse. Fundamentalismen und Radikalismen aller Art haben in globalen Entwicklungen, in der Entgrenzung der Moderne und in weltweiten Verteilungskämpfen einen fruchtbaren und furchtbaren Nährboden zugleich, und auf Dauer werden die Europäer die Sorge für ihre Sicherheit nicht den Amerikanern nahezu ausschließlich überlassen können. Partnerschaft mit Amerika ist ohne Zweifel die bessere Option, aber dauerhafte Partnerschaft erfordert wechselseitiges Interesse, Gleichberechtigung und »*burden sharing*« – die Stichworte sind nicht neu, nur die Konsequenzen sind immer noch nicht gezogen.

3. Gemeinsame Verantwortung für gemeinsame Sicherheit

Europa muss eine größere Verantwortung für Sicherheit übernehmen, in Europa selbst gewiss zuerst, aber auf längere Sicht eben auch darüber hinaus. Anderenfalls wird in einem schleichenden und bereits spürbaren Prozess amerikanische Hegemonie die atlantische Allianz zerstören. Im Übrigen ist die gleichgewichtige europäische Partnerschaft für die USA selbst nicht minder wichtig. Als einzige weltweite Führungsmacht sind auch die USA auf Dauer überfordert, und zwar vor allem und zuerst durch die hegemonialen Versuchungen, die darin liegen und denen nachzugeben auf Dauer für Amerika geradezu unvermeidlich sein wird. Die USA brauchen ihre Wurzeln, und die liegen vielfältig in Europa, in abendländischer Tradition und Kultur, Erfahrung in Erfolgen und im Scheitern. Ohne solch starke Wurzeln wird Amerika die gewaltige Integrationsleistung im eigenen Land und die Führungsaufgabe in der Welt schwerer meistern.

Also ist der Aufbau einer europäischen Verteidigungskomponente, innerhalb der NATO und diese ergänzend richtig und notwendig. Er muss aber auch ernsthaft betrieben werden, nicht nur mit Gipfelankündigungen, sondern auch mit entsprechender europäischer Politik und größeren nationalen und gemeinsamen Anstrengungen. Dabei wäre es genau der falsche Ansatz, das Unternehmen unter die Devise zu stellen, nun müssten sich die Europäer um ihre eigene Sicherheit kümmern. Europäische Verteidigung muss vielmehr verstanden werden als partnerschaftlicher Beitrag der Europäer auch für globale Stabilität. Darüber wären entsprechende atlantische Debatten zu führen.

Die Diskussion um ein amerikanisches Raketenabwehrsystem ist ein aktuelles Beispiel, wie man es nicht machen darf. Natürlich müssen die Auswirkungen auf Abrüstungsverträge und -prozesse bedacht werden. Aber im Grundsatz kann doch eigentlich nicht bestritten werden, dass angesichts der Verbreitung von Massenvernichtungsmitteln und zugehöriger Technologien zum Transport solcher Zerstörungspotenziale die Entwicklung von Abwehrsystemen richtig, ja geradezu geboten ist. Das Prinzip der Abschreckung war wirkungsmächtig in der bipolaren Welt des Kalten Kriegs; gegenüber Terroristen, ob staatlich organisiert oder nicht, oder gegenüber jetzt so genannten »Schurkenstaaten« muss seine Schutzwirkung neu bedacht werden. Also sollten die Europäer nicht den Amerikanern die Entwicklung von Abwehrsystemen ausreden wollen – was am Ende ohnehin keinen Erfolg haben wird. Stattdessen sollten wir uns an der Entwicklung beteiligen und fordern, dass alle freiheitlich-demokratischen Staaten unter zu vereinbarenden Voraussetzungen Zugang zu solchen Abwehrsystemen haben. Das, und nur das, ist eine logische Fortführung der Abrüstungsbemühungen, die anderenfalls im bipolaren Denken des Kalten Kriegs verhaftet bleiben.

Sicherheit fängt zu Hause an. Diese Binsenweisheit scheint bei uns nicht mehr sonderlich hoch im Kurs zu stehen. Jedenfalls können wir gemeinsame Sicherheit nur schaffen, wenn wir auch unsere nationalen Anstrengungen darauf ausrichten, von der Haushaltspolitik bis zur Strukturreform der Bundeswehr. Ich bleibe überzeugt, dass für eine vorhersehbare Zeit für uns in Deutschland die Vorteile der allgemeinen Wehrpflicht überwiegen werden. Das mag in anderen Ländern anders sein. Das Spezifische an der deutschen Debatte um Wehrpflicht oder Berufsarmee scheint mir weniger der Verweis auf die geostrategische Lage zu sein – dieses Argument reflektiert schon wieder zu sehr das der bipolaren Welt verhaftete Denken im geteilten Europa –, sondern eher die deutschen Erfahrungen im Umgang mit militärischer Macht und Einsatzbereitschaft des Einzelnen für die staatlich verfasste Gesellschaft. Davon hatte wir im Übermaß bis 1945, und die dadurch bedingte Befangenheit hat uns noch immer nicht losgelassen. Es muss nicht für alle Zeiten so bleiben, und angesichts vieler Entwicklungen sprechen gewiss auch erhebliche Gesichtspunkte gegen die allgemeine Wehrpflicht. Vorläufig jedoch sollten wir für uns die Vorteile aus ihrer Beibehaltung in den Vordergrund rücken. Allerdings werden die Anforderungen an die Strukturreform der Bundeswehr dadurch eher größer, denn die allgemeine Wehrpflicht darf weder die Leistungsfähigkeit einer Sicherheitstechnologie auf modernstem Stand beeinträchtigen noch dazu führen, dass die Wehrpflichtigen den Sinn ihres Dienstes nicht mehr zu erkennen vermögen.

Zur Begründung der Wehrpflicht allerdings auf die abstrakte Notwendigkeit von »Landesverteidigung« zu verweisen und dies dann auch noch in einen Gegensatz zur Bereitstellung von Krisenreaktionskräften zu stellen, greift entschieden zu kurz. Die Zeiten, in denen Frieden und Sicherheit durch große Invasionsarmeen bedroht waren, gehören glücklicherweise inzwischen früheren Jahrhunderten an. Heute folgt die Bedrohung für unsere Sicherheit aus dem Übergreifen krisenhafter Entwicklungen in anderen Regionen, und die »Transportmittel« für Krisen und Bedrohung sind vielfältig. Allein die Auslösung von Flüchtlingsströmen und der dadurch ermöglichte Import von Gewaltpotenzialen, indem die Auseinandersetzung in der Heimat auf fremdem Boden fortgesetzt wird, stellt uns vor ganz neue Herausforderungen. Deshalb müssen Krisen präventiv bekämpft oder verhindert werden, und deshalb ist der Gegensatz von Landesverteidigung und Krisenreaktion zumindest in seiner Absolutheit falsch. Das schließt die Notwendigkeit aufwuchsfähiger Verbände durch Reservisten in bestimmten Situationen nicht aus; aber auch solche Szenarien werden eine andere Sicherheitslage beinhalten als die, die man in Erfahrungen zweier Weltkriege sammelte und im Kalten Krieg verlängerte.

Das Argument der Arbeitsteilung in der NATO führt zudem leicht in die Irre. Die Deutschen mit erweiterungsfähigen »schweren« Verbänden zur Verteidigung der NATO-Außengrenzen im Osten und die Partner mit ihren transportfähigen »leichten« Kräften für Krisenreaktionen – das würde, wenn es den als Ernstfall gedachten Angriff massiv konzentrierter Streitkräfte an der polnischen Ostgrenze denn gäbe, ziemlich rasch zu einer Isolierung der deutschen Soldaten mangels entsprechender Partner führen. Und das wiederum wäre das genaue Gegenteil von all dem, wofür die NATO gedacht und womit sie in Jahrzehnten erfolgreich war.

Wer die Sicherheitslage im 21. Jahrhundert richtig bedenkt, wird endlich auch tabufrei über den Zusammenhang zwischen innerer und äußerer Sicherheit sprechen müssen. Dass wir bei terroristischen Bedrohungen im Innern aus Verfassungsgründen die Bundeswehr auch dann nicht einsetzen könnten, wenn die Polizeikräfte zum Schutz der Bevölkerung nicht ausreichen, gehört zu jenen Paradoxa, bei denen richtige Erkenntnisse und Schlussfolgerungen der Vergangenheit auf eine völlig veränderte Wirklichkeit angewendet werden.

Innere Sicherheit erfordert ebenfalls europäische Zusammenarbeit, nicht nur, aber verstärkt auch wegen der Abschaffung der Kontrollen an den Binnengrenzen. Weltweit operierende Kriminalität erzwingt geradezu die stärkere Kooperation der Sicherheitsbehörden, auch in der Informationsbeschaffung. Das muss nicht alles in originärer europäischer Zuständigkeit erledigt werden – auch in der Ordnung des Grundgesetzes ist Polizei-Ländersache. Aber bestimmte Zentralbehörden – dem BKA etwa vergleichbar – werden Austausch und Zusammenarbeit fördern.

4. Migration und Einwanderung – Ein deutsches Intermezzo

Der Raum ohne Grenzkontrollen im Innern bringt ein weiteres Erfordernis mit sich: nämlich eine gemeinsame Politik der Zuwanderung, zu der auch eine gemeinsame Lastentragung und -verteilung bei der Aufnahme von Flüchtlingen zwingend gehört.

Mit seiner so genannten »Green-Card«-Initiative löste Bundeskanzler Schröder im Frühjahr 2000 eine erneute kontroverse Debatte über das Thema Zuwanderung aus. Die Frage, ob das eher spontan erfolgte oder strategisch geplant war, ist widersprüchlich beantwortet worden. Jedenfalls fand er für seinen Vorstoß, dem Mangel der in Deutschland nicht ausreichend verfügbaren, aber dringend benötigten Computerspezialisten durch zeitweilige Lockerungen des Anwerbestopps für ausländische Arbeitskräfte abzuhelfen, viel Zustimmung in der Öffentlichkeit, insbesondere natürlich bei interessierten, weil betroffenen Wirtschaftskreisen. Zugleich provozierte er insbesondere den nordrhein-westfälischen CDU-Landesvorsitzenden Jürgen Rüttgers im Landtagswahlkampf zu einer im Ergebnis falschen Reaktion.

Rüttgers wollte – und darin hatte er unbestreitbar Recht – die öffentliche Aufmerksamkeit auf die Notwendigkeit verstärkter Ausbildungsanstrengungen zur Lösung des von Schröder angesprochenen Problems lenken. Wahrscheinlich stand ihm dabei die Wirkung unserer Unterschriftensammlung auf die hessische Landtagswahl gut ein Jahr zuvor verführerisch vor Augen. Aber er übersah, dass eine derartige Kampagne einen hinreichend gewichtigen Anlass haben muss, der die eigenen Anhänger geschlossen halten und im gegnerischen Lager Zweifel und Verunsicherung auslösen kann. Das anfängliche Vorhaben von Rot-Grün, bei Einbürgerungen regelmäßig die doppelte Staatsangehörigkeit dauerhaft zuzulassen, war ein solches Thema von außergewöhnlicher Bedeutung und Tragweite – die leichte Auflockerung einer Rechtsverordnung über die Anwerbung einer begrenzten Zahl ausländischer Arbeitskräfte war es nicht. Die Unsicherheit in der Union über die Richtigkeit einer Kampagne, für die ein hinreichender Anlass nicht gegeben war, wurde noch verstärkt, indem ihr in den Medien das Motto »Kinder statt Inder« angeheftet wurde. Und diese Verunsicherung war wohl die Ursache dafür, dass die Kampagne zwar beschlossen und verkündet, aber nicht wirklich betrieben wurde –

und der Eindruck von Unschlüssigkeit ist dann so ziemlich das Letzte, was einem in einer ohnedies schwierigen Auseinandersetzung passieren darf.

In der Öffentlichkeit blieb dies alles nicht verborgen, und so war bald die Aufregung über die Oppositionskampagne größer als die Aufmerksamkeit für Schröders Vorstoß. Die Regierung wiederum ließ ihrerseits beträchtliche Unsicherheit über die Folgen ihres Tuns erkennen, was sich bei der bürokratischen Umsetzung von Schröders Vorstoß zeigte, und in Teilen der Bevölkerung wurde dieser nun wieder ganz anders verstanden als intendiert. Mittelständische Unternehmen in Baden-Württemberg zum Beispiel dachten, dann müsse man auch für all die anderen Tätigkeiten, für die man trotz hoher Arbeitslosigkeit kaum geeignete Bewerber fand, endlich mehr Arbeitskräfte aus dem Ausland zulassen oder etwa die Rückführung von Flüchtlingen aus Bosnien oder dem Kosovo, die inzwischen nicht nur Aufnahme, sondern auch Arbeit gefunden hatten, vorläufig stoppen.

In diesen Missverständnissen entlarvte sich die Substanzlosigkeit der Initiative Schröders, der Antworten auf die eigentlichen Probleme gar nicht geben wollte und deshalb auch sofort erklärte, dass eine gesetzliche Regelung der Zuwanderungsproblematik in dieser Legislaturperiode nicht infrage komme. Doch genau darum geht es. Schröder drückte sich bewusst um die Frage, ob wir nicht auch in Deutschland eine größere Offenheit und Flexibilität für zeitweilige oder dauernde Einwanderung brauchen, gleichzeitig aber angesichts des seit Jahrzehnten bestehenden hohen Zuwanderungsdrucks eine Erhöhung der Gesamtzahlen allenfalls nur behutsam in Betracht ziehen können, wenn Toleranz und Integration nicht schweren Schaden nehmen sollen. Wenn dann auch noch bei einer Arbeitslosigkeit von weit über vier Millionen – rechnet man die von der SPD früher immer anklagend ins Spiel gebrachte verdeckte Arbeitslosigkeit hinzu – gleichzeitig viele hoch und weniger qualifizierte Arbeitsplätze kaum besetzt werden können, werden die Komplexität und die Explosivität des Themas noch deutlicher.

Die nahe liegende Forderung, das Problem gesetzlich durch Quoten zu regeln – ganz gleich, ob man das nun Einwanderungsgesetz oder Zuwanderungsbegrenzungsgesetz nennen mag –, lässt gerne außer Acht, dass wir seit langem bei einer Quote null eher zu viel Zuwanderung haben. Wer daraus ableitet, dass man lieber mehr qualifizierte Computerspezialisten als Asylbewerber aufnehmen sollte, muss die Frage einer weiteren Änderung des Asylrechts beantworten. Dabei gibt es stets die Genfer Flüchtlingskonvention der Vereinten Nationen zu bedenken, die einen individuellen Anspruch auf Schutz vor Verfolgung vorsieht. Im Gegensatz zum Asylrechtsartikel unseres Grundgesetzes, der einen Rechtsanspruch auf Asyl in Deutschland gewährt, begründet die Genfer Konvention »nur« den Anspruch auf Schutz in einem sicheren, aber nicht in einem bestimmten Land.

Wir haben mit der Asylrechtsänderung den Artikel 16a des Grundgesetzes diesem Regelungsinhalt der Genfer Flüchtlingskonvention dadurch angepasst, dass sich auf das Grundrecht auf Asyl nicht berufen kann, wer bereits anderswo Schutz vor Verfolgung gefunden hat. Deshalb verspreche ich mir wenig von einer erneuten Verfassungsdebatte über das Asylrecht. Viel wirkungsvoller ist die verwaltungsmäßige Umsetzung des Asylkompromisses. Im Übrigen: Wer das individuelle Asylrecht abschaffen und für die Entscheidung über Zuwanderungsfragen vorrangig »deutsche Interessen« maßgeblich machen will, muss befürchten, dass ihm vorgehalten wird, das wohlhabende und politisch stabile Deutschland wolle Armen und Verfolgten keine Zuflucht mehr gewähren – für eine Wohlstandsgesellschaft nicht nur kein Ruhmesblatt, sondern auch noch von zerstörerischer Wirkung für die Motivation einer freiheitlichen Gesellschaft zur Solidarität.

Aus all diesen Gründen lässt sich zwar verstehen, dass Schröder das Problemfeld in der Substanz gar nicht in Angriff nehmen wollte; doch dann hätte er vielleicht doch besser ganz die Finger davon gelassen.

Eine umfassende und befriedigende Lösung verlangt meines Erachtens zuerst, dass die besondere Verantwortung der Deutschen für Landsleute in früheren Siedlungs- und Vertreibungsgebieten, also kurz potenzielle Aussiedler, nicht aufgegeben wird. Diese Zuwanderung durch eine Stabilisierung der Verhältnisse in den Siedlungsgebieten selbst stetig zu verringern, war meine Politik schon als Innenminister, und der Übernahme dieser Politik durch alle Nachfolger war Erfolg beschieden. Das wird sich fortsetzen, insbesondere wenn Zweifel an der grundsätzlichen Offenheit Deutschlands für Aussiedler auch in Zukunft vermieden werden. Das Prinzip jedenfalls muss weiter gelten.

Es bleibt das Anliegen, für Menschen in Not und Verfolgung Zuflucht zu bieten. Darauf kann eine auf Werte gegründete Freiheitsordnung wegen ihrer inneren Legitimation nicht verzichten. Natürlich hat die Aufnahmemöglichkeit Grenzen. Deswegen muss man vor allem Fluchtursachen bekämpfen, durch Entwicklungspolitik, Krisenprävention, europäische Aufbauarbeit. Auch dafür habe ich schon in der Zeit meiner Zugehörigkeit zur Bundesregierung Vorschläge und Initiativen entwickelt.

Und dann muss endlich im zusammenwachsenden Europa das Notwendige gemeinsam gemacht werden. Insbesondere sind die Zuwanderungslasten gemeinsam zu tragen, damit kein Land bei offenen Grenzen überfordert wird und damit die Menschen verstehen, dass sie auch im Verhältnis zu ihren Nachbarn fair behandelt werden und sich deshalb nicht überfordert fühlen. Ein Zustand, bei dem mehr als die Hälfte aller Flüchtlinge und Asylbewerber in Deutschland lande, darf jedenfalls nicht auf Dauer bestehen bleiben.

Als Nächstes muss man den Arbeitsmarkt so deregulieren und die Sozialsysteme so reformieren, dass grundsätzlich jede in Deutschland nachgefragte Arbeit auch für deutsche Bewerber attraktiv ist. Schließlich muss das Bildungssystem so konkurrenzfähig sein, dass sich in allen Bereichen bestens qualifizierte deutsche Bewerber und Experten im Wettbewerb auf heimischen und globalen Märkten behaupten können.

Die häufige Verwendung des Wörtchens »muss« in den letzten Absätzen zeigt, wie viel hier noch im Argen liegt und bedacht werden will. Aber in dem Maße, in dem die skizzierten Voraussetzungen erfüllt werden, wird eine Abschottung unseres heimischen Arbeitsmarkts für Bewerber aus dem Ausland entbehrlich, und genau deshalb muss auch eine Politik, die diese Probleme lösen will, sich auf eine solche Gesamtkonzeption gründen. Schröders Initiative genügte dem nicht, und sie war zusätzlich bei der Sensibilität des Gesamtkomplexes Ausländer gefährlich – was im Übrigen die Notwendigkeit unterstreicht, jeden Ansatz auf diesem Feld immer mit flankierenden Maßnahmen zu versehen, die die Verbesserung der Fähigkeit und der Bereitschaft zur Integration sowohl bei Zuwanderern als auch bei Einheimischen zum Ziel haben.

Immerhin hat die öffentliche Diskussion sich inzwischen weiterentwickelt. Die Union forderte als Reaktion auf den Green-Card-Vorstoß eine Gesamtregelung des Komplexes, was Schröder zunächst ausdrücklich ablehnte. Dann aber sah er ein, dass er diese Position nicht beibehalten konnte. Deshalb nahm er den Vorschlag an, eine Sachverständigenkommission einzusetzen. Das Instrument war zwar diskreditiert worden durch die nachgerade peinliche Art, mit der Verteidigungsminister Scharping wenige Wochen zuvor die Vorschläge der Weizsäcker-Kommission zur Bundeswehrreform beiseite geschoben hatte. Hinzu kam, dass mit dem Vorschlag, Rita Süssmuth zur Vorsitzenden zu machen, ganz offensichtlich vor allem die Union in Verlegenheit gebracht werden sollte. Nichts gegen abweichende Meinungen innerhalb der Union. Aber eine unabhängige Sachverständigenkommission zu berufen, in der ausdrücklich aktive Politiker nicht vertreten sein sollen – mit diesem Argument wurde sogar eine Mitwirkung der Ausländerbeauftragten der Bundesregierung abgelehnt –, und dann die renommierte Vorsitzende der Frauenunion, von der eine von der Mehrheit der Union abweichende Meinung in dieser Frage seit langem bekannt war, zur Vorsitzenden zu berufen, das zielte ganz offensichtlich auf ein parteitaktisches Manöver und eben nicht darauf ab, durch unabhängigen Sachverstand eine Grundlage für gesellschaftlichen Konsens zu schaffen. Trickserei statt Substanz. Nachdem Rita Süssmuth sich darauf eingelassen hat, wird die Union souverän genug sein, damit gelassen umzugehen.

5. Europa richtig machen – Subsidiarität und Verfassungsfrage

Zurück zur europäischen Agenda. Damit ein Wirtschaftsraum ohne Grenzen stabil bleiben kann, darf das wirtschaftliche Gefälle und damit die Wohlstandsdifferenz zwischen den einzelnen Regionen nicht so groß sein, dass regionale oder nationale Bindekräfte im Regelfall keine ausreichende Kohäsion mehr geben. Deshalb braucht der einheitliche Wirtschaftsraum also nicht nur Regeln für einen funktionierenden Markt und Wettbewerb, sondern auch ein Mindestmaß an wirtschaftlichen Ausgleichssystemen. Da wird dann die Begründung für Solidaritätsleistungen insbesondere im Zuge der Osterweiterung hinreichend überzeugend formuliert werden müssen. Wie das Beispiel Schweiz belegt, ist eine Harmonisierung der Einkommen-, Vermögen- und Erbschaftsteuer nicht erforderlich, wohl aber der Umsatz- und der Kapitalertragsbesteuerung. Auch die Systeme sozialer Sicherung müssen weder harmonisiert noch vergemeinschaftet werden; sie müssen allerdings Regelungen für zeitweilige oder dauernde Binnenwanderung vorsehen. Auch das ist ein nicht auf Europa beschränktes Problem, was wiederum beweist, dass nicht alles, was im Zeitalter der Globalisierung durch internationale Zusammenarbeit geregelt werden muss, der Europäisierung bedarf. Paradebeispiel dafür ist der Umweltschutz, da bekanntlich Emissionen an Grenzen mit oder ohne Kontrollen gleichermaßen keinen Halt machen.

Neben den gemeinsamen Interessen und Aufgaben der Europäer, also dem, was die »Schicksalsgemeinschaft« ausmacht, ist umgekehrt zu bedenken, dass Gemeinschaft auf der Basis von Freiheit immer ein hinreichendes Maß an Zugehörigkeit der Menschen verlangt. Das nennt man gemeinhin Identität. Die ist in Bezug auf Europa allerdings gering entwickelt. Identitätsrahmen ist nach wie vor die nationale Einheit, und daran wird sich in absehbarer Zeit auch nicht allzu viel ändern. Es gibt eine sehr begrenzte europäische Öffentlichkeit, wie jeder Vergleich von Tageszeitungen oder Fernsehprogrammen aus verschiedenen Ländern unmittelbar belegt. Auch die Sprachenvielfalt steht einer intensiveren öffentlichen Kommunikation im Wege. Selbst die bescheidenen Versuche einiger großer europäischer Tageszeitungen, mindestens einmal in der Woche eine Seite mit identischen Beiträgen in der jeweiligen Landessprache über europäische Angelegenheiten herauszubringen, wurden nach kurzer Zeit wieder eingestellt.

Ohne eine gemeinsame Öffentlichkeit, das heißt eine gemeinsame Wahrnehmung von Problemen, Ereignissen, Erfolgen, Wichtigem und Unwichtigem, ist aber in einer Demokratie die Akzeptanz von Mehrheitsentscheidungen, die für alle verbindlich sind, nur schwer herzustellen. Hier liegt neben einigen Restbeständen von Souveränitätsstolz das Hauptproblem für einen der wichtigsten aller institutionellen Reformschritte, nämlich die Abkehr vom Einstimmigkeitsprinzip bei der europäischen Entscheidungsfindung. Deshalb werden für europäische Entscheidungen doppelte Mehrheiten notwendig sein. Die Bereitschaft der Minderheit, Mehrheitsentscheidungen als verbindlich zu akzeptieren, setzt eben Zugehörigkeit, Identität voraus. Die muss in Europa noch auf lange Zeit zu einem erheblichen Teil durch die Mitgliedsstaaten vermittelt werden, und deshalb sollten Mehrheitsentscheidungen nicht nur die Mehrheit der europäischen Bevölkerung insgesamt, sondern auch eine Mehrheit der Mitgliedsländer zur Voraussetzung haben.

Das führt zu einem weiteren zentralen Punkt: Der europäische Einigungsprozess kann nur auf der Basis des Subsidiaritätsprinzips gelingen. Das steht zwar schon in den europäischen Verträgen, aber die Praxis des europäischen Alltags in Bürokratien, Räten, Parlament und Gerichtshof entspricht dem ebenso wenig wie die öffentliche Wahrnehmung. An diesem Widerspruch wird sich nichts ändern, solange die eigentliche Verfassungsfrage in Europa nicht geklärt ist. An die traut sich die amtierende Europapolitik wiederum nicht heran, weil sie die Widersprüche in der Beantwortung der Frage nach der Staatlichkeit der Europäischen Union scheut. In hergebrachten akademischen Debatten wird das unter den Stichworten »Bundesstaat« oder »Staatenbund« diskutiert. Dabei dreht sich die Auseinandersetzung immer um denselben Punkt: Nach Überzeugung der Mitgliedsstaaten sind nur sie ursprüngliche Träger von Souveränität, folglich sind alle Kompetenzen der Europäischen Union ausschließlich von der Souveränität der Mitgliedstaaten abgeleitet. In Deutschland wird die Debatte noch zusätzlich kompliziert, weil nach dem Grundgesetz die Staatlichkeit »*ab origine*« zwischen Bund und Ländern geteilt ist.

Aber gerade diese deutsche Besonderheit bietet auch den Lösungsansatz für den im Ergebnis fruchtlosen europäischen Streit. Unser Exempel zeigt, dass originäre Staatlichkeit nicht notwendig auf eine Ebene beschränkt sein muss. Die Souveränitätsdebatte bestätigt das ungewollt in der Realität, die längst Fakten geschaffen hat. Denn spätestens seit dem Ende des Zweiten Weltkriegs ist kein europäischer Staat noch wirklich souverän in dem Sinne, dass er die Existenz seiner Bürger nach innen und außen allein aus eigener Machtvollkommenheit sichern könnte.

Deshalb wird es Zeit, die staatstheoretischen Bedenken gegen eine europäische Verfassung aufzugeben, der Realität Rechnung zu tragen und die Chance zu suchen, eine wirklich klare und stringente, also auch im Alltag durchsetzbare und im Streitfall vor einem neutralen Gericht einklagbare Kompetenzabgrenzung im Sinne des Subsidiaritätsprinzips durchzusetzen. Das ist das Prinzip des deutschen Föderalismus, und Briten, Franzosen und gegebenenfalls andere müssen für die Einsicht gewonnen werden, dass die Vorteile einer klaren Subsidiaritätsregelung groß genug sind, um auch offiziell endlich anzuerkennen, dass die europäische Ebene längst eigene Elemente von Staatlichkeit hat.

Im Übrigen könnte auch das Instrument doppelter Mehrheiten grundsätzliche Bedenken gegen die Staatlichkeit der Europäischen Union mindern. Gerade die Notwendigkeit eines raschen Beitritts der Bewerberländer im Osten verstärkt den Zwang, sich zu verständigen: Wie viel Vergemeinschaftung und wie viel Vereinheitlichung in Europa sind gewollt? Das kann nicht nur technokratisch angegangen werden. »*Acquis communitaire*« ist auch so ein Schlagwort, mit dem die Europatechnokraten die Bevölkerung nicht erreichen. Es besagt, dass jedenfalls alles, was schon einmal in Europa vereinheitlicht oder vergemeinschaftet worden ist, nicht mehr dezentralisiert werden darf. Das widerspricht ganz klar dem Subsidiaritätsprinzip. Außerdem hat sich längst herausgestellt, dass die EU erwiesenermaßen viele Dinge, die in ihrer Zuständigkeit gelandet sind, schlechter erledigt, als wenn sie in dezentraler Verantwortung verblieben wären.

Die Erweiterung wäre eine gute Gelegenheit, das Regelungsgeflecht der Europäischen Union einer grundlegenden Überprüfung zu unterziehen. Das würde der EU nützen, und das könnte den Beitrittskandidaten manches leichter machen. Aber jeder Ansatz dazu wird sofort als »euroskeptisch« diffamiert, obwohl das genaue Gegenteil richtig ist. Und dann belegt man auch noch jeden Gedanken, Zuständigkeiten auf die Ebene der Mitgliedsstaaten zurückzuverlagern, mit dem Schlagwort »Renationalisierung«, was suggerieren soll, dass im europäischen Prozess gleichsam der Rückwärtsgang eingelegt werde. So verhindert man die notwendigen Reformen, aber genauso läuft Europa Gefahr, sich im bürokratischen Dickicht zu verlieren.

Eine Klärung von Verfassungsfrage und Zuständigkeitsabgrenzung ist also die unabdingbare Voraussetzung für ein gedeihliches Voranschreiten des europäischen Integrationsprozesses. Diese Debatte wird schwierig, weil sie notwendigerweise viele Empfindlichkeiten berühren muss, weil sie dem Moloch Euro-Bürokratie zu

Leibe rücken muss, weil sie manchen Mitgliedsstaat vor die bittere Erkenntnis stellen muss, dass die europäische Kuh nur gemolken werden kann, wenn sie auch richtig gefüttert wird. Das wird alles nicht ohne Widerstände gehen, die sich leicht zur Krise entwickeln können. Aber gerade in dieser Krise steckt die Chance der Besinnung auf die Grundlagen europäischer Einigung, auf die gemeinsame Kultur und Geschichte, aus der sich Verantwortung füreinander ergibt und ein Aufeinanderangewiesensein in Gegenwart und Zukunft, eben die »Schicksalsgemeinschaft«.

Verfassungsfrage, Kompetenzabgrenzung, Subsidiaritätsprinzip, Stärkung der Effizienz europäischer Entscheidungsprozesse und Beschränkung europäischer Zuständigkeit, Transparenz und demokratische Legitimation europäischer Entscheidungen – das ist die eigentliche Agenda der Reform der Europäischen Union. Das Mandat der Regierungskonferenz trägt dem nicht einmal halbwegs Rechnung. Aber das lässt sich angesichts der offenbar begrenzten Einsichtsfähigkeit mancher Regierungen nur ändern, wenn es öffentlichen Druck gibt. Und der entsteht nur, wenn über die wirklichen Kernfragen offen gestritten wird. Lieber eine Krise aus Anlass dieser Grundsatzdebatte als ein Weiterwursteln im Sinne von »*business as usual*« mit immer mehr und immer weniger verständlichen Brüsseler Entscheidungen, mit immer längeren Prozeduren ohne öffentliches Interesse, geschweige denn Transparenz. Ein Weitermachen ohne substanzielle Veränderungen und Entscheidungen läuft Gefahr, zu irgendeinem Zeitpunkt öffentliche Aufmerksamkeit zu finden, aber die wird dann vorhersehbar von Gegnern des europäischen Einigungswerks verursacht und entsprechend missbraucht werden.

Der Außenminister hielt im Mai 2000 »als Privatmann« eine europapolitische Rede, in der er weitestgehend die Vorstellungen der Union übernahm – von Kerneuropa bis zum Verfassungsvertrag und der Notwendigkeit doppelter Mehrheiten. Er sprach sich außerdem für die Dringlichkeit solcher Reformen parallel zum Erweiterungsprozess der Europäischen Union aus – auch darin hatte er unbestreitbar Recht. Nur hat damit der Privatmann Fischer den Außenminister Fischer ziemlich brutal vors Schienbein getreten. Denn der muss sich als Adressat dieser begründeten Kritik an dem zu engen Auftrag für die Regierungskonferenz zuallererst angesprochen fühlen. Wenn die strukturellen Reformen der Europäischen Union so dringlich sind, wie jetzt auch der Privatmann Fischer im Gegensatz zum deutschen Außenminister in Übereinstimmung mit der Union überzeugt ist, dann ist es schädlich, wenn die Reformkräfte in Europa durch eine Regierungskonferenz gebunden werden, die diesem Auftrag noch nicht einmal im Ansatz gerecht werden kann. Und dafür trägt dann der Außenminister Fischer – der seither mit dem Privatmann Fischer wahrscheinlich in heftige Auseinandersetzungen verstrickt ist – mit die Verantwortung.

Die Beschränkung des Mandats der Regierungskonferenz auf die so genannten »*Left overs*« – als da sind Zahl der Kommissare, Stimmenverhältnisse im Rat und Mehrheitsentscheidungen – wird die Menschen in Europa nicht von der Notwendigkeit einer grundsätzlichen Verfassungsdebatte überzeugen. Niemand außer den Fachleuten wird sich vorstellen können, was bei einer Einigung über die »Left overs« sich tatsächlich in Europa ändern würde. Und im Übrigen wird eine Einigung über Entscheidungsprozeduren kaum gelingen, solange nicht zuvor geklärt ist, wofür die EU auf Dauer zuständig sein soll. Deshalb bindet die Regierungskonferenz nicht nur Kräfte, die für Wichtigeres dringend gebraucht würden – schlimmer noch, sie lenkt von den eigentlichen Aufgaben ab.

Das gilt genauso für die Arbeiten an einer Grundrechtscharta. Zwar spricht nichts dagegen, in Europa den Standard von Grundrechten einheitlich und gemeinsam zu formulieren, obwohl das angesichts der europäischen Menschenrechtserklärung und des allen Mitgliedsstaaten gemeinsamen Standards an Grundrechten nicht der dringendste Mangel ist. Aber Grundrechte, die formal nur die Organe der EU binden sollen – das wirft wieder nur die Frage auf, wofür die denn zuständig sein sollen. Und solange das nicht beantwortet ist, fürchten die einen und hoffen die anderen, die Grundrechtscharta könne subkutan doch zum Einfallstor weiterer europäischer Zuständigkeit werden, also mehr Bürokratie und weniger Subsidiarität. Wer entscheidet was und in welchen Verfahren? Diese Fragen muss ein Dokument mit Verfassungsqualität klären, und zwar jetzt.

Im politischen Alltag ist es üblich geworden, bei aller Kritik an europäischen Gipfeln und der regelmäßigen Unzufriedenheit mit ihren Ergebnissen letztlich dann doch zähneknirschend weiterzumachen, um nicht dem Vorwurf der Europafeindlichkeit ausgesetzt zu sein. Nichts ist gefährlicher für die europäische Einigung als diese »Augen-zu-und-durch«-Mentalität. Europa wird nicht in der Vertraulichkeit von Konferenzzimmern geschaffen, sondern nur wenn die Europäer es auch wirklich wollen. Und dafür müssen sie immer wieder neu überzeugt werden. Das ist die Aufgabe der Union, gerade weil sie die große Europapartei nicht nur in Deutschland ist.

Natürlich würde man hoffnungslosen Illusionen anhängen, wenn man die Augen vor der Tatsache verschlösse, dass Fähigkeit und Bereitschaft zur Integration noch lange in Europa sehr unterschiedlich sein werden. Soll der Prozess vorankommen, soll das Werk gelingen, so wird es auf das Voranschreiten der Integrationsfähigeren angewiesen bleiben. Vor Jahren habe ich zusammen mit meinem Fraktionskollegen Karl Lamers viel Aufmerksamkeit und Kritik für unseren Vorschlag eines Kerneuropa erfahren. Inzwischen ist die Einsicht in die Richtigkeit dieses Konzepts deutlich gewachsen. Ohne variable Geometrie oder unterschiedliche Geschwindigkeiten wird Europa nicht wachsen können, und entweder schaffen die Strukturen innerhalb der Europäischen Union dafür den notwendigen Spielraum, oder der Prozess wird sich außerhalb dieser Strukturen und dann möglicherweise mit desintegrativen Folgen vollziehen. Ein Blick auf europäische Landkarte wie Geschichte bestätigt übrigens auch unsere damalige Aussage, dass eine solche Entwicklung in jedem Falle als Kern des Kerns Deutschland und Frankreich benötigt. Umso betrüblicher ist, wie inhaltsleer die Zusammenarbeit zwischen beiden Ländern geworden ist, wobei die Verantwortung dafür nicht nur eine Regierung trifft.

6. Deutsche Hausaufgaben –
Föderalismus im Reformstau

Während wir uns auf der europäischen Ebene intensiver um eine Neubelebung föderaler Strukturen bemühen, sollten wir allerdings nicht vergessen, dass wir mittlerweile auch in der Bundesrepublik dringend eine Reform des Föderalismus benötigen. So richtig und erfolgreich das Prinzip als solches ist, so sehr hat es sich im Laufe der Jahrzehnte durch die Praxis der Bund-Länder-Beziehungen in Teilbereichen zu einem Hemmschuh erforderlicher Modernisierung entwickelt. Der damalige Verfassungsgerichtspräsident Roman Herzog hat aus Anlass des vierzigjährigen Bestehens des Landes Baden-Württemberg darauf hingewiesen, dass auf der einen Seite der Raum für eigengestalterische Regelungen für die Bundesländer in der Verfassungswirklichkeit immer geringer geworden ist, nicht zuletzt wegen der weitgehenden Ausschöpfung der konkurrierenden Gesetzgebungskompetenz durch den Bund. Auf der anderen Seite haben die Länder diesen Mangel durch eine immer stärkere Mitwirkung an der Gesetzgebung des Bundes zu kompensieren gesucht. Die Folgen sind ebenso vielfältig wie evident. Strukturelle Änderungen, bei denen die Länder Kompetenzen abgeben müssten, erscheinen hoffnungslos, weil sie das wenige, was ihnen geblieben ist, mit Zähnen und Klauen verteidigen.

Umgekehrt frönt man immer ungenierter der Unsitte, sich die notwendige Zustimmung des Bundesrats zu Gesetzen, die dieser bedürfen, durch finanzielle Zugeständnisse des Bundes gegenüber den Ländern abkaufen zu lassen. Die Abstimmung im Bundesrat zur Steuerreform am 14. Juli 2000 markiert dabei einen neuen und in dieser Qualität bisher unbekannten Höhepunkt. Ohne jede Hemmung die Länder einzeln durch die Bundesregierung quasi einzukaufen und darüber hinaus noch eine Änderung des eben zu beschließenden Gesetzes außerhalb aller vom Grundgesetz für die Gesetzgebung vorgesehenen Verfahrensweisen zuzusagen, das hat in dieser Unverfrorenheit bisher noch niemand gewagt, zumal es ja ohne weiteres möglich gewesen wäre, in einem weiteren Vermittlungsverfahren entsprechend den Vorschriften des Grundgesetzes eine Änderung der Gesetzgebung einvernehmlich zu beschließen. Es könnte allerdings sein, dass die Dreistigkeit dieses Manövers – trotz allen kurzfristigen politischen Erfolges, der damit offensichtlich verbunden war – schon wieder einen Wendepunkt darstellt. Wem immer an der Bewahrung verfassungsrechtlicher Institutionen und Verfahrensweisen gelegen ist, der wird darüber nachdenken müssen, dass auch die Aussicht auf einen spektakulären Erfolg nicht alle Mittel heiligen kann. Der frühere Verfassungsrichter Kirchhof hat in einem viel beachteten Aufsatz in der *FAZ* zum Widerstand gegen solche Methoden aufgerufen. Schröders Sieg vom 14. Juli könnte sich als einer von der Qualität des legendären Königs Pyrrhus herausstellen. Die richtige Forderung, die finanziellen Ausgleichssysteme im Bundesstaat – horizontal zwischen den Ländern und vertikal zwischen Bund und Ländern – so zu reformieren, dass die Anreize für die Länder zu wirtschaftlich erfolgreichem Handeln verstärkt werden, ist derzeit ohne jede Chance auf Realisierung, weil eine Mehrheit der weniger Erfolgreichen solche Wettbewerbselemente eher fürchtet. Von einer sinnvollen Länderneugliederung braucht man erst gar nicht reden. Das Ärgerliche daran ist, dass wir selbst das gute Beispiel des Föderalismus durch starres Denken in Besitzständen und die Verteidigung des Status quo jedenfalls nicht so fortentwickeln, dass es für Europa zusätzliche Attraktivität gewinnen könnte.

Schröder hat sich in seiner damaligen Eigenschaft als Bundesratspräsident in zwei Reden einmal vor der Bundestagswahl – bei der Jubiläumsveranstaltung zum Parlamentarischen Rat in Bonn – und einmal danach, aber noch vor seiner Wahl zum Bundeskanzler, beim Tag der Deutschen Einheit in Hannover vehement gegen einen Wettbewerbsföderalismus ausgesprochen. Die Einheitlichkeit der Lebensverhältnisse in allen Bundesländern müsse Vorrang haben. Angesichts der schlechten Bilanz des von ihm lange regierten Landes Niedersachsen im Vergleich zu den anderen Bundesländern ist das eine verständliche Position. Aber die kann man auch nur einnehmen, wenn man den Wert von Wettbewerb als innovatorischer Kraft und unverzichtbarem Element evolutionärer Entwicklung nicht verstanden hat. Ich habe ihm das denn auch schon in der Erwiderung auf seine Regierungserklärung vorgehalten. Zwar liest sich manches im zwischenzeitlich herausgegebenen »Schröder-Blair-Papier« so, als habe er in Sachen Wettbewerb einen gewissen Lernprozess hinter sich, doch ungeachtet dessen hat er seine damalige Position zu den Ausgleichsmechanismen im Bundesstaat bisher ersichtlich nicht korrigiert.

Die Prinzipien von Verantwortlichkeit und Wettbewerb kommen in unserer föderalen Wirklichkeit nicht zum Tragen, weil Bund-Länder-Mischsysteme und die Undurchschaubarkeit von Zuständigkeiten es ermöglichen, dass vor allem unbequeme Verantwortung immer auf die andere – im Zweifel die höhere – Ebene abgeschoben werden kann. Entsprechend profilieren sich Landespolitiker lieber mit Stellungnahmen zur Bundespolitik, bei denen sie für mögliche Folgen und Wirksamkeit keine Haftung tragen, als mit Eigeninitiative im Rahmen ihrer originären Zuständigkeit. Die Reformbedürftigkeit unseres föderalen Systems jedenfalls liegt auf der Hand.

Die Kommunen ihrerseits klagen über zu viel Bevormundung durch Landesverwaltungen. In der Tat mischen sich die höheren Verwaltungsebenen immer stärker in die kommunale Selbstverwaltung ein, die in manchen Bereichen bereits nichts anderes mehr ist als eine Ausführungsbehörde für Anordnungen von Regierungspräsidenten oder Landesministern. Das Prinzip des staatlichen Aufbaus von unten nach oben steckt in der Krise.

Dabei ist es heute wichtiger denn je, denn in der modernen Welt mit ihren Entgrenzungen steigt das Bedürfnis nach Nähe und Identität. Dem kann aber nur wirklich Rechnung getragen werden, wenn selbstständige kleine Einheiten mit eigener Gestaltungsverantwortung und individuellem Gestaltungsspielraum auch die Chance zu Mitwirkung eröffnen und damit Zugehörigkeit entstehen lassen. Außerdem wird den Wucherungstendenzen bürokratischer Prozesse ohne das Prinzip der Dezentralisierung nicht wirkungsvoll zu begegnen sein. In der Wirtschaft wird der Trend zu immer globaleren Unternehmenszusammenschlüssen in einer gleichzeitigen Gegenbewegung von inneren Unternehmensreformen begleitet, die kleinen betrieblichen Einheiten ein sehr viel größeres Maß an Selbstständigkeit und Entscheidungszuständigkeit, aber damit natürlich auch mehr Verantwortung zuordnen. Die zunehmende Vernetzung der modernen Kommunikationssysteme wird ohnedies Dezentralisierung fördern, ja teilweise sogar erzwingen.

Die Bedeutung der Nähe für die Identifikation der Bürger mit ihrem Umfeld wird indirekt auch durch viele Debattenbeiträge zur Frage von mehr Bürgerbeteiligung bestätigt. Während auf kommunaler Ebene kaum Einwände gegen Bürgerbegehren und Bürgerentscheid erhoben werden, wachsen die Bedenken bei vielen, je höher und abstrakter die Entscheidungsebene ist. In den Ländern mag man es im Zweifel noch zugestehen, auf Bundesebene schon nicht mehr, und in Angelegenheiten der Europäischen Union ganz gewiss nicht.

Die seit einiger Zeit geführte Hauptstadtdebatte scheint mir auch ein Ausdruck der Notwendigkeit zu sein, unser bundesstaatliches System neu zu überdenken und zukunftsträchtig auszugestalten. Bonn nahm die Aufgabe der Hauptstadt im Sinne des Sitzes der Verfassungsorgane – mit Ausnahme des Bundesverfassungsgerichts – insgesamt gut wahr, aber Metropole war Bonn nicht. Jetzt haben wir eine Metropole, die zugleich Hauptstadt ist. Mancher Widerstand gegen die Hauptstadtentscheidung für Berlin, der mir damals am Anfang so unerklärlich erschien, mag auch darin begründet sein. Jedenfalls erinnere ich mich, dass der damalige Hamburger Bürgermeister Voscherau meine Frage, warum er nicht für Berlin sei, mit dem Hinweis beantwortete, Hamburg sei die zweitgrößte deutsche Stadt. Werde die größte auch noch Hauptstadt, mindere das die Bedeutung Hamburgs. Da ist in der Tat etwas dran, so wie auch seit geraumer Zeit nicht mehr wie früher die Rede ist von München als der »heimlichen« Hauptstadt. Gleichwohl hat Voscheraus Einwand einen im Grundsatz richtigen Punkt erwischt, den es zu bedenken gilt. Denn die Einfügung einer Metropole als Hauptstadt in eine föderale Ordnung wirft offensichtlich Probleme auf.

Paris oder London haben solche Probleme nicht, weil sowohl Frankreich als auch das Vereinigte Königreich nicht im deutschen Sinne föderal aufgebaut sind. Nicht umsonst hat die Schweiz mit Bern nicht eines ihrer großen Zentren zur Hauptstadt erkoren und die USA mit Washington ebenfalls nicht. Wobei die Tatsache, dass Washington, D. C., einen eigenen Distrikt in den USA bildet, gleich zum nächsten deutschen Problem führt, das darin liegt, dass die Hauptstadt als gleichberechtigtes Bundesland in einer Reihe neben fünfzehn anderen steht. Sie ist damit voll in die Finanzausgleichssysteme einbezogen, was unter vielerlei Gesichtspunkten Reibereien hervorruft, weil die Finanzbedürfnisse des Regierungssitzes mit seinen Repräsentationspflichten dadurch nicht voll zu befriedigen sind. Ob das Problem mit einer Fusion von Berlin und Brandenburg besser gelöst ist, mag angesichts der Tatsache, dass das Flächenland Brandenburg weniger Einwohner als Berlin hat, ebenfalls bezweifelt werden. Ein größeres, bevölkerungsreicheres und wirtschaftsstärkeres Bundesland könnte die Metropole Berlin gewiss besser verkraften. Aber ob etwa ein sinnvoll erscheinender Zusammenschluss von Berlin mit Brandenburg, Sachsen-Anhalt und Mecklenburg-Vorpommern in absehbarer Zeit denkbar erscheint, bleibt fraglich, wo schon die Fusion Berlin-Brandenburg bisher nicht zustande kam.

Wir werden diese Fragen weiter debattieren müssen. Eine Lösung am Reißbrett empfiehlt sich nicht, sondern wir sollten erst Erfahrungen mit der neuen Lage sammeln, sie sich auch entwickeln lassen.

Allerdings ist Wachsamkeit geboten, damit nicht Weichen gestellt werden, die die Entwicklung in eine völlig falsche Richtung lenken würden. Deshalb kann es nicht angehen, dass der Bund im Falle Berlins die Zuständigkeit für einzelne Institutionen übernimmt, die nach dem Grundgesetz den Ländern zufallen, für die aber in Berlin mit dem Hauptstadtargument eine Ausnahme gemacht wird. Natürlich mag Staatsminister Naumann davon träumen, sich mit dem Glanz der Berliner Philharmoniker als Bundesorchester schmücken zu können. Und der Berliner Finanzsenator könnte Gefallen an dem Gedanken finden, dass die Zuständigkeitsfrage zweitrangig ist, wenn er – etwa mit der Staatsoper – wenigstens eine der zuschussträchtigen Kulturinstitutionen aus seinem Haushalt loswerden kann.

Aber so vordergründig substanzlos darf man solche Fragen nicht behandeln. Für die Probleme der Kulturförderung im Bundesstaat müssen ebenso allgemein gültige Ordnungen geschaffen oder bewahrt werden, wie die Hauptstadt in das bundesstaatliche Gefüge eingeordnet werden muss. Und wenn die Hauptstadt Sache der ganzen Republik ist, dann betrifft das nicht nur den Bund, sondern im Bundesstaat eben auch die Gesamtheit aller Länder.

Also brauchen wir – ähnlich wie in Europa – eine Reform unserer föderalen Systeme mit klarer Zuständigkeitsabschichtung, mit dem Vorrang der bürgernäheren Ebene und mit Ausgleichssystemen, die Solidarität zwischen allen Regionen wie Wettbewerb und Innovation zugleich ermöglichen.

Vielleicht könnte eine Lösung auf der Linie gefunden werden, dass man das Instrument der Rahmengesetzgebung stärker nutzt. Eine bemerkenswerte Studie der Bertelsmann-Stiftung vom Frühjahr 2000 kommt zu einem fast identischen Ergebnis. Der Bund erlässt Rahmenregelungen, die Raum lassen für eigengestalterische Ausfüllung durch die Länder. Ein solcher Ansatz könnte den Bundesgesetzgeber wieder auf den Pfad der Tugend im Sinne einer stärkeren Selbstbescheidung zurückführen. Denn die Entwicklung der letzten Jahrzehnte hat im Ergebnis immer mehr Gesetze hervorgebracht, die bis ins letzte Detail die jeweiligen Sachverhalte regeln. Dabei gibt es gerade in einer vernünftigen föderalen Ordnung überhaupt keinen Grund, warum ausgerechnet die höchste Ebene diesem Perfektionismus anhängen soll. Stattdessen sollte sie sich darauf beschränken, allgemeine Regelungen zu erlassen, die Ausfüllung und Umsetzung im Detail aber nicht selbst bestimmen zu wollen.

Unsere viel beklagte Regulierungsdichte ergibt sich auch aus der – typisch deutschen? – Neigung zur Perfektion auch unseres Rechtsstaates. Jeder Eingriff der öffentlichen Hand bedarf der gesetzlichen Ermächtigung; das ist ein Wesenskern der Ordnung unseres Grundgesetzes. Aber die Detailhuberei unserer Gesetzgebung, die aus diesem Verfassungssatz, befördert nicht zuletzt durch die Rechtsprechung des Verfassungsgerichts und der Verwaltungsgerichtsbarkeit, als Konsequenz einer immer höher geschraubten Rechtssicherheit abgeleitet worden ist, verkommt in der Alltagswirklichkeit oft zur Perversion. Ganz abgesehen davon, dass der Raum für Verwaltungsentscheidungen nach Ermessen immer enger wird – das Ganze ist ein fruchtbarer Nährboden für bürokratische Exzesse.

Ich habe schon vor Jahren gewarnt, dass sich die Gesetzgebung nicht immer mehr zur bloßen Verfassungsinterpretation zurückentwickeln darf. Und entsprechend bin ich auch davon überzeugt, dass die Aufgabe von Verwaltung sich eben nicht auf Gesetzesvollzug im engeren Sinne beschränken darf, sondern auch ein wirklicher Gestaltungsauftrag bleiben muss. Die Rückgewinnung von Spielraum für Ermessensentscheidungen – des Gesetzgebers im Rahmen der Verfassung und der Verwaltung im Rahmen der Gesetze – ist eine entscheidende Voraussetzung in dem Bemühen um Entbürokratisierung und Deregulierung.

Der Ansatz für eine Stärkung von Beteiligung und Betroffensein, also von Engagement auf allen Ebenen, der in einer solchen Reform von Föderalismus und Verwaltungsstrukturen liegen könnte, sollte genutzt werden. Er könnte positive Erfahrungen auch für Europa liefern.

7. Die neue soziale Frage – Bildung, Familie und Generationenvertrag

Der wichtigste Bereich von Länderzuständigkeiten nach der Ordnung unseres Grundgesetzes ist die Bildung. Die Tatsache, dass aus der Zuständigkeit der Länder die Notwendigkeit von Einstimmigkeit bei bundesweit verbindlichen Entscheidungen abgeleitet wird, hat erheblich zu den Problemen unseres Schul- und Hochschulwesens beigetragen. Ich habe schon vor Jahren – leider ohne greifbaren Erfolg – vorgeschlagen, einen jährlichen Preis für die innovationsfeindlichste Institution zu vergeben, und als ersten Preisträger die Kultusministerkonferenz benannt. Sie hätte ihn redlich verdient. Die Notwendigkeit, sich in dieser Ministerrunde aus 16 Bundesländern mit jeweils ganz unterschiedlichen bildungspolitischen Vorstellungen einigen zu müssen, macht Reformen von Schule und Hochschule besonders mühsam, verhindert zudem innovatorische Ansätze, die der einen oder anderen Seite aus welchen Gründen auch immer zu sehr widerstreben. Sie hat zum Beispiel die Länder daran gehindert, die Schulzeit zu verkürzen. Wie sehr manche Länder den Wettbewerb fürchten, zeigt sich auch daran, dass sie Maßstäbe für die Vergleichbarkeit von Abiturabschlüssen nicht zulassen wollen. Da würde dann umgehend dokumentiert, welche Länder schludern.

Die Mängelliste unserer Schulen und Hochschulen ist lang, auch wenn über Gründe und Verantwortlichkeiten trefflich gestritten werden kann. Aber dass das Leistungsniveau unserer Schüler und damit unserer Schulen im internationalen Vergleich unseren ansonsten gehobenen Ansprüchen nicht mehr genügen kann, ist kaum zu bestreiten. Und dass an unseren Hochschulen seit den Sechzigerjahren die vorrangig unter sozialideologischen anstatt leistungsorientierten Gesichtspunkten geführte Reformdebatte zur Quantitätsausweitung auf Kosten der Qualitätssteigerung geführt hat, ist ernsthaft ebenfalls nicht mehr bestritten. Wenn Bildung und Ausbildung aber die entscheidenden Schlüssel für unsere Zukunftschancen sind, werden die Reformbemühungen mit dem Ziel einer Qualitätsverbesserung erheblich verstärkt werden müssen. Das heißt mehr Differenzierung im Ausbildungsangebot und Leistungsanforderungen an alle – jeder wird gebraucht, jeder ist zur individuellen Leistung fähig, jeder wird gefördert, aber jeder muss auch gefordert werden. Die Tatsache, dass das Christliche Jugenddorfwerk, das sich der schulischen Ausbildung von Gruppen benachteiligter Jugendlicher verschrieben hat, vor Jahrzehnten schon hoch begabte Schüler auch als eine besonders benachteiligte Gruppe identifiziert hat, spricht für sich.

Alle bisherigen Erfahrungen bei den Bemühungen, die Qualität in der Hochschulausbildung deutlich zu verbessern, sind ernüchternd, weil sie immer entweder in der Sackgasse von Kostenfragen oder bei Kompetenzproblemen landeten. Bei den Hochschulen wird aber eine wirkliche Reform nur durch einen intensiveren Wettbewerb zwischen Hochschulen ganz unterschiedlicher Art erzwungen werden können, und dazu gehört gewiss auch eine Neuordnung der Hochschulfinanzierung, die jedoch nicht mehr allein staatliche Aufgabe bleiben kann, sondern eine Beteiligung der Studierenden mit sozialem Ausgleich und Förderung aller bei entsprechenden Leistungsnachweisen verbinden muss. Die reflexhafte Ablehnung jeder Debatte über Studiengebühren ist jedenfalls auch eine jener innovationsfeindlichen Tabuisierungen in unseren öffentlichen Diskursen.

Wer den Zustand von innerer und äußerer Verwahrlosung vieler Bildungseinrichtungen auf sich wirken lässt, wird rasch zu der Überlegung gelangen, dass die Verantwortlichkeit aller Beteiligten – Lehrer und Schüler, auch Eltern und Schulträger, Lehrende und Studierende und Hochschulträger – für ihre Institution stärker angesprochen werden muss. Ein in der Berufsausbildung engagierter Gastronom erzählte mir eines Tages, dass er die Auszubildenden in seinem Betrieb jedes Mal neu zu Pünktlichkeit, zu Sauberkeit, Freundlichkeit im Umgang mit Gästen und so fort anhalten muss, wenn sie nach ein paar Wochen schulischen Unterrichts wieder in den Betrieb zurückkommen. Seitdem er sich eines Tages den Zustand des Berufsbildungszentrums, an dem der Blockunterricht gegeben werde, einschließlich des zugehörigen Internats angesehen habe, wundere er sich darüber nicht mehr.

Dabei ist längst der Zusammenhang zwischen äußerem Zustand etwa eines Gebäudes, einer Straße oder eines Wohnviertels und dem Sozialisierungsgrad der Bewohner erwiesen. Verwahrlosung färbt ab. Als »Sekundärtugenden« sind Pflichtbewusstsein, Sauberkeit, Pünktlichkeit etc. vor Zeiten verspottet worden. Inzwischen haben wir gelernt, dass ohne solche Einstellungen das Zusammenleben vieler Menschen auf relativ engem Raum – womit nicht nur die Geografie, sondern auch die hoch komplexe Verflechtung von Wirtschaft und Gesellschaft gemeint sein soll – schwerer erträglich und weniger fruchtbar ist und vor allem unsere Wettbewerbsfähigkeit im Vergleich zu anderen Gesellschaften abnimmt.

Manche fragen, warum es unserer Generation offenbar weniger als früheren gelingt, unseren Kindern Erfahrungen und Einstellungen zu vermitteln, die für uns und unser Leben von entscheidender Bedeutung sind. Liegt das nur an den schnelleren Veränderungen von Wissen sowie ökonomischen, sozialen und wissenschaftlich-technischen Strukturen? Oder liegen die Gründe dafür nicht auch und vielleicht noch mehr in den Brüchen des vergangenen Jahrhunderts, dessen Verletzungen gesellschaftlich stärker nachwirken? Der Soziologe Karl Otto Hondrich hat kürzlich in einem Aufsatz darauf hingewiesen, dass vielleicht die Gentechnologie dazu führen könne, neue Menschen zu konstruieren – was wir nicht hoffen wollen –, dass aber die grundlegenden sozialen Prozesse und ihre Gesetzlichkeiten auch durch neue Menschen nicht außer Kraft gesetzt werden könnten.

Erziehung, Integration in eine zivilisierte Gemeinschaft, das wird auch zukünftig unabdingbar bleiben. Die Schulen werden das – zumal in der wachsenden Konkurrenz zur Informationsvermittlung insbesondere durch elektronische Medien – allein nicht leisten können, dürfen dabei nach unserem Freiheitsverständnis auch gar nicht eine Monopolstellung haben. Vor allem dürfen sie nicht der Reparaturbetrieb für soziale Defekte sein, was sie teilweise in den Großstädten bereits sind. Aber mitwirken an der Bewältigung der Aufgabe müssen sie allemal.

Von welcher Seite aus man die Probleme auch betrachtet, es wird sich immer erweisen – zum unverhohlenen Ärger all der sich fortschrittlich nennenden Gesellschaftsplaner –, dass die Familie unverzichtbar ist. Alle Entwicklungen zu neuen Lebensformen und die Zunahme von Einpersonenhaushalten ändern nichts an der grundlegenden Erfahrung, dass für das Hineinwachsen von Kindern in menschliches Leben und Gemeinschaft die Familie als die unmittelbarste Erfahrungs- und Schicksalsgemeinschaft von Eltern und Kindern durch nichts zu ersetzen ist – was übrigens für die Erfahrung generationenübergreifender Verantwortung noch viel stärker gilt. Gewiss ist das veränderte Rollenverständnis und Verhältnis von Frauen und Männern eine der großen Veränderungen, denen die Institution Familie ausgesetzt ist. Die gewachsene Mobilität, räumlich, ökonomisch und sozial, kommt hinzu, auch der Prozess der Verlagerung von Dienstleistungen aus dem familiären Bereich in den außerhäuslichen des wirtschaftlichen Leistungsaustauschs. Das alles stellt oft nicht gerade geringe innovatorische Herausforderungen an die Familie, kann aber die Institution als solche ungeachtet aller an neue Entwicklungen sich anpassenden Definitionen im Kern nicht zerstören. Um der Freiheit und Menschenwürde unserer Ordnung willen darf das auch nicht geschehen.

Im Übrigen bleibt die Verantwortung jeder Generation dafür, dass es auch nach ihr neue Generationen gibt, genauso wichtig wie die Verantwortung, die Lebensgrundlagen für künftige Generationen nicht zu zerstören.

Was Familie heute am meisten bedroht, ist nicht die Auflösung von Idealen, wie sie noch vor sechzig oder hundert Jahren das Familienbild prägten. Es sind vielmehr die veränderten Lebenseinstellungen, die wiederum eine unvermeidliche Folge des ökonomischen und gesellschaftlichen Fortschritts sind. Wer das nur bejammert und die guten alten Zeiten beschwört, wird zur Stärkung der Institution Familie kaum Wesentliches beitragen. Eine Familie zu gründen ist auch heute bei den jungen Leuten eines der obersten Lebensziele. Wenn das so ist, kommt es nicht mehr so sehr darauf an, ob die Definition von Familie noch so stimmt, wie man sie früher kannte. Es ist vielmehr wichtiger, Familiengründung überhaupt möglich zu machen. Das Nächstliegende ist dabei – und darauf will ich mich an dieser Stelle beschränken –, neue und bessere Formen der Vereinbarkeit von familiärer und außerhäuslicher Tätigkeit zu ermöglichen. Flexibilisierung von Arbeitszeiten, bessere Aufstiegschancen bei Teilzeitarbeit heißen dabei die Stichworte, auch die Ganztagsschule gehört dazu.

Im Übrigen finde ich es bemerkenswert, dass beim Vergleich der Geburtenraten in westeuropäischen Ländern, bei denen die ökonomischen und sozialen Voraussetzungen für eine entsprechende Vergleichbarkeit gegeben sind, heute diejenigen Länder eine höhere Geburtenrate aufweisen, die das Problem der Vereinbarkeit der Aufgaben in Familie und Beruf insbesondere für Frauen schon länger und besser geregelt haben. Im Vergleich zu Deutschland weisen sie alle eine höhere Erwerbsquote von Frauen auf. Frauen vor die Wahl »Beruf oder Kinder« zu stellen, ist also mit Sicherheit die falsche Alternative, und die These, dass die Zunahme der Erwerbstätigkeit von Frauen zu einem Rückgang der Geburtenquote führt, ist jedenfalls in dieser Einfachheit für unsere Zeit widerlegt.

Der Rückgang der Geburtenzahlen führt zu einem der gravierendsten Veränderungsprozesse, mit denen wir konfrontiert sind. Auch dieses Thema war viele Jahre – offensichtlich als Spätfolge der Verirrungen der Nazizeit – mit Tabus belastet. Jedenfalls stellte ich in meiner Zeit als Chef des Bundeskanzleramtes in den Achtzigerjahren fest, dass bevölkerungspolitische Fragestellungen regierungsamtlich eher verpönt waren. Inzwischen sind die Auswirkungen des demographischen Wandels, der neben dem Geburtenrückgang auch durch den raschen Anstieg der Lebenserwartung ausgelöst und vorangetrieben wird, zu einem zentralen Thema geworden. Die Antworten allerdings bleiben unbefriedigend.

Die von manchen verfochtene Ansicht, dass der Rückgang der Geburtenrate durch Einwanderung zu kompensieren sei, ist allzu schlicht, um wirklich einen ernsthaften Ansatz zur Lösung des Problems zu bieten. Auch Einwanderer – ob Aussiedler, ehemalige Gastarbeiter, Asylbewerber oder Flüchtlinge, selbst Besitzer von »Greencards« – werden älter. Und da neue Bevölkerungsgruppen nach allen auch internationalen Erfahrungen sich in der Geburtenrate sehr rasch dem einheimischen Standard anpassen, ändern sie am Vorgang wachsender Überalterung unserer Gesellschaft nichts – es sei denn, man würde auf einen dauerhaften Prozess zusätzlicher Einwanderung ausschließlich junger Menschen setzen, die man dann allerdings wieder abschieben müsste, wenn sie das Rentenalter erreichen. Das kann aber niemand wollen. Der Bielefelder Bevölkerungswissenschaftler Birk hat jedenfalls eindrucksvoll nachgewiesen, dass das demographische Problem durch Einwanderung allenfalls marginal beeinflusst werden kann.

Natürlich werden wir uns an mehr Migration in einer globalisierten Welt offener Grenzen gewöhnen müssen, die gewiss auch die Chance für Austausch und neue, bereichernde Erfahrungen bietet, solange die damit verbundenen gewaltigen Integrationsaufgaben bewältigt werden können. Aber die demographischen Veränderungen werden uns trotzdem vor schwierige Entscheidungen stellen. Das gilt vor allem für das System der Alterssicherung, wobei die Veränderungen in der Arbeitswelt und bei den Erwerbsbiografien noch hinzukommen.

Das Umlagesystem des Generationenvertrags unserer Rentenversicherung gehört zu den großen sozialpolitischen Errungenschaften der Nachkriegszeit. Dieses System hat allen Bedenken zum Trotz im Zuge der Wiedervereinigung noch einmal eine Bewährungsprobe bestanden, als mit einem Schlag die Menschen aus den neuen Bundesländern in die Alterssicherung mit einbezogen wurden. Seine Vorzüge hinsichtlich Gerechtigkeit und Motivation, indem Rente eben auch als Lohn für Lebensleistung aufgefasst werden kann, sind nicht bestreitbar.

Aber die Nachteile kommen unter den Bedingungen der modernen Entwicklung stärker zum Tragen. Die abhängige Erwerbsarbeit, und nur sie ist Grundlage der Beitragspflicht, nimmt angesichts des Fortschritts von Wissenschaft und Technik in der volkswirtschaftlichen Wertschöpfung an Bedeutung ab, und zugleich soll daraus für einen rasch wachsenden Teil der Gesamtbevölkerung die Altersversorgung finanziert werden. Das beitragsfinanzierte Umlagesystem legitimiert sich – übrigens sogar nach der Rechtsprechung des Bundesverfassungsgerichts – nur, sofern die Versorgung der aktuellen älteren Generation durch Beitragsleistung der Erwerbstätigen zugleich für sie eine entsprechende Versorgungsanwartschaft für den eigenen Ruhestand begründet und der Beitragsleistung dann auch entspricht. Diese Beitragsäquivalenz stößt an die Grenzen von Bevölkerungsstatistik und Grundrechenarten. Der Motivationseffekt für eigene Anstrengungen, der sich in dem Satz »Rente als Lohn für Lebensleistung« ausdrückt, verliert damit zwangsläufig an Kraft. Die globalisierte Wirtschaft bietet für Arbeitgeber und für Arbeitnehmer zusätzliche neuartige Möglichkeiten, den Belastungen auszuweichen.

Solange das System der Alterssicherung überwiegend in einer Weise finanziert wird, die zur Erhöhung von Lohnkosten führt, stehen die Bemühungen um mehr Beschäftigung immer unter dem Vorbehalt der Wirtschaftlichkeit, weil der Kostendruck zu Substitution von abhängiger Arbeit führt und weil im internationalen Wettbewerb um Arbeitsplätze und Beschäftigung unsere vergleichsweise hohen Arbeitskosten zur Verlagerung von Beschäftigung führen. Auch veränderte, weil flexibler gewordene Erwerbsbiografien sind mit dem Grundprinzip der gesetzlichen Rentenversicherung, nämlich einer auf Jahrzehnte angelegten durchgehenden Erwerbstätigkeit, kaum mehr zu vereinbaren.

Kurzum, so groß die Vorzüge der gesetzlichen Rentenversicherung auch sind, angesichts der Entwicklung in der globalisierten Wirtschaft und der durch die moderne Technologie veränderten Arbeitswelt und vor allem angesichts des demographischen Wandels wird das beitragsfinanzierte Umlagesystem unseres Generationenvertrags auf längere Sicht nicht zu halten sein. Jeder weiß es, und kaum einer mag es aussprechen, weil die politischen Konsequenzen so schwerwiegend sind, dass man lieber nicht daran rührt. Schon die Umstellung auf ein grundsätzlich anderes Finanzierungssystem würde Geldströme von derart enormer volkswirtschaftlicher Größenordnung erforderlich machen, dass ein solches Unternehmen ökonomisch und politisch nahezu undurchführbar erscheint.

Es ist also verständlich, dass versucht wird, Wege aus dem Dilemma zu finden. Aber sie sind alle in den langfristigen Konsequenzen keine Dauerlösung. Und deshalb sollten sie als Elemente einer allmählichen Umstellung genutzt und auch so erläutert werden, aber nicht zur Verhinderung der langfristig notwendigen Reform.

Der erste Ansatz, den insbesondere die rot-grüne Regierung verfolgt, ist die Erhöhung der steuerfinanzierten Mittel in der Rentenversicherung. Während in vergangenen Jahrzehnten der Bundeszuschuss etwa 20 Prozent der gesamten Einnahmen und Ausgaben der Rentenversicherung betrug und mit der notwendigen Finanzierung so genannter »versicherungsfremder Leistungen« begründet wurde – also Rentenansprüche etwa bei Kriegsopfern oder für Familienleistungen, die nicht vom Umlagesystem erfasst werden –, will die rot-grüne Koalition über die Ökosteuer dauerhaft einen höheren Anteil nicht durch Beitragseinnahmen finanzieren. Es liegt auf der Hand, dass dieser Weg nicht nur verfassungsrechtlich an Grenzen stoßen muss, weil die Finanzierung der Altersversorgung eines Teils der Bevölkerung aus Steuermitteln nur über die Hilfskonstruktion der »versicherungsfremden Leistungen« begründbar erscheint.

Der andere Ansatz, innerhalb des Umlagesystems durch Absenkung des Rentenniveaus den Beitragssatzanstieg zu begrenzen, stößt wiederum an die Grenze der Beitragsäquivalenz. Wie hoch auch immer die Beiträge der Versicherungspflichtigen sein mögen, wenn sie als Folge der Verschiebungen in der Alterspyramide aller Versicherten und durch Veränderungen der Erwerbsbiografien nicht mehr zu Rentenanwartschaften führen, die einen auch nur entfernten Vergleich mit anderen Anlageformen aushalten, wird die Versicherungspflicht in der Rentenversicherung zum verfassungsrechtlich problematischen Sonderopfer. Vor allem aber wird jenseits allen Verfassungsrechts der Druck, dieser Versicherungspflicht auszuweichen, überhand nehmen.

Im Übrigen enden alle Überlegungen, das Rentenniveau abzusenken, an der Schwelle zur Sozialhilfe. Denn wenn eine durchschnittliche Rente nach einem beitragspflichtigen Erwerbsleben nur noch in einer Höhe zur Auszahlung kommt, die – wenn überhaupt – knapp über der Sozialhilfe liegt, auf die ohne jede Beitragsleistung ein Rechtsanspruch besteht, verliert das Rentensystem auch seine innere Legitimation.

Die Vorschläge, mittels zusätzlicher Vorsorge, von der betrieblichen Altersversorgung bis zur freiwilligen oder gar gesetzlich vorgeschriebenen Eigenvorsorge, ein zu niedriges Rentenniveau anzuheben, vermögen zwar das Problem der Höhe der Altersversorgung zu lösen, können aber letztlich auf Dauer nicht die grundsätzlichen Widersprüche im Umlagesystems der Rentenversicherung beseitigen.

Uns wird deshalb eine ungeschminkte Debatte darüber nicht erspart bleiben, wie wir den Übergang in ein anderes Finanzierungssystem unserer Alterssicherung schaffen. Bedenkt man die volkswirtschaftlichen Größenordnungen – etwa 500 Milliarden DM jährliche Beitragszahlung zur Rentenversicherung entsprechen beispielsweise dem Aufkommen von über 20 Prozent Mehrwertsteuer –, und bedenkt man weiter, dass bei einer ausschließlich steuerfinanzierten Alterssicherung die Gesamtbevölkerung und nicht nur der rentenversicherungspflichtige Teil ins Blickfeld genommen werden, also auch andere Alterssicherungssysteme wie die Beamtenversorgung oder berufsständische Versorgungswerke einbezogen werden müssen, dann wird deutlich, dass die Umstellung nicht auf einen Schlag erfolgen kann, sondern über einen längeren Zeitraum schrittweise in Angriff genommen werden muss. Allerdings sind plausible, politisch und ökonomisch realisierbare Modelle dafür bisher nicht vorgelegt worden.

Ich habe lange auch darüber nachgedacht, ob und wie die durch die demographische Entwicklung verursachten Probleme für das Umlagesystem der Rentenversicherung durch eine wesentlich stärkere Berücksichtigung von Kindern im Alterssicherungssystem gelöst werden könnten. Dies entspräche dem Gedanken des Generationenvertrags. Vorsorge für den eigenen Ruhestand würde also – und das ist ja in der Menschheitsgeschichte nicht neu – gleichermaßen durch das Großziehen von Kindern und durch die Versorgung der aktuell älteren Generation geleistet. Bei der großen Rentenreform 1957 wurde das Element »nachwachsende Generation« erklärtermaßen vernachlässigt, weil nicht nur Konrad Adenauer der Überzeugung war, dass die Menschen immer Kinder haben würden.

In der Konsequenz dieses Lösungsansatzes liegt es im Übrigen nahe, Kinder bei der Beitragspflicht – und nicht erst beim Rentenbezug – zu berücksichtigen. Aber bei allen Versuchen, diesen Gedanken umzusetzen, bin ich immer auf den Widerstand der amtlichen Rentenpolitiker gestoßen, die den Kinderansatz mit dem System leistungsabhängiger, zwischen Arbeitnehmer und Arbeitgeber paritätisch aufgeteilter Rentenversicherungsbeiträge nicht für kompatibel ansahen und sich weiteren Debatten mit dem Argument entzogen, Familienpolitik sei Sache der Allgemeinheit der Steuerzahler und nicht nur der Beitragszahler in der Rentenversicherung.

An diesem Einwand ist immerhin richtig, dass in der gesetzlichen Rentenversicherung nur ein Teil – und vermutlich ein längerfristig sich sogar verringernder Teil – der Bevölkerung erfasst ist und dass eine Identität der Kinder von beitragspflichtigen Arbeitnehmern mit künftigen Beitragszahlungen in der Rentenversicherung natürlich nicht vorausgesetzt werden kann. Das wiederum stärkt eher die Argumente für eine steuerfinanzierte Grundsicherung im Alter.

Die Dringlichkeit einer grundlegende Reform der Rentenversicherung und die gewaltige Dimension dieser Aufgabe waren ausschlaggebend für meine Initiative, durch gemeinsame Beratung von Regierung und Opposition die Rentenreformdebatte aus dem üblichen parteipolitischen Streit herauszunehmen und dadurch eine sachgerechte Diskussion zu ermöglichen. Die zeitgleich mit dem ersten Gespräch der Parteivorsitzenden einsetzende Krise der Union, auch der anschließende Landtagswahlkampf in Nordrhein-Westfalen haben zunächst verhindert, dass daraus etwas Grundlegendes geworden ist. Erst im Sommer erreichten die Gespräche einen Stand, der hoffnungsvoll stimmte. Was sich als Rentenkonsens (zum Zeitpunkt der Endabfassung dieses Buches) zwischen Regierung und Opposition abzuzeichnen scheint, könnte ein Schritt in die richtige Richtung einer grundsätzlichen Umstellung des Rentensystems sein. Er müsste dann allerdings sehr viel ehrlicher als ein solcher erläutert werden.

8. Maß und Mitte – Der Auftrag der CDU

Die Themen, mit denen sich die Union in den anderthalb Jahren nach der verlorenen Bundestagswahl beschäftigt hat – Europa, Familie, Föderalismus, Bildung, soziale Sicherheit unter veränderten Rahmenbedingungen –, bleiben auf der Agenda. Wir sind wichtige Schritte vorangekommen; das Bemühen, Antworten auf die Veränderungen der modernen Welt zu finden, ist ein dauerhafter Bestandteil unserer Politik. Deshalb haben wir versucht, Brücken zu bauen, auf festen Fundamenten neue Wege ins Offene zu erschließen.

Die soziale Frage am Beginn des neuen Millenniums ist nicht mehr die Überwindung von Armut breiter Bevölkerungsschichten, sondern die Sicherung von Teilhabemöglichkeiten für alle. Das gilt für den Arbeitsmarkt im engeren Sinne und die Beschäftigungsfragen im Allgemeinen; es gilt im Zeitalter von Internet, aber auch darüber hinaus. Nähe und Identität werden gerade in Zeiten von Globalisierung und rasantem, wissenschaftlichem Fortschritt immer wichtiger.

Marktwirtschaftliche Organisation hat sich jedem anderen System als wirtschaftlich überlegen erwiesen, und Wettbewerb fördert am besten Evolution. Aber nicht alles im menschlichen und gesellschaftlichen Leben unterliegt wirtschaftlichen Gesetzen und Interessen. Und ob die Menschen die unendliche Fülle von Wahl- und Entscheidungsmöglichkeiten immer nutzen wollen und können, wird zunehmend bezweifelt. Wie viel Beschleunigung in evolutionären Prozessen die menschliche Gesellschaft auszuhalten in der Lage ist – die Antwort darauf liegt im Dunkeln. Damit das Dunkel nicht zum Abgrund wird, sollten wir auch Gegenkräfte pflegen. Kultur und regionale Identität, also Herkunft, Tradition und Erfahrung, Zugehörigkeit oder Beteiligung durch Dezentralisierung – im Wort »Bürgernähe« steckt ja viel mehr als nur Partizipation. Und im Übrigen sollten wir die Erfahrungen nicht verdrängen, die wir in den ökologischen Debatten der Siebziger- und Achtzigerjahre gesammelt haben. Gewiss ist viel Untergangsprophetie etwa im ersten großen Bericht des »Club of Rome« durch die weiterentwickelten Fähigkeiten von Wissenschaft und Technik widerlegt worden; aber jetzt die Schlussfolgerung zu ziehen, die ökologischen Probleme seien auf Dauer gelöst, wäre ein verheerender Irrtum.

Vor allem darf die globale Dimension nicht so ausgeblendet werden, wie das für die rot-grüne Kernenergie-Ausstiegsdebatte so typisch ist. Angesicht der Unteilbarkeit von Chancen und Risiken weltweiter Prozesse müssen wir unsere Betroffenheit über Entwicklungen in allen Teilen der Welt stärker zur Kenntnis nehmen und daraus unsere Verantwortung ableiten. Perioden von Wohlstand und Stabilität fördern nicht unbedingt das existenzielle Interesse vieler Menschen an Politik, und angesichts mancher negativer Entwicklung in Parteien darf man sich über Politikverdrossenheit auch nicht wundern. Lösung aber ist das keine.

Eine stärkere Konzentration öffentlicher Debatten auf die Substanz politischer, sozialer, ökonomischer Entwicklungen könnte dem entgegenwirken. Voraussetzung dafür ist die Bereitschaft, Realitäten zur Kenntnis zu nehmen und der Versuchung zu widerstehen, unbequeme Entwicklungsperspektiven aus der politischen Wahrnehmung zu verdrängen. Gewiss ist die Zukunft für die Politik so wenig vorherzusehen wie in jedem anderen Bereich menschlichen Lebens auch. Allzu leicht wird daraus aber die bequeme Ausrede abgeleitet, sich mit problematischen Konsequenzen nicht wirklich beschäftigen zu müssen. Die weitere Entwicklung der Alterspyramide unserer Bevölkerung beispielsweise ist so absehbar wie etwa die Tatsache, dass der weltweite Energieverbrauch angesichts des Nachholbedarfs in Asien oder Lateinamerika – von Afrika gar nicht zu reden – erheblich ansteigen wird und derzeit realistische globale Szenarien, wie dieser Bedarf bei tragbaren Emissionen unter Verzicht auf die Nutzung von Kernenergie gedeckt werden kann, nicht vorhanden sind. Also sind viele unserer Debatten über Renten oder auch nationale Ausstiegsszenarien in der Kernenergiepolitik Beispiele solcher Realitätsverweigerung.

Je besser wir dieser Versuchung, am Tellerrand Halt zu machen, widerstehen, desto eher gewinnen wir Interesse und Akzeptanz für politische Debatten zurück. Zugleich steckt darin auch die Chance für eine neue Offenheit im politischen Wettbewerb. Keiner hat wirkliche Patentrezepte – und je ehrlicher man argumentiert, desto schneller gelangt man zu dieser Einsicht, und sobald diese verinnerlicht ist, kann auch der Austausch von Argumenten über Lösungsvorschläge und Konzeptionen offener werden. Der politische Wettbewerb wird wieder mehr zur Auseinandersetzung um unterschiedliche Wege und Ordnungsvorstellungen und löst sich vom reinen Freund-Feind-Denken oder auch von der Reduzierung auf die bloße Konkurrenz um Posten und Einfluss.

Aber die Widerstände gegen den Ansatz, Politik mehr zum Wettbewerb um alternative Konzeptionen zu machen, bleiben stark. Angesichts der Oberflächlichkeiten medialer Diskussionsprozesse und der rasch wechselnden Folge der Gegenstände, auf die sich öffentliches Interesse konzentriert, bleibt die Versuchung groß, politische Prozesse zu ausschließlich auf das Ringen um Mehrheiten zu Personen und Parteien zu reduzieren.

Im rot-grünen Regierungslager ist das deutlich zu beobachten. Strittige Themen – oder richtige Problemfelder, die eine differnezierte Debatte erfordern – sollen möglichst zur Mitte der Legislaturperiode »abgeräumt« sein, damit man sich ungestört durch Sachdebatten auf mediale Inszenierungen zur Vorbereitung des Wahlkampfes 2002 konzentrieren kann. Auf die Notwendigkeit einer grundlegenden Europa-Debatte habe ich schon verwiesen. Selbst Außenminister Fischer hat mittlerweile vor dem Europäischen Parlament meine Sorge bestätigt, dass Europa auf eine Krise zusteuert, wenn die notwendige Verfassungsdebatte nicht jetzt geführt wird. Bei der dringend erforderlichen Reform der Bundeswehr hat Scharping geradezu mutwillig die Chance vertan, auf der Grundlage der ausgezeichneten Analyse der Weizsäcker-Kommission eine breite öffentliche Debatte über Sicherheitsbedrohungen und die Notwendigkeiten und Möglichkeiten ausreichender Vorsorge sich entwickeln zu lassen.

Hinsichtlich der Steuerreform hat der Finanzminister jede Grundsatzdebatte verhindert, ob wir wirklich in unserem Steuersystem Einkommen je nach Rechtsform des Unternehmens und nach Verwendungsart des Gewinns ganz unterschiedlich besteuern wollen, was die Gefahr von noch mehr staatlicher Steuerung und Bürokratie und noch mehr Umgehungsmöglichkeiten beinhaltet. Derartige Einwände wurden als Rechthaberei von engstirnigen Spezialisten abgetan, und die Steuerreform verkam zur reinen Machtfrage, die den Gestaltungsauftrag verschüttet. Ähnliches gilt für Renten- wie für Zuwanderungsproblematik.

Umgekehrt könnte in der Union die Versuchung wachsen, sich ausschließlich auf die kurzfristige konfrontative Auseinandersetzung mit der Regierung zu konzentrieren. Die Chance des Neuanfangs wäre dabei leicht verspielt. Der Prozess der Auszehrung von Ansehen und Vertrauen, dem die Politik insgesamt und alle Parteien unterliegen, der sich in den Monaten des vergangenen Winters aber insbesondere an der CDU festmachte, sollte nicht schon wieder gering geachtet werden. Kraft und Bereitschaft zur Aufklärung waren die Voraussetzungen für die Union, einen Weg aus der Krise zu finden. Offenheit in der innerparteilichen Debatte, im Umgang mit Fehlern und Mängeln wie in der Diskussion um die Lösung von Sachfragen und Zukunftskonzeptionen, das war die Botschaft der Regionalkonferenzen, mit der die CDU den Weg zu sich selbst und zur Bevölkerung wieder fand. Dies aufzugeben, weil gerade die Aktivsten in der Partei sich über missbräuchliches Verhalten des politischen Wettbewerbers und über zu einseitig an Politiker der eigenen Partei gerichtete Kritik nun lange genug geärgert haben, wäre kurzsichtig. Die Integrationskraft der großen Volkspartei erfordert den Enthusiasmus der Aktiven genauso wie die Selbstsicherheit, dass man in Inhalten wie in den formalen Verfahrensweisen den eigenen Ansprüchen gerecht wird.

Der Hinweis, dass die anderen auch nicht besser sind, wird angesichts des enstandenen Schadens in einer Lage allgemein eher geringen Vertrauens nicht ausreichen.

Das Selbstbewusstsein, das die Union für ihre Aufgabe als Volkspartei braucht, erfordert Offenheit in den innerparteilichen Debatten wie im Ringen um die Tagesordnung der Zukunft. Nur so werden auch Mehrheiten wieder zu erringen sein. Gerade angesichts des erkennbar auf taktische Vorteile und mediale Inszenierung zielenden Politikansatzes von Schröder wird die Union 2002 nur gewinnen können, wenn sie bei dem Ansatz bleibt, den sie nach der verlorenen Bundestagswahl und dann wieder im Frühjahr nach der Krise gewählt hat.

Die Verengung der politischen Debatte – wie insbesondere nach der Landtagswahl in Nordrhein-Westfalen bei den Spekulationen über Rot-Grün oder Rot-Gelb – auf die Frage, *wie* in Zukunft Mehrheiten organisiert werden können, wird nicht ausreichen, um dem schwindenden Interesse der Bürger, das sich auch in geringeren Wahlbeteiligungen manifestiert, entgegenzuwirken. Wenn Politik sich für die Menschen fast nur noch auf den Punkt konzentriert, wer regiert, könnte es sein, dass sie das viel weniger interessiert als die Politiker selbst. Vielleicht wäre mit der Frage »Wozu?« mehr zu gewinnen. Und das ist dann die Debatte über Inhalte, Ziele und Lösungswege.

Die großen ideologischen Auseinandersetzungen könnten nach den Irrungen des vergangenen Jahrhunderts in den Hintergrund gedrängt bleiben. Das wäre eher von Vorteil. Aber die Reduzierung von Politik auf blinden Pragmatismus ist auch wieder zu wenig, selbst wenn der sich gefällig »Neue Mitte« oder wie sonst auch immer nennen sollte.

Mitte ist mehr als nur eine griffige Verkaufsformel oder bloß ein Kompromiss nach dem Prinzip der Teppichhändler. Mitte heißt Maß und Ausgleich – angesichts der unendlichen Vielzahl von Interessen und Argumenten und der Offenheit aller Entwicklungen unverzichtbar, wenn Stabilität und Mäßigung nicht verloren gehen sollen. Und die sind Voraussetzung für Freiheit und Toleranz.

Bescheidenheit bezüglich der Vorhersehbarkeit aller sozialen, ökonomischen und politischen Prozesse – also Absage an Planbarkeit und ideologische Fixierung und stattdessen Sicherheit in den Grundlagen menschlichen Handelns, Strebens und Irrens, Offenheit gegenüber der Zukunft und Demut angesichts der Erfahrungen der Vergangenheit – darauf kann eine Politik der Mitte gegründet werden, die sich inhaltlich definiert. Das ist gemeint, wenn wir die Union als große, zur Mitte hin integrierende und auf Werte gegründete Volkspartei verstehen wollen. Und diese Union wird gebraucht.

Personenregister

A

Adenauer, Konrad 130, 339
Ahtisaari, Martti 129
Austermann, Dietrich 270, 272
Aznar, José Maria 143, 145, 163, 252

B

Barschel, Uwe 211
Barzel, Rainer 43, 300
Baumeister, Brigitte 58, 196, 199, 221ff., 225f., 230, 240, 254, 258, 262ff., 268ff., 274, 289
Bayrou, François 145, 251
Beckstein, Günther 84
Bergner, Christoph 61
Berlusconi, Silvio 142
Biedenkopf, Kurt 28, 43, 53, 93, 96, 103f., 163f., 167, 198, 228, 234, 236, 258, 280, 288, 293
Bisky, Lothar 174
Blair, Tony 152
Blüm, Norbert 22, 41, 61f., 104f., 238
Bohl, Fritz 238
Brandt, Willy 119
Bresser, Klaus 242
Brok, Elmar 163
Burda, Hubert 259

C

Carstens, Karl 54
Cartellieri, Ulrich 287
Clement, Wolfgang 170f., 175

D

Deppendorf, Ulrich 229f.
Dewes, Richard 53
Diepgen, Eberhard 101
Dregger, Alfred 104

E

Ehlerding, Ingrid 208f.
Ehlerding, Karl 208f.
Ehmke, Horst 161
Eichel, Hans 24f., 118f., 154f., 157ff., 175f., 184
Engholm, Björn 52

F

Faltlhauser, Kurt 184
Feldmeyer, Karl 68
Fischer, Joschka 123, 125f., 128, 169f., 177, 273, 322f., 342
Flassbeck, Heiner 72
Fuhr, Eckhard 153

G

Geißler, Heiner 44, 57, 197, 207, 294
Gerhardt, Wolfgang 24, 169
Glos, Michael 24, 56, 95, 103, 123, 234, 247f., 260, 268ff.
Goppel, Thomas 132, 260
Gottschalk, Thomas 117
Gysi, Gregor 174

H

Hague, William 143
Hahne, Peter 198
Haider, Jörg 144ff., 251
Hamm-Brücher, Hildegard 98
Hausmann, Willi 197, 203, 223, 255ff., 262
Heitmann, Steffen 89, 91, 95
Hennig, Ottfried 106, 199, 235
Herzog, Roman 54, 89, 228, 325
Hildebrandt, Regine 167
Hintze, Peter 42, 59, 132, 209
Hirsch, Burkhard 77, 171
Hohlweg (Wirtschaftsprüfer) 206, 213
Hombach, Bodo 152, 161, 165, 171
Homeyer (Bischof) 66
Hondrich, Karl Otto 333
Hörster, Joachim 214, 218, 242, 247
Hüppe, Hubert 233
Hürland-Büning, Agnes 216

J

Jelzin, Boris 129
Juncker; Jean-Claude 251

K

Kanther, Manfred 80, 229, 250
Kinkel, Klaus 22, 77
Klose, Hans-Ulrich 76
Koch, Roland 55, 84f., 89, 92f., 139, 200, 229f., 232f., 258, 275, 298
Köcher, Renate 46
Kohl, Helmut 26ff., 32ff., 41f., 43, 46f., 59, 89, 100, 164, 188ff., 192f., 197ff., 207ff., 225, 230, 232, 234ff., 241, 244ff., 256ff., 260f., 263, 266, 274f., 278, 282, 285, 289f., 292f., 298f.
Kues, Hermann 58

L

Lafontaine, Oskar 17, 21, 24, 29, 52, 70ff., 82, 105, 114f., 117ff., 152, 154, 158, 164, 168, 175, 178, 181
Lambsdorff, Otto Graf 165, 171
Lamers, Karl 123, 134, 136, 324
Lammert, Norbert 234, 269f.
Leisler Kiep, Walter 190, 192, 196, 201, 210f., 213, 221, 224f., 227, 255ff.
Le Pen, Jean-Marie 38
Lengsfeld, Vera 233
Leutheusser-Schnarrenberger, Sabine 76
Limbach, Jutta 98
Linssen, Helmut 106
Luter, Michael 58
Lüthje, Uwe 191 ff., 213, 255 ff.

M

Maizière, Lothar de 60
Mandelson, Peter 152
Martens, Wilfried 189f., 251
Massmann, Jürgen 263
Matthäus-Maier, Ingrid 24
Merkel, Angela 26, 60f., 68, 86, 90, 92, 98f., 132, 139, 148, 195, 199, 201, 203f., 207, 212f., 215, 223, 230, 232f., 244f., 256, 267, 270, 276, 280f., 283, 287f., 300
Merz, Friedrich 58, 184, 234, 271f., 276f., 279f.
Miegel, Meinrad 258
Milošević, Slobodan 121, 125ff.
Möllemann, Jürgen 172f.
Müller, Peter 168, 178
Müntefering, Franz 29, 49, 120, 178, 243

N

Narjes, Karl-Heinz 162
Naumann, Michael 124, 329
Neumann, Volker 265f.
Neusel, Hans 77
Noé, Claus 72

P

Pierer, Heinrich von 257
Pofalla, Ronald 211, 217
Pöttering, Hans-Gert 163
Primakow, Jewgenij 128
Prodi, Romano 162ff., 305

R

Ramsauer, Peter 56
Rau, Johannes 52, 97f.
Reimers, Stefan 271
Repnik, Hans-Peter 196, 223, 235, 270
Riesenhuber, Heinz 269
Riester, Walter 111f., 157, 166, 186f.
Robertson, George 124
Rönsch, Hannelore 58
Rühe, Volker 37ff., 41f., 58f., 61f., 106f., 122f., 131, 133, 150, 189, 195, 201, 220, 230ff., 245, 271f., 275, 280
Rüttgers, Jürgen 58, 84f., 106, 210, 219f., 269, 275, 281, 314

S

Sayn-Wittgenstein, Casimir Prinz zu 229
Schabowski, Günter 274
Scharping, Rudolf 15, 22, 52, 54, 71, 119, 125, 175, 318, 342
Schavan, Annette 63, 90, 148, 245
Scherf, Henning 140f.
Schipanski, Dagmar 55, 89, 90ff., 94ff.
Scholz, Rupert 57
Schönbohm, Jörg 100f., 167
Schornack, Jürgen 226, 263
Schreiber, Karlheinz 190, 192f., 196, 210, 221f., 223ff., 235, 239ff., 253, 256, 258, 261ff., 274, 298
Schreiner, Otmar 140
Schröder, Gerhard 29f., 34ff., 46, 69ff., 73, 82, 104, 107, 109ff., 115ff., 125, 129ff., 139, 149,

347

152 ff., 156 ff., 163 ff., 169 ff., 174 ff., 183 f., 187 f., 243, 251 f., 273, 298, 314 ff., 318, 326, 344
Schüssel, Wolfgang 144, 252
Schütz, Hans-Peter 231
Seehofer, Horst 56, 131, 133, 260
Seiters, Rudolf 214
Simonis, Heide 107
Solms, Hermann Otto 24, 76
Spranger, Carl-Dieter 269
Stoiber, Edmund 18, 48, 77, 82 ff., 90 f., 94 ff., 102 f., 123, 130, 132 f., 135 ff., 144 f., 150, 162, 186 f., 221, 224 f., 234, 243, 255, 260, 271 f., 280
Stolpe, Manfred 100, 167
Stoltenberg, Gerhard 106, 230 f.
Strauß, Franz Josef 102, 221, 292
Ströbele, Hans-Christian 223 f.
Struck, Peter 196, 202
Süssmuth, Rita 98, 269, 318

T

Terlinden, Hans 199, 203 ff., 213 f., 218, 256 f.
Teufel, Erwin 41, 61 ff., 105, 254, 288
Thierse, Wolfgang 216, 267 f.
Thoben, Christa 106, 148
Tietmeyer, Hans 228

Trittin, Jürgen 169 f.
Tschernomyrdin, Viktor 129

V

Vogel, Bernhard 52, 76, 89 f., 93, 98, 151, 212, 254
Vollmer, Antje 273
Voscherau, Henning 328

W

Waigel, Theo 17 f., 20, 24, 32, 42, 48, 59, 102, 130
Weber, Juliane 202
Wehner, Herbert 74
Weizsäcker, Richard von 54
Weyrauch, Horst 190 ff., 197, 203 ff., 213 f., 218, 227, 229, 246, 255 ff.
Wissmann, Matthias 58, 223, 267, 283
Wulff, Christian 55, 61 f., 90, 149, 166, 198, 244
Würzbach, Peter-Kurt 61, 106, 270, 280 f.

Z

Zimmermann, Fritz 77